国家社科基金
后期资助项目
GUOJIA SHEKE JIJIN HOUQI ZIZHU XIANGMU

劳动法"倾斜保护原则"新解：基于马克思正义观的立场

A New Explanation of "Leaning Protection Principle" in Labor Law： Based on Marx's Standpoint of Justice

穆随心　著

中国社会科学出版社

图书在版编目（CIP）数据

劳动法"倾斜保护原则"新解：基于马克思正义观的立场／穆随心著.
—北京：中国社会科学出版社，2018.4
ISBN 978 - 7 - 5203 - 2275 - 1

Ⅰ.①劳…　Ⅱ.①穆…　Ⅲ.①劳动法 – 法律解释 – 中国　Ⅳ.①D922.505

中国版本图书馆 CIP 数据核字（2018）第 065198 号

出 版 人	赵剑英	
责任编辑	宫京蕾	
责任校对	秦 婵	
责任印制	王 超	

出　　版	中国社会科学出版社	
社　　址	北京鼓楼西大街甲 158 号	
邮　　编	100720	
网　　址	http：//www.csspw.cn	
发 行 部	010 - 84083685	
门 市 部	010 - 84029450	
经　　销	新华书店及其他书店	

印刷装订	北京君升印刷有限公司
版　　次	2018 年 4 月第 1 版
印　　次	2018 年 4 月第 1 次印刷

开　　本	710×1000　1/16
印　　张	23
插　　页	2
字　　数	419 千字
定　　价	99.00 元

凡购买中国社会科学出版社图书，如有质量问题请与本社营销中心联系调换
电话：010 - 84083683

国家社科基金后期资助项目

出 版 说 明

后期资助项目是国家社科基金设立的一类重要项目，旨在鼓励广大社科研究者潜心治学，支持基础研究多出优秀成果。它是经过严格评审，从接近完成的科研成果中遴选立项的。为扩大后期资助项目的影响，更好地推动学术发展，促进成果转化，全国哲学社会科学规划办公室按照"统一设计、统一标识、统一版式、形成系列"的总体要求，组织出版国家社科基金后期资助项目成果。

全国哲学社会科学规划办公室

目　　录

第一章　绪论 ……………………………………………………… （1）

　第一节　选题背景和意义 ………………………………………… （1）

　　一　选题背景 ……………………………………………………… （1）

　　二　选题意义 ……………………………………………………… （6）

　第二节　国内外有关该课题的研究现状及趋势 ……………… （10）

　　一　国外学者的研究现状及趋势 …………………………… （10）

　　二　国内学者的理论贡献及问题 …………………………… （14）

　　三　该课题的研究现状简评 ………………………………… （22）

　第三节　研究思路、主体内容和研究方法 …………………… （25）

　　一　研究思路 ……………………………………………………… （25）

　　二　论题逻辑 ……………………………………………………… （25）

　　三　主体内容 ……………………………………………………… （27）

　　四　研究方法 ……………………………………………………… （31）

第二章　劳动法"倾斜保护原则"：理据及意义 ………… （33）

　第一节　劳动法"倾斜保护原则"的含义及其理据 ………… （34）

　　一　劳动法"倾斜保护原则"的含义 ……………………… （34）

　　二　劳动法"倾斜保护原则"的法理依据 ………………… （42）

　第二节　劳动法"倾斜保护原则"的法律意义 …………… （44）

　　一　劳动法从私（民）法中分离与独立的标志 ………… （44）

　　二　劳动者的生存权的保障和劳动者的自由权的修正 …… （46）

第三章　前马克思正义观：为何及如何忽视了劳动者保护问题 …… （51）

　第一节　"普洛透斯"似的正义面相及其实质 …………… （52）

　　一　"普洛透斯"似的正义面相 …………………………… （52）

　　二　正义观念的共同要素及实质 …………………………… （53）

第二节 西方正义观：劳动者保护问题的渐次呈现 …………… (59)

一 西方古代正义观：劳动者保护被排斥在视野之外 ………… (59)

二 西方近代正义观：对劳动者平等保护 …………………… (74)

三 西方现代正义观：对劳动者倾斜保护的被关注 ………… (86)

第三节 中国传统正义观：劳动者保护被排斥在视野之外 ……… (98)

一 中国传统正义观的内涵与特点 …………………………… (100)

二 先秦儒家正义思想的理路范式 …………………………… (102)

三 儒家正义观：劳动者保护被排斥在视野之外 …………… (121)

第四章 资本主义雇佣劳动制度对劳动者保护的漠视：马克思
       正义观的批判视野 ……………………………………… (122)

第一节 "马克思与正义"：基于资本主义雇佣劳动制度合理性
       与否问题的争论 …………………………………………… (123)

一 消灭雇佣劳动制度：马克思劳动价值论的内在要求 …… (123)

二 马克思是在何种意义上批判资本主义雇佣劳动制度的 … (128)

三 马克思批判资本主义雇佣劳动制度是否具有正义价值
   诉求 ………………………………………………………… (134)

四 合理劳动关系和劳动者自由而全面的发展：马克思正义观
   的价值旨归 ………………………………………………… (137)

第二节 揭露不合理劳动关系的根源和实质：马克思正义观演进
       过程 ………………………………………………………… (140)

第三节 不合理劳动关系的根本变革与制度正义：马克思正义观
       的贡献 ……………………………………………………… (145)

一 从社会生产出发来理解正义 ……………………………… (146)

二 正义具有历史性和相对性 ………………………………… (147)

三 社会生产决定了正义的实质 ……………………………… (149)

四 正义的最终诉求是人的自由而全面的发展 ……………… (152)

五 正义主要指制度正义 ……………………………………… (154)

第五章 对劳动者"平等"保护：自由主义正义观 …………… (156)

第一节 对劳动者"平等"保护的历史背景：身份型社会到
       契约型社会 ………………………………………………… (157)

一 身份型社会：等级制政治国家 …………………………… (158)

二 契约型社会：近代市民社会的独立 ……………………… (160)

第二节　劳动关系被视为私（民）法调整对象辨析：自由主义
　　　　正义观 ……………………………………………………（166）
　　一　对劳动者"平等"保护：近代市民社会的产物 …………（166）
　　二　对劳动者"平等"保护：自由主义正义观 ………………（172）
第三节　对劳动者"平等"保护的解读：基于马克思正义观
　　　　视野 ……………………………………………………（173）
　　一　对劳动者"平等"保护：否弃异化的社会关系 …………（174）
　　二　对劳动者"平等"保护：超越抽象人权的阈限 …………（176）

第六章　劳动法"倾斜保护原则"：自由主义正义观的自我
　　　　调适 ……………………………………………………（183）
第一节　劳动法"倾斜保护原则"：起源与发展 …………………（184）
　　一　直接动因：工人运动 ……………………………………（184）
　　二　劳动法"倾斜保护原则"的新意蕴：从"身份"到
　　　　"契约"的逆转 …………………………………………（189）
第二节　劳动关系成为社会（劳动）法调整对象辨识：自由
　　　　主义正义观的自我调适 ………………………………（192）
　　一　劳动法"倾斜保护原则"：市民社会内在局限的内部
　　　　克服 ………………………………………………………（192）
　　二　劳动法"倾斜保护原则"：自由主义正义观的自我
　　　　调适 ………………………………………………………（201）
第三节　劳动法"倾斜保护原则"的解读：基于马克思正义观
　　　　视野 ……………………………………………………（204）
　　一　劳动法"倾斜保护原则"：历史进步尺度的澄明 ………（205）
　　二　劳动法"倾斜保护原则"：谋求社会生产关系的根本
　　　　变革 ………………………………………………………（206）

第七章　劳动法"倾斜保护原则"正义价值实现之途：基于劳动法
　　　　基础理论分析 …………………………………………（210）
第一节　劳动法"倾斜保护原则"正义价值实现之途：实体法
　　　　意义 ……………………………………………………（211）
　　一　劳动关系的国家干预："劳动基准法定" ………………（211）
　　二　劳动关系的社会干预：集体谈判和集体合同 …………（213）
　　三　微观层次的国家直接干预：劳动合同的强制性规定 ……（217）

　　四　国家在就业问题上的基本职责：就业促进 ……………… (219)

　　五　劳动风险的制度性保障：劳动者的社会保险 …………… (222)

　第二节　劳动法"倾斜保护原则"正义价值实现之途：程序法
　　　　　意义 ………………………………………………………… (224)

　　一　劳动者权利保障的最后防线：劳动争议处理 …………… (224)

　　二　私法责任的限定和公法责任的优位：新型劳动法责任
　　　　形式 ………………………………………………………… (226)

　　三　工人组织、雇主与政府的对话与合作："三方机制" …… (228)

第八章　劳动法"倾斜保护原则"正义价值实现之途：基于域外
　　　　劳动法律制度分析 ……………………………………… (232)

　第一节　域外劳动法律制度：历史演变考察 …………………… (233)

　第二节　域外劳动法律制度：基本内容概述 …………………… (238)

　　一　劳动基准 ………………………………………………… (238)

　　二　集体谈判和集体合同 …………………………………… (251)

　　三　劳动合同的强制性规定 ………………………………… (255)

　　四　就业促进 ………………………………………………… (260)

　　五　劳动者社会保险 ………………………………………… (269)

　　六　劳动争议处理 …………………………………………… (271)

　　七　新型劳动法责任形式 …………………………………… (276)

　　八　"三方机制" ……………………………………………… (277)

第九章　当代中国劳动法"倾斜保护原则"正义价值问题的思考：
　　　　困境及出路 ……………………………………………… (280)

　第一节　当代中国市场经济社会劳动力商品属性问题的论争 … (282)

　　一　一个前提性问题——中国特色社会主义 ……………… (282)

　　二　社会主义市场经济条件下劳动力的商品属性 ………… (284)

　第二节　当代中国劳动法视野内的劳动者"倾斜保护"问题 … (300)

　　一　当代中国劳动法需要对劳动者"平等"保护 …………… (300)

　　二　当代中国劳动法需要对劳动者"倾斜"保护 …………… (301)

　　三　当代中国劳动法"倾斜保护原则"体现的是中国特色
　　　　社会主义的实践的、现实的社会正义追求 …………… (302)

第十章　当代中国劳动法"倾斜保护原则"正义价值问题的思考:
　　　　实现与超越 ……………………………………………………（306）
　第一节　当代中国劳动法"倾斜保护原则"正义价值的实现的
　　　　　初步思考 ………………………………………………………（307）
　　一　政府应"有所为,有所不为" ……………………………………（308）
　　二　强化社会作用 ……………………………………………………（309）
　　三　理性借鉴西方国家劳动法"倾斜保护原则"正义价值的
　　　　实现的成功经验 …………………………………………………（312）
　　四　完善当代中国劳动法律制度 ……………………………………（314）
　第二节　我国劳动争议处理机制的反思与完善 ………………………（318）
　　一　我国劳动争议处理制度存在的问题 ……………………………（319）
　　二　我国劳动争议处理制度的完善 …………………………………（330）
　第三节　当代中国劳动法"倾斜保护原则"正义价值的超越 …………（335）

结束语 ………………………………………………………………………（339）
　　一　本成果的一些粗浅认识 …………………………………………（339）
　　二　本成果的一些理论贡献 …………………………………………（343）
　　三　本成果待改进提高之处 …………………………………………（346）

参考文献 ……………………………………………………………………（348）
后　记 ………………………………………………………………………（357）

第一章 绪论

在西方学者看来，劳动法"倾斜保护原则"所体现的是一种所谓的"永恒正义"。那么，在中国当代社会，当劳动关系变得越来越复杂，从而对实现社会正义具有强烈诉求的时代背景下，究竟应如何正确地看待和理解劳动法"倾斜保护原则"？如何运用马克思正义观形成研究劳动法"倾斜保护原则"正义价值的理论框架？此问题事关对劳动法"倾斜保护原则"正义价值的科学体认，及这一原则之理论意义和实践意义的实际呈现。

第一节 选题背景和意义

一 选题背景

正义是公民的最高美德，是文明社会追求的价值。① 正义是人类社会千古永恒的话题，正义理论时刻伴随着人类社会发展的脚步。对于处于社会主义市场经济条件下并将长期处于社会主义初级阶段的当代中国而言，我们无法绕过正义问题，亟须呼唤正义、走进正义、实现正义，正义不再仅是一种理论，更重要的是一种活生生的社会实践。

拉美现象②的经验教训告诉我们：一些国家在工业迅猛发展后，经济

---

① ［美］列奥·施特劳斯、约瑟夫·克罗波西主编：《政治哲学史》（上卷），李天然等译，河北人民出版社 1993 年版，第 127 页。

② 20 世纪 50 年代起，拉丁美洲各国经济开始发展，如巴西、墨西哥等，连续 30 年保持6%—7%的年均增长速度。到 1980 年时，人均 GDP，墨西哥达 1316 美元，巴西 1925 美元，智利 2057 美元，阿根廷超过 4000 美元，大体上各国都超过了 1000 美元。但从此一蹶不振，经济增长乏力，其后 20 年中基本维持在 1%—2%的低速增长，而且贫困差距日益扩大，治安混乱，社会失衡，政局动荡。这种经济快速发展，在 GDP 人均超过 1000

在一段时间内停滞不前，社会矛盾突出，甚至加剧两极分化和社会震荡。近年来，我国已快步进入经济社会发展新阶段，中国特色的社会主义现代化建设取得了举世公认的伟大成就，社会物质财富总量有了巨大增长，从2006年开始的过去四年中，中国的GDP先后超过意大利、法国、英国和德国。日本2010年第二季度的GDP总值为1.28万亿美元，中国同一季度的GDP为1.33万亿美元，中国已超过日本，成为世界第二大经济体。[①] 2014年2月24日国家统计局在其官网发布了《中华人民共和国2013年国民经济和社会发展统计公报》。公报显示，2013年全年国内生产总值568845亿元人民币，比上年增长7.7%。[②] 上半年国内生产总值269044亿元，按可比价格计算，同比增长7.4%。分季度看，一季度同比增长7.4%，二季度增长7.5%。[③] 2014年我国服务进出口总额首次突破了6000亿美元大关，达到6043亿美元，比上年增长12.6%，高于世界服务进出口总量第一的美国8.8个百分点。[④] 据加拿大通讯社2013年3月20日报道，加拿大决定取消对中国提供的直接对外援助。加拿大国际开发署署长指出，停止对中国提供对外援助，是加拿大对中国跃居为世界第二大经济体的认可。据报道，加拿大国际开发署于2014—2015年间将援助金额减少3.77亿美元，由此加方对14个国家在2014年年底前减少或取消了援助款项。[⑤] 尽管在2016年两会上李克强总理强调中国经济下行压力在持续加大，但我国经济运行是平稳的，中国2015年的经济增速是6.9%，这一增量相当于一个欧洲中等国家全年的经济总量，总的来说，希望绝对大于困难。[⑥] 所有这些情况，为我国经济社会的进一步发展提供了坚实的物

美元后，就出现经济与社会严重失衡、经济不前、贫富分化、社会动荡、人与自然不和谐等现象，被称为"拉美现象"，也有人称之为"拉美化"。拉美现象就是一个有增长，但是没有发展的现代化，是一个多数人不能过上幸福日子的现代化，或者说是一个少数人能过上幸福日子的现代化，如今已成为发展中国家的前车之鉴了。（摘自百度词条，有删节。）

① 日本官方随即证实了这一消息。（《人民时评：中国GDP世界第二仅意味着一个新开端》，人民网，2010年8月20日。）

② 《统计局：2013年国内生产总值比上年增长7.7%》，中国新闻网，2014年2月24日。

③ 《图解：2014上半年GDP同比增长7.4%》，中国政府网，2014年7月16日。

④ 秦陆峰：《商务部：2014年中国服务进出口总额首次突破6000亿美元》，中国经济网北京2015年2月16日讯。

⑤ 《加拿大认可中国为第二大经济体　将停止对华援助》，中国新闻网，2013年3月21日。

⑥ 蔡如鹏：《国研室司长：有政策储备应对经济下行压力》，《中国新闻周刊》，2016年3月18日。

质基础。与此同时，由于社会实践范型的突变引致社会关系发生大规模、复杂化的变形，社会关系的主体及其利益诉求越来越多元化，当代中国也进入"矛盾凸显期"。目前，我国经济社会发展中的矛盾问题日益凸显，集中表现在贫富分化较为严重[①]，城乡统筹发展不够，[②] 经济社

① 中国社科院副院长、金融研究所所长李扬指出，可以证实的数据显示，2007 年中国的基尼系数是 0.475（联合国标准认为 0.4 以上属于收入差距较大）。"总体而言，中国的贫富差距已超过合理界限，目前的收入分配不能令人满意。"此外，还有学者认为 2009 年这一数字已经到了 0.5，但尚需材料支撑。（何欣荣、叶锋：《收入差距拐点渐现　共识如何变为现实》，《瞭望新闻周刊》，2010 年 10 月 11 日。）2013 年 1 月 18 日，中国官方首次透露2003 年到 2012 年基尼系数：2003 年 0.479、2006 年 0.487、2008 年 0.491、2009 年 0.490、2012 年 0.474。官方数据描绘出过去十年中，基尼系数呈现出先逐步扩大，而后又略有缩小的走势。（杨文彦：《国家统计局首次公布 2003 年至 2012 年中国基尼系数》，人民网北京 2013 年 1 月 18 日电。）但是，西南财经大学再发报告：中国基尼系数 0.61 高于世界平均水平。（张飘逸：《西南财大再发报告：中国基尼系数 0.61 高于世界平均水平》，《华西都市报》，2012 年 12 月 10 日。）世界银行报告显示，美国是 5% 的人口掌握了 60% 的财富，而中国则是 1% 的家庭掌握了全国 41.4% 的财富。中国的财富集中度甚至远远超过了美国，成为全球两极分化最严重的国家之一（《党报刊文解析社会分配不公根源系四大因素造成》，《人民日报》《人民网》，2010 年 7 月 9 日。）改革开放 30 年来，中国收入差距迅速扩大，社会两极分化呈迅速激增趋势。尤其近 20 年来，中国从世界上收入分配最平均的国家之一，变成了世界收入分配最不平等的国家之一。亚洲开发银行一项研究发现，中国的贫富差距已位居亚洲第二，超过了除尼泊尔之外所有亚洲国家。（新加坡联合早报网，2007 年 8 月 8 日。）中国的贫富差距大于所有实行福利或社会市场经济的欧洲发达国家，大于所有包括在休克转型中以造就金融寡头著称的俄罗斯等已经转为资本主义的前社会主义国家，也大于拉美和南部非洲之外的几乎所有发展中国家。不过，最新数据还是较为令人欣喜：2015 年全国居民收入基尼系数为 0.462。这是基尼系数自 2009 年来连续 7 年下降，表明中国收入分配差距呈现逐步缩小的态势，这是一种积极的信号，也是政府大力推进收入分配改革所取得的成果。（李金磊：《2015 中国经济成绩单四大看点：基尼系数"七连降"》，人民网北京 2016 年 1 月 19 日电。）

② 改革开放后城乡收入差距曾一度有所缩小，1983 年城乡居民人均收入比为 1.82∶1，但后来又逐步拉大，2009 年扩大到 3.33∶1。最新资料表明，2012 年，由于农民人均纯收入名义增长速度和实际增长速度都快于城镇居民人均可支配收入增长速度，城乡居民收入差距继续呈现出缩小的态势。城乡区域以及农村内部收入三大差距同时缩小。农民人均纯收入连续三年跨越城市人均可支配收入增长，城乡收入差距由 3.13∶1 缩小为 3.1∶1。2012 年西部地区农民人均纯收入增长率 14.9%，比东部地区高 2 个百分点，区域差别缩小，但差距基数仍然很大。（中国社科院：《农村绿皮书》2013 年）从绝对差距来看，1978 年农民人均纯收入与城镇居民人均可支配相差 209.8 元，1992 年差距

会发展不协调①，经济下行压力在持续加大，② 劳动关系问题、代际问题、生态问题突出③等。因此，有关中国现实的正义性问题不时被提出来。

如何化"矛盾凸显期"为"可持续科学发展时期"，成为当代中国的焦点问题。面对各种矛盾，中国共产党十六届四中全会做出的《中共中央关于加强党的执政能力建设的决定》，首次提出了我国构建和谐社会的任务。中国共产党十六届六中全会做出的《中共中央关于构建社会主义和谐社会若干重大问题的决定》明确指出，我们要构建的社会主义和谐社会，是在中国特色社会主义道路上，中国共产党领导全体人民共同建

突破千元大关，达到 1242.6 元，2009 年达到 12022 元。例如，重庆市解放碑商业区，高楼林立，商贸云集，夜幕下斑斓闪烁的霓虹灯和川流不息的人群，折射出这里的繁荣与活力，这是在中国。然而就在不到 200 公里的重庆市武隆县大山深处一个贫困村，对这里的大多数村民来说，每月几元钱的电费已是一笔不小的支出，这仍然是在中国。城市拥有约 70% 的卫生资源，而广大农村只拥有约 30% 的卫生资源，农村居民人均卫生费用不足城市居民的 1/4。（《携手同行 共建共享——怎么看我国发展不平衡》，《新华网》，2010 年 7 月 1 日。）据我国人力资源和社会保障部工资研究所发布的最新数据显示，中国不同行业间收入差距扩大至 15 倍，跃居世界第一。而日本、英国、法国为 1.6 倍到 2 倍左右，德国、加拿大、美国、韩国在 2.3 到 3 倍之间。（《经济参考报》，2011 年 2 月 10 日。）不过，最新数据还是较为令人欣喜：城乡之间居民收入差距也有所缩小，城镇居民人均收入与农村居民人均收入的比例从 2008 年的 3.3 倍下降到 2015 年的 2.73 倍。可以看出，"十二五"期间，我国的收入分配格局出现向好势头，收入差距进一步缩小，持续扩大的趋势也得到了初步遏制。（乔雪峰：《2015 年居民收入增速跑赢 GDP　城乡收入差距进一步缩小》，人民网北京 2016 年 1 月 20 日电。）

① 同经济发展相比，社会事业等发展相对滞后。优质教育资源短缺，教育的公平问题比较突出；医疗服务供给总量相对不足，人民群众对看病难的反映仍比较强烈；社会保障体系不够完善，一些基本保障制度有待健全。（《携手同行 共建共享——七个怎么看之怎么看我国发展不平衡》，《新华网》，2010 年 7 月 1 日。）这些问题已在党的十八大报告中作为优先解决的问题被提到议事日程。不过，应当看到，2014 年以来，我国社会事业等发展有了很大进步，例如，2015 年 7 月 28 日，国务院办公厅印发《关于全面实施城乡居民大病保险的意见》（国办发〔2015〕57 号），部署加快推进城乡居民大病保险制度建设，筑牢全民基本医疗保障网底，让更多的人民群众受益。

② 2016 年两会上，李克强总理在《政府工作报告》中是这样描述的："从国际看，世界经济深度调整、复苏乏力，国际贸易增长低迷，金融和大宗商品市场波动不定，地缘政治风险上升，外部环境的不稳定不确定因素增加，对我国发展的影响不可低估。从国内看，长期积累的矛盾和风险进一步显现，经济增速换挡、结构调整阵痛、新旧动能转换相互交织，经济下行压力加大。"

③ 劳动关系问题，本文将深入阐述，代际问题尤其是生态问题，大家有目共睹，相信"念天地之悠悠，独怆然而涕下"者不在少数，限于论文篇幅，不再赘述。

设、共同享有的和谐社会。《决定》同时明确指出，社会公平正义是社会和谐的基本条件，制度是社会公平正义的根本保证，必须加紧建设对保障社会公平正义具有重大作用的制度，保障人民在政治、经济、文化、社会等方面的权利和利益，引导公民依法行使权利、履行义务。同时，胡锦涛同志在省部级主要领导干部提高构建社会主义和谐社会能力专题研讨班上的讲话中明确提出公平正义是社会主义和谐社会的基本特征。党的十七大也明确将正义作为基本的政治价值。2010 年 3 月 14 日，我国十一届全国人大三次会议闭幕，温家宝总理在随后举行的中外记者会上指出，"公平正义比太阳还要有光辉……中国要推进经济体制改革、政治体制改革以及其他各方面的改革，其根本目的就是要促进生产力的发展，实现社会的公平正义。"① 2010 年 10 月 15 日召开的中共中央十七届五中全会明确提出："十二五"继续高扬公平正义之旗!② 通过的《中共中央关于制定国民经济和社会发展第十二个五年规划的建议》中，公平正义的精神正如一条红线贯穿始终。《建议》不仅是一篇公平正义的宣言和承诺书，更是公平正义发展的一个崭新起点。《建议》提出：规范分配秩序，加强税收对收入分配的调节作用，有效调节过高收入，努力扭转城乡、区域、行业和社会成员之间收入差距扩大趋势。完善公务员工资制度，深化事业单位收入分配制度改革。2012 年 11 月，党的十八大把保障社会公平正义摆到了更加突出的位置，提出公平正义是中国特色社会主义的内在要求，倡导平等、公正的社会主义核心价值观。报告更是多处提及公平正义，承诺将逐步建立以"三个公平"，即"权利公平、机会公平、规则公平"为主要内容的社会公平保障体系，努力营造公平的社会环境，保证人民平等参与、平等发展权利。亦明确表示共产党人要做"公平正义的维护者"，"促进社会公平正义"，推动政府职能向创造良好发展环境、提供优质公共服务、维护社会公平正义转变。2013 年 3 月全国十二届人大一次会议上，新当选国家主席的习近平同志指出："我们要随时随刻倾听人民呼声、回应人民期待，保证人民平等参与、平等发展权利，维护社会公平正义，在学有所教、劳有所得、病有所医、老有所养、住有所居上持续取得新进展，不断实现好、维护好、发展好最广大人民根本利益，使发展成果更多更公平惠及全体人民，在经济社会不断发展的基础上，朝着共同富裕方向

---

① 《温家宝记者会语录：公平正义比太阳还要有光辉》，《中国新闻网》，2010 年 3 月 14 日。

② 辛锐：《"十二五"继续高扬公平正义之旗》，《半月谈内部版》，2010 年第 11 期。

稳步前进。"2013 年 11 月，党的十八届三中全会再次强调，全面深化改革"必须以促进社会公平正义、增进人民福祉为出发点和落脚点"。2015年 10 月 29 日中国共产党十八届五中全会上，习近平总书记提出了"共享发展注重的是解决社会公平正义问题"这一重要命题。中国共产党第十六大、第十七大、第十八大、十八届五中全会不断强调公平正义，明确将正义作为基本的政治价值，其目的就是要克服社会发展矛盾，保证社会"创新、协调、绿色、开放、共享发展"①，所有这些，蕴含了中国当代社会对于实现社会正义的强烈诉求。

二　选题意义

在"后改革开放时代"，从马克思正义观视角观照劳动法"倾斜保护原则"，具有直接的现实意义。一个"可持续科学发展"的正义的社会，首先应该关注并帮助那些最需要帮助的人，也就是罗尔斯所说的"最不利者"——弱势群体。处于全面、深刻、复杂的社会转型期的中国，社会利益冲突和阶层分化的现实，决定了弱势群体既是广泛存在的，又是分为各种层次和类型的。其中，中国特色社会主义市场经济条件下的劳动力市场、劳动力商品和雇佣劳动的客观存在，决定了在最基本的社会关系——劳动关系领域，"最不利者"——弱势群体就是劳动者。市场化劳动关系的人身上、组织上、经济上的从属性特点，使得表面的、形式的平等、自由掩盖了实质的不平等、不自由，形成了雇主、劳动者强势和弱势主体之分，这就决定了应该对劳动者进行关注并帮助。

一般市场化劳动关系的人身上、组织上、经济上的从属性特点在当代中国表露无遗，在产生了遍及全球的"中国制造"的"工业化"浪潮中，中国雇主（包括国有企业）、劳动者强势和弱势主体之分，撇开生产资料所有制性质，② 较之资本主义国家原始积累时期和自由资本主义初期，具有相当的相似性。这也决定了事实上当代中国劳动者尤其是包括数量庞大、改革开放中出现的"新生事物"——"下岗工人""农民工"等"体制外"劳动者在内的广大普通劳动者的被边缘化的"弱势地位"成为一种常态，甚至会出

---

① 中国共产党十八届五中全会提出必须牢固树立并切实贯彻创新、协调、绿色、开放、共享的发展理念，明确指出这是关系我国发展全局的一场深刻变革。

② 当然，这从制度本质区分上讲，是非常重要的。

现各种匪夷所思的突出问题①：就业压力巨大，"毕业＝失业""零工资就业"；最基本的劳动条件（工资、工时、劳动安全卫生、社会保险等）常遭破坏，"温总理讨薪""围堵街路讨薪""爬塔吊、上楼顶讨薪"② "开胸验肺"③ "就业后歧视"④ 非法雇佣"洋黑工"⑤；部分劳动者生活贫困及"返贫"、生产性劳动者地位下降明显，体面劳动、尊严劳动成为"宣言"⑥。"劳动关系是现代社会的晴雨表"，没有和谐稳定的劳动关系也就根本谈不上和谐稳定的社会关系。劳动关系如果处理不好的话，不但有悖于社会

---

① 尽管我们不能以偏概全，但这些都是无可争辩的事实，这一点也正在日益引起党和国家重视。

② 这种例子及类似例子，举不胜举，所以不举例了。

③ 患了职业病已经非常不幸，然而河南省新密市农民工张海超还要用令人心酸的方法来验证自己患病——"开胸验肺"。在多方求助无门后，张海超被迫作出了"开胸验肺"的悲怆之举，以此证明自己确实患上了尘肺病。（单纯刚：《"开胸验肺"悲剧折射职业病维权困境》，新华网河南频道，2009 年 7 月 19 日电。）另外，2010 年 12 月至 2011 年 2 月，北京义联劳动法援助与研究中心在全国范围内开展职业病调研。调查结果很不乐观，我国现有约 1600 万家企业存在有毒有害作业场所，约 2 亿劳动者在从事劳动过程中遭受不同程度的职业病危害。（刘文晖：《我国 2 亿人患职业病　调查称近 4 成患者未获赔》，正义网——《检察日报》，2011 年 3 月 2 日。）

④ 坐空调间里的每年高温津贴雷打不动，而建筑工地上的一线员工，甚至不知道高温津贴为何物。（阮向民：《就业歧视该怎样解读》，《浙江工人日报》，2015 年 2 月 6 日）。在 2015 年两会上，张世平等 4 个委员就劳动派遣工同工同酬问题提出建议。（朱晶晶：《上了全国两会的十大职工利益话题⑤：劳动派遣工同工同酬》，中工网，2015 年 3 月 16 日）。

⑤ 我国改革开放 30 多年来，经济飞速的发展，越来越吸引外国人来华就业，与此同时，近年来，外国人非法就业的问题也越来越严重。例如，伴随着结构性"用工荒"的出现，在珠江三角洲地区，一些用人单位为了自身利益，非法雇佣"洋黑工"。"洋黑工"绝非零星现象，相反，在一些地方甚至形成了一定规模的"洋黑工"的"地下"劳动力市场，直接冲击我国劳动者的就业岗位和劳动力市场秩序。第十一届全国人大常委会第二十七次会议 2012 年 6 月 30 日表决通过的《中华人民共和国出境入境管理法》明确规定：从 2012 年 7 月 1 日起，"外国人在中国境内工作，应当按照规定取得工作许可和工作类居留证件。任何单位和个人不得聘用未取得工作许可和工作类居留证件的外国人。"严格非法就业定义，并将对介绍外国人非法就业、非法聘用外国人的个人和单位处以巨额罚款。（《出境入境管理法 2013 年 7 月 1 日起实施　非法聘用外国人将被重罚》，《大众日报》，2012 年 7 月 1 日。）

⑥ 2010 年 5 月，"体面劳动"这四个字，在《人民日报》等党报党刊上出现的频率非常之高。

稳定，甚至也有悖于我们国家意识形态。① 近年来，类似"赴死康"事件②、"黑砖窑"事件③、"夺命矿井"事件④、"血汗工厂"事件⑤、劳动突发性

---

① 《国家关注低收入劳动者生存境况》，CCTV《新闻周刊》，2010 年 5 月 29 日。

② 自 2010 年 1 月起，富士康这个在中国大陆拥有 80 万员工、堪称全世界规模最大的代工企业，连续 13 次发生了年轻员工跳楼自杀事件，而成为社会舆论关注的焦点。其中 10 名员工在坠楼后死亡，最年轻的员工年仅 19 岁。触目惊心的十三连跳让人震惊，富士康如今已经被一些人戏称为"赴死康"。如此"赴死康"怎能只是令人心酸！

③ 2007 年前后，山西洪洞县等地众多黑心砖窑主，未办理任何登记手续开设砖窑，雇用帮凶打手，强迫从郑州、山西芮城、西安等火车站拐骗大批民工及未成年人（其中包括一些智障人员）长期从事高强度劳动。这些民工每天工作长达 16 小时，无任何劳动报酬，晚上被锁进大工棚，上厕所时有专人跟随。如发现有人干活不卖力或企图逃跑，就使用暴力殴打，造成多人伤亡。党中央、国务院对这一恶性案件十分重视，甚至在一定意义上说，"黑砖窑"事件的处理加速了 2007 年《劳动合同法》的通过。

④ 近几年，我国职业安全事故又出现了一个新的高峰，特大事故尚未得到有效遏制。仅以 2005 年为例，共发生一次死亡 10 人以上特大事故 134 起，同比增加 3 起；死亡 3049 人，同比增加 17%。其中煤矿 58 起、1739 人，分别上升 34.9% 和 66.6%。先后发生了 4 起涉难百人以上的煤矿事故。看着一幅幅煤矿事故的图景和画面，真是可怕又催人泪下。（参见拙著《试论职业安全保障中的政府行为》，《北京行政学院学报》，2006 年第 4 期。）2012 年，全国亿元 GDP 事故死亡率降幅 18%。尽管安全生产取得一定成效，但与党中央、国务院的要求和人民群众的期望相比还存在较大差距。事故总量太大。33 万起事故，几乎每天要接近 1000 起。死亡 72000 人，平均每天 200 人在事故中丧生。重特大事故时有发生，2012 年是 59 起，平均 6 天左右一起，频率太大。（费磊：《2012 年全国各类安全事故共 33 万起 死亡 72000 人》，中国广播网北京 2013 年 1 月 18 日消息。）值得欣慰的是，2013 年全国较大事故起数、死亡人数同比分别下降 17.3% 和 18.1%，重特大事故同比分别下降 16.9% 和 5.9%（国家安全生产监督管理总局：《2013 年全国安全生产工作情况》，2014 年 1 月 9 日。）2014 年前三个月全国共发生重特大事故 11 起，遇难 153 人，分别下降 38.9% 和 42.9%。其中，煤矿发生 1 起重特大事故，同比减少 5 起、104 人，分别下降 83.3% 和 88.9%（《2014 年一季度全国重特大事故大幅度下降》，中央政府门户网站 www.gov.cn2014 年 5 月 23 日），2015 年相关安全生产事故总量保持继续下降的态势。全年发生各类生产安全事故、死亡人数同比分别下降 7.9% 和 2.8%。其中，较大以上的事故和死亡人数同比分别下降 9% 和 8%（《2015 年全国发生 38 起重特大事故 768 人丧生失踪》，央广网 2016 年 1 月 15 日。）但安全生产形势依然严峻，安全发展任重道远。凤凰卫视对"夺命矿井"评价道：不要再让血色染红矿山，不要再让丈夫父亲儿子瞬间丧失，不要再让工人的血色膨胀某些人的口袋和某些人的顶戴花翎。

⑤ 中国有世界上最多的廉价劳动力，包括苹果公司的 iPod 等许多国际知名品牌是中国制造的，但其产品中绝大部分的利润是外国人的，中国工人只能取得微薄的血汗钱，并且工人们的福利待遇、社会保险等工作条件都跟不上，故中国被称为"血汗工厂"。

事件①、"娃娃讨薪"②、"女民工模仿外交部新闻发言人讨薪"③、"下跪讨薪"④ 等难以消除，这就告诫我们，劳动者的自由权、生存权尤其是生存权的保障是政府、社会万万不能忽视的，这是经济发展、社会进步的需要，也是走向劳动者"自由而全面发展"的需要。我们应站在时代和历史的高度，体认劳动者保护的重要意义，这是一个关键性的、全局性的而绝不是枝节性问题，资本主义劳动关系发展史已充分证明了这一点。关注并帮助要有实效，并真正落到实处，必须体现为制度安排与制度实践。其中劳动法就是承担这一重任的最重要的制度。劳动法（应该）以"倾斜保护原则"，对劳动者进行保护，化解社会矛盾，实现当代中国在劳动关系领域对于实现社会正义的强烈诉求，进而促进当代中国劳动法"倾斜

---

①　从 2008 年 10 月下旬以来，各地出租车罢驶事件频传，从湖南凤凰到重庆，再从海南三亚到广东，一连串"的哥"罢驶和劳动者群体性事件，在近年风起云涌的维权运动中异军突起，大有星火燎原之势。2009 年的通钢事件则使抗争蒙上了一层暴力和非理性色彩。2010 年的南海本田罢工凸显出工人的社会政治诉求。一时间，罢工，这一古老的维权行动广受社会瞩目，也成为当前影响经济社会协调发展的一个重大课题。（乔健：《劳动者群体性事件的发展和特点》，《中国改革》2010 年第 7 期。）

②　本应享受暑假欢乐时光的孩子，为了筹集学费却走上街头帮助父母讨薪。近日，发生在云南大理市"13 名孩子帮农民工父母讨薪"事件，引发了社会的广泛关注。"我叫王某，来自楚雄，今年考上云南大学滇池学院，我要钱，我要上学！""我叫余某，我要喝牛奶，我要吃蛋糕，还父母血汗钱！"近日，13 名孩子举着各式标语站在大理市南国城门前，帮助父母向开发商追讨工钱。记者调查了解到，"娃娃讨薪"的背后，涉及开发商、承建方、劳务公司之间的工程债务纠纷。而在这场纠纷中，最终利益受损的还是农民工。（袁雪莲：《"娃娃讨薪"的背后——云南大理 13 名孩子帮农民工父母讨薪事件调查》，新华网昆明 2012 年 8 月 19 日。）

③　近日，一段《女民工模仿外交部新闻发言人讨薪》视频网上悄然走红，视频中女民工效仿外交部发言人的口吻讲述己方被用工方拖欠 1400 多万元的事实。视频中还有农民工扮演"讨薪社"记者，与"新闻发言人"上演一问一答。视频从背景到对话都极具正式新闻发布会的效果。女民工被网友评价为可以直接送外交部新闻司上岗。可是从女民工言辞中不难听出讨薪的艰辛，网友评：看完好笑又心酸！（《女民工模仿外交部发言人讨薪网友：好笑又心酸》，人民网 2012 年 10 月 9 日。）

④　2013 年 1 月 10 日，上千名农民工下跪陕西富平人民路广场讨薪，希望行政部门出面帮助处理好薪资问题。俗话说："男儿膝下有黄金，只跪父母和苍天"，春节来临，陕西富平龙城国际恶意拖欠近 2500 名农民工的 6 千万工资，无奈之下农民工只好选择下跪讨薪。这批农民工主要来自于四川、山西、湖北、陕西等地，2011 年 10 月进入陕西益丰置业发展有限公司旗下的龙城国际项目地打工，现项目已基本完工，却拿不到一分工资。（牟财源、张燕：《陕西富平：上千名农民工下跪讨薪欠薪 6 千万》，华商网 2013 年 1 月 11 日。）

保护原则"的正义价值的实现与超越，这也是本成果实践意义所在。

与此同时，本成果具有重要的理论意义。那就是在马克思正义观的指导下，对劳动法"倾斜保护原则"正义价值进行解读。提出问题难，解决问题更难，笔者基于明确的问题意识，进行学理性追究，努力正本清源。本成果重点在于形成对劳动法"倾斜保护原则"正义价值的进步性与限度较为深刻的理论剖析。指出（西方国家）劳动法"倾斜保护原则"的理论基础是社会功利主义和新社会契约论，实践基础是资本主义市民社会内在局限的内部克服，法学基础是社会法学、新自然法学、现代分析法学三大法学学派的共同指向。然而，就实质来讲，（西方国家）劳动法"倾斜保护原则"所体现的只是一种属于分配领域的改良主义，这些改良都是在为资本主义私有制经济基础辩护的，属于自由主义正义观的自我调适，其"底线"是不能改变资本主义作为一种制度的质的规定性，而不是超越现有社会物质生活条件进入新的社会形态，实现劳动者自由而全面的发展。在此基础上，本成果基于当代中国劳动法"倾斜保护原则"的正义价值的问题困境、成因，重点围绕当代中国劳动法是否需要对劳动者"倾斜保护"以及如何看待由此引发的诸问题，探讨了当代中国劳动法"倾斜保护原则"正义价值的现实性实现与实践性超越。最终，本成果初步形成了运用马克思正义观研究劳动法"倾斜保护原则"正义价值的理论框架。

第二节　国内外有关该课题的研究现状及趋势

一　国外学者的研究现状及趋势

自 19 世纪下半叶开始，伴随着大工业和生产的社会化以及机器的广泛使用，出现了各种新的社会矛盾和问题，从而也进一步加剧了各个阶级和阶层之间的利益冲突。波澜壮阔的国际工人运动，严重地动摇了资产阶级统治。为了维持自由资本主义经济原有的市场经济的自律性，同时也是为了维护社会的稳定、保护一定的社会公共利益，以及调和各种社会利益矛盾和冲突的需要，西方资产阶级国家开始积极地介入社会经济生活，利用国家这个"总资本家"的力量对经济社会进行干预和调节。国家积极而全面干预的目标在于：结束自由资本主义时期放任自流的经济、社会政策，赋予政治国家以经济、社会功能，将经济、社会、政治功能整合到国家中，采用"两手—市场和政府政策—并重"的措施，合理地寻找到政府干预、市场运行之间的最佳结合点，从而实现较为实质性的自由、平等。其中，在最基本的社会关系——劳动关系领域，国家积极而全面干预的直接表现就是劳动法"倾斜保护原则"的产生、发展和相对完善。

西方学者在该课题相关研究方面，有这样一种现象，要么是从比劳动法层次更高的法学学派以及哲学、政治学等视角①间接推论出劳动法"倾斜保护原则"的正义价值，要么是着重于研究劳动法"倾斜保护原则"的实现制度。总的来说，西方学者的研究并没有直接、全面且系统地构造劳动法"倾斜保护原则"正义价值基本理论体系，更不用说基于马克思正义观视野审视。笔者认为，这一现象的出现，和西方学者遵循的形而上学思维方法和近代以来的实证主义思维方法有必然联系。② 从哲学、政治学起源上讲，劳动法是近代自由主义修正的结果③，从法学理论起源上讲，劳动法是属于实证主义范畴的社会法学派推动的产物④，同时又经受分析实证主义法学派、自然法学派⑤的洗礼，成为现代三大法学学派的共

---

① 具体参见本文第三章第二节、第四章第一节、第五章、第六章相关内容。

② 作为近现代实证主义哲学的奠基人，法国哲学家孔德（Auguste Comte）把人类社会思想的进化，大体划分为三个阶段：神学阶段，是人们用超自然的原因和神来阐释所有人类社会现象的阶段；形而上学阶段，是人们追求终极原因、本质、理念的阶段，并且这一切都被认为是存在事物外在现象背后，成为人类社会进步的终极动力；实证阶段，也是最后阶段，是人们在自然科学方法指导下，放弃哲学社会科学中的所有假设性前提，把一切研究严格局限在经验性考察以及事实的联系的阶段。（转引自［美］博登海默：《法理学：法律哲学与法律方法》，邓正来译，中国政法大学出版社 2004 年版，第 117页。）一分为二地看，孔德对他所处时代的人类思想的进化型描述，是有一定道理的，尽管失之偏颇，但是，他本人所提出的法则也是难以经受检验的，其实也是形而上学的。

③ 对劳动法"倾斜保护原则"正义价值的肯定，有的是基于社会功利主义，有的是基于新社会契约论，但都是近代自由主义修正的结果。（具体参见本文第三章第二节、第四章第一节、第五章、第六章相关内容。）

④ 从狭义上讲，实证主义法学派就是指各种分析法学派，因此又称分析实证主义法学派。从广义上讲，实证主义法学派也包括各种形式的社会学法学派以及历史法学派在内。从法哲学上讲，所有资产阶级法学派别可归为两大类：一类是广义的实证主义法学派（包括分析实证主义法学派、社会法学派），另一类是自然法学派。其中，自然法学派和分析法学派似乎代表西方法学学派的两极，而社会法学派似乎介于二者之间（尽管西方现代三大法学派已现初步融合之势）。

⑤ 这里的"分析实证主义法学、自然法学"是指对古典分析实证主义法学、自然法学修正后的新分析实证主义法学、自然法学。本文第三章第二节将详述。

同指向。所以，从哲学、政治学、法学学派（尤其是自然法学派、社会法学派）思维方法上讲，都是间接推论出劳动法"倾斜保护原则"正义价值，同时，分析实证主义法学派的思维方法使得西方学术界和法律实务界更着重于研究劳动法"倾斜保护原则"的实现制度。

所以，就笔者多年来掌握、了解的资料（主要指外文译著和较能跟进西方劳动法制脚步的中国台湾劳动法著作)①，同时结合笔者近几年来参加的我国劳动法年会、社会法年会、海峡两岸社会法理论研讨会以及在美国肯特法学院做为期一年的访问学者的实际，并无发现直接、全面且系统的关于劳动法"倾斜保护原则"正义价值探究的外文专著。但是，对劳动法"倾斜保护原则"正义价值的论述在一些译著、专著及专业里还是有一些涉及的。需要强调的是，这些译著、专著及专业主要是从制度视角而言的。例如，德国著名的劳动法学家、德国联邦政府劳动法典委员会成员 W. 杜茨教授在他著名的《劳动法》中仅仅用了寥寥数语间接涉及劳动法"倾斜保护原则"正义价值："……劳动合同不是传统意义上的关于给付和对等给付的债权合同，相反它是一种带有很强人身权色彩的，关系到雇员生存基础的法律关系，因此无论如何应该被寄予希望给予生存和社会保护……"② 德国汉堡大学教授、著名劳动法学家 DeLlev Joost 教授在《德国劳动法之体系与基本原理》一文中也仅仅阐述道："劳动法是……包含的一些规则和一般民法相差甚远。这种特殊性的作用在于平衡雇员与雇主之间的实力悬殊……雇主往往是强势的一方，而雇员大多处于弱势。劳动法中所追求的雇员保护体现在两大领域：在个体劳动法中，通过法律的特别规则，防止单个雇员因为谈判中的弱势地位不得已接受雇主提出的不合理条件；在集体劳动法中，依靠企业职工委员会和工会这些雇员集体利益的代表，通过不同层面上的劳资共决的方式来影响或确定劳动条件。"③

在当代尤其是 20 世纪 90 年代以来，一些国家特别是英美法系的美国等国家甚至是大陆法系的德国等国家，无论是理论界还是实务界，又开始

---

① 笔者通过一些途径收集了一些中国台湾的劳动法原版著作。例如，焦兴凯：《劳工法治之最新发展趋势——美国劳工法论文集（二)》，月旦出版社股份有限公司 1997 年版。黄程贯：《劳动法》（修订再版），"国立"空中大学印行 2001 年版。

② ［德］W. 杜茨：《劳动法》，张国文等译，法律出版社 2003 年版。

③ ［德］DeLlev Joost：《德国劳动法之体系与基本原理》，王倩译，《大连海事大学学报》（社会科学版）2010 年第 2 期。

主张对劳动关系放松管制。然而，总体上看，无论怎样"放松管制"，"倾斜保护原则"的底线是各个国家都坚守的。例如 DeLlev Joost 教授在《德国劳动法之体系与基本原理》一文中阐述道：德国劳动法已经形成深入而细致的劳动者保护体系。有人提出问题就出在劳动法对劳动者过度保护，因而形成经济发展的障碍上。最近一段时期，德国这种保护水平略有削弱，表现在，那些雇佣劳动者在 5—10 个的小企业可以不用承受因为适用解雇保护法而产生的经济负担。虽然有一些放松的趋势，但是，从整体上说，劳动法在将来肯定还会是一个以保护性条款为主的领域。① 德国哥廷根大学劳动法研究所所长、我国南京大学中德法学研究所德方所长 Rüdiger Krause 教授在中国人民大学第 14 期劳动法和社会保障法论坛上作的题为"管制与放松——全球化金融危机背景下劳动法的变革"的主题演讲时就承认：目前为止，德国立法者在解雇保护法领域并没有彻底改革的倾向。即使金融危机背景下，也没有导致解雇保护法的放松管制。尽管不同政党执政对此会有不同政策。② 美国华盛顿大学法学院教授 Daniel Foote 在《美国劳动法的放松规制》中写道："在论述美国劳动法的放松规制之前，必须注意到，长期以来美国劳动法的基本前提就是政府的有限规制，因此谈存在一个'放松规制的趋势'显然有些误导。相反，近几十年来的趋势可能更准确地应该界定为加强规制，而非放松规制。"他进一步详述道："……但过去 40 年的整体趋势仍是加强规制。仅在联邦一级主要劳动法律的数量就比 1960 年增长了三倍，而规制项目和更具体的法规的数量增长得甚至更快。在州和地方一级，规制的增长更加戏剧化。最引人注意的是，对任意原则的迅速侵蚀，几乎完全是通过司法程序进行的，而随之而来的则是州和地方法律和规制项目的爆炸性增长。"③ 我们再举一例说明：2007 年 3 月，美国国会众议院通过了对《美国劳动关系法》（瓦格纳法）进行修正的法案——《雇员自由选择法》（Em－ployee Free Choice Act）。这部法案能够顺利通过，得益于在众议院占有绝对多数的民主党的坚决支持。当时美国政治社会对这部法案存在激烈争议，

---

① ［德］DeLlev Joost：《德国劳动法之体系与基本原理》，王倩译，《大连海事大学学报》（社会科学版）2010 年第 2 期。

② 详见 2009 年 10 月 27 日中国人民大学法学院学术活动报道：《Rüdiger Krause 教授主讲第 14 期劳动法和社会保障法论坛，阐述〈管制与放松——全球化金融危机背景下劳动法的变革〉》。

③ ［美］Daniel Foote：《美国劳动法的放松规制》，杜钢建、彭亚楠译，《江海学刊》，2002 年第 2 期。

共和党坚决反对。但是："无论是怎样的结果，美国这次劳动法改革事件都具有里程碑式的历史意义。它不仅告诉美国，也是告诉世界这样一个明确的信息：多少年来让不少国家奉为劳动力市场改革样板，同时让普通大众伤心迷惘的美国模式决不是一心倾向资本利润，罔顾底层民众的。"① 特别需要指出的是，尽管美国共和党坚决反对，但《雇员自由选择法》于 2009 年 1 月 16 日最终颁布实施。正如曾于 2012 年 7 月来中国社科院演讲的美国著名劳动法学家、纽约大学法学院教授 Cynthia Estlund 指出的："……在过去的 60 多年里，'随意'原则被大大的消解了，特别是不当解雇实际上被摧毁了。"② 商务印书馆最新出版的《欧盟劳动法》（第一册）里也能清晰反映"倾斜保护原则"的底线是欧盟充分坚守的。③

二　国内学者的理论贡献及问题

目前，在我国大陆，由于劳动法学并非显学，④ 所以，尽管这几年劳动法理论研究及制度建设取得了显著成就，但是，无论就专著还是专业学术而言，学者关于劳动法"倾斜保护原则"正义价值的专门理论研究鲜见，仅停留在教科书层次，很难适应实际需要。尤其是基于马克思正义观

---

① 杨鹏飞：《美国劳动法改革激励争议背后》，《社会观察》，2007 年第 5 期。

② ［美］Cynthia L. Estlund. Wrongful Discharge Protections In An AT – WILL World ［J］, Texas Law Review, 1996, (6)。

③ ［荷］罗杰·布兰潘：《欧盟劳动法》（第一册），付欣等译，商务印书馆 2016 年版。

④ 2013 年 3—5 月，笔者在我国台湾地区政治大学做访问学者时，台湾地区最著名的劳动法学家之一黄程贯教授对笔者讲到：他感触最深的就是大陆的很多劳动法研究让人看不懂，很多问题大陆学者都有一个特定的答案，只是背后的真正支持的理论好像就并非那么清楚了。尽管黄程贯先生的看法不一定完全正确（台湾劳动法研究太过实证主义和琐细，其本身理论支撑也有待深化），但也指出了我国大陆劳动法学研究不足的现状。再如，2009 年 10 月 16 日，作为中国人民大学劳动人事学院教授、博士生导师、中国人民大学劳动关系研究所副所长的程延园教授在对德国哥廷根大学劳动法研究所所长、南京大学中德法学研究所德方所长 Rüdiger Krause 教授在中国人民大学第 14 期劳动法和社会保障法论坛上作的题为"管制与放松——全球化金融危机背景下劳动法的变革"的主题演讲进行评议时，曾实事求是地讲到："中国学者对德国劳动法最新变化仍然了解不足。"（详见 2009 年 10 月 27 日中国人民大学法学院学术活动报道：《Rüdiger Krause 教授主讲第 14 期劳动法和社会保障法论坛，阐述〈管制与放松——全球化金融危机背景下劳动法的变革〉》。）但是，笔者有时想，也许看起来有些过时的西方劳动法学的研究资料，而非最新西方劳动法学的研究资料更适合我国目前的劳动法研究。

视野对劳动法"倾斜保护原则"正义价值专门解读、探究的专著和专业学术更是不多见。

就该课题结构而言,至少必然包括以下几个层层递进的方面:劳动法原则;劳动法"倾斜保护原则";劳动法"倾斜保护原则"正义价值;基于马克思正义观视野的劳动法"倾斜保护原则"正义价值。

(一)劳动基本法原则

我国《劳动法》并未规定劳动法的基本原则。我国劳动法的基本原则究竟应包括哪些?是劳动法学界多年来争议的问题,至今仍未达成共识,主要有"二原则说""三原则说""五原则说""七原则说"等。

"二原则说":"(1)各尽所能,按劳分配原则;(2)保护劳动者原则。"[1] 又可具体为:劳动关系协调的合同化、劳动条件基准化、劳动保障社会化和劳动执法规范化。[2]

"三原则说"的代表性的观点并不完全相同,主要有:第一种观点:"劳动法有三个基本原则,即社会正义原则、劳动自由原则和三方合作原则。这三项原则贯穿于劳动法的各项具体制度之中,体现了劳动关系的本质属性,对于劳动立法、司法与执法都具有规范与指导作用,而且具有普遍性和稳定性的特点,在很长的一段历史时期内都是世界各国公认的劳动法最高准则。"[3] 第二种观点:"第一,劳动权利义务相统一原则;第二,保护劳动者合法权益原则;第三,劳动法主体利益平衡原则。"[4] 第三种观点:"劳动法基本原则的内容,可表述为以下各项:劳动既是劳动者权利又是劳动者义务原则;保护劳动者合法权益原则;劳动力资源合理配置原则。"[5]

"五原则说"的代表性的观点也并不完全相同,主要有:第一种观点:"(一)保护劳动者合法权益与兼顾用人单位利益相结合的原则;(二)贯彻以按劳分配为主的多种分配方式与公平救助相结合的原则;(三)坚持劳动者平等竞争与特殊劳动保护相结合的原则;(四)实行劳动行为自主与劳动标准制约相结合的原则;(五)坚持法律调节与三方对

---

① 董保华:《劳动法论》,世界图书出版公司1998年版,第95—97页。
② 董保华等:《"劳工神圣"的卫士——劳动法》,上海人民出版社1997年版,第44—47页。
③ 周长征:《劳动法原理》,科学出版社2004年版,第27—44页。
④ 贾俊玲主编:《劳动法学》,中央广播电视大学出版社2003年版,第66页。
⑤ 王全兴主编:《劳动法》,法律出版社2007年12月重印本,第50—53页。

话相结合的原则。"① 第二种观点:"（一）公民有劳动权利和义务;
（二）保护劳动者合法权益;（三）处理劳动问题坚持男女平等、民族平
等;（四）劳动者拥有集会结社的自由和参加民主管理的权利;（五）在
组织劳动中实行奖惩结合。"② 第三种观点:"（一）劳权保障原则;
（二）社会法治原则;（三）劳资自治原则;（四）三方协商原则;
（五）合作共赢原则。"③

"七原则说":（1）劳动者有劳动权利和义务的原则;（2）劳动者参
加民主管理的原则;（3）劳动者享有劳动保护和休息权利的原则;
（4）贯彻各尽所能、按劳分配的原则;（5）劳动者享有物质帮助权利的
原则;（6）劳动者有接受职业教育的权利和义务的原则;（7）在劳动方
面坚持男女平等、民族平等的原则。④

（二）劳动法"倾斜保护原则"

上述"七原则说"是较为传统的观点,实际上是将《宪法》中有关
劳动方面的某些条文直接移植为《劳动法》的各项基本原则。因此,其
理论缺陷在于:抽象性、概括性不够,语言文字逊于精练。应依照宪法的
精神来确立劳动法的基本原则,而不应直接移植。"二原则说""三原则
说""五原则说"的这些观点形式较新颖,具备了一定的抽象性、概括
性,能起到法律原则应有的作用,最重要的是没有流于对具体制度的重复
和强调,但实际上原则数量仍过多、过泛,并未体现原则应有的特性。

稍加分析,以上这些原则完全可以再抽象,当我们层层深入时,"倾
斜保护原则"便会跃然纸上。为了说明更具代表性,我们以持这些观点
的劳动法学界的权威前辈来说明。"二原则说"是中国法学会社会法学研
究会⑤副会长、中国劳动法学会副会长、华东政法大学董保华教授的观
点。其"二原则说"具体为:劳动关系协调的合同化、劳动条件基准化、
劳动保障社会化和劳动执法规范化。实际上就是强化国家和社会的作用来
保障劳动者生存权（基准化、社会化和规范化）,同时对超出生存权的自
由权是承认,并不是替代和剥夺,国家及社会是不能干预的（合同化）。
稍加抽象上升,就会得出劳动法"倾斜保护原则。"值得一提的是,董保

① 郭捷:《劳动法与社会保障法》,法律出版社 2011 年版,第 54—60 页。
② 关怀、林嘉主编:《劳动法学》,中国人民大学出版社 2006 年版,第 14—16 页。
③ 常凯主编:《劳动法》,高等教育出版社 2011 年版,第 26—29 页。
④ 李景森主编:《劳动法学》,北京大学出版社 2000 年版,第 17—22 页。
⑤ 2012 年 7 月改称中国社会法学研究会。

华教授在他的《社会法原论》一书设专门章节用较大篇幅讨论"倾斜保护原则"，只不过是从社会法角度讨论而已。① "三原则说"中的第三种观点是中国法学会社会法学研究会副会长、中国劳动法学会副会长、上海财经大学王全兴教授②的观点。③ "劳动既是劳动者权利又是劳动者义务原则"实际上是所有法律的特点，同时"劳动是劳动者义务原则"的观点在市场经济条件下似乎还值得探讨④。"劳动力资源合理配置原则"是承认自由权的表现，"保护劳动者合法权益原则"是承认生存权的表现，这些实际上就是劳动法"倾斜保护原则"。"五原则说"的第一种观点是前中国法学会社会法学研究会副会长、中国劳动法学会前副会长、西北政法大学郭捷教授⑤的观点。⑥ 从字里行间就可看出前四点体现的就是劳动法"倾斜保护原则"。最后一点"坚持法律调节与三方对话相结合的原则"，这里的三方，就是国家（政府）、雇主和工人之间通过对话合作，实际上就是强化国家和社会的作用来保障劳动者生存权，同时对超出生存权的自由权是承认的。这实际上依然是劳动法"倾斜保护原则"的体现。"五原则说"的第三种观点是中国法学会社会法学研究会副会长、中国劳动法学会副会长、中国人民大学常凯教授的观点，仔细分析，劳权保障原则和社会法治原则直接体现的就是劳动法"倾斜保护原则"，三方协商原则实际上依然是劳动法"倾斜保护原则"的体现，劳资自治原则实际上依然是劳动法"倾斜保护原则"中自由权保障的体现，合作共赢原则，是劳动法"倾斜保护原则"的必然结果。

尤其值得一提的是，关于劳动法"倾斜保护原则"，《中华人民共和国劳动合同法》的起草及通过中的争论也能说明一些问题。关于《中华

① 董保华等：《社会法原论》，中国政法大学出版社 2001 年版，第 133—153 页。

② 2005 年 5 月，在西安举行的《劳动合同法（草案）》课题组研讨会上，笔者曾当面请教过该课题组组长、中国法学会社会法学研究会副会长、中国劳动法学会副会长、中国人民大学常凯教授和王全兴教授（当时王教授还在湖南大学）。他们关心、保护劳动者的情怀溢于言表，令笔者至今难忘。

③ 王全兴主编：《劳动法》，法律出版社 2007 年 12 月重印本，第 50—53 页。

④ 市场经济条件下，"劳动是劳动者义务原则"是和禁止强迫劳动的原理相矛盾的，这一点，正在引起大家注意。

⑤ 郭捷教授是笔者硕士研究生导师，在求学期间，笔者专门请教过郭老师"倾斜保护"四字在劳动法中的意义。郭老师讲：民法是"意思自治"四个字，劳动法是"倾斜保护"四个字。回想起来，也许是郭老师对"倾斜保护"的阐释，影响引导笔者走上了劳动法教学科研工作。

⑥ 郭捷：《劳动法与社会保障法》，法律出版社 2011 年版，第 54—60 页。

人民共和国劳动合同法（草案)》（以下简称《草案》）的争论，除了立法技术方面的问题外，所有争论都是立法指导原则的争论。2005 年 12 月，《草案》首次提交十届全国人大常委会第 19 次会议审议。2006 年 3 月，全国人大常委会办公厅全文公布《草案》，向全社会广泛征求意见，到 4 月 20 日，共收到意见 191849 件，是历届全国人大常委会公布的法律草案征求意见中，收到意见最多的一次。

在《草案》立法指导原则上，劳动法理论界和实务界的代表性观点概括起来不外乎以下三种表述：作"单保护（保护劳动者合法权益)"表述；作"双保护（保护当事人即劳动者和用人单位合法权益)"；作"倾斜保护（对劳动者倾斜保护)"表述。

实际上，以上三种表述，除了"双保护（保护当事人即劳动者和用人单位合法权益)"论者中的极端者外①，其本质意义可以说没有区别，仅仅是文字差别而已，完全符合劳动法"倾斜保护原则"的基本要义。甚至可以这样说也不过分：劳动合同立法宗旨中所谓"双保护"与"单保护"的争论不过只是一场由误会引起的无谓的争论。例如，主张作"单保护（保护劳动者合法权益)"表述的王全兴教授对"单保护（保护劳动者合法权益)"是这样阐述的："劳动法基于劳动关系中劳动者是相对弱者的假设，在保护双方当事人合法权益的同时，偏重保护劳动者合法权益，故立法目的条款中作'单保护'表述。"② 常凯教授这样阐述："《劳动合同法》的作用就在于通过劳动法律的矫正功能追求一种实质上相对平等的关系。这种矫正功能的基本手段，即是通过公权力的介入，适度限制雇主的权利以保障劳动者的权利，使个别劳动关系实现相对的平等或平衡。"③ 主张作"双保护（保护当事人即劳动者和用人单位合法权益)"表述的金利来集团有限公司董事局主席、中华全国工商业联合会副主席曾宪梓是这样阐述的："劳动合同是由劳资双方签订的，既应该保护劳动者的利益，也应该保护雇佣劳动者的人的利益。我们制定劳动合同法，就应该兼顾各方的利益，保护各方的权益。"④ 民革中央常务副主席、

① 张五常等著名经济学者就坚决主张，立刻取消新劳动法，取消最低工资。但是，笔者认为，张五常不仅是一个学者（他是诺贝尔经济学家的弟子），更是一个在内地投资设厂的"老板"。所以，对他的主张，应做更深一层理解。

② 王全兴：《劳动合同立法争论中需要澄清的几个基本问题》，《法学》2006 年第 9 期。

③ 常凯：《关于劳动合同立法的几个基本问题》，《当代法学》2006 年第 6 期。

④ 《关于立法宗旨——分组审议劳动合同法草案发言摘登（二)》，*http：//www. npc. gov. cn/cwh/common*，2007 年 4 月 25 日。

上海市社会科学院部门经济研究所所长厉无畏教授也表示："劳动合同法的制定主要关注两方面内容，一是保护劳动者，二是保护企业。虽然看似矛盾，但实际上保护了企业也就是保护了劳动者，企业的权益无法保障，劳动者的最终权益也无法保障。"① 即使是王全兴教授也这样认为："劳动法保护劳动者在一定意义上就是保护用人单位……保护劳动者与保护用人单位是'一个硬币两个面'② 的关系。"③ 主张"倾斜保护（对劳动者倾斜保护）"表述的董保华教授对"倾斜保护（对劳动者倾斜保护）"是这样阐述的："现行劳动法是以合同化与基准化相结合的立法模式为依据来确定其立法宗旨的，必然从'倾斜立法'的视角来概括'保护劳动者的原则'。1994 年公布的《劳动法》第 1 条以显性的方式提出保护劳动者，同时通过强调'调整劳动关系''适应社会主义市场经济的劳动制度'，以隐性的方式提出保护用人单位，应当将其概括为'倾斜立法'。国家只是以基准法的方式为劳动关系确定底部，留出当事人的协商空间，并保障双方当事人的平等协商。笔者早在 1992 年就率先将'保护劳动者'原则概括为'倾斜保护'并于 1993 年依据这样的指导思想参加了《劳动法》的论证和起草；在《劳动法》公布后的一系列著作中，笔者更有详尽论述。'倾斜保护'也渐成劳动法界的通论。"④ "很多劳动法学界的同仁，以为'倾斜保护'与'单保护'是一回事。"⑤

最终，经过四读以后，由中华人民共和国第十届全国人民代表大会常务委员会第二十八次会议于 2007 年 6 月 29 日通过，自 2008 年 1 月 1 日起施行《中华人民共和国劳动合同法》第 1 条最终的表述是："为了完善劳动合同制度，明确劳动合同双方当事人的权利和义务，保护劳动者的合法权益，构建和发展和谐稳定的劳动关系，制定本法。"显然是兼顾了这

---

① 见惊雷：《厉无畏建议：竞业限制补偿标准作进一步研究》，《每日经济新闻》，2006 年 3 月 24 日。

② 参见全国人大常委会法工委行政法室《国外有关劳动合同问题的法律规定》，*http：//www. npc. gov. cn/cwh/common*，2007 年 4 月 25 日。

③ 王全兴：《劳动合同立法争论中需要澄清的几个基本问题》，《法学》2006 年第 9 期。

④ 董保华：《论劳动合同法的立法宗旨》，《现代法学》2007 年第 6 期。

⑤ 董保华：《论劳动合同法的立法宗旨》，《现代法学》2007 年第 6 期。笔者认为，这一断语，实际上表明我国劳动法学界是主张劳动法"倾斜保护原则"的，不过董保华教授是明确坚持此观点的。

两个方面，实际上再一次肯定了劳动法"倾斜保护原则"。①

（三）劳动法"倾斜保护原则"正义价值

前文已述，无论就专著还是专业学术而言，学者关于劳动法"倾斜保护原则"正义价值的专门理论研究还非常初步，鲜有深入分析论述，仅停留在教科书层次，成果几近空白：没有直接阐述劳动法"倾斜保护原则"正义价值的专著及有关劳动法正义价值的研究，当在中国期刊全文数据库（1980 年以来所有文献，检索日期截至 2016 年 8 月 17 日）中，用"劳动法'倾斜保护原则'正义价值"的"篇名"搜索时，除了作者的两篇文献外，符合条件的记录没有。用"主题"搜索时，显示 123 篇，但是，真正符合条件的记录没有。

（四）马克思正义观视野下的劳动法"倾斜保护原则"

没有直接阐述基于马克思正义观视野的劳动法"倾斜保护原则"正义价值的专著及有关基于马克思正义观视野的劳动法"倾斜保护原则"正义价值的研究，当在中国期刊全文数据库（1980 年以来所有文献，检索日期截至 2016 年 8 月 17 日）中，用"马克思正义观视野的劳动法'倾斜保护原则'正义价值"的"篇名"搜索时，符合条件的记录没有。用"主题"搜索时，除了作者的 1 篇文献外，符合条件的记录没有。

我国关于马克思正义观研究文献，起初只是在一些宏观研究正义的著作中有所涉及，例如，余文烈：《分哲学派的马克思主义》，重庆出版社 1993 年版；吴忠民：《社会公正论》，山东人民出版社 2004 年版；沈晓阳：《正义论经纬》，人民出版社 2007 版等。这些著作论述马克思正义观时，有的是以专门一节，有的是专门以一章展开，专门研究马克思正义观的著作并不多见。近几年来，这类专门研究的著作开始出现，但数量很少，例如，林进平：《马克思的"正义"解读》，社会科学文献出版社 2009 年版；李惠斌、李义天主编：《马克思与正义理论》，中国人民大学出版社 2010 版；司春燕：《马克思恩格斯法正义观研究》，人民出版社 2014 版；邓晓臻：《马克思的正义思想探究》，社会科学出版社 2015 版；

① 2016 年 2 月 26 日号称"中国商界第一高端人脉与价值分享平台"的"正和岛"网站发布了《10 大佬：劳动合同法到了该改改的时候了》。这一话题的引发，来自于 2016 年 2 月 19 日在中国经济 50 人论坛年会上财政部部长楼继伟称工资过快增长降低投资意愿的发言，其余的不过是 2009 年前后的"旧事重提"。完全可以说"正和岛"选择的 10 大佬极具针对性的，代表的是企业家。同时，也可以说，"正和岛"选择企业家、官员以及学者的观点只是代表企业家的，具有很强的公众误导性（而并非误导"嫌疑"）。

黄其洪、蒋志红:《马克思批判性正义观研究》,人民出版社 2016 版等。可喜的是,近几年来,我国一些著名学者也加入研究马克思正义队伍中,而且方兴未艾,代表人物及作品如:李旸:《马克思正义观的合法性问题辨析》,《中国特色社会主义研究》,2012 年第 6 期;李佃来:《马克思与"正义":一个再思考》,《学术研究》,2011 年第 12 期、《论马克思正义观的特质》,《中国人民大学学报》2013 年第 1 期;袁祖社:《"正义"对"制度"的介入与规制——马克思正义观的实践难题》,《北京大学学报》(哲学社会科学版) 2014 年第 3 期;王新生:《马克思正义理论的四重辩护》,《中国社会科学》,2014 年第 4 期;段忠桥:《历史唯物主义与马克思的正义观念》;林进平:《论中国特色社会主义公平正义观的构建》。后两篇为 2016 年 7 月 1—2 日中央编译局国家高端智库"马克思主义基本理论与意识形态建设"重点研究方向和中央编译局马克思主义与中国现实问题研究中心联合主办的"如何建构中国的马克思正义观"研讨会论文。

笔者认为,这些文献中的一些较有学术价值,给人以很大启迪。典型的观点有:"马克思正义理论的出场,是以其清醒的总体性实践超越意义上的文化与价值批判立场:这是一个资本家阶级最大化其生存利益的社会现实,这是一个新兴市民阶级通过将'私有制'奉为神圣、永恒,而获得一种在这个阶级看来是最牢固、最安全的制度设计。"① "……马克思并没有因要求一个更高的善而否定在特定的历史时期内追求正义的必要性,因为在他那里这种追求本身就是超越政治正义②的历史实践的一部分……在马克思那里,历史的尺度和道德的尺度、超越的层面与现实的层面从来都没有混淆过,也从来没有机械地分离过。"③ "劳动正义体现了唯物史观在正义理论上的实际应用,是马克思对资本主义生产方式在价值层面的本质追问……"④ "马克思的高阶正义概念从'人类社会或社会化的人类'

---

① 袁祖社:《"正义"对"制度"的介入与规制——马克思正义观的实践难题》,《北京大学学报》(哲学社会科学版) 2014 年第 3 期。
② "政治正义,是指正义的一种实现方式和限度,是指以政治活动的方式在政治活动的范围内达成的正义。但是,政治总是历史的,马克思力图超越的是资产阶级政治的正义诉求。在马克思看来,社会主义的政治活动因其对社会主义正义的追求而超越了资产阶级的政治正义,因此,社会主义的政治活动本身就是超越政治正义的实践活动。"(王新生:《马克思超越政治正义的政治哲学》,《学术研究》2005 年第 3 期。)
③ 马克思历来在各个领域坚持他的辩证法思想。例如,在涉及资本主义工资关系是不是一种平等关系,他回答道:"是和不是"。
④ 王代月:《马克思的劳动正义理论及现实价值研究》,《思想战线》2010 年第 1 期。

出发，以'自由人'之间有机的社会合作为基础，刻画出人类社会可能具有的最高正义原则。这一原则是先前人类历史中出现过的各类正义原则在逻辑上和在历史上自我扬弃的结果。在当代中国正义理论的建构过程中，马克思主义不可能仅仅充当批判者的角色，而是担负着为现实生活提供规范的理论责任。"① 但是，这些文献没有一篇是基于劳动法或劳动法"倾斜保护原则"正义价值视角的。

三　该课题的研究现状简评

基于上述国内外关于该课题的研究现状，笔者认为，该课题的研究至少存在以下几方面不足，尚需进一步深入：

第一，尚未形成运用马克思正义观研究劳动法"倾斜保护原则"正义价值的理论框架。前文已述，西方学者的研究并没有直接、全面且系统地构造劳动法"倾斜保护原则"正义价值基本理论体系，更不用说基于马克思正义观视野审视。同时，国内学者关于劳动法"倾斜保护原则"正义价值的专门理论研究也鲜见，尤其是没有直接基于马克思正义观视野对劳动法"倾斜保护原则"正义价值专门解读、探究。而这一研究将会使我们跳出劳动法学来审视劳动法学——"既在其中而又能出乎其外"，从而具有更广阔的研究视角，② 并因此具有较强理论意义和实践价值。所以，形成运用马克思主义的唯物史观的正义理论研究劳动法"倾斜保护原则"正义价值的理论框架就成为必要。

第二，尚未形成坚持马克思正义观对劳动法"倾斜保护原则"正义价值的全面正确的认识。在西方学者看来，劳动法"倾斜保护原则"所体现的正义就是一种"永恒正义"。而在我国相当多的劳动法学者看来，劳动法"倾斜保护原则"是符合马克思主义基本原理的，所以不加分析

---

① 王新生：《马克思正义理论的四重辩护》，《中国社会科学》2014 年第 4 期。

② 奥特弗利德·赫费说过："从概念上廓清政治的正义性概念，尽可能使它成为可应用的标准，成为正义原则，一直是哲学的最高任务。甚至，无论是柏拉图、亚里士多德，或是后来的奥古斯丁、托马斯·阿奎那、威廉·奥卡姆，还是近代的霍布斯、斯宾诺莎、洛克、卢梭、康德、黑格尔和马克思，也就是说，直至欧洲启蒙时代结束后的一段时间里，所有伟大的哲学家，往往都是重要的有关法和国家的思想家。反过来说，法和国家理论主要是由哲学家们写成的。政治讨论亦主要是从哲学角度进行的，而且成了道德批判的决定性部分，并以这种形式建立了哲学的法和国家伦理学。"（［德］奥特弗利德·赫费：《政治的正义性——法和国家的批判哲学之基础》，庞学铨等译，上海译文出版社1990 年版，第 3 页。）

地盲目接受。① 而实际上，（西方国家）劳动法"倾斜保护原则"不过是自由主义正义观的自我调适，其理论基础是社会功利主义和新社会契约论。劳动法"倾斜保护原则"的正义性具有历史进步性一面，同时劳动法"倾斜保护原则"的正义性具有很大的历史局限性，其所体现的只是属于一种分配领域的改良主义，其"底线"是它不能改变资本主义作为一种制度的质的规定性，最终也就不能实现劳动者自由而全面的发展。所以，进一步深入研究将会使我们运用马克思正义观，走出对劳动法"倾斜保护原则"正义价值的片面的理论认识误区。

第三，尚未对当代中国劳动法"倾斜保护原则"正义价值问题进行深入探讨。坚持马克思正义观视野研究劳动法"倾斜保护原则"正义价值的目的在于为当代中国劳动法理论与实践服务，引发对劳动者保护更多的关注，促进当代中国在劳动关系领域对于实现社会正义的强烈诉求的实现。这就要求我们运用马克思正义观，结合当代中国已基本形成相对健全的市场化劳动关系的冲突与融合的社会实践，深入思考当代中国劳动法"倾斜保护原则"正义价值的问题困境、成因及解决之道，努力追求我国劳动法"倾斜保护原则"正义价值的实现与实践性超越。

2007 年是我国劳动立法中的一个里程碑，在这一年，先后通过了三部重要的劳动法律，分别是：2007 年 6 月 29 日第十届全国人民代表大会常务委员会第二十八次会议通过了《劳动合同法》，2007 年 8 月 30 日第十届全国人民代表大会常务委员会第二十九次会议通过了《就业促进法》，2007 年 12 月 29 日第十届全国人民代表大会常务委员会第三十一次会议通过了《劳动争议调解仲裁法》。2010 年 10 月 28 日第十一届全国人民代表大会常务委员会第十七次会议通过了《社会保险法》。这四部法律分别完善了我国的劳动合同法律制度、就业促进法律制度、劳动争议处理法律制度和社会保险法律制度，标志着我国已经初步建立了适应社会主义市场经济体制需要的劳动法律体系。2010 年以来，新出台的法律法规主要有：（1）《工伤保险条例》修订并实施（2011 年 1 月 1 日起施行）；（2）《刑法修正案（八）》2011 年 2 月增设拒不支付劳动报酬罪；（3）最高人民法院《关于审理拒不支付劳动报酬刑事案件适用法律若干问题的解释》（2013 年 1 月 23 日起施行）；（4）最高人民法院《关于审理劳动

① 把劳动者当作"被保护"的对象，这不过是保障劳动者的生存权，与劳动者的"自由而全面的发展"差距甚大，甚至可以说是违背劳动者的"自由而全面的发展"方向的。从这个意义上讲，劳动法"倾斜保护原则"只具有历史意义和相对意义。

争议案件适用法律若干问题的解释（四）》（2013 年 2 月 1 日起施行)①；
(5)《劳动合同法》修订并实施（2013 年 7 月 1 日起施行）；（6)《劳务
派遣暂行规定》（2014 年 3 月 1 日起施行）；（7)《城乡养老保险制度衔
接暂行办法》(2014 年 7 月 1 日起施行)；(8)《关于建立统一的城乡居
民基本养老保险制度的意见》（2014 年 2 月 1 日起施行）；（9)《社会救
助暂行办法》(2014 年 5 月 1 日起施行)；(10)《全国人民代表大会常务
委员会关于修改〈中华人民共和国安全生产法〉的决定》（2014 年 12 月
1 日起施行）；（11)《关于进一步做好为农民工服务工作的意见》（2014
年 9 月 12 日起施行）；（12)《人力资源社会保障部关于修改〈就业服务
与就业管理规定〉的决定》（2015 年 2 月 1 日起施行）；（13)《关于机关
事业单位工作人员养老保险制度改革的决定》（2014 年 10 月 1 日起实
施）；（14)《关于构建和谐劳动关系的意见》（2015 年 3 月 21 日起施
行）；（15)《关于全面实施城乡居民大病保险的意见》（2015 年 7 月 28
日施行）；（16)《关于宣布失效和废止一批文件的通知》（人社部发
〔2016〕16 号）；（17) 2017 年 1 月 19 日国务院通过《生育保险和职工基
本医疗保险合并实施试点方案》；（18) 2017 年 2 月 16 日人力资源和社会
保障部、财政部印发《关于阶段性降低失业保险费率有关问题的通知》；
等等。所有这些，标志着我国劳动法"倾斜保护原则"正义价值的较为
充分的实现。②③ 笔者深信，随着我国劳动法理论研究及制度建设的巨大
发展，劳动法"倾斜保护原则"正义价值的专门理论研究必将欣欣
向荣。

---

① 这是最高法针对劳动争议案件审理发布的第四个司法解释，也是新世纪以来，最高法针
　对调整和规范同一社会关系的案件，出台件数最多的司法解释。

② 尽管不断进步，且成就非凡，但理论界实务界公认的中国劳动法最薄弱的环节在于其实
　施和实际操作，亦即"文本劳动法"和"行动劳动法"的巨大鸿沟和尖锐冲突，2007
　年前，可以说是一种"主动"的法律不执行，其原因在于为了经济发展，采取了"亲
　资本"的"行动劳动法"，其结果是在经济巨大发展的同时，带来了较为严重的劳资冲
　突等社会问题。2007 年后，为平衡劳资利益，我国加紧了"文本劳动法"制定，相继
　颁布了《劳动合同法》《就业促进法》《劳动争议调解仲裁法》《社会保险法》等一系
　列法律，并尽力改善"行动劳动法"，但任重道远，主要原因在于：过于依赖"国家中
　心主义"的执法形式，甚至采取"政治运动"式执法，"政治运动"一过，执法问题就
　重新被忽视，公民社会为基础的"自下而上"的守法模式被边缘化。

③ 同样令人担忧的是法治的实践。严格遵守和执行实定法的观念不仅未能巩固，并且在各
　种政治效果、社会效果的要求下，法律在不断地向政治和现实妥协，司法实务甚至在弃

正是有感于国内外关于该问题的研究现状及趋势并出于本人的理论研究学习兴趣及教学需要，笔者才基于马克思正义观视野，力图在探讨劳动法"倾斜保护原则"正义价值方面有所收获。

第三节　研究思路、主体内容和研究方法

一　研究思路①

本成果研究目标致力于初步形成运用马克思正义观，研究劳动法"倾斜保护原则"正义价值的理论框架，走出对劳动法"倾斜保护原则"正义价值的片面的理论认识误区，深入思考当代中国劳动法"倾斜保护原则"正义价值的问题困境、成因、解决之道，努力追求当代中国劳动法"倾斜保护原则"正义价值的实现与实践性超越，以期推动劳动法"倾斜保护原则"正义价值问题研究深入，在实践上引发更多对劳动者保护问题关注，促进当代中国在劳动关系领域对于社会正义的强烈诉求的实现。

二　论题逻辑

也正是基于上述思路，本成果按以下研究逻辑循序推进：

首先，在着重对选题背景和意义、国内外研究现状及趋势分析的基础上，进行一些基础理论研究，包括：简析劳动法"倾斜保护原则"的理

守"依法裁判"的底线。各种"选择性执法"甚至"选择性守法"的背后，都有一套基于法律外理由的说辞，各种僭越于法律之上的公权力行为都能找到正当性的借口，而这些借口甚至于来自某些法学家的认真论证。人们努力争得的法治进步，由于法律无法严格执行而被消解，而开放性的法学研究，无意间为政治权力超越甚至践踏法律提供了学理背书。所有这些乱象，似乎都与过高的实质正义追求之间具有某种耦合性。基于以上的思考，我们似乎可以认为：虽然法治并不拒绝自由、民主、人权等实质价值，虽然法学并不根本排斥对各种伦理、政治和社会因素的考量，但在一个政治和道德话语泛滥的国家，如果不能在最低限度的形式法治层面获得共识，法学研究不能确立或者至少是理解法教义学的视角，中国未来的法治很难让人有乐观的期待。（张翔：《形式法治与法教义学》，《法学研究》2012 年第 6 期。）

① 在写作的过程中，越深入一步，越觉得自己无知，总感觉古今中外思想家们以及先哲们把笔者想想的、想说的，都想完完说完了，至今不失我们反复斟酌、体味和借鉴。所以绝不敢"从心所欲"，只能尽力用自己的话语，反映自己的理解，不敢妄言。

据及意义，梳理、考察和简析前马克思正义观及其中劳动者保护问题，归纳总结出科学性与价值性相统一的马克思正义观，并指出其批判视野。这就为下一步展开问题作了一些必要的背景和理论铺垫。所以，就形成了第一章"绪论"、第二章"劳动法'倾斜保护原则'的含义及其理据"、第三章"前马克思正义观：为何及如何忽视了劳动者保护问题"、第四章"资本主义雇佣劳动制度对劳动者保护的漠视：马克思正义观的批判视野"。

其次，在第三章、第四章的基础上，以马克思正义观为指导，一是分析了近代市民社会对劳动者"平等"保护体现的是自由主义正义观；二是重点分析了（西方国家）劳动法"倾斜保护原则"不过是自由主义正义观的自我调适。这样就形成了第五章"对劳动者'平等'保护：自由主义正义观"、第六章"劳动法'倾斜保护原则'：自由主义正义观的自我调适"。其中，第五章较之于第六章也起了必要的背景和铺垫作用，因为第六章是第五章的必然逻辑发展，而且也是本成果的重点内容。在对（西方国家）劳动法"倾斜保护原则"正义价值"理论定性"后，必然要求探讨其实现之途为何，所以，本成果紧接着从基础理论和具体法律制度两个方面考察了（西方国家）劳动法"倾斜保护原则"正义价值实现之途，这样就形成了第七章"劳动法'倾斜保护原则'正义价值实现之途——基于劳动法基础理论分析"、第八章"劳动法'倾斜保护原则'正义价值实现之途——基于域外劳动法律制度分析"。其中，第八章是建立在第七章基础上的，同时也是第六章的必然逻辑发展。

最后，坚持马克思正义观视野研究劳动法"倾斜保护原则"正义价值的目的在于为当代中国劳动法理论与实践服务，所以，本成果的落脚点就在于探讨当代中国劳动法"倾斜保护原则"正义价值的问题困境、成因及解决之道，努力追求我国劳动法"倾斜保护原则"正义价值的实现与实践性超越，这样就形成了"当代中国劳动法'倾斜保护原则'正义价值问题的思考"。而思考又从"困境及出路""实现与超越"两部分展开。所以形成了第九章"当代中国劳动法'倾斜保护原则'正义价值的问题的思考：困境及出路"和第十章"当代中国劳动法'倾斜保护原则'正义价值问题的思考：实现与超越"。这也是本成果的重点内容。

遵循该研究思路，形成了本成果的逻辑结构。另外，本成果还以结束语的方式对本成果的创新性观点和需要进一步探讨的问题做了简要归结。

三 主体内容

第一章，绪论部分。主要阐释选题背景和意义、国内外研究现状及趋势、研究思路、研究方法。绪论部分重点阐明：在对实现社会正义有着的强烈诉求的当代中国，运用马克思正义观形成研究劳动法"倾斜保护原则"正义价值的理论框架，走出对劳动法"倾斜保护原则"正义价值的片面的理论认识误区，深入思考当代中国劳动法"倾斜保护原则"正义价值的问题困境、成因、解决之道，努力追求我国劳动法"倾斜保护原则"正义价值的实现与实践性超越，具有较为强烈的理论意义和实践意义。

第二章，简析劳动法"倾斜保护原则"的理据及意义。首先，对劳动法"倾斜保护原则"的含义及其理据进行分析，指出劳动法"倾斜保护原则"有两个层次，其法理依据是劳动关系的从属性。其次，分析了劳动法"倾斜保护原则"的法律意义。表现在两个方面，一是劳动法从私（民）法中分离与独立的标志，二是劳动者生存权的保障和劳动者自由权的修正。

第三章，梳理、考察和简析前马克思正义观及其中劳动者保护问题。主要梳理并简析了西方正义观及其历史演变，同时也简要涉及了中国传统正义观。西方古代正义观经历了外在自然（宇宙）正义观到内在自然（理性）正义观再到神学正义观历史演变。西方近代正义观是一种自由主义正义观，其理论基础有社会契约论和（个人）功利主义两种，从此以后，自由、平等的正义观念深入人心。西方现代正义观，表现为自由主义正义观的自我调适，主张对形式自由、形式平等进行纠正，其理论基础主要为新社会契约论和（社会）功利主义两种。当然，现代西方还有一些诸如相对主义和非理性主义正义观等非主流正义观。中国的正义观念则体现为儒家、道家、墨家、法家四大正义观这一基本格局，但儒家正义观是主流正义观。从本质上言，这些前马克思正义观均可归入抽象正义观一类。就其中劳动者保护问题而言，前马克思正义观对劳动者的保护经历了一个被排斥在视野之外、平等保护到倾斜保护的渐次呈现过程，这分别体现在古代正义观、近代正义观、现代正义观上。对前马克思正义观及其中劳动者保护问题进行梳理，就为归纳总结出科学性与价值性相统一的马克思正义观及其批判视野作了铺垫。

第四章，归纳总结出科学性与价值性相统一的马克思正义观，并指出其批判视野。首先，指出国内外关于"马克思与正义"问题的争论的核心是资本主义雇佣劳动制度合理性与否问题，并对其进行分析，总结出追求合理的劳动关系和劳动者自由而全面的发展是马克思正义观的价值旨归。其次，分析了马克思正义观的演进过程，指出这一演进过程实际上就是揭露不合理劳动关系的根源和实质的过程。在上述两点基础上，指出马克思主义经典作家坚持从批判、革命、实践的观点和立场出发，形成了建立在社会生产基础上的科学性与价值性相统一的马克思正义观，展现了对不合理劳动关系的根本变革，对劳动者的生存、发展和命运的深情实践关怀，对正义理论作出了独特而巨大的贡献。

第五章，分析了对劳动者"平等"保护是一种自由主义正义观。首先，对近代市民社会的独立为对劳动者"平等"保护提供了广阔的社会背景进行分析，指出，自近代资本主义社会始，人类社会进入契约社会，而这一过程标明了近代市民社会摆脱政治国家的控制，"表现出现代的市民社会和政治社会的真正关系"。市民社会独立于政治国家，打破了政治国家权力无所不及的封建等级专制思想，极大地促进了人类社会进步，为对劳动者"平等"保护提供了广阔的社会背景。其次，指出对劳动者"平等"保护是自由主义正义观的体现，并基于马克思正义观视野对其解读：对劳动者"平等"保护是近代市民社会的产物，对劳动者"平等"保护是把劳动关系视为纯私（民）法的调整对象的结果。在古典自然法正义观和功利主义法学和早期分析法学正义观看来，对劳动者"平等"保护，就是符合正义的。基于马克思正义观评价社会历史的历史尺度和价值尺度的有机统一，一方面，肯定了其历史进步性：对劳动者"平等"保护是对异化的社会关系的否弃。另一方面，又批判其历史局限性，这些主要集中在对近代自由主义正义的自由、平等和私有财产抽象性的揭露上，进而要求超越抽象人权的阈限。

第六章，分析了劳动法"倾斜保护原则"是自由主义正义观自我调适的结果。首先，指出对劳动者进行倾斜保护成为时代要求。一方面，19世纪发生的波澜壮阔的国际工人运动，严重地动摇了资产阶级统治，资产阶级为了自己的根本利益，不得不对工人阶级斗争采取"胡萝卜加大棒"的政策，并开始运用行政和法律手段关注劳动等问题，对劳动者进行倾斜保护。另一方面，"近代社会中的'从身份到契约'的运动在现代社会中正转变为'从契约到身份'的运动。"其结果必然形成"新的身份"：弱势主体和强势主体。表现在劳动关系领域，弱势主体和强势主体就是劳动者和雇主，对"新的身份"所造成的劳动者等弱势群体的实质不自由、不平等的克服，使得对劳动者进行倾斜保护成为时代要求。其次，指出劳动法"倾斜保护原则"不过是自由主义正义观的自我调适，并基于马克思正义观视野对其解读：劳动法"倾斜保护原则"是市民社会内在局限的内部克服，劳动法"倾斜保护原则"把劳动关系视为社会（劳动）法的调整对象，劳动法"倾斜保护原则"成为以社会法学为代表的现代三大法学学派的共同指向，在它们看来，对劳动者"倾斜"保护，就是符合正义的。实际上，劳动法"倾斜保护原则"不过是自由主义正义观的自我调适。基于马克思正义观评价社会历史的历史尺度和价值尺度的有机统一，一方面，对劳动法"倾斜保护原则"的历史进步性进行肯定：是一种历史进步尺度的澄明。另一方面，又指出了劳动法"倾斜保护原则"的历史局限性，其所体现的只是属于一种分配领域的改良主义，其"底线"是不能改变资本主义作为一种制度的质的规定性，最终也就不能实现劳动者自由而全面的发展，所以，要求谋求社会生产关系的根本变革。

第七章，基于劳动法基础理论探讨了劳动法"倾斜保护原则"正义价值实现之途。首先，分析了劳动法"倾斜保护原则"正义价值在实体法意义上得以实现的途径。这些途径主要是"劳动基准法"、集体合同、劳动合同的强制性规定、就业促进、社会保险。"劳动基准法"、集体合同分别是劳动法"倾斜保护原则"正义价值在劳动关系存续过程中的宏观层次、中观层次实现的途径，在微观层次实现的途径则主要是劳动合同方面的强制性规定。劳动关系确立前和终止后的实现的途径则是就业促进、社会保险。这五者共同构成了劳动法"倾斜保护原则"正义价值在实体法意义上得以实现的途径。其次，分析了劳动法"倾斜保护原则"正义价值在程序法意义上得以实现的途径。这些途径主要是劳动争议处理、新型劳动法责任形式和劳动法三方机制。劳动争议处理机制主要分为劳动保障监察、社会协调以及调解、仲裁或民事诉讼程序三个层次。劳动法的法律责任，是一种新型的法律责任，集中体现在对私法责任的限定和公法责任的优位上。"三方机制"是工人组织、雇主与政府三方协商对话与合作的劳动关系调整机制。这三者共同构成了劳动法"倾斜保护原则"正义价值在程序法意义上的实现途径。

第八章，基于域外劳动法律制度探讨了劳动法"倾斜保护原则"正义价值实现之途。首先，对域外劳动法律制度进行历史考察。19世纪初，英国"工厂法"拉开了对劳动者倾斜保护的序幕，使得作为自由主义正义观自我调适体现的劳动法"倾斜保护原则"得以产生。19世纪中叶以后的自由资本主义阶段的劳动立法，在内容和范围上，有了较大的进展，但是发展得比较缓慢且不稳定，同时实施效果很差。19世纪末20世纪初以后的垄断资本主义阶段，劳动法"倾斜保护原则"得到广泛而迅速的发展，但这种发展并不是一帆风顺的，在第二次世界大战前后，其出现反复甚至倒退现象。20世纪末以来，伴随着世界格局发生的深远转变，劳动法"倾斜保护原则"的发展面临诸多冲击和挑战，然而，劳动法"倾斜保护原则"的底线是各个国家都坚守的。其次，指出劳动法律制度是劳动法"倾斜保护原则"正义价值实现的制度保证，并主要对域外劳动法律制度的内容进行概述，其中以域外典型国家为例说明。总体说来，域外劳动法律制度的内容主要包括八个方面，即，劳动基准方面；集体合同方面；劳动合同的强制性规定方面；就业促进方面；社会保险方面；劳动争议处理方面；新型的劳动法责任形式方面和劳动法"三方机制"方面。

第九章，对当代中国劳动法"倾斜保护原则"正义价值问题的思考之一。主要围绕当代中国劳动法"倾斜保护原则"正义价值的问题困境、成因及出路，对当代中国劳动法"倾斜保护原则"正义价值问题进行思考。其中重点在于阐述社会主义市场经济条件下劳动力的商品属性以及当代中国劳动法"倾斜保护原则"体现的是中国特色社会主义的实践的、现实的社会正义追求。当代中国对正义有着强烈的诉求，正义不再仅仅是一种理论形态，更是一种活生生的社会实践。当代中国劳动法"倾斜保护原则"正义价值的问题困境在于当代中国社会主义市场经济条件的劳动力是否为商品以及如何看待由此引发的诸问题和当代中国劳动法是否需要对劳动者"倾斜保护"以及如何看待由此引发的诸问题。解决这一问题的出路在于：坚定不移地走中国特色社会主义的正确道路；承认社会主义市场经济体制下劳动力的商品属性，进而承认劳动力市场和雇佣劳动；当代中国劳动法需要对劳动者"平等"保护；当代中国劳动法需要对劳动者"倾斜"保护；当代中国劳动法"倾斜保护原则"体现的是中国特色社会主义的实践的、现实的社会正义追求。

第十章，对当代中国劳动法"倾斜保护原则"正义价值问题的思考之二。主要围绕当代中国劳动法"倾斜保护原则"正义价值的问题实现与超越，对当代中国劳动法"倾斜保护原则"正义价值问题进行思考，突出了坚持马克思正义观的最高价值目标和其"历史生成性"的有机统一。一方面，对当代中国劳动法"倾斜保护原则"正义价值的实现进行宏观的更精确地说应该是初步的思考：依据中国特色社会主义国情，理性借鉴西方成功经验，紧紧围绕国家干预，强化社会力量，努力完善我国劳动法律制度，是当代中国劳动法"倾斜保护原则"正义价值的保障和必然要求。另一方面，简要思考当代中国劳动法"倾斜保护原则"正义价值的超越，认为，当代中国劳动法"倾斜保护原则"正义价值的超越，只能存在于生产力的日益发展，存在于共产主义，到那时，劳动法"倾斜保护原则"和私有制、阶级、国家一样，不可避免地要消失，真正的自由和真正的平等会得以充分实现，劳动者也就会得到自由而全面的发展。

结束语部分，目的在于总结提高。主要是尝试性地总结出一些贡献：一是，研究视角的创新：主要表现在，初步形成了运用马克思正义观研究劳动法"倾斜保护原则"正义价值的理论框架，并在此基础上，力图走出对劳动法"倾斜保护原则"正义价值的片面的理论认识误区，深入思考当代中国劳动法"倾斜保护原则"正义价值问题的困境、成因、解决之道，努力追求当代中国劳动法"倾斜保护原则"正义价值的实现与实践性超越。二是，一些观点和论点创新：各种前马克思正义观的最基本特征是基于抽象的人性论根源，并因此漠视了对劳动者的保护，背离了马克思主义经典作家所坚持的劳动者"自由而全面发展"的方向；劳动法"倾斜保护原则"所体现的自由主义正义观的自我调适的理论基础，主要是社会功利主义和新社会契约论；劳动法"倾斜保护原则"是西方三大法学学派的共同指向；当代中国劳动法"倾斜保护原则"体现的是中国特色社会主义的实践的、现实的社会正义追求。找出需要改进的地方，以利于今后不断提高：一些论据尚需进一步加强；一些论述尚需进一步深入；一些资料尚需进一步充实；等等。

四 研究方法

（一）历史与逻辑相统一的方法

努力坚持辩证唯物主义和历史唯物主义的思维方法，历史考察以逻辑分析为依据，逻辑分析以历史考察做基础，以求对感性材料去粗取精、去伪存真、由此及彼、由表及里。这一方法主要适用前马克思正义观及其中劳动者保护问题（第三章）、对劳动者"平等"保护是一种自由主义正义观（第五章）、劳动法"倾斜保护原则"是自由主义正义观的自我调适的结果（第六章）、当代中国劳动法"倾斜保护原则"正义价值问题的思考（第九章、第十章）四个部分。

（二）实证分析与规范分析相结合的方法

实证分析和规范分析也是本成果研究的主要方法。实证分析的目的是把事实先搞清楚，以免理论分析成为没有经过验证的假说，主要回答"是什么"或"不是什么"的问题。实证分析必须以规范分析做基础和指导，否则，就只能是个别，难以上升为一般，得出普遍性的认识，主要回答"应当是什么"或"不应当是什么"。实证分析方法较多地选取国内外典型的劳动法案例和最新的劳动法新闻报道，主要适用劳动法"倾斜保护原则"正义价值实现之途——基于域外劳动法律制度（第八章），并在其余各章尽力做到；规范分析方法适用整篇。

（三）多学科综合的方法

本成果相关问题的研究跨马克思主义理论、哲学、经济学、法学、政治学等多个学科领域，力图跳出劳动法学来审视劳动法学，以求有更广阔的研究视角，并能得出较为严谨科学的结论。这一方法主要适用前马克思正义观及其中劳动者保护问题（第三章）、马克思主义唯物史观正义理论及其批判视野（第四章）、对劳动者"平等"保护是一种自由主义正义观（第五章）、劳动法"倾斜保护原则"是自由主义正义观的自我调适的结果（第六章）、当代中国劳动法"倾斜保护原则"正义价值问题的思考（第九章、第十章）五个部分。

（四）文献研究方法

通过调查文献来获得资料，从而全面、正确地了解掌握所要研究问题。这一方法适用整篇。

另外，还有穿插比较的方法等。

第二章　劳动法"倾斜保护原则"：
理据及意义

何谓劳动基准？劳动基准是国家规定的劳动者在劳动关系中的最低劳动条件。而劳动条件，包括工资、工时、休息休假、安全卫生等维持劳动者本人及其家庭生存所必需的各种条件。劳动基准效力高于雇主与劳动者之间劳动合同（协议）。劳动合同（协议）所确定的劳动条件，可以高于但是绝对不得低于国家规定，凡低于劳动基准的一律无效，但是如果高于劳动基准，则是有效的。例如，只能规定最高工时（假如每天工作最高8小时），决不允许规定最低工时（假如每天工作最低8小时），只要雇主规定劳动者的工作时间低于最高工时（假如每天只工作5小时），其行为不但是合法有效的，国家（政府）还要提倡，反之，为无效。

这样，劳动基准就体现了劳动法"倾斜保护原则"。

那么，劳动法"倾斜保护原则"的含义、理据及意义是什么？这就成为本章内容。劳动法"倾斜保护原则"是由"保护劳动者"和"倾斜立法"两个层次构成的；劳动关系的从属性所决定的雇主和劳动者的"强势主体"和"弱势主体"的"新的身份"，成为劳动法"倾斜保护原则"的法理依据。劳动法从私（民）法中分离与独立的标志、劳动者生存权的保障和劳动者自由权的修正是劳动法"倾斜保护原则"的法律意义。

第一节　劳动法"倾斜保护原则"的含义及其理据

一　劳动法"倾斜保护原则"的含义

（一）以 2010 年劳动法十大事件之一——华为公司①《奋斗者申请协议》为例

1. 事件概要

2010 年 8 月下旬开始到 9 月上旬，国内多家知名网站爆出《华为对抗〈劳动法〉的〈奋斗者申请协议〉》一帖，引发广泛热议，并因此被评为 2010 年劳动法十大事件之一②③。此前，华为公司"辞职门"事件曾被评为 2007 年劳动法十大事件之一④。

---

① 华为公司全称华为技术有限公司，是一家总部位于中国广东深圳市的生产销售电信设备的民营高科技公司，在电信领域为世界各地的客户提供网络设备、服务和解决方案。根据美国《财富》杂志公布的数据，华为公司 2009 年的销售额达 1491 亿元人民币，净利润达 183 亿元人民币，成为成功闯入世界 500 强的第二家中国民营科技企业。2014 年，华为公司销售收入达到 2881.97 亿元人民币，实现超过 20% 的增长，是名副其实的一家业务遍布 170 多个国家和地区的全球化公司，是当之无愧的中国民族工业的骄傲。

② "2010 年劳动法十大事件"评选机构不完全一致，但华为公司《奋斗者申请协议》都"榜上有名"。例如，权威性的中国劳动保障报社、中国劳动保障新闻网评选的 2010 年"中国人社（人力资源和社会保障部）十大劳动法案件"，华为公司《奋斗者申请协议》就在其中。

③ 据中国之声《新闻晚高峰》报道，2015 年 3 月 24 号早上，深圳 36 岁的 IT 工程师、清华计算机硕士张斌被发现死在公司租住的酒店马桶上面。当天凌晨 1 点，他还发出过最后一封工作邮件。在此之前，他作为闻泰通讯深圳分公司承接华为一个软件开发项目的负责人，已经高负荷工作长达半年之久。张斌的法医学死亡证明书显示，张斌符合猝死。（《承接华为项目高负荷加班半年　36 岁清华硕士 IT 男坐马桶上猝死》，中国广播网，2015 年 4 月 7 日。）笔者认为，这一事件，实际上又是华为公司的"狼性"工作方式所致，从劳动法角度出发，必须提出强烈批评。但与此同时，笔者始终认为，华为公司"掌门人"任正非及其所领导的精英团队包括华为事件中一系列劳动法上的"受害者"，都是中华民族经济领域的真正的"脊梁"和"民族英雄"！和其他"民族英雄"一样，最值得尊敬！这在当前中国经济下行的新常态下，其意义凸显！

④ 2007 年 9 月，华为公司内部通过鼓励员工辞职的方案，10 月开始实施，共计将有超过 7000 名在华为工作年限超过 8 年的老员工，需要逐步完成"先辞职再竞岗"工作。按照华为公司的要求，工作满 8 年的劳动者，由个人向公司提交一份辞职申请，再竞争上

根据《奋斗者申请协议》，华为公司提供两种角色让员工选择：一种是奋斗者，一种是劳动者，签了《奋斗者申请协议》就是奋斗者，不签就是普通劳动者。成为"奋斗者"，就可以得到公司在年终奖、配股分红、升迁、调薪等方面对他们的倾斜，没有成为奋斗者的为普通劳动者，可以拥有上述带薪年休假、非指令性加班费和陪产假，但将会被取消年终奖、股票分红，同时升迁、调薪等均受影响。例如，"签后奖金 5 万元，不签就只有 1 万元"。

申请"华为奋斗者"有一个必备条件，需要添加"我申请成为与公司共同奋斗的目标责任制员工，自愿放弃带薪年休假、非指令性加班费和陪产假"这句话。《奋斗者申请协议》的背景是，有部分华为劳动者向公司提出不能正常享有休息休假，因为华为下属一些部门劳动者一直没有年休假。同时，华为公司平时加班一般到晚上八九点，并且，平时加班没有加班费，除非是重点项目。

华为公司此举被认为是，通过这样的协议，以员工自愿放弃的名义，使华为合理规避劳动法，规避未来可能面临的劳动法律风险。

那么，华为公司的目的能如愿以偿吗？

2. 《奋斗者申请协议》法律效力

华为公司《奋斗者申请协议》是无效的。其根本原因在于违反了劳动法工作时间和休息休假方面的劳动基准。在 2010 年"中国人社（人力资源和社会保障部）十大劳动法案件"中的"专家点评"这样写道："劳资双方对劳动者特定权益作出特殊处分的'私了'性质的协议普遍存在，从法律上讲，在劳动关系中并不完全适用民法中的意思自治原则。华为'奋斗者协议'，实质是一种直接剥夺劳动者法定休假权利的行为，目的在于变相强迫加班。"[①] 华为公司《奋斗者申请协议》是劳动者"被逼

岗，与公司签订新的劳动合同，但是工作岗位基本不变，并且薪酬略有上升。据华为公司透露，"先辞职再竞岗"也涉及华为总裁任正非、副总裁孙亚芳在内的一批创业元老。由此引发了近万名员工集体辞职的所谓"华为辞职门"事件，该事件成为 2007 年最受媒体关注的事件之一。此次操作，被外界普遍认为是为了规避《劳动合同法》关于无固定期限劳动合同的新规定。同时，舆论解读辞职门事件使华为公司"赔了夫人又折兵"。（法制网——法制日报，2008 年 1 月 20 日。）

① 参见《华为奋斗者协议：关注劳动者权利的被自愿》，中国劳动保障新闻网，2010 年 12 月 31 日。

迫""被自愿",① 实质是一种直接剥夺劳动者法定休息休假权利的行为,更是在变相强迫加班,违反了劳动法的强制性法律规定。同时,实践中,这种做法极有可能引发较为严重的社会后果。

(1)劳动法分析

《奋斗者申请协议》中涉及的劳动者"自愿放弃"的三种权利的法律规定。

带薪年休假权利。《职工带薪年休假条例》(2007年12月7日国务院第198次常务会议通过,自2008年1月1日起施行)第二、三条规定:机关、团体、企业、事业单位、民办非企业单位、有雇工的个体工商户等单位的职工连续工作1年以上的,享受带薪年休假。单位应当保证职工享受年休假。职工在年休假期间享受与正常工作期间相同的工资收入。职工累计工作已满1年不满10年的,年休假5天;已满10年不满20年的,年休假10天;已满20年的,年休假15天。

获得加班费的权利。《劳动法》(根据2009年8月27日第十一届全国人民代表大会常务委员会第十次会议通过的《全国人民代表大会常务委员会关于修改部分法律的决定》修正)第四十四条的规定,支付加班费的具体标准是:在标准工作日内安排劳动者延长工作时间的,支付不低于工资的百分之一百五十的工资报酬;休息日安排劳动者工作又不能安排补休的,支付不低于工资的百分之二百的工资报酬;法定休假日安排劳动者工作的,支付不低于百分之三百的工资报酬。

陪产假的权利。《广东省企业职工假期待遇死亡抚恤待遇暂行规定》第六条(粤劳薪〔1997〕115号)和《广东省人口与计划生育条例》(2008年11月28日广东省第十一届人民代表大会常务委员会第七次会议第四次修订,自2009年1月1日起施行)第三十七条②规定:晚育或领

---

① 一切看似"自愿"的劳动者选择都可能是违心的。更有极端者,同时也更说明问题:以"开胸验肺"震惊全国的河南新密市劳动者张海超,当时不仅"自愿",甚至是自己主动提出并一再坚持的。

② 陪产假,是指已婚男职工在其配偶生产时,根据有关规定享受的一定天数的带薪陪护假期。用人单位不得因员工享受陪产假而降低其有关工资、福利、全勤评奖等待遇。目前,在我国现行的国家层面相关法律法规中,只有关于产假的具体规定,没有对男职工休陪产假的明确规定,但在一些省市则有自己的地方规定。例如:新疆维吾尔自治区的《人口与计划生育条例》《浙江省计划生育条例》《河北省人口与计划生育条例》《北京市人口与计划生育条例》都以护理假或奖励假的名义给予男职工陪产假。(孟晓蕊:《奋斗者:我用时间换金钱?》,《中国劳动保障报》,2010年11月11日。)

取独生子女证的，在女职工产假期间给予男方看护假 10 天。和产假一样，在男职工看护假期间，照发工资，不影响福利待遇和全勤评奖。

以上这三种权利，是法律（《劳动法》）、行政法规（《职工带薪年休假条例》），地方性法规和地方性规章（《广东省人口与计划生育条例》《广东省企业职工假期待遇死亡抚恤待遇暂行规定》）的强制性规定，是劳动者应该享受的，不是企业与劳动者可以自由约定的范畴，用人单位①必须依法保障，否则，用人单位应承担相应法律责任。根据《劳动合同法》第 26 条规定，用人单位免除自己的法定责任、排除劳动者权利，或违反法律、行政法规强制性规定的合同条款无效。②

因此，这份协议实际上是一份无效协议，是不受劳动法保护的，相反用人单位还应承担相应的劳动法律责任。

（2）社会后果分析

《奋斗者申请协议》的背后，最重要的是劳动者"被逼迫""被自愿"放弃休息休假。在雇主看来，放弃休息休假更能充分利用劳动者的"黄金年龄"③，能带来更大的经济效益。然而这种经济效益的取得，是建立在劳动者放弃休息休假的基础上的。这种发展是一种不可持续的"不科学发展"④。从大的社会后果来看，可能引发社会不稳定，这绝不是危言耸听。以史为鉴，"五一国际劳动节"就是源于美国芝加哥城的工人为争取实行 8 小时工作制的大罢工。从劳动者个人来讲，超过其生理的忍受极限的过度劳动，必然会损害其生命健康。以下这几种结果是不可避免的：过劳死；与富士康"N 连跳"不同性质但结果相同的自杀；神经类疾病（包括患有严重的忧郁症、焦虑症等，严重的成为精神患者）等。⑤

---

① 在西方国家，用的更多的是雇主一词，笔者认为，市场经济条件下，雇主更能反映劳动关系的性质，所以，笔者也倾向于雇主一词，但考虑到我国立法上常用用人单位一词，所以，多数时候根据上下文使用用人单位或雇主词语。

② 当然，这个案例里还涉及"以合法形式掩盖非法目的"问题，但由于我们通过《劳动合同法》足以说明问题，所以，本文不再在这方面予以讨论。

③ 华为公司是我国著名的民营科技公司。一般而言，技术人员技术开发的黄金时段最长只有 20 年。

④ 当然，在雇主看来，他们所需要的劳动者是源源不断的。

⑤ 日本经济发展过程中，劳动者这三方面的后果是极为典型的，最能说明问题，"过劳死"一词就是来源于日语"过劳死"，最早出现于 20 世纪七八十年代日本经济繁荣时期。过劳死并不是临床医学病名，而是属于社会医学范畴。据报道：日本每年约有 1 万劳动者

因此，从长远讲，包括休息休假在内的劳动者的权利的被损害，牺牲的是劳动者的生命健康、尊严，牺牲的是整个经济社会的和谐发展。我们再以华为公司自身为例说明。2006 年，华为员工胡新宇因劳累猝死。事后，据说华为主要领导也讲，"员工中患忧郁症、焦虑症的不断增多，令人十分担心。"较为极端的例子是，2008 年 3 月，短短 10 天之内，先后有两名华为公司员工因不堪压力跳楼。就这次事件本身而言，除了上述极端后果外，也许会再重蹈 2007 年华为公司"辞职门"事件覆辙。撇开其法律效力，实际的后果是受访的华为员工对此只能表示无声反抗："就用这 10 多天假，让我们陪陪家人，让我们的家庭稳稳当当，和家人有感情交流，没有后顾之忧，不是能更好地促进工作吗？"在对《奋斗者申请协议》讨论热烈的 IT 界网站 Techweb. com. cn。网友"jack24"的话也许最能说明实际问题："共同的理想、共同的愿景、共同奋斗的战友般的情谊，就被那张协议玷污了。从此以后，华为人将不再是为了心中的理想而奋斗，而是为了那张协议。"①

因过劳而猝死。2002 年 1 月 17 日，"过劳死"（Karoshi）一词被英语权威词典《牛津英语词典电子版》（*Oxford English Dictionary Online*）正式录入。值得指出的是，据《中国青年报》报道，有统计显示，巨大的工作压力导致我国每年"过劳死"的人数达 60 万人。中国已超越日本成为"过劳死"第一大国。这样算来，每年"过劳死"超过 60 万人，意味着平均下来，每天约超过 1600 人因劳累引发疾病离开这个世界。尽管，"过劳死"的事件频发，而且正在逐渐的年轻化。然而，人力资源和社会保障局有关工作人员表示，相较其他国家，目前中国的劳动保障范畴内尚不存在"过劳死"的概念，所以无法获得相应赔偿。对更多"过劳未死"的加班一族来说，目前的法律更是"爱莫能助"。"过劳死"不应成为立法的盲区。这几年，将"过劳死"提上立法日程的呼声不断，立法改善劳动保护，利于全体劳动人口。（《中国超日本成过劳死第一大国 80 后被指主力》，新华网 2013 年 7 月 12 日。）2011 年 4 月份，新浪、搜狐等"微博"上一则"普华永道女硕士过劳死"的帖子引起了网友的高度关注。帖子称四大会计师事务所之一的普华永道一名女员工由于疲劳诱发了急性病症，于 2011 年 4 月 10 日不幸逝世。女员工名叫潘洁，是上海交大刚毕业不久的女硕士，年仅 25 岁。名牌大学的硕士，刚毕业就进入令人艳羡的国际著名"四大"会计事务所之一工作，但是却承受着比一般人大的工作压力。高知、高薪、高压是他们工作的特征。潘洁之死使人们重新关注那些高压的白领群体。（《律师："过劳死"暂时还得不到法律保障》，《华西都市报》，2011 年 4 月 16 日。）

① 以上资讯均选自：孟晓蕊：《奋斗者：我用时间换金钱？》，《中国劳动保障报》，2010 年 11 月 11 日；傅天明：《华为奋斗者协议被指变相强迫加班》《新华社－瞭望东方周刊》2010 年 9 月 21 日；孙斌：《华为"奋斗者协议"另类解读》，*http：//blog. sina. com. cn*；刘以宾：《"奋斗者"就要自愿放弃休假？》，《中国青年报》2010 年 9 月 9 日。

3.《奋斗者申请协议》体现的劳动法问题

从形式上看，《奋斗者申请协议》是华为公司和劳动者双方"自愿"的结果，因为协议明确约定，签不签取决于劳动者本人。如果完全适用民法中的意思自治原则，保障抽象的平等（形式平等①）、抽象的自由（消极自由②），对协议双方实行"平等保护"，那么这份协议从字面上看，就

---

① 很多观点直接把形式平等视为"机会平等"，笔者是不以为然的。因为"机会平等"也存在"形式"的问题。政治平等、经济平等存在"形式"的问题，获得政治平等、经济平等的"机会"也存在"形式"的问题。"机会平等"可分为形式的"机会平等"和实质的"机会平等"。道格拉斯·雷以及萨托利的"机会平等"的分类，笔者是认同的："1. 关于前途的机会平等：两个人，J 和 K，有竞争 X 的平等机会，如果他们有得到 X 的同样可能。2. 关于手段的机会平等：两个人，J 和 K，有竞争 X 的平等机会，如果他们有得到 X 的同样工具。（*Rae*，*Douglas.*，*Equalites*，*Mass*：*Harvard University Press*，1981. *P*65 - 66）"平等进入就是在进取和升迁方面没有歧视，为平等的能力提供平等的进入机会……平等起点的概念则提出了一个完全不同的基本问题，即如何平等地发展个人潜力。"（［美］萨托利：《民主新论》，冯克利、阎克文译，东方出版社 1993 年版，第 350 页。）这里"关于前途的机会平等""关于手段的机会平等""平等进入""平等起点"就是形式的"机会平等"和实质的"机会平等"。当然罗尔斯的机会平等也是含有形式和实质之意的："由于出身和天赋的不平等是不应得的，这些不平等就多少应给予某种补偿。这样，补偿原则就认为，为了平等地对待所有人，提供真正的同等的机会，社会必须更多地注意那些天赋较低和出生于较不利的社会地位的人们。这个观点就是要按平等的方向补偿由偶然因素造成的倾斜。遵循这一原则，较大的资源可能要花费在智力较差而非较高的人们身上，至少在某一阶段，比方说早期学校教育期间是这样。"（［美］约翰·罗尔斯：《正义论》，何怀宏、何包钢、廖申白译，中国社会科学出版社 1998 年版，第 58 页。）

② 自由主义的核心概念是消极自由。消极自由就是免于外在干涉的自由或"免于……的自由"。消极自由含义的最初表达是霍布斯而并非洛克，尽管洛克被公认为西方（消极）自由主义理论的开山鼻祖。霍布斯认为："自由这一语词，按其确切的意义来说，就是外界障碍不存在的状态。"（［英］霍布斯：《利维坦》，黎思复等译，商务印书馆 1985 年版，第 97 页。）洛克认为："……自由意味着不受他人的束缚和强暴……。"（［英］洛克：《政府论》（下篇），叶启芳、瞿菊农译，商务印书馆 1983 年版，第 97 页。）而按照明确提出'两种自由概念'并准确其定义的第一人——伯林的观点：消极自由意味着"我本来是可以去做某些事情的，但是别人却防止我去做——在这个限度以内，我是不自由的；这个范围如果被别人压缩到某一个最小的限度以内，那么，我就可以说是被强制（coerced），或是被奴役（enslaved）了。"（［英］I·伯林：《两种自由概念》，载《公共论丛·市场逻辑与国家观念》，生活·读书·新知三联书店 1995 年版，第 200—201 页。）所以，消极自由就是："在什么样的限度以内，某一个主体（一个人或一群人），可以或应当被容许做他所能做的事，或成为他所能成为的角色，而不受到别人的干涉。"（［英］I·伯林：《两种自由概念》，载《公共论丛·市场逻辑与国家观念》，生活·读书·新知三联书店 1995 年版，第 203 页。）近代私（民）法就是体现这种"消极自由"理念的。（这方面的论述，还可参见吕廷君《消极自由的宪政价值》一书，山东人民出版社 2007 年版。）

不违（民）法。然而，这份协议是建立在劳动者放弃休息休假的基础上的，而休息休假关乎劳动者的生存权益，如果只是保障形式上的平等，承认消极的自由，承认其法律效力，就会导致上述对社会、对劳动者极为不利的社会后果，压倒性地有利于用人单位而不利于劳动者，使两者之间的不平等和差距极大地扩大，因而形式上的平等越受保障，用人单位、劳动者双方甚至社会矛盾就越为深刻。因此，就需要国家和社会积极介入，通过劳动法对民法中的意思自治原则进行限制，把劳动者的利益认为是社会利益，① 纠正"平等保护"，实行对劳动者"倾斜保护"，明确休息休假是劳动者的法定的权利，是劳动法强制性规定，不是企业与劳动者可以自由约定的范畴，用人单位必须依法保障，否则，用人单位应承担相应法律责任，这样一来，就能实现劳动者的休息休假权利，充分体现劳动法"倾斜保护原则"，进而达到实力不均衡的用人单位、劳动者双方的利益相对均衡，达到社会和国家利益的相对均衡。

（二）劳动法"倾斜保护原则"含义

"倾斜保护原则"是贯穿劳动法始终的根本原则，是劳动立法的指导思想和执法的基本准则，集中体现劳动法的本质和基本精神，主导整个劳动法体系。质言之，劳动法"倾斜保护原则"在劳动法律体系中的具有凝聚和统帅功能，在劳动立法中具有依据和准则功能，在劳动执法中具有指导和制约功能。具体来讲，劳动法"倾斜保护原则"，是由"保护劳动者"和"倾斜立法"两个层次构成的。②

就"保护劳动者"而言。劳动法的出发点在于保护劳动者，维护劳动者的合法权益是劳动法的立法宗旨。劳动法强调保护劳动者的合法权益，是基于劳动者的"弱者"身份认定，对于失衡的劳动关系作出矫正，来缓和这种实质上的不平等、不自由。梅因所说的"从身份到契约"这一命题应该被倒转为"从契约到身份"这一"返祖命题"（实际上是"否定之否定规律"的结果），"近代社会中的'从身份到契约'的运动

---

① 社会利益"即以文明社会中社会生活的名义提出的使每个人的自由都能获得保障的主张或要求。"（［美］庞德：《通过法律的社会控制、法律的任务》，雷沛鸿译，商务印书馆1984年版，第10页。）这种利益本质上不是公共利益，而是从属个人利益的，是体现弱者个人利益的。（庞德认为利益分为个人利益、公共利益、社会利益。［美］庞德：《通过法律的社会控制、法律的任务》，沈宗灵、董世忠译，商务印书馆1984年版，第60—71页。）

② 正如前文所言，董保华教授在其《社会法原论》（中国政法大学出版社2001年版）一书设专门章节，从社会法视角用较大篇幅讨论了"倾斜保护原则"，该思路有重要借鉴意义。

在现代社会中转变为'从契约到身份'的运动。"① 因此，"我们必须给法律上的抽象人（例如所有权人、债权人、债务人）以及为进行论证而架空了的人（例如甲、乙）穿上西服和工作服，看清他们所从事的职业究竟是什么。"② 进而，"承认社会上经济上的强者和弱者的存在，抑制强者、保护弱者……在自给自足经济业已消失、人类的生产和消费活动已经分离的分工时代，在某个方面作为强者或处于强者立场而自由受到限制的人，也会在其他方面作为弱者受到保护……根据这些，可以说已经从将人作为自由行动的立法者、平等的法律人格即权利能力者抽象地加以把握的时代，转变为坦率地承认人在各方面的不平等及其结果所产生的某种人享有富者的自由而另一种人遭受穷人、弱者的不自由，根据社会的经济的地位以及职业的差异把握更加具体的人、对弱者加以保护的时代。"③ 当然，劳动法在突出体现保护劳动者合法权益的同时，也兼顾维护用人单位的利益，但必须明确的是对用人单位利益的保护，在劳动法视野，只能是"兼顾"，即应是建立在对劳动者保护的前提下，最终目的还是为了保护劳动者。

就"倾斜立法"来讲，又包含两个层次的含义。一是倾斜保护只能限定在"立法"环节上，通过立法来保护被视为"社会利益"的劳动者个人利益，④ 但在"司法、执法"环节上仍需遵循"法律面前人人平等"原则，不能"倾斜"，只有严格司法、执法，才能真正实现倾斜立法保护劳动者的目的；二是在立法利益的分配上，也仅仅体现一种"倾斜"，仍给当事人留出的"意思自治"的空间。质言之，在市场经济前提下，劳动法"倾斜保护原则"只是保障劳动者的最基本的生存权，超出生存权的自由权，⑤ 仍需劳动者作为独立主体自我判断和自我行为，自己通过自主努力来获取，这样就能确保劳动者主体的能动性与创造性的充分发掘与发挥。⑥ 例如，上述《奋斗者申请协议》事件中，劳动法强制性规定的只是最基本的休息休假，即带薪年休假、陪产假等，这些是关乎劳动者生存权的，如果对协议双方实行"平等保护"，依靠双方"意思自治"，那么，劳动者的弱势地位就决定了这份协议必然压倒性地有利于用人单位而不利

---

① 傅静坤：《20世纪契约法》，法律出版社1997年版，第62页。

② ［法］里佩尔：《职业民法》，转引自［日］星野英一《私法中的人》，王闯译，中国法制出版社2004年版，第74页。

③ 星野英一：《私法中的人》，王闯译，中国法制出版社2004年版，第70—71页。

④ 具体参见本文第三章第二节和第六章第二节部分内容。

⑤ 下节将详述。

⑥ 具体参见本文第五章第二节和第九章第一节部分内容。

于劳动者,劳动者最基本的休息休假就不能得到保障,引发深刻的双方甚至社会矛盾。所以,国家社会就要干预,劳动法就要强制性要求,借以实现对劳动者的"倾斜保护"。而超出带薪年休假、陪产假等之外的更多的休息休假,是要靠劳动者自己通过自主努力来获取,国家社会是不能干预的,劳动法是不会强制性要求的。

二 劳动法"倾斜保护原则"的法理依据

劳动法意义上的劳动是一种雇佣劳动,雇佣劳动的属性决定了其形成的劳动关系的从属性,而劳动关系的从属性所决定的雇主和劳动者的"强势主体"和"弱势主体"的"新的身份",成为劳动法"倾斜保护原则"的法理依据。

(一) 劳动法意义上的劳动是一种雇佣劳动①

任何劳动都必须具备以下三个基本要素:劳动者;劳动对象即劳动者把自己的劳动加在其上的一切物质资料(包括自然物经劳动加工后的原材料);劳动资料,即劳动者用来影响或改变劳动对象的一切物质资料。其中最主要的是生产工具。后两者合称为生产资料。以上三个基本要素中,劳动者构成劳动的主体条件,劳动者的劳动力运用可以称为活劳动,生产资料构成劳动的客观条件,可以把生产资料称为物化劳动。劳动是人与动物的本质区别,是人类特有的基本实践活动。在劳动力与生产资料分别归属于不同主体,进而形成雇佣劳动的社会条件下,劳动力与生产资料结合实现劳动过程,必然是雇佣劳动。② 雇佣劳动成为劳动法意义上的劳动。

这种雇佣劳动具有以下规定性③:第一,雇佣劳动是劳动法意义上的

---

① 劳动力商品、劳动力市场和雇佣劳动是一种相辅相成的关系,从一定意义上讲,劳动力市场、劳动力商品和雇佣劳动三者是"三位一体"的关系,是从不同层面对市场经济条件下劳动关系的反映,三者是不可分割的有机的整体,只要承认其中一方,那么就要同时承认另外两方,这是合乎逻辑的必然结论。如果再宏观点,是完全把市场经济纳入进来,即只要承认市场经济,那么就要承认劳动力市场、劳动力商品和雇佣劳动。

② 雇佣劳动形成是一个历史的过程,从自由资本主义时期始,雇佣劳动得以形成。雇佣劳动具有典型的资本主义时代特征。还可参见第四章第一节部分内容。

③ 这方面的理解可参照我国劳动法学前辈史尚宽在其《劳动法原论》一书中的论述:"广义的劳动谓之有意识的且有一定目的之肉体的或精神的操作。然在劳动法上之劳动,须具备下列条件:①为法律的义务之履行;②为基于契约关系;③为有偿的;④为职业的;⑤为在于从属的关系。"因此得出:"劳动法上的劳动为基于契约上义务的在从属关系所为之职业上的有偿的劳动。"(史尚宽:《劳动法原论》,台湾正大印书馆1978年版,第1—2页。)

劳动的最基本的特点，也是劳动关系具有从属性的根源，这也决定了劳动关系的主体，一方是劳动者，另一方是雇主。劳动者的劳动力与雇主提供的生产资料相结合，是一种"他我"结合，"他"指的是雇主的生产资料，"我"指的是劳动者的劳动力，而且是与劳动力所有权相分离的劳动力的使用权。个体劳动者的劳动，由于劳动力与生产资料的结合是自我结合，因而不能纳入劳动法意义上的劳动。第二，这种劳动是基于契约关系的。这种劳动的形成首先是基于双方当事人"两个特殊意志形成的共同意志"的合意，是双方当事人的"任性"，是双方当事人"自己为自己立法"，这就排除了强制劳动的可能性。第三，这种劳动是有偿、职业的关系。这表明，劳动者为谋生而从事的劳动是一种职业的有偿行为，其目的是用以维持劳动者本人及其赡养一定的家庭人口的基本生活需要。因此，个体劳动、家务劳动、社会义务劳动等，都不能形成劳动法意义上的劳动。第四，这种劳动体现的是一种社会经济关系。在这种劳动中，劳动者提供自己的劳动力归雇主使用，雇主支付工资给劳动者，工资成为劳动力的价格，因此，产生于劳动过程之中的劳动关系从本质上可以视为一种社会经济关系。这里所说的劳动过程，是指活劳动与物化劳动的交换过程，而不是指物与物交换的流通过程。

（二）劳动关系的从属性是劳动法"倾斜保护原则"的法理依据

雇佣劳动的规定性决定了其形成的劳动关系的从属性。① 首先，劳动关系的从属性表现为形式上的财产关系和实际上的人身关系。其次，劳动关系的从属性表现为形式上的平等关系和实际上的从属关系。基于劳动法意义上劳动关系的从属性特点，雇主和劳动者的"强势主体"和"弱势主体"的"新的身份"得以形成。所以，契约所体现的"消极自由""形式平等"所造成的劳动者弱势群体的实质不自由、不平等必须加以克服。而这种克服，就历史地落到了劳动法"倾斜保护原则"上。通过劳动法公法、私法融合的社会调节机制来完成，把劳动者的利益认为是社会利益，以倾斜立法的方式，发挥国家、社会、个人在宏观、中观、微观三个层次调整劳动关系的作用，对于失衡的劳动关系作出矫正，来缓和这种实质上的不平等、不自由。

---

① 具体参见本文第六章第二节部分内容。

第二节 劳动法"倾斜保护原则"的法律意义

一 劳动法从私（民）法中分离与独立的标志

迄今为止，人类社会经历的法律结构共有三种，即一元法律结构、二元法律结构、三元法律结构。① 一元法律结构的典型特征为"诸法合体"。罗马的《十二表法》是"诸法合体，民刑不分"类型的法典。古代巴比伦的《汉谟拉比法典》亦是。② 二元法律结构的典型特征为公法、私法分离。西方法制史上的公法、私法的真正分离是法国大革命的产物。③ 私法倡导"权利本位"，私法是"权利"法，"意思自治"或"私法自治"原则是私法的灵魂。公法是政治国家的法，是以公共领域的国家利益为本位，公法是"权力"法，"权力法定"原则是公法的灵魂。三元法律结构的典型特征为公法、私法融合。社会法是以社会领域中的社会利益为本位，社会法是"以权力限制权利法"，"倾斜保护"原则是社会法的灵魂。其中，民法是最典型的私法，行政法是最典型的公法，劳动法是最典型的社会法。

劳动法是指调整劳动关系以及与劳动关系有密切联系的其他社会关系的法律规范总称。自从有了国家与法，劳动关系就作为社会关系的重要组成部分，成为法的调整对象的一部分。但调整劳动关系的专门法——劳动法，却是在人类社会发展到一定历史阶段，伴随着新型社会关系的出现

---

① 在国内外，还有一些学者是反对"三元法律结构"的提法的，但是，他们并不否认"私法公法化"或"公法私法化"。就劳动法而论，西方是"私法公法化"的结果，在我国则是"公法私法化"的过程。笔者认为，不论是"私法公法化"，还是"公法私法化"，都表明：劳动法是私法属性和公法属性兼而有之的新型的法律机制。所以，坚决反对"三元法律结构"的提法的观点，并无多大意义。

② 法制史上有这样一个事实：法典愈古老，它的刑事立法就愈详细、愈完备，民事部分的法律比刑事部分范围要狭小得多。这在我国表现最明显，甚至可以说中国古代没有诸法只有刑法。笔者认为，这实际上是古代社会政治国家淹没市民社会的必然。

③ 尽管在古代社会政治国家消融市民社会，但是实际上在一些方面市民社会思想是依然存在的，尽管只是与当时简单商品生产的联系的初级存在。与此相一致，古罗马法学家乌尔比安在其所著的《学说汇纂》中第一次划分了公法与私法，《法学阶梯》明确接受这种划分。

应运而生的。资本主义社会以前没有专门调整劳动关系的法律。例如，奴隶社会的奴隶完全没有人身自由，奴隶只是"会说话的工具"，奴隶向奴隶主提供劳动形成的关系，不是现代意义上的自由雇佣劳动关系。在封建社会，由于农民也没有完全的人身自由，不能摆脱对地主的人身依附，因而劳动者与劳动力使用者之间的关系，也不是现代意义上的自由雇佣劳动关系。专门调整劳动关系的法律起源于资本主义社会。在资本主义原始积累时期，有关劳动方面的立法是"劳工法规。""劳工法规"是在资本主义生产方式确立以前的资本主义原始积累时期，新兴的资产阶级和资产阶级化的封建贵族运用国家权力通过暴力方式加速使直接生产者与生产资料相分离以满足新兴的工场手工业对劳动力的迫切需要而颁布的强迫劳动①和强制工人接受苛刻劳动条件②的法律的总称。"劳工法规"以英国政府为代表，欧洲其他资本主义国家也随后跟进，这种"血腥立法"统称为"劳工法规。""劳工法规"与现代意义上的劳动法"倾斜保护原则"是背道而驰的："自始就是为了剥削工人，而在其发展中一直与工人为敌的关于雇佣劳动的立法"③

18 世纪产业革命以后，资产阶级的势力大大加强，在这种情况下，用"劳工法规"来规定有利于资本家的劳动条件已经没有必要，资产阶级国家对于劳动关系采取了"自由放任"的不干预政策。劳动关系完全被视为平等关系和经济财产关系由私（民）法来调整，奉行"私法自治原则"，同时将劳动合同自由推向绝对化、神圣化。然而，劳动关系的从属性的实际情形使劳动者相对于资本家而言，总是处于弱者地位，劳动者长期忍受着恶劣的工作条件和生存条件，必然导致劳资关系紧张，工人运动风起云涌，社会长期处在动荡之中，严重地动摇了资产阶级统治。资产阶级为了自己的根本利益，不得不对工人阶级斗争采取"胡萝卜加大棒"的政策，④ 并开始运用行政和法律手段关注劳动等问题。然而，继续在私（民）法范畴内采用"私法自治原则"解决劳动关系的调整问题，已然不可能，这就需要冲破私（民）法理念和制度的束缚，寻求国家社会的积

---

① 英国亨利八世时期曾明文规定，对流浪者给予鞭打；如再度流浪，则予以逮捕；三度流浪就要被当作重罪犯人或社会敌人而处死。（郭捷：《劳动法学》（第四版），中国政法大学出版社 2007 年版，第 25 页。）

② "劳工法规"要么是延长工作时间的，要么是限制最高工资的。

③ 《资本论》第 1 卷，人民出版社 2004 年版，第 847 页。

④ 加上受 17—18 世纪启蒙运动和法国大革命的影响，某些社会政治力量也同情和支持工人的要求。

极介入，国家必须伸出其"有形之手"，进入"私域（法）"，形成"公域（法）""私域（法）"融合，改变私（民）法"私法自治原则"，对劳动者进行倾斜保护，以求得相对实质上的平等。这种努力的结果，促使有关限制最高工时以及最低工资、改善劳动条件等"工厂法"劳动立法的出现。① 劳动法的兴起，成为 19 世纪末 20 世纪初以来各国法律发展的重要内容，并最终，在 20 世纪初 20 年代以法国劳动法典为标志②，逐渐成为独立的法律部门。所以，一部劳动法的发展史实质就是一部现代法律不断满足劳动关系特殊法律需求的历史。劳动法发端于私（民）法，又超越了私（民）法，劳动法"倾斜保护原则"成为劳动法超越私（民）法、从私（民）法中分离与独立的标志。

二　劳动者的生存权的保障和劳动者的自由权的修正

按照日本著名劳动法学者大须贺明教授在其著名的《生存权论》一书的观点，自由权和生存权既严格区别，又紧密联系③。自由权是一种与

---

① 而"工厂立法"与以前的"劳工法规"有了质的变化，它是为了保护工人利益，因此是现代意义的劳动法产生的标志。

② 实际上，始于 1910 年的法国劳动法典，至 1927 年只完成了四编，直至 1973 年 11 月才颁布了《法国劳动法典》，几经修改于 1981 年定案。另外，值得一提的是，1918 年颁布的《苏俄劳动法典》是世界上第一部完整的以法典形式颁布的劳动法。但是，前苏联的劳动法学界并不支持劳动法"倾斜保护原则"。与资本主义国家劳动法学者几乎一致强调劳动法"倾斜保护原则"（笔者认为，这也从侧面反映了劳动法"倾斜保护原则"实际上不过是自由主义正义观的结果，劳动法"倾斜保护原则"并不要求消灭资本主义私有制和雇佣劳动制度，相反，是为资本主义制度辩护的）不同，前苏联的劳动法学者主张劳动法是为生产劳动服务的："劳动法的基本任务就是刺激劳动生产率和工作质量的提高，巩固劳动纪律和提高社会生产效益并在此基础上改善劳动者的物质福利，创造个人全面发展的条件和培育每个劳动者的主人翁责任感"（参见 ［苏］ A. 苏达夫彩娃、D. 罗卡列娃《苏维埃劳动立法的基本发展阶段和完善问题》，任扶善译，《法学译丛》，1998 年第 3 期。转引自史探径《社会法学》，中国劳动社会保障出版社 2007 年版，第 62 页。）笔者认为，这是前苏联的劳动法学者立足于马克思主义基本原理提出的观点，认为社会主义劳动法应超越"倾斜保护原则"，以达到"创造个人全面发展的条件和培育每个劳动者的主人翁责任感"，（尽管这样的观点现在看来具有超越当时的历史阶段性，并非真正坚持了马克思主义基本原理。）前苏联的劳动法学者的理论指导了前苏联的劳动立法实践活动。

③ 主要参见 ［日］ 大须贺明《生存权论》，林浩译，法律出版社 2001 年版，第 1 页、第 8 页、第 11—14 页。在此书中，大须贺明先生实际上是将"生存权"和"社会权"等同的。

"夜警国家"① 即自由主义国家的国家观相对应的基本人权，是建立在个人主义基础上的自由主义的产物，尤其是自由资本主义的产物。对自由权的保障的突出表现是 1776 年美国《弗吉尼亚州宪法》中的人权宣言以及后来的 1787 年《美利坚合众国宪法》、1789 年《法国人权宣言》以及各现代市民国家的宪法，可以说自由权是一项成熟的、充分体现各现代市民国家的宪法精神的基本人权②。自由权的基本要义是，在一国国民自由的范围内要求国家不作为的权利。市场经济社会的经济运动是自律性地展开的，一切经济活动直接或间接地处在市场关系中。国家的任务仅仅在于排除对这种自由秩序的干扰，因而对所有私人自治性领域，国家不应干涉，其真谛是要求国家在所有私人自治性领域不作为，排除公共权力的干涉，确保私人主体的能动性、创造性的充分展现与发挥。生存权③是一

①　亦即国家充当"守夜人"。国家充当"守夜人"，出自亚当·斯密，他论证了国家如何以守夜为天职，国家的职能主要有三项：1. 保护本国社会的安全，使之不受外国侵略。2. 维护公正与秩序。3. 建立、维持某些公共事业和公共工程。（参见［英］亚当·斯密《国民财富的性质和原因的研究》，郭大力、王亚南译，商务印书馆 1972 年版，第 254 页。）

②　自 20 世纪七八十年代起，发展权被引入人权概念范畴，被称为"第三代人权"。根据人权概念伴随社会发展而不断进步的观点，第一代人权主要是 17、18 世纪欧洲和北美资产阶级革命发生时亦即资本主义上升时期的保障个人平等、自由的人权——公民权利和政治权利，其根本目的是防止国家对自由权的侵犯。第二代人权主要是 19、20 世纪反对剥削和压迫、促进社会公平的有关经济、社会和文化的权利（也就是下文将论述的生存权），甚至包括 20 世纪五六十年代伴随民族解放运动蓬勃发展而兴起的民族自决权。第三代人权主要是 20 世纪后期的随着全球化发展而引发的全球共同关注的环境权、人道主义援助权、和平权、交流权、人类共同遗产权等能够促进人类"共同善"的发展权。在过去的三十多年里，是否存在三代人权之分是最具有争论性质的国际问题之一，例如，1986 年联合国大会通过《发展权宣言》时，只有美国是唯一直接投了反对票的国家，另外 8 个国家投了弃权票。尽管美国是美洲国家组织创始成员国，但其一直拒绝加入《美洲人权公约》和美洲国家组织通过的其他人权公约。

③　日本小林直树教授在《生存权理念的展望》一书中对生存权进行了分类。第一种为"完全的生存权"，是指国民能按各尽其能各取所需的原则来分配生活资料的生存权；第二种为"原本的生存权"，是指《魏玛宪法》所规定的那种保障最低生活的生存权；第三种为"社会主义（计划经济时期的社会主义）的生存权"。很明显，第一类生存权代表的是共产主义生存权；第二类应指的是资本主义生存权；第三类是处于共产主义和资本主义之间的社会主义生存权。本来"完全的生存权"应该是社会主义宪法的生存权的目标，但社会主义宪法实际在立法上已将生存权确立为"完全的生存权"。换言之，资本主义宪法对生存权的保障，是以私有财产权和私有财产制度为基础，对资本主义自由

种与"福利国家"或积极性国家的国家观相对应的基本人权，是建立在个人主义基础上的自由主义修正的产物，尤其是国家垄断资本主义的产物。对生存权的保障的突出表现是1919的年德国的《魏玛宪法》①，此后，以第二次世界大战为契机，1946年《法兰西第四共和国宪法序文》、1948年《意大利宪法》、1966年《国际人权公约》、包括发展中国家印度的《印度宪法》都明文对生存权加以保障，可以说生存权是一项起步虽迟的但发展迅速，也充分体现各现代市民国家的宪法精神的基本人权。生存权的基本要义是，在社会上对经济的弱者进行保护与帮助时要求国家作为的权利。其目的是消除伴随资本主义发展而产生的贫富分化、失业等内在的社会弊病，真谛是要求国家积极干预社会生活，帮助和保护社会弱者。总之，自由权和生存权都是以对国家的关系为主轴，但其表现出来的法的实质内容是不同的。

同时，自由权和生存权是紧密联系的，在市场经济条件下，"市场机制"转化而来的"意思自治""契约自由"，表明了自由权的内在根据，而必要的公权力的介入，则表明了生存权的内在根据，"市场机制"和公权力介入的关系，表明自由权的主导性质。第一，"市场机制"表明自由权的内在根据。在现代市场经济条件下，一切经济活动直接或间接地处在市场关系之中，市场机制是推动生产要素流动和促进资源优化配置的基本运行机制，对各种资源的配置和优化起着基础作用，正是市场这只"看不见的手"的作用，才使社会关系基本上处于正常运转之中。"市场机

权进行修正，通过保障最低生活的目的达成对全体公民经济生活的保障，所以，资本主义的生存权只是一种不完全（限定性）的权利。但是共产主义以及"现实的共产主义"——社会主义是通过消灭私有财产制度建立生产资料公有制，进而通过国家来保障全体公民的经济生活，因此是一种"完全的生存权"。我们可以明显看出：第一，日本学者在讨论生存权时，是肯定资本主义制度的，当然以肯定资本主义市场经济为前提的。第二，日本学者视野中的"完全的生存权"指的是计划经济时期的社会主义，是与当今实行市场经济的社会主义在性质与要求上都不同的。20世纪90年代初我国开始建立社会主义市场经济体制，这也是我国经济改革的最终目标。毫无疑问，社会主义原则和资本主义原则是一个矛盾体，但是，只要我国实行市场经济，就必须按市场经济的规则运行（尽管社会主义原则和市场经济规则的协调是一种两难痛苦的抉择）。（转引自拙作《试论就业权的限定性》，《甘肃政法学院学报》2006年第5期。）

① 《魏玛宪法》第151条第1款："经济生活之组织，应与公平之原则及人类生存维持之目的相适应。"在美国这个"自由主义"极其盛行的国家，《美利坚合众国宪法》虽经多次修改，但并未明确保障生存权，然而在实际的法律和制度中，生存权事实上是受到保障的，罗斯福新政等就是明显的例证。

制"这种经济学语言转化为法律语言就是自由权。只有在自由权有可能被滥用的情况下，国家和社会才承担相应的责任，这样就表明自由权内在根据。第二，公权力的介入，则表明了生存权的内在根据。这是因为贫富分化、失业等是市场经济内在的社会弊病，① 在这种状态下，作为市场经济法律制度支柱并且以财产权和"意思自治""契约自由"为基础的"……自由权，便以保障形式上的平等为后盾，压倒性地有利于有产者而不利于无产者，使两者之间的不平等和差距极大地扩大开来了。自由能使有产者获得实际利益，但对于无产者却形同充饥之画饼，因而形式上的平等越受保障，矛盾就越为深刻。"② 所以，自由权对那些为了换取不足维持生计的报酬而出卖血汗的弱势群体来说，完全是一种尖刻的讽刺。正是因为上述原因，公权力应该积极介入，对弱势群体实行特殊的保护，保障其生存权。最后，"市场机制"和公权力介入的关系，表明自由权的主导性质。现代市场经济决定了生存权只能是补充性的、辅助性的，是建立在自由权基础上并反过来为自由权服务的。也就是说，生存权不是要剥夺自由权而占主导地位，更不是替而代之，其目的还是要保障自由权的实质性实现，二者相互制衡，相互依赖，是一种对立统一的矛盾体。自由权是矛盾的主要方面，生存权是矛盾的次要方面。在提及生存权时，绝不意味着对自由权保护的替代和剥夺，自由权始终是主旋律。质言之，一方面生存权是承认自由权并加以某种程度修正的权利，生存权是在自由权基础上萌生的；另一方面，生存权是自由权的一种必要的补充和保障。正如大须贺明先生所指出的那样："一般看来，社会权是作为为了保障实质的自由和平等而补充存在的，是一种以自由权为前提而成立的权利……社会权是附带于自由权的，这种二重构造为丰富自由权与社会权的内容的贡献极大。"③

　　从上文可知，劳动法及其"倾斜保护原则"的出现，是国家、社会积极介入的结果。劳动法及其"倾斜保护原则"保障的也仅仅是劳动者的生存权。劳动者生存权是劳动者自由权的一种必要的补充和保障，但这绝不意味着对劳动者自由权的替代和剥夺，劳动者自由权的获得，主要还是要通过自主性努力。在劳动法中，劳动者生存权的体现就是最低的劳动

---

① 贫富分化、失业等是市场经济体制造成的，并非完全是诸如懒惰等个人原因造成的。

② ［日］大须贺明：《生存权论》，林浩译，法律出版社 2001 年版，第 34 页。

③ ［日］大须贺明：《生存权论》，林浩译，法律出版社 2001 年版，第 28 页。在《生存权论》一书中，大须贺明先生实际上是将"生存权"和"社会权"等同的。

条件和劳动待遇标准,① 这些劳动条件和劳动待遇主要是靠体现国家、社会干预的劳动基准和集体谈判集体合同等形成的, 劳动者自由权的体现就是最低的劳动条件和劳动待遇之上的更好的劳动条件和劳动待遇标准, 这是要靠劳动者自己通过自主努力来获取, 国家社会是不能干预的, 劳动法是不能强制性要求的。例如, 上述《奋斗者申请协议》事件中, 带薪年休假、陪产假等体现的就是劳动者生存权, 借以实现对劳动者的"倾斜保护"。而超出薪年休假、陪产假等之外的更多的休息休假, 体现的就是劳动者自由权。且从劳动权视角来讲, 劳动者生存权基础上的劳动者自由权是劳动者人权的发展方向。

---

① 所谓"最低"标准, 主要是针对法定标准所具有的法律约束力而言。至于这种标准的具体确定, 则应从有利于保障劳动者利益出发, 并须考虑到国家经济发展的一般状况。而不能理解为, 在立法时可以迁就某些地方和企业落后、低劣的劳动条件, 并以此作为确定法定标准的依据, 并且"最低"应是动态的、不断上升的。这是我们在理解"最低标准"含义时应予注意的方面。(参见夏积智主编《劳动立法学概论》, 中国劳动出版社1991年版, 第119—120页。) 同时, 什么是"最低劳动条件"? 其水平是否合理? 从今天社会科学与自然科学发展的水平来看, 在很大程度上是可以客观地进行计算测定的。(可参见大须贺明先生关于"最低限度生活"水准测定的精辟论述。[日] 大须贺明:《生存权论》, 林浩译, 法律出版社2001年版, 第98—99页。)

第三章　前马克思正义观：为何及如何忽视了劳动者保护问题

"人类确实原来存在着自然奴隶和自然自由人的区别，前者为奴，后者为主，各随其天赋的本分而成为统治和从属，这就有益而合乎正义"；①

"在上帝所建立的自然秩序中，低级的东西必须始终服从高级的东西，在人类的事务中，低级的人也必须按照自然法和神法所建立的秩序，服从地位比他们高的人"②；

"天赋人权""自由""平等""没有私有财产就没有正义"；③

生存权"目的是消除伴随资本主义的高度化发展而产生的贫困、失业等社会弊病，为此要求国家积极干预社会经济生活，保护和帮助社会弱者"。④

这表明，前马克思正义观对劳动者的保护经历了一个被排斥在视野之外、从平等保护到倾斜保护的渐次呈现过程。

自从有了人类社会，正义观念就伴随着先贤们的思考开始了其悠远的历史，形成了关于正义问题的极为丰富、极为宝贵的思想资料和生生不息的社会实践，真实记录了人类社会文明的发展历程，构成了人类精神文明、政治文明的重要内容。政治、法律文化的探索实践，尤其是政治法律思想的历史演进及理论逻辑表明，各个不同时代的思想家们对正义理论的精深探索，奠定了社会生活的思想基础。但是仔细地辨析与考察，会发

---

① ［古希腊］亚里士多德：《政治学》，吴寿彭译，商务印书馆1997年版，第18页。

② ［意］阿奎那：《阿奎那政治著作选》，马清槐译，商务印书馆1963年版，第44页。

③ ［英］哈耶克：《致命的自负：社会主义的谬误》，冯克利等译，中国科学出版社2000年版，第33—35页。

④ ［日］大须贺明：《生存权论》，林浩译，法律出版社2001年版，第34页。

现，前马克思正义观从抽象的人性论出发，在理论关注的视野上，很大程度上忽视了劳动者保护问题。当代社会的正义的理论与实践，必须站在新的时代高度，必须以历史上关于正义的思想资料和社会实践为渊源，批判吸收，不断发展，在劳动者保护问题上也不例外。

第一节　"普洛透斯"似的正义面相及其实质

正义是公民的最高美德，是文明社会追求的价值。① "谁不在争取正义？谁又不受正义问题的影响？政治制度、宗教、科学——特别是伦理学、法理学和政治理论——全部都关心正义问题，而且全都渴望有一个按照他们的特殊概念来看是正义的世界……我们谋求有公正的制度和在一切人际关系中有正义。总之，正义是一个无处不在的问题。"② "如果公正和正义沉沦，那么人类就不值得在这个世界上生活了。"③ "正义是社会制度的首要价值，正如真理是思想体系的首要价值一样。一个思想体系，无论它多么精致和简洁，只要它不真实，就必须予以拒绝或修正；同样，某些法律和制度，不管它们如何有效率和有条理，只要它们不正义，就必须予以改革或废除。每个人都拥有一套基于正义的不可侵犯性，这种不可侵犯性即使以社会整体的利益之名也不能逾越。"④

一　"普洛透斯"似的正义面相

然而，究竟何谓正义？古今中外，理论界、实务界的表述却歧义纷呈，不同的思想大家，乃至一般尘世凡人，对此理解各有不同，仁者见仁、智者见智，正义呈现出其相当模糊和不确定的一面。"正义、公道、自由，关于这些原理的每一项，我们的观念一向是模糊的。"⑤ "正义是一

---

①　[美] 列奥·施特劳斯、约瑟夫·克罗波西主编《政治哲学史》（上卷），李天然等译，河北人民出版社1993年版，第127页。

②　[英] 麦考密克、[奥] 魏因伯格：《制度法论》，周叶谦译，中国政法大学出版社1994年版，第249页。

③　[德] 康德：《法的形而上学原理》，沈叔平译，商务印书馆1991年版，第165页。

④　[美] 约翰·罗尔斯：《正义论》，何怀宏、何包钢、廖申白译，中国社会科学出版社1998年版，第3页。

⑤　[法] 蒲鲁东：《什么是所有权》，孙署冰译，商务印书馆1982年版，第245页。

个相当模糊和不确定的概念。"①② E. 博登海默更为具体而尖刻地指出："正义有一张普洛透斯似的脸（a Protean face），变幻无常，随时可呈不同形状并具有极不相同的面貌。当我们仔细查看这张脸并试图揭开隐藏其表面背后的秘密时，我们往往会深感迷惑。"③ "古往今来的哲学家和法律思想家不过是提出了种种令人颇感混乱的正义理论。"④ 自古以来，"什么是正义"这一问题是永恒存在的。为了此问题，很难知道有多少人流了宝贵的鲜血与痛苦的眼泪，很难知道有多少杰出的思想家，从柏拉图、亚里士多德到康德，绞尽了脑汁，可是，无论现在还是过去，问题依然未解决。⑤

更为极端的是，正义理论历史上曾经出现过否定正义的非理性主义、相对主义，他们把正义仅仅看作是非理性的情感、意志的表达，认为"祈求正义无异于砰砰敲桌子：一种将个人要求变成绝对公理的感情表现"，⑥ 亦即，我喜欢这样，也希望（甚至是强迫）你也赞成这么做。

二　正义观念的共同要素及实质

虽然，正义概念呈现出其相当模糊和不确定的一面，但这不意味着正义是完全主观的，不存在判断是否正义的客观标准。正义并非无章可循，其基本含义还是较为明确的，正如维特根斯坦及其思想的忠实信徒彼得·

---

① 转引自［美］博登海默《法理学：法律哲学与法律方法》，邓正来译，中国政法大学出版社 2004 年版，第 184 页。

② 博登海默是十分重视概念的作用的："概念乃是解决法律问题所必需的和必不可少的工具，没有严格的专门概念，我们便不能清楚地和理性地思考法律问题。没有概念我们便无法将对法律的思考转变为语言，也无法以一种颗粒状的方式把这些思考传达给他人，如果我们试图否弃概念，那么整个法律大厦将化为灰烬。"（E. 博登海默：《法理学：法律哲学与法律方法》，邓正来译，中国政法大学出版社 2004 年版，第 504 页。）

③ ［美］博登海默：《法理学：法律哲学与法律方法》，邓正来译，中国政法大学出版社 2004 年版，第 261 页。

④ 同上书，第 267 页。

⑤ ［奥］凯尔逊：《什么是正义》，《现代外国哲学社会科学文摘》1961 年第 8 期。

⑥ *Alf Ross*, *Law and Justice*（*Berkeley and Los Angeles*, 1959），p. 274。转引自［美］博登海默《法理学：法律哲学与法律方法》，邓正来译，中国政法大学出版社 2004 年版，第 270 页。

温奇所言，一个概念的边缘可能是模糊的，但是其核心领域总是确定的。①

(一) 各种正义观念的共同要素

尽管不同的正义观念具有不同的要素。但是，除了某些比较偏激或者极端的观点之外，各种正义观念之间也存在着某些较为相似的共同的要素。

1. 从正义的字面含义看正义观念的共同要素。"正义"一词，在中国最早见于《荀子》："不学问，无正义，以富利为隆，是俗人者也。"② 在我国的古代，蕴含有"正义"之意的词语主要有正直、正当、正义、公平、公道、公正等。这些词义也是非常的接近，因此在趋于相同的意义上来说，正义即公平正直之义，或者可更为确切地概括"正义即公正之义"。③ 在英语的表述中，表示"正义"的 justice，和 equality（平等）、fairness（公平）、impartiality（公正）、reasonable（合理）、right（正当）等词意思十分相似和接近，并且可以互释和互换。在西方语言中，"正义"一词源于拉丁语 justitia，由拉丁语中"jus"演化而来。"jus"是个多义词，有公正、公平、正直、法、权利等多种含义。现在 justice 具有公正、公平、正当、合理、正义及司法审判等多种意思。这些词义大体相同，但意义的强弱、范围、侧重点却有差别。法文中的"droit"、德文中的"recht"、意大利文中的"diritto"等，都兼有正义、法、权利的含义。在英文中，justice 一词，具有正义、正当、公平、公正等意思。④

---

① 比如：多少粒麦子就变成了一个麦堆，是一千粒还是一万粒？又或者，什么时候我们不再称张三是一个头发稀疏的人，而就说张三是一个秃子？是一万根还是一千根？虽然从麦粒到麦堆，从头发稀疏到秃子，没有一个确定的标准，也找不到一个清晰的分界线，但这并不意味着麦堆和秃子这类模糊的概念就不是概念。在给定的日常语境下面，这些看似模糊的概念都能得到有意义的使用和理解。Peter·Winch, The Idea of Social Science and its Relation to Philosophy, Second Edition, Routledge 1990. 转引自周濂：差异性与相对主义《社会学家茶座》2010 年 12 月号。

② 荀子：《荀子·儒效》。

③ 何怀宏：《伦理学是什么》，北京大学出版社 2002 年版，第 172—173 页。

④ 在这几个相关概念中，与正义联系最紧密的是公正。实际上，无论就其内涵还是外延来说，公正都是与正义最相似、重合度最高的概念，在日常生活和科学研究中，将正义与公正混用和等同起来的也不在少数。但详细分析，二者还是存在一定的区别。"公正的核心则是均衡和合理。公正是以一种不偏不倚的原则，处理人与人的关系，在政治、法律、伦理道德等关系上保持社会以及社会成员之间追求权利和义务的统一；在物质利益

2. 从正义概念的起源来看正义观念的共同要素。西方的关于正义的概念可以追溯到古希腊的荷马时代，在《荷马史诗》中的"DIKE"一词的英译便是"justice"。在古代希腊，正义一词来源于女神狄刻（"DIKE"）的名字。狄刻是宙斯同法律和秩序女神忒弥斯之女；在希腊人的雕塑中忒弥斯手执聚宝角和天平，眼上蒙布，以示不偏不倚地将善物分配给人类，所以狄刻是正义的化身，主管对人间是非善恶的评判。拉丁语中正义（Justice）一词得名于古罗马正义女神禹斯提提亚（Justitia），同在希腊语中一样，拉丁语正义一词中也已经包含了正直、无私、公平、公道这些一直保持到现代的基本语义。① 古希腊思想史研究专家罗斑更详尽地谈到："在古希腊思想中，企图把人类生活及其行为的律令，加以整理并做成普遍适用的概念的那种努力，最早见之于文学。我们可以在《荷马史诗》和赫西俄德的作品中找到……随着社会和社会环境的改变……公正观念逐渐弄清楚了，并且越来越清楚明确地把它用公式表达出来。所谓公正，就是确切而适当的法度、均衡和正直，是与粗鄙的情欲、欺骗及统治的野心相对立的。"② 罗素曾做过这样的描述："在哲学开始以前，希腊人就对宇宙有了一种理论，或者说感情，这种理论或感情可以称之为宗教的或伦理的。按照这种理论，每个人或每件事物都有着他的或它的规定地位与规定职务。但是凡有生气的地方，便有一种趋势要突破正义的界限，因此就产生了斗争。有一种非人世的、超奥林匹克的法则在惩罚着放肆，并且不断在恢复着侵犯者所想要破坏的那种永恒秩序。"③

3. 从外在自然（宇宙）正义观发展到内在自然（理性）正义观看正义观念的共同要素。自然哲学家们形成了人类社会最早的正义观——外在自然（宇宙）正义观，并深刻影响着后世。外在自然（宇宙）正义观中正义的原始含义就是"每个人或每件事物都有着他的或它的规定地位与

关系上，给一定范围内的社会成员以均衡的条件和机会；其直接目的是以人们之间关系的某种程度的均衡合理来维持社会的稳定与秩序。"（羊龙：《平等与公平、正义、公正之比较》，《文史哲》2004 年第 4 期。）也就是说，公正既包含了对待对象在态度、规则上的一致性，也强调了对各种利益的界分结果的分析评价——实行和保护均衡合理的界分（即公正的行为和结果）、排除和矫正非均衡合理的界分（即不公正的行为和结果）。从正义与公正的比较中也可以看出，正义的高阶性、抽象性、概括性、理想性都是显而易见的。

① 廖申白：《西方正义概念：擅变中的综合》，《哲学研究》2002 年第 11 期。
② ［英］罗斑：《古希腊思想和科学的起源》，陈修斋译，商务印书馆1965 年版，第 4 页。
③ 罗素：《西方哲学史》（上卷），商务印书馆1963 年版，第 154 页。

规定职务"。① 外在自然（宇宙）正义观"是和运命或必然的观念联系在一起的"。② 赫拉克利特、梭伦，智者学派的正义观已体现出外在自然（宇宙）正义观向内在自然（理性）正义观的过渡。尤其是智者学派已开始真正脱离自然哲学家所关注的外在自然（宇宙），把注意力转向人类社会，转向人自身，把正义当作人类社会、人自身特有的属性，当作人类社会、人自身的伦理、政治、法律问题。苏格拉底及后苏格拉底时期，内在自然（理性）正义观开始形成，自苏格拉底正义观开始，经由柏拉图、亚里士多德、斯多葛学派、西塞罗的发展使其理论化、系统化，内在自然（理性）正义观中正义的基本含义就是"正义是给予每个人他应得的部分的这种坚定而恒久的愿望"。③ 正义根源于自然、根源于理性。这一正义基本含义深深地影响着后世，成为西方最基本的一种正义观念。

4. 从具有代表性的正义思想来看正义观念的共同要素。对正义概念的纵向考察表明，在西方社会发展的不同阶段，思想家们对正义做出了不同的界定，历经诸多变化，但基本含义均含有正义是个人得其应得，这被认为是关于正义或公正的经典定义，也是罗马法的基本精神："给每个人以应得。"东罗马帝国（拜占庭帝国）皇帝查士丁尼（Justinianus）在其所钦定的《法学总论——法学阶梯》中写道："正义是给予每个人他应得的部分的这种坚定而恒久的愿望。"④ 经过西塞罗、哥老秀斯、阿奎那、穆勒，当代麦金太尔也认为："正义是给每个人包括给予者本人应得的本分。"⑤

5. 从正义的两个层次看正义观念的共同要素。奥特弗利德·赫费在其《政治的正义性》一书中，对个人正义和制度正义两个层次的正义做了相当简明的论述。⑥ 纵观人类社会文明史，正义思想家们几乎都是在个

---

① ［英］罗素：《西方哲学史》上卷，何兆武等译，商务印书馆1963年版，第154页。

② 同上。

③ ［古罗马］查士丁尼：《法学总论》，张企泰译，商务印书馆1995年版，第5页。

④ ［古罗马］查士丁尼：《法学总论》，张企泰译，商务印书馆1995年版，第5页。实际上，这个定义的提出者是古罗马著名法学家乌尔比安（Ulpian。）（［美］博登海默：《法理学：法律哲学与法律方法》，邓正来译，中国政法大学出版社2004年版，第277页。）

⑤ ［英］麦金太尔：《德性之后》，龚群等译，中国社会科学出版社1995年版，第314页。

⑥ 参见［德］奥特弗利德·赫费《政治的正义性》，庞学铨、李张林译，上海译文出版社1998年版，第42—43页。

人正义和制度正义两个层次使用正义这一概念①，2400 多年以来，从苏格拉底、柏拉图、亚里士多德一直到当代的罗尔斯等，都是把自己对人类问题的深刻思索倾注到对正义问题的关注上，这些人类思想史上的伟大人物都是在个人上和制度上（政治上）使用正义这一概念的。一般来说，个人正义涉及的是个人性质的自我修养、道德。庞德通过历史考察，总结了三种正义含义，他说，"正义一词不止有一种含义。在伦理上，我们可以把它看成是一种个人美德或是对人类需要或者要求的一种合理、公平的满足。在经济和政治上，我们可以把社会正义说成是一种与社会理想相符合，以保证人们的利益和愿望的制度。在法学上，我们所讲的执行正义（执行法律）是指在政治上有组织的社会中，通过这一社会的法院来调整人与人之间的理想关系。"② 但他只承认其中的第三种正义，他认为，"我们以为正义并不意味着个人的德行，它也并不意味着人们之间的理想关系。我们以为它意味着一种制度。制度正义较之个人正义更具有根本性，制度是实现正义的根基和核心。正义必须由社会制度来保证。可以这样说，在当代社会，制度正义的实现就是正义的实现"。③

6. 从学理分析看正义观念的共同要素。许多著名学者对正义的一般内涵进行了概括，其中，以当代比利时著名哲学家佩雷尔曼的观点为代表。他认为，正义是人类最宝贵的价值；在一个多元的世界中，必然存在着无数不同的正义概念；作为对话和辩论的技术，新修辞学需要澄清人们在正义问题上的争论，找出其中的共同思想和必然存在的分歧。他在引举了六种最为流行和最具有权威性的正义概念后，认为，六种最流行的正义概念说明了正义问题的复杂性，它们往往是相互冲突的。在这种情况下，我们应设法力求从不同的正义概念中找出共同的思想。这一共同的思想就是：对于从某一特殊观点看来是平等的人，即属于同一"主要范畴"的人，应加以同样对待，这就要求首先确定"主要范畴"，进而涉及价值判断、价值准则的问题，也即世界观的问题。④

①　这里的"个人正义和制度正义"都是指社会正义。这与当下一些学者大谈一些诸如"生态正义""环境正义"的自然（界）正义有所不同。本文的正义仅指社会正义，当然，"生态正义"也会影响社会正义。

②　［美］庞德：《通过法律的社会控制、法律的任务》，雷沛鸿译，商务印书馆 1984 年版，第 73 页。

③　也正是因为制度正义的这种重要性，所以本文只是从制度正义层次探讨正义问题。如没有特别说明，正义皆指制度正义。

④　沈宗灵：《佩雷尔曼的"新修辞学"法律思想》，《法学研究》1983 年第 5 期。

（二）各种正义观念的实质

基于上述正义观念的共同要素分析，我们可以总结出正义观念实质：正义是一种社会关系，正义是一种宇宙规则和社会准则，正义是一种和谐、追求平衡和协调，正义是一种在最广大范围和普遍意义上的适用性。"正义就其基本含义而言，就是一种平衡关系以及为构建、规范、维护这种平衡关系而确立的规则。"①"在归根结底的意义上正义观念实质上是一种社会化的理性、理智，在一定程度上代表和体现着人的发展水平、人的自我意识和理性健全的程度……人性或人的本质是社会性与个体性的有机统一……（正义）正是对个体性与社会性的理性平衡。"②③

总而言之，正义是人类社会千古永恒的话题，是思想先贤们思考的重大问题，正义理论时刻伴随着人类社会发展的脚步④。不管是真心拥护正义，还是假借正义之名行不义之实⑤，正义始终在"形式上"是个美好的令人向往的词语⑥。尽管历史上曾经出现过否定正义的非理性主义、相对主义，但是，当正义理论在非理性主义、相对主义思潮结束其历史使命走到尽头时，理性主义正义理论仍然得以回归和复兴，正义理论再次显示其产生于并服务于特定社会背景的特性，以其最基本的理念和实践，推动人

---

① 戴建华：《西方正义理论初探》，《江汉大学学报》（社会科学版）2008 年第 6 期。

② 袁祖社：《社会秩序·制度理性·公正理想——西方思想文化中公正观念之范式沿革（上）》，《唐都学刊》2007 年第 5 期。

③ 这方面的具体阐述还可参见：［德］奥特弗利德·赫费《政治的正义性——法和国家的批判哲学之基础》，庞学铨等译，上海译文出版社 1990 年版；［美］阿拉斯戴尔·麦金太尔《谁之正义？何种合理性》，万俊人等译，当代中国出版社 1996 年版；沈晓阳《正义论经纬》，人民出版社 2007 年版；姚大志《何谓正义》，人民出版社 2007 年版；廖申白《西方正义概念：嬗变中的综合》，《哲学研究》2002 年第 11 期；王守昌、李进文《西方正义学说的发展与运用》，《广东社会科学》1997 年第 3 期；王欣欣《构建中国特色社会主义正义理论》，《前线》2013 年第 6 期；等等。

④ 套用一句名言"自然法思想曾经是一个迷思，但它是一个所能够想到的最有益处的迷思"。（G. Radbruch：《法律智慧警句集》，舒国滢译，中国法制出版社 2001 年版，第 24 页。）笔者想说："正义思想一直是一个迷思，但它是一个所能够想到的最有益处的迷思。"

⑤ 古今中外，发动侵略战争的一方，始终自称是"正义"的。在近现代，当帝国主义列强用武力打开中国国门，把《南京条约》《辛丑条约》等不平等条约强加给中国之时，他们自称是"正义"的。当日本帝国主义侵略中国、东亚人民时，他们自称是为了建立"大东亚共荣圈"。

⑥ 当梯也尔最终把巴黎公社镇压下去时，他也快慰地说："秩序、正义和文明终于获得胜利了。"（参见《马克思恩格斯全集》第 17 卷，人民出版社 1963 年版，第 376 页。）

类社会文明阶段性发展。

第二节　西方正义观：劳动者保护问题的渐次呈现

从前苏格拉底时期代表人物、苏格拉底、柏拉图、亚里士多德一直到当代的罗尔斯等人类思想史上的伟大人物都把自己对人类问题的深刻思索倾注在对正义问题的关注上，形成了西方社会的正义理论，并和西方社会生活交相辉映，为人类社会文明的发展做出了不可磨灭的巨大贡献。

一　西方古代正义观：劳动者保护被排斥在视野之外

从古希腊和古罗马到中世纪，西方古代正义观经历了一个从"天上"到"人间"再从"人间"到"天上"的过程，这一过程，劳动者保护始终被排斥在视野之外。自然（宇宙）正义观关注"天上"，劳动者保护被排斥在视野之外；内在自然（理性）正义观关注"人间"，但从总体来说，劳动者不属于"人间"，劳动者保护被排斥在视野之外；神学正义观再一次关注"天上"，劳动者保护同样被排斥在视野之外。

（一）古希腊和古罗马正义观——从外在自然（宇宙）正义观到内在自然（理性）正义观：由"天上"到"人间"

在古希腊和古罗马，正义的参考依据经历了"外在自然"——"内在自然"逻辑上的连贯性转变。内在自然（理性）正义观中正义的基本含义与外在自然（宇宙）正义观中正义的原始含义有着逻辑上的高度一致性，只不过，"外在自然"已变成"内在自然"，由关注"天上"到关注"人间"，但总体来说，劳动者不属于"人间"，劳动者保护被排斥在视野之外。

1. 前苏格拉底时期的外在自然（宇宙）正义观：关注"天上"

前苏格拉底时期，是古希腊氏族制度瓦解而形成城邦奴隶制的时期，大约是公元前8世纪至公元前5世纪。这一时期的代表人物有，阿那克西曼德（Anaximandros①）、赫拉克利特（Herakleitos）、毕达哥拉斯（Pythagoras）、恩培多克勒（Empedokles）、巴门尼德（Parmenides）等，他们形成了人类社会最早的正义观——外在自然（宇宙）正义观，并深刻影

---

① 本文所涉外国人名一律既有中文译名，又加上英文名。是由于法学译名很不统一，还是加上英文名更好，中国台湾法学界就是这样做的。

响着后世。英国哲学家罗素在其著名的《西方哲学史》中对前苏格拉底时期的正义观作了这样精辟描述:在哲学开始前,希腊人就对宇宙有了一种理论和感情,其可以称为宗教的或伦理的。按照该理论,每个人或事物都有着他的或它的规定地位与规定职务。因此,该理论是和命运或必然的观念联系在一起的。它特别被人强调应用在天上。但凡有生气的地方,就有一种趋势要突破正义的界限,也就因此产生了斗争。有一种超人世的、超奥林匹克的法则惩罚着放肆,并且在不断恢复着侵犯者所想要破坏的那种永恒秩序。这种理论整个(最初或许几乎是不知不觉地)过渡到哲学里面来。这是希腊人对于自然与人世规律信仰的根源,这显然也是柏拉图正义观念的基础。①

基于"希腊人对于自然规律与人世规律信仰的根源",形成了人类社会最早的正义观——外在自然(宇宙)正义观②。这种正义观是在本体论意义上出现的,外在自然(宇宙)是和命运或必然③的观念联系在一起的,体现出一种外在自然(宇宙)万物都有各自规定地位(运命或必然)的正义的原始含义。例如,阿那克西曼德(Anaximandros)的正义观是外在自然(宇宙)正义观的典型代表,在他看来,正义是一种"至高无上的力量",是客观必然性、"运命""定数"之类的词语的同义语。阿那克西曼德是最早运用哲学语言论述正义的自然哲学家。他论述道:"万物由之而生的东西,万物消灭后复归于它,这是命运规定了的。因为万物按照时间的秩序,为他们彼此间的不正义而相互补偿。"④ 罗素对此评价道:"正义的观念——无论是宇宙的,还是人间的——在希腊的宗教和哲学里所占的地位,对一个近代人来说,并不是一下子很容易理解的……阿那克西曼德所表现的思想似乎是这样的:世界上的火、土和水应该有一定的比例,但是每种元素又都在企图扩大自己的领土,然而有一种必然性(命运)永远在校正着这种平衡。例如,只要有了火,就会有灰烬,灰烬就是土。这种正义观念——即不能逾越永恒固定的界限的观念——是一种最深刻的希腊信仰。神祇正像人一样,也要服从正义。但是这种至高无上的

---

① [英]罗素:《西方哲学史》(上卷),何兆武等译,商务印书馆1963年版,第154页。

② 这实际上是一种自然哲学家的正义观,自然哲学家持本体论。

③ 罗素在谈到这一点时认为:"命运对整个希腊的思想起了极大的影响,而且这也许就是科学所以能得出自然律的信仰的渊源之一。"([英]罗素:《西方哲学史》(上卷),何兆武等译,商务印书馆1963年版,第33—34页。)

④ [英]罗素:《西方哲学史》(上卷),何兆武等译,商务印书馆1963年版,第52页。

力量其本身是非人格的，而不是至高无上的神。"① 阿那克西曼德的正义观，在赫拉克利特（Herakleitos）的正义观中得到进一步发展，赫拉克利特的正义观同样属于外在自然（宇宙）正义观，这种观念的主旨在于防止对立面斗争中的任何一面获得完全的胜利。赫拉克利特所理解的正义，就是事物之间由斗争（即各自为超越自己的规定地位所作的斗争）而形成的和谐（必然性）。② 在赫拉克利特之后，毕达哥拉斯（Pythagoras）也提出了其外在自然（宇宙）正义观。毕达哥拉斯认为"一切服从命运，命运是宇宙秩序之源。"③ 但由于他也认为"万物皆是数"，数的和谐就是宇宙的秩序，所以，正义就是事物（数）之间的一种和谐稳定的关系。与赫拉克利特强调对立面之间的斗争相比，毕达哥拉斯更强调事物的同一性，以及由此形成正义。恩培多克勒（Empedokles）提出了化生万物的四个根：土、气、火、水四种元素。宇宙万物都是由这四种元素形成的，其中每一种都是永恒的，但它们可以以不同的比例混合起来。这样就产生了我们在世界上看到的种种变化着的复杂事物。他又提出了"爱"与"憎"④ 这来自元素之外的两种力量。是"爱"把上述四种元素结合起来，而"憎"又把它们分离开来。可见，恩培多克勒的外在自然（宇宙）正义观，介乎于赫拉克利特和毕达哥拉斯之间。较之赫拉克利特，他强调"爱"，较之毕达哥拉斯，他强调"憎"，正义就是事物之间由"爱"与"憎"而形成的和谐（必然性）。巴门尼德（Parmenides）的自然（宇宙）正义观主要体现在他的"存在"学说中。他认为"存在"是宇宙的本体，主张只有存在者存在，而不存在者的存在是不可能的。"存在"具有许多标志和属性：存在是永恒的、不生不灭的、无始无终的；存在也是独一无二的、不可分割的，它没有任何虚空，它是个连续的统一体；同时存在又是不动的，永远在同一个地方，居留在自身之内；而且存在像一个滚圆的球体，从中心到每一个方面的距离都是相等的。⑤ 可见，巴门尼德的自然（宇宙）正义观，是反对赫拉克利特等人所理解的"斗争就是正义"的，强化了毕达哥拉斯等人所支持的正义就是事物的同一性的正义观。尽管如

---

① ［英］罗素：《西方哲学史》（上卷），何兆武等译，商务印书馆1963版，第52—53页。

② 沈晓阳：《正义论经纬》，人民出版社2007年版，第8页。

③ 北大哲学系外国哲学史教研室编译：《古希腊罗马哲学》，商务印书馆1982年版，第35页。

④ 罗素在《西方哲学史》中将"憎"理解成斗争。（［英］罗素：《西方哲学史》（上卷），何兆武等译，商务印书馆1963年版，第86页。）

⑤ 全增嘏：《西方哲学史》（上卷），上海人民出版社1983年版，第70—71页。

此，巴门尼德的正义观仍然没有离开万物都有各自规定地位（运命或必然）这一外在自然（宇宙）正义观的主基调。

2. 外在自然（宇宙）正义观向内在自然（理性）正义观的过渡：由"天上"到"人间"的过渡

前苏格拉底时期的自然哲学家所持的外在自然（宇宙）正义观，主要是针对自然界而提出的，其并未表现出对人类社会、人自身的内在自然的关注，然而，正是他们这些自然哲学家对自然界的亲近、探索发现，为人类社会、人自身的内在自然——理性能力——的开启，进而为内在自然（理性）正义观的出现奠定了坚实的基础。① 当然，这一过程并不是一蹴而就的，是有一个过渡时期的。

在赫拉克利特的正义观中，已初步显示出前苏格拉底时期的自然哲学家对人类社会、人自身的内在自然的一些思考，已经猜测到正义适用于人类社会、人自身，因为他认为：对于神而言，一切都是美的、善的和公正的；但是人们则认为一些东西公正，另一些东西不公正。② 但真正体现外在自然（宇宙）正义观向内在自然（理性）正义观的过渡的是梭伦（Solon）和智者学派③。

雅典国家形成时期著名的政治改革家梭伦的正义观的最大贡献之处，就是把正义作为一个伦理道德范畴提了出来，奠定了其在古希腊正义观中的特殊地位。这表现在他不再完全把正义理解为必然性，而是理解为使社会各阶层都不能占优势，对他们一视同仁的保护，使他们保持平衡。他写道：给予人民的适可而止，他们的荣誉既不减损，也不增多；即使那些有财有势之人，也是一样，不使他们遭受不当损失；要保护两方，不让任何一方不公正地占据优势。制定法律，无贵无贱，一视同仁，直道而行，人人各得其所。④ 可以看出，梭伦的正义观体现出了外在自然（宇宙）正义观向内在自然（理性）正义观的过渡。原因在于，梭伦把自然哲学家在

① "只要自然的观念还不为人所知，自然权利的观念也就必定不为人所知。发现自然乃是哲学的工作。不存在哲学的地方，也就不存在自然权利这样的知识。"（转引自［美］列奥·施特劳斯《自然权利与历史》，彭刚译，生活·读书·新知三联书店2003年版，第82页。）

② 北大哲学系外国哲学史教研室编译：《古希腊罗马哲学》，商务印书馆1982年版，第28页。

③ 严格意义上讲，他们不是一个真正学派，因为他们并没有统一的组织和理论。

④ ［古希腊］亚里士多德：《雅典政制》，日知、力野译，生活·读书·新知三联书店1957年版，第14—15页。

自然（宇宙）万物都有各自规定地位（运命或必然）的正义的原始含义，引入到人类社会、人自身的内在自然，亦即人人各司其职、各得其所。

　　较之赫拉克利特、梭伦，智者学派对人类社会、人自身的内在自然的关注更为彻底。有别于传统的自然哲学家，智者学派已开始真正脱离自然哲学家所关注的外在自然（宇宙），把注意力转向人类社会，转向人自身，把正义当作人类社会、人自身特有的属性，当作人类社会、人自身的伦理、政治、法律问题。这一巨大转向集中体现在智者学派的著名代表人物普罗泰戈拉（Proagoras）的著名命题："人是万物的尺度，是存在的事物存在的尺度，也是不存在的事物不存在的尺度。"① 根据这一命题，人也就成为衡量正义的尺度、标准。显然，这里强调的是人，包含"人的自然"的思想，已由外在自然转向内在自然，内在自然就是人的"本性"（Nature），不过这里的自然、"本性"，可能是功利，是自由和快乐，也可能是利益。② 符合这些自然，就是正义。这也成就了最初的自然法思想、社会契约论、功利主义等③。例如，普罗泰戈拉认为，人的本性是利己的，这是自然（法）的，国家和法律就是这种本性的产物。自然法就是正义，高于作为人为法的城邦法。智者安提丰（Antiphon）更是表现出自然法思想、社会契约思想："普通所谓正义，就在于不违背（或者说得确切点，就在于不知道违背）一个人作为公民生于其中的那个国家的任何法律条文。因此，一个人如果在证人面前尊崇法律，而在没有证人独自一人时又尊崇自然的法则，那么，他就是在最有利于自己的方式下实行正义了。这个原因在于：法律的规则是外在的，而自然的规则是不可避免的（天赋的）；其次还在于法律的规则是依契约制定的，而非由自然产生的……"④ 晚期的智者学派中一些人以自然法的名义提出了正义不外是强者（或弱者）利益的观点。例如斯拉雪麦格（Thrasymachus）就明确主

---

①　北大哲学系外国哲学史教研室编译：《古希腊罗马哲学》，商务印书馆 1961 年版，第138 页。

②　当然，"人是万物的尺度，是存在的事物存在的尺度，也是不存在的事物不存在的尺度"也具有强烈的感觉主义、相对主义、个人主义，这是其不足之处。

③　这些真正成为以后西方诸多思想和理论的渊源。正如恩格斯所指出的那样"在希腊哲学的多种多样的形式中，差不多可以找到以后各种观点的胚胎、萌芽"（《马克思恩格斯全集》（第二十卷）人民出版社 1965 年版，第 386 页。）罗素也指出"以至于直到最近的时代，人们还满足于惊叹并神秘地谈论着希腊的天才。"（［英］罗素：《西方哲学史》（上卷），何兆武等译，商务印书馆 1963 年版，第 24 页。）

④　周辅成选编：《西方伦理学名著选辑》（上），商务印书馆 1982 年版，第 30—31 页。

张:"在任何国家里,所谓正义就是当时政府的利益。政府当然有权,所以唯一合理的结论应该说:不管在什么地方,正义就是强者的利益。"①加里克里斯则对"正义是弱者的利益"加以否定,从反面强调正义不外是强者利益:"法律的创造者乃是大多数的弱者。他们制定法律,安排奖惩,都是为了自己与自身利益。他们惊吓强者以及那些能胜过他们的人,免使这些人胜过他们……但是,自然的本身却相反,优者比劣者多获得一些,乃是公正的,强者比弱者多得些,也是公正的,在许多情形下,无论是人或动物或所有城邦与所有种族,自然的暗示都是:公正是在于优者统治劣者,优者比劣者占有更多……从奴隶地位一反而为主人站在我们头上,这时,自然的公正便又光临大地了。"② 这种以自然法的名义提出正义不外是强者(或弱者)利益的正义观,有极大片面性,但是也自发反映了阶级社会里所谓正义的阶级性和虚假性。

3. 苏格拉底、后苏格拉底时期:内在自然(理性)正义观:关注"人间"

苏格拉底、后苏格拉底时期,包括古希腊城邦奴隶制繁荣时期,古希腊城邦奴隶制衰落时期(希腊化时期),古罗马时期③。

古希腊城邦奴隶制繁荣时期,大约是公元前 5 世纪至公元前 4 世纪,这一时期的代表人物有苏格拉底(Sokrates)、柏拉图(Platon)、亚里士多德(Aristotie)等。古希腊城邦奴隶制衰落时期(希腊化时期),大约是公元前 4 世纪末至公元前 3 世纪,这一时期的代表人物主要有斯多葛④学派等,斯多葛学派后来传到了古罗马。古罗马时期主要指大约公元前 2 世纪兴起以后的古罗马时期一直到公元 5 世纪,这一时期的代表人物有西塞罗(Cicero)等。

这一时期,内在自然(理性)正义观开始形成,自苏格拉底正义观开始,经由柏拉图、亚里士多德的发展使其理论化、系统化,深深地影响着后世,成为西方最基本的一种正义观念。

苏格拉底的正义观。苏格拉底(Sokrates)在赫拉克利特、梭伦、智

---

① 转引自 [古希腊] 柏拉图《理想国》,郭斌和等译,商务印书馆 1986 年版,第 19 页。

② 周辅成选编:《西方伦理学名著选辑》(上),商务印书馆 1982 年版,第 30—31 页。

③ 从思想文化方面讲,古罗马思想文化只是古希腊思想文化的继承和发展,属于一种应用性质思想文化。正义观亦是如此。

④ 也有人翻译为斯多亚。

者学派的基础上，把哲学从天上带到了人间①，更为深刻提出内在自然（理性）正义观②。把普罗泰戈拉的著名命题"人是万物的尺度"，深化为"认识你自己"（"认识真正的我"）。"认识你自己"所认识的正是人的内在自然，就是人的"本性"（Nature），也就是人的理性（能力）。在苏格拉底那里，排除了人的情感、欲望，理性必须支配情感、欲望，以使人高于禽兽，只有理性才是人之为人的依据。质言之，在苏格拉底看来，理性是自然的别名，人要依据自然生活，就是要依据理性生活，因此，既然说合乎自然就是正义的，那么，在苏格拉底那里，合乎理性就是正义的，这样的正义观念实际上影响了整个西方哲学。③ 通过理性，人就具有了发现自然（外在自然尤其是内在自然）的能力④，就具有了把握概念、理念的能力。例如，"什么是正义"？最终苏格拉底提出自己正义观："正义是给每个人——包括给予者本人——应得的本分，并且不是用一种与他们的应得不兼容的方式来对待任何人的一种品质（Disposition）"⑤ 这里，"应得"后来被柏拉图等发展为各司其职、各得其所，其参照依据就是自然。⑥

　　柏拉图的正义观。柏拉图（Platon）对"什么是正义"的探索基本上是在苏格拉底的正义观思路上进行的，但更加理论化、系统化。柏拉图对正义问题非常重视，他的名著《理想国》的副标题就是"论正义"。他在个人正义和制度正义两个层次使用正义这一概念。他认为，一个人依据理性而生活，这样就是正义的，一个国家依据理性而运行，这样就是正义的。前者是个人正义，后者是制度（国家）正义。就个人正义而言，人的灵魂包括理性和非理性（意志和情欲）两部分，只有当理性支配非理性（意志和情欲）时，灵魂才能和谐，人才能为人，并且成为一个正义的人："我们每个人也一样，倘若他灵魂各个部分各自做本分的事，他凭

---

① 这是西塞罗对苏格拉底的评价。

② "他总是谈论'……什么是正义，什么是不正义……'等诸如此类的问题。"转引自 ［美］列奥·施特劳斯《自然权利与历史》，彭刚译，生活·读书·新知三联书店2003年版，第4页。

③ 林进平：《马克思的"正义"解读》，社会科学文献出版社2009年版，第16页。

④ 这种能力只有哲学家才拥有，正如柏拉图所称"哲学王"。

⑤ 转引自 ［美］阿拉斯戴尔·麦金太尔《谁之正义？何种合理性》，万俊人等译，当代中国出版社1996年版，第56页。

⑥ 这里，似乎是一种同义语反复，但这种同义语反复是必要的，在苏格拉底看来，正义＝理性＝自然＝应得。

着这一点便可以成为一个合乎公正的人、做他本分的事的人。"①。就制度（国家）正义而言，正义就是社会各阶层各守其位、各司其职、各谋其政、各得其所应得②、不非分越位。他把社会成员统治者、武士、劳动者，分别代表智慧（理性）、勇敢（意志）、节制（情欲）三种美德，这三种美德实现后，便产生正义，否则，就是非正义。他说：在建立国家的时候，曾经规定下一条总的原则，这一类中的某条原则就是正义。这条原则就是：每个人必须在国家中执行一种最适合他天性的职务，"正义就是注意自己的事而不要干涉别人的事"。③ 从而，当商人、辅助者、监护者④这三个阶级在国家里各司其职而不互相干扰的时候，便是有了正义，从而也就使一个国家成为正义的国家了。⑤ 所有这些，都是符合人的本性的，都是自然的⑥，因而也是正义的。

　　亚里士多德的正义观。堪称古希腊哲学集大成者的亚里士多德（Aristotie）在正义问题上亦是如此。在继承并发展苏格拉底、柏拉图正义思想的基础上，亚里士多德提出了自己的正义观，又进一步理论化、系统化。亚里士多德对正义问题非常重视，他在其名著《政治学》《伦理学》中用了巨大篇幅论述正义问题。可以说，苏格拉底、柏拉图的正义观经由亚里士多德影响了西方整个政治哲学的正义理念。亚里士多德认为，是人的内在自然、人的"本性"（Nature）、人的理性（能力），才使正义成为可能，才得以为人类所特有。这表现为，理性使人能"认识自己"，发现正义原则，具有把握其他类似概念、理念的能力，例如"什么是正义"等。理性也能发现正义实现的政治组织结构——城邦（国家），城邦（国家）以正义为原则，使其人民过上幸福生活。亚里士多德认为，正义的基本含义就是平等，但这种平等是一种比值平等，而不是平均："正义包含两个因素——事物和应该接受事物的人；大家认为相等的人就该配给相

---

① 周辅成选编：《西方伦理学名著选辑》（上），商务印书馆1982年版，第159页。

② 参见［美］列奥·施特劳斯《自然权利与历史》，彭刚译，生活·读书·新知三联书店2003年版，第148—149页。

③ 北大哲学系外国哲学史教研室编译：《古希腊罗马哲学》，商务印书馆1982年版，第229页。

④ 分别代表劳动者、武士、统治者。

⑤ 北大哲学系外国哲学史教研室编译：《古希腊罗马哲学》，商务印书馆1982年版，第230页。

⑥ 柏拉图认为，社会阶级划分，是由人天赋的本性决定的。这和中国孟子的"劳心者治人，劳力者治于人"有异曲同工之处，他们都认为人天生不平等，是天经地义的。

等的事物。"① 他又进一步解释道："（平等的种类）一类为数量相等，另一类为比值相等。'数量相等'的意义是你所得的相同事物在数目和容量上与他人所得相等；'比值相等'的意义是根据各人的真价值，按比例分配与之相称的事物。"② 亚里士多德认为，正义就是一种比值平等："以此义，公平乃成比例者，而不公则其不成比例者也。不成比例，或由于过，或因不及。"③ 亚里士多德还以形式和内容等为标准，对正义进行了详细分类。其中，最重要的分类是普遍正义和特殊正义。普遍正义又称原始正义、抽象正义、广义正义、绝对正义、宏观正义等。其意蕴是正义的根本及全体。这种正义关注人的社会性、政治性、城邦性④，强调的是人的义务、责任，人（特别是哲学家）要过高尚生活。特殊正义，又称约定正义、具体正义、狭义正义、相对正义、微观正义等。这种正义关注人的个人性，主要强调的是人的权利。特殊正义有分配正义和纠正正义两种表现形式。分配正义，又称"几何正义"，指的是"分配名誉财物及其他可分之物于社会人民中"。⑤ 对分配正义，因为人与人之间天赋等存在差别，个人对社会贡献也大不相同，应坚持比值平等或合比例原则。纠正正义，又称"算术正义"，指的是"于私人交涉之谬者加以纠正之谓"。⑥ 对纠正正义，因为其目的是纠正私人交往中的不正义行为，应坚持数量相等原则。亚里士多德的正义分类极具开

---

① 这实际上就是"应得"。［古希腊］亚里士多德：《政治学》，吴寿彭译，商务印书馆1965年版，第148页。

② ［古希腊］亚里士多德：《政治学》，吴寿彭译，商务印书馆1983年版，第234页。

③ ［古希腊］亚里士多德：《亚里士多德伦理学》，向达、夏崇璞译，商务印书馆1933年版，第103页。

④ 人是为城邦而活的，人是天然的政治动物。城邦具有绝对的优越性："城邦在本性上先于家庭和个人，因为整体必然优先于部分。城邦作为自然的产物，并且先于个人，其证据就在于，当个人被隔离开时他就不再是自足的；就像部分之于整体一样。不能在社会中生存的东西或因为自足而无此需要的东西，就不是城邦的一部分，他要么是禽兽，要么是个神，人类天生就注入了社会本能。"（［古希腊］亚里士多德：《政治学》，颜一、秦典华译，载苗立田主编：《亚里士多德全集》（第九卷），中国人民大学出版社1994年版，第7页。）

⑤ ［古希腊］亚里士多德：《亚里士多德伦理学》，向达、夏崇璞译，商务印书馆1933年版，第100页。

⑥ 同上书，第101页。

创性，后世思想家对正义类型的划分，几乎都是在其分类基础上进行的。①

希腊化时期的正义观。希腊化时期是古希腊城邦奴隶制衰落时期，这一时期正义观的代表人物主要有斯多葛学派等②，斯多葛学派后来传到了古罗马。斯多葛学派最大的贡献在于其提出了自然法思想③。其正义观就是建立在自然法思想之上。自然法思想从此深入人心，贯穿于整个西方政治法律思想史的全过程，成为西方政治法律思想的主流，成为西方最古老、最长久又最新鲜的政治法律思想，正义（包括自然、理性、神（上帝）、自由、平等等）也成为自然法思想的最基本观念。从上文所知，智者学派对自然法思想作了初步论述，经过苏格拉底、柏拉图、亚里士多德的发展④，到了斯多葛学派，自然法思想得以系统化、理论化，得以完整提出。斯多葛学派的核心命题和理论要旨是："依照自然生活。"这里的"自然"就是本性、理性、规律，宇宙间的万物只要依照本性生活就是正义的，人当然也不能例外，斯多葛学派认为人的本性就是自由，就是平等，所以人只要依本性过自由、平等的生活，就可以避免不幸福。

古罗马时期的正义观。古罗马时期正义观的代表人物有西塞罗

---

① 例如，托马斯·阿奎那的"分配正义""矫正正义"之分；霍布斯的"立约者正义""公断人正义"之分；康德的"保护的正义""交换的正义""分配的正义"之分；直到当代罗尔斯、诺齐克等的正义分类（后文将详述）；等等。

② 这一时期较著名的还有伊壁鸠鲁（Epikouros）的正义观："自然正义是人们就行为后果所作的一种相互承诺——不伤害别人，也不受别人的伤害。"（［古希腊］伊壁鸠鲁：《自然与快乐》，包利民等译，中国社会科学出版社2004年版，第41页。）这一正义观是基于其最早提出的社会契约论。（具体参见《马克思恩格斯全集》第3卷，人民出版社1965年版，第147页。）

③ 自然法思想是一种法学本体论，自然法学，则可称之为法的形而上学（metaphysics）。自然被理解为至高无上的立法者。"它（自然法学）帮助把严格的罗马市民法发展成适用范围较广泛的、更加公开的法律制度；它是中世纪教皇和皇帝冲突的理论武器；它奠定了现代国际法的基础；它构成了美国宪法解释的基石，这种解释的目的在于抵制制定法律以限制个人经济自由的企图；它孕育了自然权利的概念，这种自然权利演化为基本权利。今天人们称之为人权。"（D. M. Walker编：《牛津法律大词典》，邓正来等译，光明日报出版社1987年版，第630—631页。）

④ 苏格拉底、柏拉图、亚里士多德的正义观也是建立在其"自然法"思想之上的。他们的"自然"，也是人的内在自然、人的"本性"（Nature）、人的理性（能力），只不过他们的"自然"更多的是包含不平等，对自由强调不够（亚里士多德已注意到这个问题）。而从斯多葛学派开始，自由、平等等自然法思想开始影响整个西方政治法律思想。

（Cicero）等。从政治法律思想方面讲，古罗马政治法律思想只是对古希腊政治法律思想的继承和发展①，其直接的思想渊源是斯多葛学派的自然法思想，属于一种应用性政治法律思想。正义观亦是如此。西塞罗关于正义的思想是建立在自然法思想之上的，既是对其前代正义观的总结，又是对近代正义观的开启。西塞罗认为，正义根源于自然、根源于理性、根源于上帝："自然是正义的本源""正义是自然固有的性质"②"如果不把自然看作正义的基础，那将意味着人类社会所依赖的美德的毁灭。"③ 在此基础上，秉承苏格拉底、柏拉图、亚里士多德的正义观，西塞罗把正义描述为"使每个人获得其应得的东西的人类精神取向"④，这也成为罗马法的基本精神："给每个人以应得。"东罗马帝国（拜占庭帝国）皇帝查士丁尼（Justinianus）在其所钦定的《法学总论——法学阶梯》中写道："正义是给予每个人他应得的部分的这种坚定而恒久的愿望。"⑤"法学是关于神和人的事物的知识，是关于正义和非正义的科学。"⑥ 与斯多葛学派的自然法思想表现为"只是在哲学上玩弄这些思想"⑦ 不同，古罗马时期正义观得到了实践应用，例如，（自由人内部）自由、平等、私有财产不可侵犯等都以法律形式得以规定，并取得了辉煌的效果。

4. 古希腊和古罗马正义观：劳动者保护被排斥在视野之外

从一定意义上讲，古代正义观实际上就是一种"身份等级"正义观，

---

① "被征服的希腊把她那粗鲁的征服者变成了被征服者。"（［英］理查德·詹金斯编：《罗马的遗产》，晏绍祥等译，上海人民出版社 2002 年版，第 1 页。）

② 法学教材编辑部：《西方法律思想史资料选编》，北京大学出版社 1983 年版，第 68 页。

③ 同上书，第 71 页。

④ 转引自 ［美］博登海默《法理学：法律哲学与法律方法》，邓正来译，中国政法大学出版社 2004 年版，第 277 页。

⑤ ［古罗马］查士丁尼：《法学总论》，张企泰译，商务印书馆 1995 年版，第 5 页。实际上，这个定义的提出者是古罗马著名法学家乌尔比安（Ulpian）。（［美］博登海默：《法理学：法律哲学与法律方法》，邓正来译，中国政法大学出版社 2004 年版，第 277 页。）

⑥ ［古罗马］查士丁尼：《法学总论》，张企泰译，商务印书馆 1995 年版，第 5 页。这里的"法学"主要是指"自然法学"。原因在于："法就是最高的理性，并且它固植于支配应该做的行为和禁止不应该做的行为的自然中。当这种最高的理性，在人类的理智中稳固地确定和充分发展的时候，就是法"；"因为神的理智就是至高无上的法，所以，人本身完美的理性也就是法。"（分别参见法学教材编辑部《西方法律思想史资料选编》，北京大学出版社 1983 年版，第 77 页和第 64 页。）

⑦ ［印］阿·库·穆霍帕德西亚：《西方政治思想概述》，张企泰译，求实出版社 1984 年版，第 48 页。

劳动者保护被排斥在视野之外。① 在古希腊，城邦国家的居民被分为多种等级，其中奴隶被视为"会说话的工具"，以自然正义名目出现的是承认社会普遍的不平等。晚期的智者学派中一些人以自然法的名义论证社会普遍的不平等的合理性。加里克里斯指出："但是，自然的本身却相反，优者比劣者多获得一些，乃是公正的，强者比弱者多得些，也是公正的。在许多情形下，无论是人或动物，或所有城邦与所有种族，自然的暗示都是：公正是在于优者统治劣者，优者比劣者占有更多。"② 尽管梭伦说道："我制定法律，无贵无贱，一视同仁直道而行，人人各得其所。"③ 但是，梭伦的立法里是把奴隶不当人看的。柏拉图认为"每个人必须在国家里执行一种最适合他天性的职务""正义就是注意自己的事而不要干涉别人的事"。④ 只有统治者、武士、劳动者这三个阶级在国家里面各守其位、各司其职、各谋其政、各得其所应得时，正义才出现。他公开宣称，统治者、武士、劳动者这三个阶级分别代表理性（智慧）、意志（勇敢）、欲望（节制），因为他们是神用不同的金属制成的：统治者是用金子做成的，因而最珍贵；武士是用银子做成的，他们次于统治者；劳动者是用铜和铁做成的，因而最卑贱。在亚里士多德看来，正义是一种比值平等："……是根据各人的真价值，按比例分配与之相称的事物。"⑤ 但这里的"人"中的奴隶是这样被定义的："谁在本质上不属于自己而属于别人，同时，他仍然是一个人，这个人按其本性来说就是奴隶。"⑥ 奴隶是自然天生的，他的灵魂缺乏生命的理性品格，亦即缺乏"是其所是"的本性完善能力，只适合像穷人家中的牛一样从事卑贱的工作。显然，古希腊思想家主张的是一种不平等的自然正义观，不是主张"天赋权利"，而是主

---

① 但是应当承认，从智者学派萌芽，经由斯多葛学派，自由、平等等自然法思想逐步出现，并且直接影响了一些古罗马法学家的平等、自由思想，基督教的平等思想以及后来的"天赋人权说"。

② 周辅成选编：《西方伦理学名著选辑》（上），商务印书馆1982年版，第30—31页。

③ 亚里士多德：《雅典政制》，日知、力野译，生活·读书·新知三联书店1957年版，第14—15页。

④ 北大哲学系外国哲学史教研室编译：《古希腊罗马哲学》，商务印书馆1982年版，第229页。

⑤ ［古希腊］亚里士多德：《政治学》，吴寿彭译，商务印书馆1983年版，第234页。

⑥ 笔者想，这也算得上亚里士多德进步的地方，他至少认为奴隶"仍然是一个人"，尽管其"在本质上不属于自己而属于别人"。［古希腊］亚里士多德：《政治学》，吴寿彭译，商务印书馆1983年版，第16页。

张"天赋特权"，劳动者保护被排斥在正义视野之外。

（二）中世纪正义观——神学正义观：劳动者保护依然被排斥在视野之外

到了中世纪，神学家们继承了古希腊、古罗马的自然法正义思想，但给其穿上了神学的外衣，上帝成了自然的代名词，所以，中世纪正义观就是一种神学正义观。同样可以明显看到，神学正义观中正义的基本含义与内在自然（理性）正义观中正义的基本含义有着逻辑上的高度一致性，只不过，"自然"已改头换面成"上帝"了。可以说，正义的参考依据经历了"外在自然"——"内在自然"——"上帝"（自然的代名词）逻辑上的连贯性的转变。神学正义观再一次关注"天上"，劳动者保护同样被排斥在视野之外。

1. 中世纪正义观——神学正义观：由"人间"到"天上"

西欧中世纪时期，大约起于公元5世纪，止于14世纪[1]，这一时期的正义观的代表人物有奥古斯丁（St. Augustine）、托马斯·阿奎那（St. Thomas Aquinas）等。

这一时期，最显著的特点表现在，基督教神学在意识形态领域占绝对主导，可以说整个西欧基督教神学化了，基督教神学取得了至高无上的地位，人们"只知道一种意识形态，即宗教和神学"。[2] 一言以蔽之，哲学等都成了神学的"婢女"。中世纪的神学家们继承了古希腊、古罗马的自然法正义思想，但给其穿上了神学的外衣，上帝成了自然法的代名词，所以，中世纪正义观就是一种神学正义观。

基督教"在其产生时也是压迫者的运动：它最初是奴隶和释放的奴隶、穷人和无权者、被罗马征服或驱散的人们的宗教，"[3] 体现的是对压迫的反抗和对平等的追求，但在基督教被"国教"化后，神（上帝）就成为自然法和正义的人格化，正义就成了信奉上帝、一切听从上帝安排。在《圣经》（包括《旧约》和《新约》）的基础上，奥古斯丁创立了他的教父哲学，神学自然法正义观成为其重要组成部分。"他（指奥古斯丁）的哲学只是略有体系，但他的头脑里却蓄有古代的几乎全部学识，这些学

---

① 本文将14世纪至17世纪中叶的中世纪后期的正义思想归于近代正义观，因为这一段时期是文艺复兴时期，其思想基调更接近于近代。

② 《马克思恩格斯选集》第4卷，人民出版社1995年版，第235页。

③ 《马克思恩格斯选集》第4卷，人民出版社2012年版，第327页。

识在很大程度上是通过他才传到中世纪的。"① 本来，外在自然哲学、自然法思想等就带有神秘主义色彩，这在包括苏格拉底、柏拉图、亚里士多德等的思想中就有所反映。例如，苏格拉底、柏拉图就宣扬"灵魂不灭"。② 亚里士多德宣扬"神是宇宙的第一推动力"，智者学派、斯多葛学派以及西塞罗的神秘主义倾向更明显，"神"成为他们思想的"关键词"之一。奥古斯丁就是在"蓄有古代的几乎全部学识"的基础上，对其加以改造，使哲学成为神学的"婢女"。奥古斯丁通过其《论上帝之城》提出了其两国（天国、帝国）论和神学自然法思想。其目的是让人们彻底相信"命定论"，享福、受苦，这一切都是上帝安排的，只有热爱、信仰万能的上帝，用以接受上帝的恩赐，人们才能摆脱苦难，进入天国，享受享福。这反映在正义观上，正义就是信仰、服从，彻底归顺上帝。就个人正义而言，他说道："至于公正之德，其职责在乎使每一个人尽其天职，因此在人自身中有一种自然的正当理法，要使肉体归乎灵魂，灵魂归乎上帝。"③ 就社会正义而言，他说道：一切自然物，肯定都是善的，因为只要他们存在，便有了他们自己的一个品级及种别，更有了一种内在和谐。当他们按照天然的顺序，各在其位时，他们便保持了（从上帝）所承受来的神的存在。④ 奥古斯丁认为，服从上帝，宇宙万物才有好的秩序："秩序就是有差异的各部分得到最恰当的安排，每一部分都安置在最合适的地方；灾难的原因是失去了秩序。"⑤ 显然，奥古斯丁把古代自然法中的"自然"改头换面成"上帝"了，他的正义观就是一种神学自然法正义，而且他就是神学自然法正义观的创立者。

13、14 世纪之交，西欧各国城市不断兴起，经济有了巨大发展，王权的势力也得到了极大的增强。奥古斯丁鄙视世俗国家——"地国"——"罪恶的国家"的教父哲学理论开始不适应时代的发展了，这时急需要一个更为精致的神学理论来改进教父哲学，托马斯·阿奎那适时地担负起了这一"历史使命"，其被罗马教会尊奉为"神学之王"，最终

---

① [美]乔治·霍兰·萨拜因：《政治学说史》，上册，盛葵阳等译，商务印书馆 1986 年版，第 232 页。

② 苏格拉底希望死后灵魂超升转世，甚至称，哲学家的一生就是练习死亡，哲学家准备好去死，即把生命视为死之准备状态。（全增嘏：《西方哲学史》，（上卷），上海人民出版社 1983 年版，第 122 页。）

③ 周辅成选编：《西方伦理学名著选辑》（上），商务印书馆 1964 年版，第 357 页。

④ 法学教材编辑部：《西方法律思想史资料选编》，北京大学出版社 1983 年版，第 85 页。

⑤ 同上书，第 91 页。

其成为后期基督教神学的集大成者。而这一转变是建立在托马斯·阿奎那把亚里士多德的思想和基督教教义有机结合的基础上的："他（托马斯·阿奎那）的著述生涯与亚里士多德的著作在西方世界被发现并产生巨大影响的时期大致相和。"① "与教父哲学的思想家所不同的是，他（托马斯·阿奎那）适应了形势的需要，利用亚里士多德的理论，竭力调和理性与信仰、王权与教权、自然法与神权的矛盾，因而，其思想具有现实主义和理性主义的倾向。"② 在正义问题上，托马斯·阿奎那同样成了神学自然法正义的集大成者。托马斯·阿奎那认为，自然法是上帝永恒法的一部分，是分享上帝的智慧的结果。正义就是"一种习惯，依据这种习惯，一个人以一种永恒不变的意志使每个人获得其应得的东西"。③ "神由于实施管理和指导，把各人应得的东西归于各人"。④ 托马斯·阿奎那基本上原封不动地接受了亚里士多德的正义的分类。他认为正义分为两类，一类是分配正义，另一类是矫正正义。但分配正义中的平等只能是一种比例平等："在分配正义中，某个个人会得到某种东西，因为某种属于整体的东西应当归于部分。他所得到的这种东西的数量必须与这个人在整体中的地位的重要性成比例。因此，在分配正义中，一个人在社会中的地位愈突出愈显要，那么他从共同财产中亦将得到愈多的东西。"⑤ 至于理性和正义的关系，托马斯·阿奎那认为，"在人类事务中，当一件事情能够正确地符合理性的法则时，它才可以说是合乎正义的。"⑥ 他这里的理性是自然的，既指神（上帝）的理性，又指人的理性，但人的理性是从神（上帝）的理性那里分得的。

2. 中世纪正义观——神学正义观：劳动者保护依然被排斥在视野之外

中世纪是基督教神学在意识形态领域占绝对主导的时代，基督教在其

---

① ［美］列奥·施特劳斯、约瑟夫·克罗波西主编：《政治哲学史》（上卷），李天然等译，河北人民出版社 1993 年 11 月版，第 269 页。

② 其法律思想成为"神法"转向"人法"的中介。严存生主编：《西方法律思想史》，法律出版社 2004 年版，第 90 页。

③ 转引自［美］博登海默《法理学：法律哲学与法律方法》，邓正来译，中国政法大学出版社 2004 年版，第 278 页。

④ ［意］阿奎那：《阿奎那政治著作选》，马清槐译，商务印书馆 1963 年版，第 139 页。

⑤ 但是，在另一面，在矫正正义中，人们必须用算术的方法使事物与事物之间相等，以使某人因他人的损害行为而遭受的损失能够得到补偿，并且使一人因损害他人而获得的不当得利得到矫正。（转引自［美］博登海默《法理学：法律哲学与法律方法》，邓正来译，中国政法大学出版社 2004 年版，第 34 页。）

⑥ ［意］阿奎那：《阿奎那政治著作选》，马清槐译，商务印书馆 1963 年版，第 116 页。

产生时，是对压迫的反抗和对平等的追求的被压迫者的宗教。但随着西欧封建制度的确立和发展，在基督教被"国教"化后，"神赋特权"成了主调，[①] 劳动者保护依然被排斥在视野之外。以身份为基础的等级制度与宗教神权相结合，形成了严格的封建社会的等级制度，社会进一步分化为僧侣、以国王为首的贵族的社会上层，和以农工商业者为主体的平民社会下层，也就形成了僧侣、贵族、平民等级秩序。[②] 在这种等级制度下，每个人都因为有自己的等级归属，所以，社会下层实际上处在不平等、不自由状态中。为了维护封建等级制度，奥古斯丁在他的《论上帝之城》中通过提出其两国（天国、地国）论和神学自然法思想不遗余力宣扬"命定论"。在他看来，富人享福、穷人受苦，这一切都是上帝安排的，任何反抗和不满都是徒劳的，只有热爱、信仰万能的上帝，人们才能摆脱苦难，进入天国，享受享福。正义就是彻底归顺上帝，服从上帝，宇宙万物才有好的秩序。同样，基督教神学的集大成者托马斯·阿奎那通过提出"宇宙秩序论"和神学自然法思想不遗余力宣扬"命定论"，在他看来，整个宇宙是按质料从属于形式的关系结合而成的等级阶梯结构，最低一级是非生物，往上数是植物界，再上是动物界，后二者合起来组成生物界，但动物界的存在是植物界存在的目的，再按等级阶梯上升到人、圣徒和天使，最后达到至高无上的上帝。在这种从低到高的阶梯等级结构中，每一等级又可分为不同等级，如人分为"下等人"和"上等人"，"上等人"是封建主等，下等人是农奴等，"上等人"统治"下等人"合乎上帝理性，当然是合乎正义的，劳动者保护当然被排斥在视野之外。

二 西方近代正义观：对劳动者平等保护

近代正义观，除了古典自然法正义观这一主流正义观之外，主要还有哲理法学派正义观、历史法学派正义观、功利主义法学和早期分析法学正义观。哲理法学派正义观，尽管和自然法学有很多不同，但我们还是可以

---

① 只有在上帝面前，人人才是平等的。因为，上帝是无差别地把整个人类而不是人类中某些部分当作它的对象的。

② 扎克·得·维特里就三等级的关系作了如下阐释："僧侣是人的眼睛，因为他们能看到并给人们指示安全的道路；贵族是手臂，负责捍卫社会实施正义保卫王国；平民是人体的下部，负责支持负担人体的上部分并为之服务。"同时每个等级内部又都有着各自的等级秩序。（［美］汤普逊：《中世纪经济社会史》（下册），耿淡如译，商务印书馆1997年版，第334页。）

将其基本归入古典自然法正义观一类。历史法学派正义观、功利主义法学和早期分析法学正义观与古典自然法正义观有很大不同，都属于法律实证主义正义观。古典自然法正义观的理论依据是社会契约论，以抽象的人性论作为研究的出发点，追求"平等""自由"，尤其是自由，完成了神学自然法的颠覆，有力地促进了资产阶级革命。从此以后，"自由""平等"的观念深入人心。历史跨入 19 世纪，资本主义进一步走向成熟。在这种背景下，作为完全符合资产阶级需要的功利主义法学和早期分析法学应运而生，功利主义法学和早期分析法学可以看作是最早的系统化的实证主义法学，其正义观的出发点和归宿就是功利主义，而且主要是一种个人功利主义。① 与古典自然法一样，都认为权利是正义观念的本质，权利是平等权、自由权、财产权，只不过古典自然法正义观的权利是以"自然状态"为基础推导出的，功利主义法学和早期分析法学正义观的权利是通过功利主义"乐苦""幸福"推导出的。与西方古代正义观中劳动者保护始终被排斥在视野之外不同，西方近代正义观基于"自由""平等"，以私（民）法形式开始了劳动者平等保护。

（一）以社会契约论为基础的古典自然法正义观："自由""平等"的追求

从 14 世纪开始到 16 世纪，以意大利为源头，人类历史出现了一场伟大的进步运动——文艺复兴运动，也称人文主义运动。他们发掘古希腊、古罗马的传统文化，寻找自己需要的思想材料，打着复兴古典文化的旗号，向中世纪封建的神学思想发起了猛烈的攻击，反映了新兴市民阶级的强烈要求。② 人文主义运动思想家用人性、人道、人权、国家替代了神性、神道、神权、教会，解放了人，高扬了人的理性。③ 文艺复兴运动成为欧洲资产阶级革命的序幕，相应地，也极大地促进了欧洲资产阶级革命在政治法律思想领域的精神武器——古典自然法的诞生。古典自然法的代表人物有荷兰的格劳秀斯（Hugo Grotius）、斯宾诺莎（Benedictus Spinoza），英国的霍布斯（Hobbes Thomas）、洛克（John Locke），德国的普芬道夫（Pufendorf，Samuel，Baron von），法国的孟德斯鸠（Charles de Secondat，Baron de Montesquieu）、卢梭（Jean - Jacques Rousseau），美国的

---

① 有一点不同的是，约翰·穆勒更重视总体（社会）功利。

② 宗教改革是文艺复兴的一个显著成果，是宗教领域里反映人文主义者个性解放思想的重大表现。

③ 文艺复兴时期的资产阶级思想家们宣称："我是人，人的一切特性，我无不具有。"

杰弗逊（Jefferson）、潘恩（Thomas Paine）、汉密尔顿（Alexander Hamilton），他们使神学自然法脱下了上帝的外衣，从天国转向了人间，完成了神学自然法的颠覆，使神学自然法世俗化，有力地促进了资产阶级革命。从此以后，自由、平等的观念深入人心。

在正义观上，也从古代迈入近代。近代正义观中的正义，仍以"自然"为参照，只不过：这时的"自然"已是人的理性，而且是区别古代只有"哲学王"、上帝才具有的理性，是人人都具有的理性；这时的"自然"已内涵平等、自由观念，区别于古代"自然"图景所展示的是人与人之间等级森严的不平等；① 这时的"自然"已是为世俗的个人服务，区别于古代的一切为了"城邦""上帝"；② 这时的"自然"已是以世俗的利益为追求，区别于古代的"德性""神性"。③

由于洛克（John Locke）、卢梭（Jean - Jacques Rousseau）是在相同的大框架下却有不同的古典自然法正义观的典型代表，④ 所以，我们只阐述分析他们的正义观。

洛克（John Locke）是 17 世纪英国乃至欧洲最著名的思想家，被公认为政治自由主义的创始人。可以说，洛克是完全从古典自然法的角度来理解正义的，他的基本观点是：人的本性是人的理性，人的理性就是自然法，就是正义。当然，这里的人，正如上文所言，是有别于古代的近代的

---

① 即使是强调平等的神学正义观，也只认为来世的平等，现世是不平等的。托马斯·阿奎那就公开鼓吹人的天然不平等："在上帝所建立的自然秩序中，低级的东西必须始终服从高级的东西，在人类的事务中，低级的人也必须按照自然法和神法所建立的秩序，服从地位比他们高的人。"（［意］阿奎那：《阿奎那政治著作选》，马清槐译，商务印书馆1963 年版，第 44 页。）

② "人天然就是政治动物""一切归顺上帝"，就是明证。

③ 古代是为了"类生活""政治共同体的善"，是为了"上帝"。

④ 洛克是消极自由的倡导者；卢梭更倾向是积极自由的倡导者。罗素的观点虽很偏颇，但可以说明一些问题。罗素曾这样写道："从卢梭时代以来，自认为是改革家的人向来分为两派，即追随他的人和追随洛克的人。有时候两派是合作的，许多人便看不出其中有任何不相容的地方。但是，逐渐地他们的不相容日益明显起来。到现在，希特勒是卢梭的一个结果，罗斯福和丘吉尔是洛克的结果。"（［英］罗素：《西方哲学史》（下卷），何兆武等译，商务印书馆 1988 年版，第 225 页。）卢梭与洛克是对立的："卢梭把自然状态和社会状态完全对立起来，从而使社会等级及其全部制度，尤其是私有制失去了任何存在的天然依据；而洛克的全部努力就在于以自然权利为基础论证私有制的正当性。"（［法］卢梭：《论人类不平等的起源和基础》，高煜译，广西师范大学出版社 2009 年版，第 39 页。）

人，是一个充满各种欲望、利己的个人，是新兴资产阶级的化身①。和所有近代政治哲学家、古典自然法学家一样，洛克认为，永恒不变的人的本性、人的理性只能在自然（状态）中去找，正如卢梭所言："对社会的基础进行过研究的哲学家，都觉得有必要上溯到自然状态……"② 当从自然状态找出人性的时候，就可以以此作为正义以及社会制度赖以存在的基础。不同于霍布斯把人类的自然状态描述成"每个人反对每个人的战争"，③ 洛克思想中自然状态是人人自由、平等，是这样的："（是一种）完备无缺的自由状态，他们在自然法的范围内，按照他们认为合适的方法，决定他们的行动和处理他们的财产和人身，而无须得到任何人的许可或听命任何人的意志。"④ "一切权力和管辖权都是相互的，没有一个人享有多于别人的权力。"⑤ 在自然状态中，自然法起支配作用，而符合自然法就是符合理性，就是符合正义："自然状态有一种为人人所应遵守的自然法对它起支配作用；而理性，也就是自然法，教导着有意遵从理性的全人类：人们既然都是平等和独立的，任何人就不得侵害他人的生命、健康、自由或财产……正因为每个人必须保存自己，不能擅自改变他的地位，所以，基于同样的理由，当他保存自己不成问题时，他就应该尽其所能保存其余的人类。"⑥ 这样，洛克就导出：保护人的生命、健康、自由或财产就是自然法，就是理性，就是正义，相应地，生命、健康、自由或财产这些为自然法所规定的权利就是"自然权利"。为了保护这些权利，他们便订立社会契约，成立国家和政府，让渡一部分自然权利，但生命、健康、自由或财产权利是没有放弃的。国家和政府一旦不能（通过人定

---

① 马克思曾经评价洛克说："（洛克是）同封建社会相对立的资产阶级社会法权观念的经典表达者。"（《马克思恩格斯全集》第 26 卷第 1 册，人民出版社 1972 年版，第 393 页。）

② ［法］卢梭：《论人类不平等的起源和基础》，高煜译，广西师范大学出版社 2009 年版，第 83 页。

③ 霍布斯主张人性恶，人人都是利己主义者。在自然状态中，人与人的关系是"狼与狼的关系"，"最糟糕的是人们不断处于暴力死亡的恐惧和危险中，人的生活孤独、贫困、卑污、残忍而短寿。"（［英］霍布斯：《利维坦》，黎思复等译，商务印书馆 1985 年版，第 95 页。）

④ J. Locke, *Two Treatises Government*, *Second Treatises*。转引自顾肃《自由主义基本理念》，中央编译出版社 2003 年版，第 242 页。

⑤ 同上。

⑥ ［英］洛克：《政府论》（下篇），叶启芳、瞿菊农译，商务印书馆 1983 年版，第 6 页。

法律①）保护人们的自然权利，人们就可以采取包括武力在内的手段推翻它，这完全是正义的。所以说，洛克的正义观，主要强调人们的自然权利的不可侵犯性，这充分反映了处于上升时期的资产阶级的经济政治要求。

卢梭（Jean－Jacques Rousseau）是 18 世纪欧洲最著名的激进主义思想家，也是影响最为深远的思想家，是法国大革命的精神领袖。罗伯斯比尔曾经指出："法兰西革命是第一次建立在人权理论和正义原则基础上的革命"，"这场革命，导师是卢梭。"② 和所有近代政治哲学家、古典自然法学家一样，卢梭也承认，人的本性是人的自然，但这种自然是"纯天然"的感情。在此基础上，人的理性得以发展（社会状态下）。③ 人的本性就是自然法，就是正义，同时在社会状态下理性代替了本能的人性，成为类似自然权利的社会权利和社会制度的基础。这种理性也是一种正义。④ 卢梭坚定地强调，作为自然的人性，是一切社会制度的基础，离开了人性，一切社会制度"似乎都是建立在流沙堆上的。"⑤ "因此是最不稳固的。"⑥ 基于此，我们"只有通过仔细研究，只有挖去大厦周围的灰土之后，才能看到大厦赖以矗立的坚固基石，才能学会注重这些基础。"⑦ 那么，如何寻找人性这一大厦的"坚固基石"呢？卢梭认为，永恒不变的人的本性只能在自然（状态）中去找，正如他所言："对社会的基础进

---

① 社会状态代替自然状态后，制定法律、执行法律的目的就是为了使自然状态中的正义变为现实。

② 转引自李凤鸣、姚介厚《18 世纪法国启蒙运动》，北京出版社 1982 年版，第 198 页。

③ 但是，理性来源于自爱心和怜悯心两种"纯天然"的感情。不同于同时代的哲学家认为理性是人类永恒本性的观点，卢梭认为理性是在历史发展过程中产生的。同时代的哲学家认为自然人具有理性，实际上只是人的同情心而已。（卢梭：《论人类不平等的起源和基础》，高煜译，广西师范大学出版社 2009 年版，第 44 页、第 54 页。）

④ 他说"事物之所以美好且符合秩序，乃是由于事物的本性所使然而与人类的约定无关。一切正义都来自上帝（以卢梭的观点，这里的上帝就是人的理性，笔者注），唯有上帝才是正义的根源……毫无疑问，存在着一种完全出自理性的普遍正义。"（［法］卢梭：《社会契约论》，何兆武译，商务印书馆 2003 年版，第 45 页。）

⑤ ［法］卢梭：《论人类不平等的起源和基础》，高煜译，广西师范大学出版社 2009 年版，第 80 页。

⑥ 同上。

⑦ 同上。

行过研究的哲学家，都觉得有必要上溯到自然状态……"① 当从自然状态找出人性的时候，就可以以此作为正义以及社会制度赖以存在的基础。但是卢梭反对格老秀斯、霍布斯、洛克思想中的自然状态②，因为这些 "对社会的基础进行过研究的哲学家，都觉得有必要上溯到自然状态，但没有一人得以实现。"③ "……所有的人都喋喋不休地谈论需要、贪欲、压迫、欲望和自尊，把在社会中获得的一些概念搬到了自然状态中，因此，他们说的是野蛮人，描绘的却是（文明）社会中的人。"④ "人在（文明）社会中，由于不断产生的种种原因，由于获得大量的知识和谬误，由于人的体质的变异，由于情感的持续冲击，其灵魂也发生了改变，可以说已变得面目全非，几乎无法辨认。"⑤ 所以，格老秀斯、霍布斯、洛克等人对自然状态的描述是错误的。对此，卢梭通过去圣日耳曼森林沉思冥想，他认为他发现了 "洪荒时代的景象" "揭露了人的本性"⑥，建构了自己的自然状态学说。卢梭思想中的自然状态是这样的：没有农业、工业，没有骄傲心、语言、私有财产观念，没有奴役、统治、战争等，人们只有自爱心和怜悯心两种 "纯天然" 的感情。在此基础上，卢梭指出，自然法的一切法则都是建立在这两种 "纯天然" 的感情上："我认为我由此发现了两种先于理性而存在的人的本性：一种本性使人对自己的福利和自我保护极为关切，另一种本性使人本能地不愿目睹有感觉力的生灵（主要是人的同类）受难和死亡。我认为，人的精神能够使这两种本性协调并结合起

---

① ［法］卢梭：《论人类不平等的起源和基础》，高煜译，广西师范大学出版社 2009 年版，第 83 页。

② 霍布斯、洛克思想中的自然状态请参见前文。格老秀斯思想中的自然状态是这样的："有人性后有自然法，有自然法后有民法……自然法之母就是人性。" "人类独特的象征（指的就是人性，笔者注）之一是要求社交的愿望……人类要过与他们理智的特性一致的一种生活，他们不是稀里糊涂地度日，而是安宁地度日，这种愿望，斯多葛派称之为家族的本性或血缘的情感……人类之所以超越一切动物，不仅在于推动社会发展，而且在于有能力判断和鉴别利害关系，极往知来……凡事不合于判断的，也就必然不合于自然法；换言之，也就不合于人类本性。"（法学教材编辑部：《西方法律思想史资料选编》，北京大学出版社 1983 年版，第 138 页。）

③ ［法］卢梭：《论人类不平等的起源和基础》，高煜译，广西师范大学出版社 2009 年版，第 83 页。

④ 同上。

⑤ 同上书，第 74—75 页。

⑥ ［法］卢梭：《忏悔录》，第八章。转引自卢梭《论人类不平等的起源和基础》，高煜译，广西师范大学出版社 2009 年版，第 32 页。

来，并且仅仅由此便产生了所有自然权利的法则，而没有必要让人的社会性介入。只是后来当人的理性由于不断演变发展，最终抑制了人的天然本性时，人们才被迫在其他基础上重建这些法则。"① 因此，在自然状态中，人与人之间是一种自由平等关系，是人类的"黄金时代"，绝不是霍布斯认为的人与人的关系是"狼与狼的关系"，是"一切人反对一切人"的战争关系。卢梭的自然状态尽管不同于其他自然法学家的描述，但是从他的自然状态中照样能推导出人的自然权利——平等、自由、财产②，只不过这些理念是建立在自爱心和怜悯心两种先于理性而存在的人的本性上的。为了保护这些权利，他们便订立社会契约，成立国家和政府："要寻找一种结合的形式，使它能以全部的力量来卫护每个结合者的人身和财富，并且由于这一结合而使得每一个与全体相联合的个人只不过是服从其本人，并且仍然像以往一样自由。"③ 国家和政府一旦不能（通过人定法律④）保护人们的生命、健康、自由或财产权利时，人们就可以采取包括武力在内的手段推翻它，这完全是正义的。

（二）以个人功利主义为基础的早期法律实证主义正义观："自由""平等"的追求

近代正义观，除了古典自然法正义观之外，主要还有哲理法学派正义观、历史法学派正义观、功利主义法学和早期分析法学正义观。哲理法学派正义观，是在继承古典自然法正义观，特别是其中卢梭的政治法律思想的基础上发展起来的，哲理法学派的代表人物康德（Immanuel Kant）和黑格尔（Wilhelm Friedrich Hegel）就高度评价卢梭。康德说："卢梭第一个在人性所呈现的各种变动的形式之下，发现了人的深藏着的本质和隐藏着的规律。"并使他开始认识和研究人，创立了其批判哲学。⑤ 黑格尔说：

---

① ［法］卢梭：《论人类不平等的起源和基础》，高煜译，广西师范大学出版社2009年版，第74—75页。

② 卢梭尽管正确指出了私有制是社会不平等的根源，但他并不主张消灭私有制，只是主张对其限制，实现小私有制："既没有乞丐，也没有富豪"；"既没有一个公民富得足以购买另一个人，也没有一个公民穷得不得不出卖自身。"（［法］卢梭：《社会契约论》，何兆武译，商务印书馆2003年版，第69—70页。）

③ ［法］卢梭：《社会契约论》，何兆武译，商务印书馆2003年版，第19页。

④ 社会状态代替自然状态后，制定法律、执行法律的目的就是为了使自然状态中的正义变为现实。

⑤ 转引自严存生主编《西方法律思想史》，陕西人民教育出版社1996年版，第152页。

"休谟和卢梭是德国哲学的两个出发点。"[①] 所以，尽管与古典自然法正义观有所不同，但是他们仍然有许多相似之处，例如，都以抽象的人性论作为研究的出发点，追求平等、自由，尤其是自由。[②] 罗尔斯非常谦虚而又明确地说："我一直试图做的就是要进一步概括洛克、卢梭和康德所代表的传统的社会契约论，使之上升到一种更高的抽象水平。"历史法学派正义观、功利主义法学和早期分析法学正义观与古典自然法正义观有很大不同，都属于法律实证主义正义观。而法律实证主义正义观的出现，使得近代正义观开始向现代西方正义观转变，此后的法律实证主义正义观主要有现代分析法学派和社会法学派，由于这些实证主义法学流派实际上都是极不统一的法学流派，其内部支派林立，并非铁板一块，在某些具体观点上甚至截然对立，[③] 所以，为了防止以偏概全、断章取义，我们以各个学派为单位，其间主要以其典型代表人物为重点，阐述分析他们的正义观。

历史跨入 19 世纪，西方各国通过资产阶级政治革命为资本主义经济的飞跃发展打开了通途，资本主义进一步走向成熟。在法制方面，由于中世纪神学法学思想的残余，革命时期的自然法学思想还占据重要地位，使得资本主义法制的统一和进一步发展遇到阻力。这表现在：从发展资本主义经济上讲，自然法思想曾作为资产阶级革命的旗帜起到历史进步作用，其曾以"天赋人权""自由""平等""博爱"的口号动员人民同封建势力作坚决斗争。然而，当资产阶级在革命胜利取得政权后，其中心工作由

---

① 转引自严存生主编《西方法律思想史》，陕西人民教育出版社 1996 年版，第 152 页。

② 康德是一个义务论者，他第一次明确地用"自由"去定义正义。他的正义定义是："按照普遍的自由原则，一个人的意志能够与他人的意志相协调的条件的集合。""外在地要这样去行动：你的意志自由行使，根据一条普遍的法则，能够和所有其他人的自由并存。"（［德］康德：《康德文集》第 6 卷，改革出版社 2001 年版，第 39—40 页。）对自由精神的论证是黑格尔整个哲学体系的基点。他认为："正义的真正概念就是我们所谓主观意义的自由……任何定在的，只要是自由意志的定在，就叫做法。所以一般说来，法就是作为理念的自由……能给予个人最大限度的自由的法律即合乎正义。"（［德］黑格尔：《哲学史演讲录》，贺麟、王太庆译，商务印书馆 1983 年版，第 243—244 页。）在重视个人自由意志的实现的同时，基于对市民社会中在近代自由主义影响下"普遍伦理"的缺失的这一现代性困境的反思，他寄希望于国家这一"最终伦理实体"和"地上的神"来达到"绝对自由"。因此，黑格尔是想保守地解决现代性困境，而马克思在直接继承黑格尔关于市民社会的思想的基础上，则是激进地以一种替代性方案来颠覆现代性，从而超越现代性困境。

③ 这一点从他们内部的相互批判、"发展""修正"就可以鲜明看出。

革命转到发展资本主义经济上，自然法强调的超验的"天赋人权""自由""平等""博爱"的空洞说教在促进资本主义经济发展的功能上，和功利主义思想比起来，似乎反而有可能成为障碍，① 因为功利要现实得多，是商品经济、市场经济的基本要素之一，功利学说清楚地"表明了社会的一切现存关系和经济基础之间的关系"。② 从法律思想方法上讲，自然法的形而上学性，决定其只能用一些假设的先验的原则去评价现实生活中的实在法，"这就使得对法律的本质、作用等问题的分析建立在像沙滩一样不牢靠的基础上，就连自然法这一概念本身也是虚构的、模糊的，其他原则的推定必然失去了可信的前提。自然法学家只关心天赋人权、人人平等一类空洞原则的论证，而对法律的内在结构、实施技术等从不过问。"③ 在这种背景下，作为完全符合资产阶级需要的功利主义法学和早期分析法学应运而生，其创始人是英国的杰里米·边沁（Jeremy Bentham）。④ 功利主义法学和早期分析法学可以看作是最早的系统化的实证主义法学⑤。边沁的功利主义法学和早期分析法学思想的出发点和归宿就是功利主义，利益的权衡是人（资产阶级）的实际本性⑥，功利原则是人类伦理方面无须证明的最高原则。（他也至死实践）他认为影响人性的两个关键要素是"苦""乐"："自然把人类置于两位主公——快乐和痛苦——的主宰下。只有他们才指示我们应当干什么，决定我们想要什么。是非标准，因果关系，俱由其定夺。凡我们所行、所言、所思，无不由其支配：我们所能做的力图挣脱被支配地位的每项努力，都只会昭示和肯定这一点。"⑦ 就正义

---

① 正如马克思所言：包括自然法在内的"资产阶级用来推翻封建制度的武器，现在却对准自己了"。（《马克思恩格斯选集》第 1 卷，人民出版社 1995 年版，第 278 页。）

② 《马克思恩格斯全集》第 8 卷，人民出版社 1965 年版，第 484 页。

③ 严存生主编：《西方法律思想史》，陕西人民教育出版社 1996 年版，第 192 页。

④ 英国著名法学家戴雪认为，边沁"准确地回应了时代的需要"。（［爱尔兰］J 凯利：《西方法律思想简史》，王笑红译，法律出版社 2002 年版，第 330 页，转引自何勤华主编《西方法律思想史》，复旦大学出版社 2007 年版，第 184 页。）

⑤ 功利主义思想最早可以追溯到古希腊，从智者学派的普罗泰戈拉的与古代传统理性主义学说相对立的古代怀疑论，经由伊壁鸠鲁的发展，到中世纪长时期被掩埋在神学理性主义的废墟中得不到发展，经由 17 世纪英国思想家休谟的"人的主观本质是非理性""理性不过是情感的奴婢"的现代怀疑论的重新论述，拉开了现代功利主义的前奏与序幕。

⑥ 这实际和亚当·斯密（Adam Smith）的市场经济自由放任主义完全相通。

⑦ ［英］边沁：《道德与立法原理导论》，时殷弘译，商务印书馆 2000 年版，第 58 页。

观而言，边沁反对自然法的"正义""（超验）理性"① 等观念，在他看来，正义就是"趋乐避苦""幸福"、功利："如果把快乐和苦痛的因素去掉，不但幸福一词变为无意义的，就是正义、义务、责任以及美德等词……也都要变成无意义的了。"② 需要强调的是，边沁的功利是个人主义的，他把"个人"作为政治、法律问题的基点，"趋乐避苦""幸福"、功利都是指个人的利益，"共同体是个虚构体，由那些被认为可以说构成其成员的个人组成。"③ 共同体的利益不过是"组成共同体的若干成员的利益总和"。④ 每个人追求自己利益最大化，等于增加社会利益最大化。⑤

作为边沁的学生，约翰·穆勒（John Stuart Mill）⑥ 继承、发展、完

---

① "（超验）理性"中的"超验"是笔者所加，笔者认为，边沁所反对的只是超验理性。其本身就是理性主义者，只不过是经验理性主义者罢了。顾肃教授在其《自由主义基本理念》中认为，理性主义具有广义、狭义之分。狭义理性主义实际上就是哲学史上的"唯理论"，这种理论"认为一切可靠的普遍的知识和认识不可能来自感性经验，而且只能来自人的逻辑推理，且不是盲信、神秘的体验或启示。"广义的理性主义既包括狭义理性主义，也包括与其相对的"经验论"，"经验论"是一种认为感性经验是一切知识和观念的来源的哲学学说。而与广义的理性主义相对立的是非理性主义，非理性主义是诉诸无法论证的、因人而异的直觉、生物的、情感的、意志的或非理性体验。（顾肃：《自由主义基本理念》，中央编译出版社 2003 年版，第3—19 页。）

② ［英］边沁：《行为的动力》，转引自周辅成选编：《西方伦理学名著选辑》（下册），商务印书馆 1987 年版，第 211 页。

③ ［英］边沁：《道德与立法原理导论》，时殷弘译，商务印书馆 2000 年版，第 58 页。

④ 同上。

⑤ 所以，边沁的"社会利益"看起来就是个人利益的简单相加，本质上还是个人利益。对此，恩格斯深刻指出："把私人利益当作公共利益的基础，边沁在人类的爱无非是文明的利己主义这一论点（后来这一论点被他的学生穆勒大大发展了）中宣称，个人利益和公共利益是同一的……他使主体从属于谓语，使整体从属于部分，因此把一切都颠倒了。最初他说公共利益和私人利益是不可分的，后来他只是片面地谈论赤裸裸的私人利益。"（马克思、恩格斯：《马克思恩格斯全集》第 1 卷，人民出版社 1965 年版，第 675 页。）马克思也深刻指出：边沁"把现代的市侩，特别是英国的市侩，说成是标准的人。凡是对这种标准的人和他的世界有用的东西，本身就是有用的。"（《马克思恩格斯全集》第 23 卷，人民出版社 1972 年版，第 669 页。）当然，边沁为了实现他的"最大多数人最大幸福"原则，克服私人利益的极端化，他十分重视并积极投身于社会改良运动，例如，对儿童、妇女的保护等。

⑥ 或译约翰·斯图尔特·密尔，也译作约翰·斯图亚特·穆勒。

善了其功利主义思想，突出表现在他更重视总体（社会）功利①。在阐述功利主义思想的同时，穆勒还在其《功利主义》一书中用了全书约三分之一的篇幅专章论述"正义与功利之间的关系"，穆勒认为："……我怀疑任何这样的理论假设，他们不是在功利的基础上提出自己的正义标准，而是在想象的基础上②建立一个正义标准；我是这样理解正义的：功利是正义的基础，正义是一切道德最主要、最神圣、最具有约束力的部分……权利是正义观念的本质，权利存在于个人之中……"③ 当然他这里的功利主要是指他更重视的总体（社会）功利："……那么，正义观念就不再会自我表现为功利主义伦理学的绊脚石。正义还是作为某种社会功利的恰当名称，这种社会功利比任何其他功利在类别上更为重要，因此也更绝对、更必不可少（尽管在某些特殊的事情上其他的功利可能更重要……）。"④

约翰·奥斯丁（John Austin）在边沁的基础上创立了早期分析法学，实际上，分析法学也不过是功利主义在法学领域的应用而已。⑤ 正因为如此，和他的老师边沁一样，奥斯丁主张把法律科学分为两类：立法学和法理学，前者是"应然"法学，后者是"实然"法学。"应然"法学不属于科学法理学研究的范围，其基础是"功利主义"，功利主义是"上帝之法"，功利原则是立法的最根本的指导原则，离开功利原则，法理学的许多问题就无法清晰和正确地得到解释。而"实然"法学才是他在其名著《法理学的范围》所确定的研究目的，也就是说，法理学的范围应严格限

---

① 他认为："形成功利主义关于行为对错标准的幸福，并不是指当事人自己的幸福，而是指一切相关人的幸福。"（［英］约翰·斯图亚特·穆勒：《功利主义》，刘富胜译，光明日报出版社 2007 年版，第 4 页。）

② 指的是自然权利说、社会契约论，正如边沁认为，自然权利是"高烧时的胡说八道"，而社会契约"只存在于立法者的幻想中"。其如神话，无足轻重。（王哲：《西方政治法律学说史》，北京大学出版社 1988 年版，第 370 页。）

③ ［英］约翰·斯图亚特·穆勒：《功利主义》，刘富胜译，光明日报出版社 2007 年版，第 84—85 页。

④ 同上书，第 90 页。

⑤ 正如美国学者萨拜因指出的那样："边沁的法律理论建立了分析法理学的观点；这是该主题在整个 19 世纪英美律师中普遍知晓的几乎唯一的体系。这个学派通常都同约翰·奥斯丁的名字联系起来，但事实上奥斯丁只不过是把边沁多卷的而并不总是非常容易读懂的作品中散见的系统思想归纳起来。"（［美］萨拜因：《政治学说史》（下卷），刘山等译，商务印书馆 1986 年版，第 755 页。）

定在实在法之内，法理学的任务就是通过对实在法的分析，找出权利①、义务、自由、侵害、赔偿、惩罚等最基本的概念，再通过纯粹的形式逻辑的概括和推理对这些基本概念进行细致的分析，从而形成实在法的基本概念及其要素、共同原则和特征的完整体系。就奥斯丁的正义观而言，其有两个层次：第一，和边沁一样，在他看来正义就是功利："如果用一个与其无关的标准来衡量，例如用上帝的法律②来衡量，那么在并不很严格的意义上来讲，'实在法'也可能是'不正义'的。"③　第二，正义就是合法性（legality），在奥斯丁看来，采用上帝的法律的标准，"实在法"也可能是"不正义"的，但是"这并不意味与上帝的法律相冲突的人定法就没有强制性或约束力……实在法包含着它自身的标准，从而根据实在法，背离或违背该实在法就是不正义的，虽说根据另一个更高权威的法律的做法有可能是正义的④……凡是实际存在的法律就是法律，无视这种法律，决不能被认为在法律上是正当的……"⑤　这种"法的存在是一回事，它的优劣是另一回事"⑥　被后人通俗地概括为"恶法亦法"，⑦　与自然法的"恶法非法"截然对立。

---

① 奥斯丁彻底抛开了自然法学、神学的关于权利、自由的虚幻的说教，认为权利、自由等只能来自实在法的严格规定。

② 功利主义是"上帝之法"。

③ 这也从一个侧面进一步印证了西方一些学者的观点："功利主义是一种没有自然法的自然法理论。"笔者也认为，功利主义在批判自然法理论的同时，自觉不自觉地陷入"以自然法的方式反对自然法的狂妄"的泥潭中。（参见［美］博登海默《法理学：法律哲学与法律方法》，邓正来译，中国政法大学出版社2004年版，第126页。）

④ 指的是法律的位阶性。

⑤ 转引自［美］博登海默《法理学：法律哲学与法律方法》，邓正来译，中国政法大学出版社2004年版，第127页。

⑥ 转引自严存生主编《西方法律思想史》，法律出版社2004年版，第273页。

⑦ 这里需要说明的是，"恶法亦法"是分析法学的基本立场的逻辑结果，并不意味分析法学否认法律和道德的关系，更不是分析法学赞赏"恶法亦法"，现代分析法学甚至认为法律应当符合某种道德规范，但这并非判断它是不是法律的标准。对"恶法亦法"的正确理解应是：在法理学的范围内，不涉及实在法的功过是非，它只是探讨法律实际上是什么，关于实在法的好坏，或实在法应该是什么的问题，那不是"科学法理学"探讨的问题，而是另一门学科即立法学的研究对象。（具体参见何勤华主编《西方法律思想史》，复旦大学出版社2007年版，第231页。）

（三）西方近代正义观：以私（民）法形式对劳动者平等保护①

近代市民社会的独立为对劳动者"平等"保护提供了广阔的社会背景，市场经济、民主政治、私法自治、个人主义等观念深深地扎根于西方社会之中，依此也催生了对劳动者的"平等"保护。对劳动者"平等"保护是自由主义正义观的表现，在古典自然法正义观和功利主义法学及早期分析法学正义观看来，对劳动者"平等"保护，就是符合正义的。与西方古代正义观劳动者保护始终被排斥在视野之外不同，西方近代正义观基于"自由""平等"的追求，以私（民）法形式开始了对劳动者平等保护。

三　西方现代正义观②：对劳动者倾斜保护的被关注

19 世纪末 20 世纪初，西方社会经历着巨大的变化，社会矛盾、社会问题日益突出，与之相适应的个人主义思潮和自由放任的社会政策所产生的社会恶果也充分显露。为了克服资本主义危机，资本主义国家利用国家这个"总资本家"的力量对经济社会进行干预和调节。国家积极而全面干预的目标在于：赋予政治国家以经济、社会功能，采用"两手——市场和政府政策——并重"的措施，努力寻找到政府干预、市场运行之间的最佳结合点，进而实现较为实质性的自由、平等。

与此相适应，在法学领域，首先，社会法学的正义观是一种建立在社会功利主义基础之上的法律实证主义正义观，其基本要义表现在，正义即法律的正义，这种正义是靠实在法实现的。其次，自然法学说再次重新显示出其顽强的生命力。在正义观上，其代表人物罗尔斯重新举起契约论的旗帜，有力地反驳了个人功利主义，使后者失去了一百多年的统治地位。平等、自由、理性再次成为新自然法学正义观的核心词语，不过平等、自由、理性是以对社会处境最差群体的衷心关切的面相出现的。最后，在现代分析法学在正义观上，他们坚持老分析法学的法律与道德无关，至少是无"必然的联系"，但是已不同程度地向自然法学靠拢，显示了三大法学派既鼎立又融合之势。西方现代正义观理论基础主要为新社会契约论和

---

① 这一点，本文将在第五章具体展开。

② 在西方现代正义理论史上，随着哲学上的非理性主义思潮的出现，也出现了相对主义和非理性主义正义观。这些正义观看到了正义观念的相对性和不确定性，把正义完全看成非理性的情感、意志的表达。当正义理论在相对主义思潮结束其历史使命、走到其尽头时，理性主义正义理论仍然得以回归和复兴。

（社会）功利主义两种，但各种正义观实际上都主张对形式自由、平等进行纠正，表现为自由主义正义观的自我调适。区别于西方近代正义观基于"自由""平等"以私（民）法形式开始的劳动者"平等"保护，西方现代正义观基于对形式自由与平等进行纠正，以劳动法形式开始了劳动者倾斜保护。完全可以明确地讲，劳动者倾斜保护成为西方三大法学学派的共同指向。

（一）以社会功利主义为基础的社会法学正义观：从社会利益出发的劳动者倾斜保护

19世纪末20世纪初，西方社会经历着巨大的变化，社会矛盾、社会问题日益突出，特别是主要资本主义国家进入垄断资本主义阶段以后，频繁的经济危机、大规模爆发的工人运动、风起云涌的社会主义革命和广大殖民地国家人民的民族解放运动，充分暴露了资本主义社会的固有矛盾，与之相适应的个人主义思潮和自由放任的社会政策所产生的社会恶果也充分显露。

与此同时，在法学领域，分析法学仍占统治地位，分析法学家们信奉的是一种"法律自由放任主义"，"自觉"地与社会处于一种封闭的、与世隔绝的状态。这个时候，"法律作为一种学说和专业活动通常被认为可以借助于自身内在的分类来分析、理解，而无须参考它赖以发展的社会环境……这种法律观建立于假设的、理性的、教条的法学结构之上，并得到实证主义法学思想的支持。在以往的时代，把法律看作是一门专业性学科的神秘领域的想法掺和了大众文化中有关法律思想的根本观点，这种观点似乎不需经验证实，也不需理论检验。人们把法律看作是承袭传统的一种手艺，它是一些只有通过学徒式的实践活动才能获得的技术秘密。"①② 为了克服资本主义危机，资本主义国家利用国家这个"总资本家"的力量对经济社会进行干预和调节，以适应生产社会化高度发展的要求，巩固资本主义制度。

与此相适应，在法学领域，开始了"法律社会化运动"，作为占统治地位的分析法学的对立面，社会法学应运而生。社会法学用社会学的理论和方法认识和研究法律问题，对分析法学进行怀疑和批判。社会法学是一

---

① ［英］柯特威尔：《法律社会学导论》，潘大松等译，华夏出版社1989年版，第18—19页。

② 韦伯对此概括为："现代的法官只是自动售货机，投进去的是诉状和诉讼费，吐出来的是判决和从法典上抄下来的理由。"

个非常不统一的法学派别,其内部支派林立。① 例如,大的派别有欧洲社会法学和美洲社会法学,各大派别又有许多分支,欧洲社会法学有利益法学、自由法学、社会连带(阶级合作)主义法学等,美洲社会法学有实用主义法学、现实主义法学等。尽管有很多不同,它们的共同点也是明显的,首先,提出了一系列与分析法学不同的实在法观念,即变"概念法"为"活的法""事实上的法",使得法学研究由静态研究变为动态研究,在继续以社会学的方法实证研究"法律是什么"的同时,更加注重法律在社会中的作用,法律的社会目的和社会效果。其次,社会法学认为社会高于个人,注重社会中的"分工"和"协作"因素,在关心个人利益的同时,更加强调社会利益,其目的是争取最大社会安全。在正义观上,许多社会法学家开始承认并论证法律和正义的关系②,但是他们是站在实证主义立场上的,把正义看作是法律的结果,③ 类似于分析法学的正义就是合法性。总之,社会法学也是一种法律实证主义正义观,其基本要义表现在,正义即法律的正义,这种正义是靠实在法实现的。我们以庞德(Roscoe Pound)为例具体说明。

　　作为美国社会法学的主要代表,也是 20 世纪上半叶最有影响的法学家之一,庞德公开承认法律与正义的关系。他说:"法律是一个司直(administration of justice)的工具,因之,法学尽可以看作直道的科学(science of justice)"④⑤,又进一步讲"法律的终局(end of law)是在于司理直道(administration of justice)。"⑥ 庞德通过历史考察,总结了三种正义含义,他说,"正义一词不止有一种含义。在伦理上,我们可以把它看成是一种个人美德或是对人类需要或者要求的一种合理、公平的满足。在经济和政治上,我们可以把社会正义说成是一种与社会理想相符合,是以能

---

① "家族相似"是维特根斯坦哲学中的重要术语。所谓"家族相似",是指一个家族中的每一个成员总是和另外的家族成员有相似的特征,而不一定必须是本质相同。他反对按照种属关系来对事物进行定义的方法,主张人们在观察的基础上把握事物之间的相似关系。维特根斯坦的这一思想对于我们认识社会法学甚至是整个实用主义法学是非常有用的,社会法学就是这种具有"家族相似性"的流派。

② 当然,一些社会法学支派坚决反对法律与正义的关系,例如,斯堪的纳维亚现实主义法学就认为正义之类的原则完全是幻想。

③ 而不是像自然法那样认为,法律是正义的体现,法律是用来体现一种特定的正义理想。

④ [美]庞德:《法学肄言》,雷沛鸿译,商务印书馆 1934 年版,第 3 页。

⑤ 这里的"司直"实际上就是执行正义,"直道"实际上就是正义。

⑥ [美]庞德:《法学肄言》,雷沛鸿译,商务印书馆 1934 年版,第 9 页。

保证人们的利益和愿望的制度。在法学上，我们所讲的执行正义（执行法律）是指在政治上有组织的社会中，通过这一社会的法院来调整人与人之间的理想关系。"① 但他只承认其中的第三种正义，他认为，"我们以为正义并不意味着个人的德行，它也并不意味着人们之间的理想关系。我们以为它意味着一种制度。我们以为它意味着那样一种关系的调整和行为的安排，它能使生活资料和满足人类对享有某些东西和做某些事情的各种要求的手段，能在最少阻碍和浪费的条件下尽可能多地给以满足。"② 而这种正义是通过法律实现的，他说，"司法的实际目的在于调解人与人的相互关系，以及人与社会或国家的相互关系，使彼此不互相倾轧，而得社会道德心之所赞同。故法律之用心，实欲尽其力之所能达到，与社会程度之所企及，以实现理论工作者之直道。"③ 法律又是通过什么途径使得正义得以实现呢？庞德接受并发挥了耶林（Rudolph von Jhering）④ 的社会功利主义法学关于社会利益的基本思想。他认为，这根源于法律能够确认和协调各种利益。他把利益分为三大类 11 种，三大类是个人利益、公共利益、社会利益，并且认为当今法律的根本任务和目的就是重视并实现社会利益。他认为法的理想境界是：一方面促进个人主动精神，另一方面实现社会合作："即通过经验来发现并通过理性来发展调整关系和安排行为的各种方式，使其在最小的阻碍和浪费的情况下给予整个利益方案以最大的效果。"⑤ 显然，庞德的社会法依然是一种社会功利主义的实用主义法学，他"从实用主义哲学的立场来思考法律的价值标准，因为他并不想寻找一种永恒不变的自然法，而只是寻找仅仅适用特定时空的实用的自然法，而在寻找中所使用的也不再是理性的方法，而更多的是经验的方法。"⑥

① ［美］庞德：《通过法律的社会控制、法律的任务》，雷沛鸿译，商务印书馆 1984 年版，第 73 页。

② 同上书，第 35 页。

③ 同上书，第 10 页。

④ 耶林鲁道夫·冯·耶林是 19 世纪西欧最伟大的法学家之一，也是新功利主义（目的）法学派也就是社会法学的创始人。他认为法律的目的首先是为社会利益而不是个人利益，所以，实现社会利益的社会功利主义就应替代实现个人利益的个人功利主义，而功利主义法学和分析法学实际上都是个人功利主义法学。

⑤ ［美］庞德：《通过法律的社会控制、法律的任务》，沈宗灵、董世忠译，商务印书馆 1984 年版，第 60 页。

⑥ 严存生主编：《西方法律思想史》，法律出版社 2004 年版，第 348 页。

（二）以新社会契约论为基础的新自然法正义观：基于"差别原则"的劳动者倾斜保护

进入 19 世纪末 20 世纪初，在实证主义法学高歌猛进中不得不匍匐前进的自然法学又开始表现出了生机，特别是两次世界大战及"二战"后对法西斯战犯的纽伦堡审判之后，自然法学说再次显示出其顽强的生命力。① 其原因在于：完全建立在轻佻的功利主义基础上的资本主义文明排斥人生价值的探讨，只是一味追求物质利益，形成一种单向的纯动物式占有，而这种占有越多，人们自我就越迷失；表现在法律上，实证主义法学尤其是分析法学只是刻意追求法律形式的完备性，反对对法学作出价值判断，因此，很难适应社会发展的新需要。一方面是"法学繁荣"，另一方面是法律信任出现高度危机，法律滥用现象激增。在这种社会历史和思想背景下，自然法理论本身固有的一副"正义""理性""道德""人性""权利""自由""平等""尊严"等特色面孔，深深地赢得人心，使得自然法从 20 世纪四五十年代起重新成为当代最有影响力的法律思想。

当然，自然法学的复兴，并不是古典自然法学说得简单重复，而是对古典的自然法学理论作了新的阐释和修改，形成一种表现出实证主义倾向的新自然法学。尽管新自然法学也是内部支派林立，各个思想家的观点差别也很大，但他们共同认为，自然法是一个"可以容纳各种不同观点的一个适当的公式"。有的自然法学家甚至把社会法学乃至纯粹法学都说成是自然法学的分支，或者说是"隐蔽的自然法"。② 更多的自然法学家注意吸收和借鉴别的法学流派的观点和方法，不再像古典自然法学家那样强调个人的绝对价值，注重绝对的个人主义，而是像社会法学那样关注社会利益，主张对个人利益、个人自由，除非是作为更大的社会安全和社会自由的一部分，法律才不予保护。③ 同时也像分析法学那样，注重法律概

---

① 这里的自然法学只是指世俗自然法学。在基督教神学领域的阿奎那的神学自然法一直是据主导地位的。

② 严存生主编：《西方法律思想史》，陕西人民教育出版社 1996 年版，第 284 页。

③ "人类政治活动的直接目标，即是平衡主体之个体性与社会性的关系。所谓正义或者公正是对个体性与社会性的理性平衡。"（袁祖社：《社会秩序·制度理性·公正理想——西方思想文化中公正观念之范式沿革（下）》，《唐都学刊》2007 年第 5 期。）

念、法律规则、法律构成方面的研究。① 世俗自然法学家的代表人物有富勒（Lon. L. Fuller）、德沃金（Ronald. Myles. Dworkin）、菲尼斯（John Finnis）、罗尔斯（John Rawls）等。我们以罗尔斯为例具体说明。

作为新自然法学的主要代表，也是 20 世纪最有影响的哲学家之一，同时也是关于正义问题讨论的核心人物，罗尔斯最大的贡献就在于他提出了一种新的正义理论。其著作《正义论》被视为第二次世界大战后西方政治哲学、法学和道德哲学中最重要的著作之一，被承认是对政治哲学的一个根本性的贡献。罗尔斯提出正义理论，绝非仅仅出于纯学术的偏好，而是响应社会的感召。当时的美国，正处在各种危机之中，外有继朝鲜战争之后的古巴导弹危机、越南战争，内有民权运动、黑人运动、学生运动以及严重的贫富分化、欲望至上、种族歧视等，这些现象并没有因经济的繁荣迎刃而解，反而愈加突出，成为社会冲突层出不穷的一个根源。

罗尔斯认为，"正义是社会制度的首要价值，正如真理是思想体系的首要价值一样。一个思想体系，无论它多么精致和简洁，只要它不真实，就必须予以拒绝或修正。同样，某些法律和制度，不管它们如何有效率和有条理，只要它们不正义，就必须予以改革或废除。"② 正义的主题"就是社会的基本结构，或者说得更准确些，就是主要的社会体制分配基本权利与义务和确定社会合作所产生的利益的分配方式。"③ 罗尔斯把历史上存在的主导西方社会的正义理论分为两大类：第一，功利主义的正义观："如果一个社会的主要制度被安排得能够达到总计所有属于它的个人而形

---

① 例如，富勒的程序自然法亦即法律的内在道德（八条合法性原则，亦即制定、实施法律的准则）实际上就是把传统自然法的范围由只涉及实体内容扩大到了程序领域，而程序问题属分析法学研究范围。另外，需说明的是，在富勒这里，"法律、法治、法制这些词组往往含义相近，可以通用，这和富勒所处的美国法律制度的环境有关。美国法中的判例法原则、正当程序原则、司法审查制度等都体现了一种强调法律实施过程的特点。"（何勤华主编：《西方法律思想史》，复旦大学出版社 2007 年版，第 358 页。）

② ［美］约翰·罗尔斯：《正义论》，何怀宏、何包钢、廖申白译，中国社会科学出版社 1998 年版，第 3 页。

③ 在《政治自由主义》中，罗尔斯对社会基本结构给予了更明确的解释："所谓基本结构，我是指社会的主要政治制度、社会制度和经济制度以及它们是如何融合成为一个世代相传的社会合作之统一体系的。"罗尔斯认为，正义原则是整个国家政治法律制度的基石。（John Rawls, *Political Liberalism*, New York: *Columbia University Press*, 1996, p. 11.）

成的满足的最大净余额，那么这个社会就是被正确地组织的，因而也是正义的。"① 功利主义思考问题的思路是："每个在实现他自己利益的人都肯定会自动地根据他自己的所得来衡量他自己的所失……社会的幸福也是由属于它的许多个人的欲望体系的满足构成的。个人的原则是要尽可能地推进他自己的福利，满足他自己的欲望体系，同样，社会的原则也是要尽可能地推进群体的福利，最大限度地实现包括它的所有成员的欲望的总的欲望体系……一个社会，当它的制度最大限度地增加满足的净余额时，这个社会就是安排恰当的。"② 第二，直觉主义的正义观，直觉主义是通过直觉达到一些最初的原则，这些最初的原则是至高无上的、可以用来衡量各种互相冲突的正义原则。直觉主义认为，我们只是依靠直觉，依靠那种在人们看来最接近正确的东西来衡量正义。直觉主义强调道德事实的复杂性使人们往往无法解释人们的判断，直觉主义认为，确定不同正义原则的任何更高一级的恰当的推定标准，都是不存在的。③ 对这两种正义观，罗尔斯均不赞同，但他尤其反对功利主义。从历史事实上看，19 世纪以来，功利主义观念在西方社会是占统治地位的，这些观念原则奠定了西方政治、社会和经济制度的基础。然而这些体制并没有克服社会上存在的深刻的矛盾。罗尔斯相信要改良西方社会体制，关键在于改变占主导地位的功利主义的正义观。因为功利主义的正义观存在着几个弊端：（一）它没有看到"自由和权利的要求和对社会福利的总的增长欲望之间是有原则区别的……正义否认为使一些人享受较大利益而剥夺另一些人的自由是正当的。把不同的人当作一个人来计算他们的得失的方式是被排除的。因此，在一个正义的社会里，基本的自由被看作是理所当然的。由正义保障的权利不受制于政治交易和社会利益的权衡。"④（二）它没有看到"假定一个人类社团的调节原则只是个人选择原则的扩大是没有道理的……这样做没有严格考虑个体的众多和区别……把适合于个人的选择原则应用于社会。"⑤（三）它"是一种目的论的理论……用最大量地增加善来解释正当的理论……"⑥。而真正的正义原则是事先设定的，不能从结果来看正

---

① ［美］约翰·罗尔斯：《正义论》，何怀宏、何包钢、廖申白译，中国社会科学出版社 1998 年版，第 22 页。

② 同上书，第 23 页。

③ 同上书，第 33 页。

④ 同上书，第 27 页。

⑤ 同上书，第 28—29 页。

⑥ 同上书，第 29 页。

义与否。（四）它认为"任何欲望的满足本身都具有价值……并不问这些满足的来源和性质以及它们会怎样影响幸福的总量……"① 例如，怎样看待人们在相互歧视或者损害别人的自由以提高自己的尊严中得到快乐的行为？那么，如何克服功利主义的正义观纰缪，建立自己的正义观呢？罗尔斯非常谦虚而又明确地说："我一直试图做的就是要进一步概括洛克、卢梭和康德所代表的传统的社会契约论，使之上升到一种更高的抽象水平。"② 契约论在西方有着颇为悠久的历史，自古典自然法学以来，契约论一直是处于统治地位的理论。在资本主义体制确立后，尤其是到了19世纪初，功利主义取而代之。此后一百多年间，功利主义一统天下。罗尔斯重新举起契约论的旗帜，"……有力地反驳了功利主义，使后者失去了一百多年的统治地位；另一方面，它改造了古典契约论，以'原初状态'（Original Po‒ition）的形式提出了新契约论，③ 从而恢复了契约论在政治哲学中的应有地位。正如一百多年前功利主义将古典契约论扫地出门那样，历史转了一圈，现在罗尔斯的契约论则把功利主义扫地出门了。"④

通过构造"原初状态"和设立"无知之幕"的假设等一系列复杂的推论和证明，罗尔斯提出了他自己的正义原则⑤："第一个原则：每个人对与所有人所拥有的最广泛的基本自由体系相容的类似自由体系都应有一种平等的权利。第二个原则：社会的和经济的不平等应该这样安排，使它们：①在与正义的储存原则相一致的情况下，适合于最少受惠者的最大利益；并且，②依系于在机会公平平等的条件下职务和地位向所有的人开放。"⑥

---

① ［美］约翰·罗尔斯：《正义论》，何怀宏、何包钢、廖申白译，中国社会科学出版社1998年版，第30页。

② 同上。

③ "原初状态"实际上就是古典自然法学家的"自然状态"。

④ 姚大志：《何谓正义》，人民出版社2007年版，第3页。另外，还可参照该书第22页。

⑤ 这些原则是人们在"原初状态"和"无知之幕"后达成的"社会契约"的结果。

⑥ ［美］约翰·罗尔斯：《正义论》，何怀宏、何包钢、廖申白译，中国社会科学出版社1998年版，第302页。另外，还可参照该书第60—61页。罗尔斯"认为正义就意味着平等，从而将政治哲学的主题由自由变为平等……罗尔斯的历史地位和重要意义就在于他完成了西方政治哲学主题的转换。"（姚大志：《何谓正义》，人民出版社2007年版，第2—3页。）"罗尔斯正义原则的精髓是平等，平等的自由原则、公平的机会平等原则和差别原则所强调的都是平等。罗尔斯的思路是这样的：能平等分配的东西都应该平等分配，不能平等分配的东西应该实行差别原则——不平等的分配应该有利于最不利者。（姚大志：《何谓正义》，人民出版社2007年版，第26页。）与此相反，弗里德曼认为："一个

这两个正义原则与罗尔斯对社会的基本结构相配套，用来决定由社会合作所产生的利益的划分方式。人的利益表现为基本善（primary goods），而"这些基本的社会善在广泛的意义上说就是权利和自由、机会和权力、收入和财富等"①。第一个正义原则被称为平等的自由原则，第二个正义原则包括差别原则和公平的机会平等原则。第一个正义原则被用来分配自由和平等，第二个正义原则中的公平的机会平等原则被用来分配机会（以及权力），第二个正义原则中的差别原则被用来分配收入和财富。罗尔斯还进一步论证了两个原则之间的关系："第一个优先规则（自由权优先性）：两个正义原则应以词典式次序排列，因此自由只能为了自由的缘故而被限制。这里有两种情况：①一种不够广泛的自由必须加强由所有人分享的完整自由权体系；②一种不够平等的自由必须可以为那些拥有较少自由的公民所接受。第二个优先规则（正义对效率和福利的优先）：第二个正义原则以一种词典式次序优先于效率原则和最大限度追求利益总额的原则；而公平机会优先于差别原则。这里有两种情况：①一种机会的不平等必须扩展那些机会较少者的机会；②一种过高的储存率必须最终减轻承受这一重负的人们的负担。"② 如何使正义原则演化为具体的制度，罗尔斯提出了"四个阶段的顺序"：第一阶段人们在无知之幕的后面接受两个正义原则的选择；第二阶段召开制宪会议，人们按照正义原则制定宪法，在这个阶段正义的第一个原则发挥主要作用；第三阶段为立法阶段，在这个阶段正义的第二个原则发挥主要作用，它对所有各类社会和经济的立法都具有重大影响；第四阶段是法官和行政官员具体运用规范的阶段，公民则普遍遵守。③ 最后还有必要对罗尔斯的正义分类进行分析。罗尔斯在《正义论》中曾反复重申，他所说的正义是一种纯粹的程序正义。④ 实际上，

社会把平等即结果放在自由之上，其结果是既得不到平等，也得不到自由"，因此他极力推崇效率优先。（转引自高德步《产权与增长：论法律制度的效率》，中国人民大学出版社 1999 年版，第 23 页。）

① ［美］约翰·罗尔斯：《正义论》，何怀宏、何包钢、廖申白译，中国社会科学出版社 1998 年版，第 93 页。

② 同上书，第 302—303 页。

③ 同上书，第 193—199 页。

④ 这里有三层意思：第一，参见罗尔斯在制宪会议阶段对正义的宪法问题的论述，以及在立法阶段及其具体运用阶段对正义的立法及运用问题的论述。（［美］约翰·罗尔斯：《正义论》，何怀宏、何包钢、廖申白译，中国社会科学出版社 1998 年版，第 195—196

罗尔斯的正义从来都不是纯粹程序的，而是实质的和程序的。罗尔斯的实质正义表现在："在《正义论》中，罗尔斯在提出正义程序之前已经对自由和平等的价值具有了先定的承诺，而程序只不过是把这两种价值推演出来并加以制度化而已。"① 但是我们也不能由此绝对化地推理出："实际上，罗尔斯的正义从来都不是纯粹程序的，而是实质的。"② 其原因在于，罗尔斯实际上也是非常强调程序正义（形式正义）的。我们甚至可以大胆推定罗尔斯实际上吸收了富勒的程序自然法的观点：把传统自然法的范围由只涉及实体内容（实质正义）扩大到了程序领域（形式正义亦即法治）。③ 罗尔斯认为，在上述第三第四阶段具体法律制定出来以后，这些法律也许是正义的，也许是不正义或不完全正义的，但这些法律是应遵守的，这是形式正义的要求："形式的正义就意味着它要求：法律和制度方面的管理平等地（即以同样的方式）适用那些属于由它们规定的阶层的人们。"④ 如果用一个更有启发性的措辞来讲的话，形式正义就是"作为规则的正义"⑤，就是法治⑥。

页。）第二，按照程序正义的观念，正义是正义程序之结果。也就是说，如果程序本身是正义的，那么它所达成的任何结果都是正义的。这一点相当于富勒的程序自然法。第三，哈贝马斯曾批评性指出，罗尔斯的正义表面上看起来是程序的，但是实际上是实质的。笔者认为，哈贝马斯在这一点上是对的。尽管笔者不同意他的如下主要观点：所谓"程序正义"意味着正义是程序的结果，即"什么是正义的"不是先定的，而是通过公民之间的对话、交流、讨论、协商之后所达成的共识决定的，或者是由"多数决定"的民主原则决定的；所谓"实质正义"则意味着对某些价值（自由、平等或权利等）的承诺，这些价值是普遍的、先在的和确定不移的，而政治制度和法律制度则是这些价值的体现和保证。哈贝马斯认为，真正的正义应该是程序的，而不应是实质的。（具体可参见姚大志《何谓正义》，人民出版社2007年版，第71页。）

① 姚大志：《何谓正义》，人民出版社2007年版，第72页。

② 同上。

③ 事实上，富勒在新自然法中的地位是因为罗尔斯而有所衰落，但其程序自然法的观点对新自然法的贡献不可磨灭。

④ [美] 约翰·罗尔斯：《正义论》，何怀宏、何包钢、廖申白译，中国社会科学出版社1998年版，第58页。

⑤ 同上书，第233页。

⑥ "法律、法治、法制这些词组往往含义相近，可以通用，这和……美国法律制度的环境有关。美国法中的判例法原则、正当程序原则、司法审查制度等都体现了一种强调法律实施过程的特点。"（何勤华主编：《西方法律思想史》，复旦大学出版社2007年版，第358页。）

形式正义有着自身的正义准则①，这些准则最终是和自由、平等联系在一起，法治的准则只是正义原则的具体延伸。总而言之，罗尔斯的正义从来都不是纯粹程序的，而是实质的和程序的。

需要指出的是，罗尔斯在批判其最重要的理论对手——功利主义的同时，也"制造"了新的理论对手，按照姚大志教授的观点，其大体上可以分为三类："首先是自由主义者，这属于自由主义内部的争论，批评罗尔斯的既有德沃金这样的平等主义者，也有诺奇克这样的极端自由主义者；其次是社群主义者，他们人数众多，观点各异，但不约而同地一起反对罗尔斯。自由主义与社群主义之间的争论构成了当代西方政治哲学的基本框架；最后是我称之为'第三势力'的各种其他派别，其中包括后现代主义和共和主义。"② 面对这些批判，笔者无意也没有这个能力对他们的观点一一评析，但笔者坚持相信，罗尔斯"吸收了马克思对自由主义的批判性成果，可以作为积极回应马克思的典型代表。"③ 同时，就当代中国现实而言，罗尔斯对社会处境最差群体的衷心关切具有绝对的意义，我们所做的只是对其明显不足之处的改进而并不是放弃其正义理论，例如，我们应改进罗尔斯正义理论的一个主要问题：忽视了在收入和财富中区分出勤奋、抱负和个人努力的因素。

（三）向自然法学、社会法学靠拢的现代分析法学的正义观：基于"法律下的正义"的劳动者倾斜保护

现代分析法学是指在 20 世纪新形势下，在奥斯丁老分析法学基础上发展起来的新的法学分支学派。这里的新形势主要有二：一是从法学内部原因看。20 世纪初，西方法学出现了新格局，社会法学应运而生，其产生的直接原因就是对老分析法学的猛烈批判，在这一批判面前，分析法学原有理论千疮百孔，难以招架，所以必须抛弃奥斯丁的"主权者命令说"，提出新的对法律的解释，有必要吸收借鉴自然法学和社会法学理论的合理之处，并在此基础上形成"三足鼎立"之势。二是从非法学自身原因看。原有的分析法学理论对法西斯主义法律制度的批判的无能事实以

---

① 笔者认为，这是罗尔斯吸收了富勒的程序自然法中的"八条合法性原则，亦即制定、实施法律的准则"观点，实际上也是借鉴分析法学的结果，也就是说，罗尔斯实际上认可富勒把传统自然法的范围由只涉及实体内容扩大到了程序领域，而程序问题属分析法学研究范围。这也表明两大法学派相互借鉴、融合之势。

② 姚大志：《何谓正义》，人民出版社 2007 年版，第 3 页。

③ 林进平：《马克思的"正义"解读》，社会科学文献出版社 2009 年版，第 5 页。

及社会发展提出的新问题，促使分析法学弃旧图新，同时语言哲学的兴起及其新成果，给本来就擅长语义分析方法的分析法学带来很大启迪，因此现代分析法学在继承老分析法学基本观点、方法的基础上，又在很多方面有很大的修正和发展，显示了其新的生命力。现代分析法学主要代表人物有凯尔森（Kelsen Hans）、哈特（Hart Herbert Lionel Adolphus）、拉兹（Joseph Raz）、麦考密克（Neil MacComick）等，在正义观上，他们坚持老分析法学的法律与道德无关，至少是无"必然的联系"，① 但是已不同程度地向自然法学靠拢，显示了三大法学派既鼎立又融合之势。例如，凯尔森承认合法意义的正义，哈特承认狭义上的法与道德具有一致性，属于良法，同时还坚持最低限度的自然法。总之，现代分析法学是一种法律实证主义正义观，其基本要义表现在，正义即合法性。我们以凯尔森为例具体说明。

凯尔森把他的法学称为"纯粹法学"，原因在于，尽管他的法学"在重点上和奥斯丁的学说是一致的"，但"纯粹法学比奥斯丁及其信徒更彻底地运用分析法学的方法"。② 他认为，传统法学"不是完全无批判地和心理学、生物学相混合，便是完全无批判地和伦理学或神学相混合"。③ 而他的纯粹法学是实在法的理论，"旨在从结构上分析实在法"，"从实在法律规范的内容中去研究它的概念，而不是从心理上或经济上解释它的条件或从道德或政治上对它的目的进行评价"，"（纯粹法学）对法的叙述是平铺直叙的，不承认法是正当的。它所讨论的法是现实的法或可能的法，而不是正当的法。在这个意义上说，纯粹法学是极端的实证主义法律理论，它排斥对实在法的评价。"④ 凯尔森认为，对实在法作正义评价，实际上就是政治或道德问题，正义问题是道德和政治上的一种"意识形态，是一种反映个体或群体的主观倾向的价值偏爱的'非理性理想'（irration-

---

① 哈特的观点：法律反映或符合一定道德的要求，尽管事实往往如此，然而不是一个必然的真理。（［英］哈特：《法律的概念》，张文显等译，中国大百科全书出版社 1996 年版，第 182 页。）哈特也承认"自然法确实包含着对于理解道德和法律有重要意义的某些真理"。基于此，哈特提出了著名的"自然法的最低限度的内容"理论，即"这些以有关人类、他们的自然环境和目的的基本事实为基础的普遍认可的行为原则，可以被认为是自然法的最低限度的内容。"（［英］哈特：《法律的概念》，张文显等译，中国大百科全书出版社 1996 年版，第 189 页。）这表明哈特借鉴吸收自然法学发展分析法学的主张。

② 沈宗灵：《现代西方法理学》，北京大学出版社 1992 年版，第 155 页。

③ ［奥］凯尔逊：《纯粹法学》，刘燕谷译，中国文化服务社 1943 年版，第 2 页。

④ 同上书，第 18 页。

al ideal) ……人们通常都认为，确实存在像正义这样的东西，只是不能明确地予其以定义；显而易见，这种主张本身就是一种矛盾。对人的意志和行动而言，无论正义多么必要，它都是无从认识的。从理性的认识的观点看，所存在的只是利益以及因此而产生的利益冲突。"① 尽管凯尔森不承认实质意义的正义，但是他却是承认形式意义的正义的，他认为形式的正义就是法治，就是合法性。他认为，如果将正义问题"从主观价值判断的流沙里撤回，而将其建立于某个社会秩序的硬地上，这种意义的'正义'便是合法。如果某一个一般性的规则，依照它的内容应当适用一切情形，而实际上的确是适用一切情形时，那么，它是'公正的'。这里所谓'公正'，与该一般性规则的本身价值毫无关系，而仅指该规则的适用而言。正义被诠释为合法以后，成为一种不涉及实在法秩序内容，而只涉及其适用的特性。这样正义不仅与任何实在的法律秩序相符合，无论该秩序为资本主义的或为共产主义的……在这里，'正义'的意义是忠实地适用实在法秩序，以维持其存在。这便是所谓'法律下的正义'。"②

（四）西方现代正义观：劳动者倾斜保护的被关注③

19 世纪社会矛盾、社会问题的日益突出，近代社会中的"从身份到契约"的运动在现代社会中转变为"从契约到身份"的运动，使得对劳动者进行倾斜保护成为时代要求。日益明显的近代市民社会的内在局限性的内部克服，催生了劳动法"倾斜保护原则"。对劳动者倾斜保护是自由主义正义观的自我调适的表现，劳动法"倾斜保护原则"成为以社会法学为代表的现代三大法学学派的共同指向，在它们看来对劳动者倾斜保护，就是符合正义的。与西方古代正义观劳动者保护始终被排斥在视野之外、西方近代正义观以私（民）法形式开始对劳动者平等保护不同，西方现代正义观以劳动法形式开始对劳动者倾斜保护。

第三节　中国传统正义观：劳动者保护被排斥在视野之外

尽管从政治法律思想来看，西方的正义观念更为成熟，可是，正义观

---

① 转引自［美］博登海默《法理学：法律哲学与法律方法》，邓正来译，中国政法大学出版社 2004 年版，第 130 页。

② ［奥］凯尔逊：《法律与国家》，雷嵩生译，台北中正书局 1969 年版，第 13—14 页。

③ 这一点，本文将在第六章具体展开。

同样从来就是中国传统思想尤其是儒家思想的一个主要命题。然而毋庸讳言的是，当今中国社会，无论是理论界还是实务界，除了我们意识形态上坚持的马克思正义观外，到处充满着西方的正义话语、正义观念，甚至是有意无意地宣扬着、全盘接受着西方的正义立场。

中国传统正义观主要包括春秋战国"百家争鸣"时期的儒家、道家、墨家、法家四大学派的正义观。正如后世学者由衷慨叹古希腊的辉煌思想成就那样："在希腊哲学的多种多样的形式中，差不多可以找到以后各种观点的胚胎、萌芽。"① "以至于直到最近的时代，人们还满足于惊叹并神秘地谈论着希腊的天才。"②③ 中国先秦思想对应的是古希腊这一欧洲文化史上的思想奇迹，可以这样说，欧洲人不断地回顾古希腊，中国人不断地回顾春秋战国"百家争鸣"时期。④⑤ 儒家、道家、墨家、法家四大学派的正义观共存互补，构成了中国传统思想正义观的基本结构和精华所在。⑥ 此后中国正义观尽管经历了几千年的复杂演进，但总的说来，并未突破儒家、道家、墨家、法家四大正义观这一基本格局，直到我们接受马克思正义观和西方正义观。

本章在简要分析中国传统正义观的内涵与特点的基础上，仅以中国主流正义观——儒家的正义观⑦为例来说明劳动者保护被排斥在儒家正义观视野之外。

---

① 《马克思恩格斯选集》（第 4 卷），人民出版社 1995 年版，第 287 页。

② ［英］罗素：《西方哲学史》（上卷），何兆武等译，商务印书馆 1963 年版，第 24 页。

③ 怀特海曾说，西方 2500 多年哲学都是柏拉图的注脚。

④ 正如马克思所言："为什么人类历史上的童年时代，在他发展的最完美的地方不该作为永不复返的阶段而显示出永久的魅力呢？"（马克思、恩格斯：《马克思恩格斯选集》（第二卷），人民出版社 2012 年版，第 29 页。）

⑤ 被誉为"近世以来最伟大的历史学家"的英国著名历史学家阿诺德·约瑟夫·汤因比，在他的 12 册巨著《历史研究》中，极其充分地肯定了中国文明的辉煌成就，并认为人类的前途不在西方文明而在于中国文明。持有此种观点的西方思想家不在少数，当然，也不排除黑格尔、孟德斯鸠等反面者。

⑥ 就人类社会而言，无论是儒家正义观的"仁"，道家正义观的"道"，墨家正义观的"兼爱"，法家正义观的"法治"，都是处理人与人之间关系的，都是主张给人以"应得"，以求社会和谐，而这也是符合正义的基本内涵的。实际上，我们甚至可以说，中国先秦思想堪和古希腊这一欧洲文化史上的思想奇迹——对应，儒家道义论正义观堪比苏格拉底等的理性正义观，道家自然论正义观堪比外在自然法，墨家功利主义正义观堪比功利主义在古希腊的萌芽，法家"法治"正义观一定程度上是功利主义的体现。

⑦ 鉴于先秦儒家正义思想是中国传统正义观的滥觞，加上篇幅和笔者能力限制，笔者对儒家的正义观的阐述重点在于秦儒家正义思想，尤其是秦儒家正义思想的理路范式。

一 中国传统正义观的内涵与特点

(一) 中国传统正义观的内涵

"义"及"义利之辨"是中国传统正义观的两个基本问题。中国传统正义观的核心范畴是"义",中国传统正义观的中心论题是"义利之辨"。在先秦伦理学说史上,墨家学派把"义"作为最高道德准则,尽管"义"从属于"仁"或"礼",但在儒家中义也是基本范畴。道家及法家,尽管程度有所不同,但他们的基本观点是摒弃仁义的。汉初,董仲舒从儒家学说出发,"罢黜百家,独尊儒术",思想的主流是回归推崇"仁""义"的基本趋向,完成了汉代以下两千年占正统地位的伦理学说体系,形成中国的主流文化,"义"作为这个体系中的基本道德范畴被确定下来。后代只是进行了一些修补和发展。而在"义利之辨"的百家争鸣中,起初有孔孟的重义抑利思想——"君子喻于义,小人喻于利"①;墨家的义利统一论——"义可以利人"②;韩非的非道德的功利主义——"利所禁,禁所利,虽神不行"③。但最终,随着儒家正统地位的确定,中国两千多年来继承孔孟的重义抑利思想的董仲舒的"正其谊(义)不谋其利,明其道不计其功"④ 的命题成为中国文化中占主流地位的义利观。

(二) 中国传统正义观的特点

"义"及"义利之辨"这两个中国传统正义观的基本问题,决定了中国传统正义观与西方正义观念有明显不同。⑤⑥

---

① 孔子:《论语·里仁》。

② 墨子:《墨子·耕柱》。

③ 韩非子:《韩非子·外储说左下》。

④ 《汉书·董仲舒传》。

⑤ 从西方正义观念的历史演变和逻辑结构,可以看出西方正义观念是一种刚性的正义观念,西方正义概念具有精确细致、法制规则、个体本位和划分界限的特点。精确细致的特点,这就是说西方正义思想使用精确的逻辑思维推理,建构起系统的理论体系,提出一系列精确的正义原则和规则;法制规则的特点,这就是说西方正义思想大都以法律正义、遵守规则作为其主要内容,在有些时候,甚至直接把正义等同于法律正义或者程序正义;个体本位特点,这就是说西方正义思想从个体作为出发点,是一种个体主义的正义观;划分界限的特点,这就是说西方正义理论致力于在个人与社会之间、个人与个人之见确定其权利和义务的边界。

⑥ 西北大学中国思想文化研究所刘宝才教授长期从事先秦思想文化研究,从文化视角对中国传统正义观的内涵与特点有精到论述。可参见刘宝才、马菊霞《中国传统正义观》,《2007 年中国宝鸡张载关学与东亚文明学术研讨会论文集》。

1. 中国传统正义观的永恒意义——德性正义

中国传统正义观基本是一种德性正义，主要表现为一种道德自觉，体现一种道义精神，追求一种神圣生活，提倡人在道德上的自我修养、自我完善，重视道德意识和道德行为。前文谈及正义观的实质正是“对个体性与社会性的理性平衡”，所要处理的正是个体与整体的关系问题。中国传统正义观强调个人对整体、对社会的道义责任，可以被归为整体本位的正义观。如孔子在价值观上的群体本位，决定了他在正义问题上着眼于从社会需要出发对个人行为提出要求。整体本位的倾向在古代占主流地位，中西大体一致，只不过近代以降，西方正义思想才把个体作为出发点。对于中国古代整体本位的正义观，我们也应该给予有分析的评判，纠正它的用笼统、含糊的群体价值来模糊不同的个体价值的片面性，同时不能抛弃它包含的合理内容——走出原子式的个人主义，肯定群体存在的实体意义和价值意义。德性正义所崇尚的崇高道德理想具有超越时代的永恒价值，我国古代仁人志士的高尚道德精神的事迹最真实、最纯朴地体现着中华民族的美德，是中华民族优秀文化传统的重要组成部分，具有永恒意义。

2. 中国传统正义观的内在不足——缺失法律制度正义

纵观人类社会文明史，正义思想家们几乎都是在个人正义和制度正义两个层次使用正义这一概念①。一般来说，个人正义涉及的是个人性质的自我修养、道德；制度正义较之个人正义更具有根本性，制度是实现正义的根基和核心。正义必须由社会制度来保证。没有正义的社会制度，正义就不会最终实现，失去正义的社会制度就应该改变。这就是正义观讲的制度正义。马克思正义观重视制度正义，当代西方主流正义观亦是如此。约翰·罗尔斯指出：正义的主要问题是社会制度问题，“正义是社会制度的首要价值，正如真理是思想体系的首要价值一样。一个思想体系，无论它多么精致和简洁，只要它不真实，就必须予以拒绝或修正；同样，某些法律和制度，不管它们如何有效率和有条理，只要它们不正义，就必须予以改革或废除。”② 反观中国历史上的正义观，法律等制度的维度在中国传统正义概念中并没有占据一个主导地位。正视中国传统正义观缺失法律制度正义这个根本问题，是实现中国传统正义观转化为现代正义观的关键

①　奥特弗利德·赫费在其《政治的正义性》一书中，对个人正义和制度正义两个层次的正义做了相当简明的论述。

②　［美］约翰·罗尔斯：《正义论》，何怀宏、何包钢、廖申白译，中国社会科学出版社1998年版，第22页。

之一。

3. 中国传统正义观的境界追求——和而不同

在中国传统的正义思想中，包含着一种非常精微的和谐理念的追求。中国传统正义观的境界追求是和谐型正义，但是，这种和谐型正义实际上是建立在"和而不同"的基础上的。这里的不同，就是儒家的正义观主张"差等"，是在承认等差的同时追求和谐。差等思想承认社会等级的基础上寻求正义，直接表明中国传统正义观不反对等级制度，这尽管是与近现代正义观不相容的（但与西方古代正义观有相通之处），应该加以扬弃。但同时应该看到这也反映着中国古代思想家为追求正义的思考："和而不同。"这与卢梭的"不平等"有异曲同工之妙。卢梭曾说："我认为人类存在着两种不平等：一种我称之为自然的或生理的不平等，因为它是由自然造成的，包括年龄、健康状况、体力以及心理或精神素质的差别；另一种，我们可以称之为伦理或政治上的不平等，因为它取决于一种协约……而这种协约是由某些人专门享受且往往有损于他人的各种特权组成的。"① "自然的或生理的不平等"永远无法消除。"伦理或政治上的不平等"的存在才有强调公平正义的必要。所以我们应将追求正义的目标定位为在承认差别的基础上达到社会和谐，这是我国传统正义观包含的"和而不同"等差思想的价值积极的一面。

二　先秦儒家正义思想的理路范式

（一）人文自觉：先秦儒家正义思想的出场背景

先秦儒家正义思想，源出儒家对前孔子时代所积淀的深厚的人文精神与文化资源的追忆、反思及其价值追索与认同。

1. 三代统治合法性的终极根据："天""天命"

自中国文化源头起，"天"就是其体系的一个核心。"天"是宇宙中包括人类在内的所有生命的根源，是一种内在自洽的"善"，并因此而具有"神性"，成为人类追求生命意义的价值本原。从政治哲学视之，集中表现在"天"必然是夏、商、周三代政治、军事统治的合法性的终极根据。夏禹、夏启的征服与讨伐，商汤的灭夏桀，无不是以"天""天命"的名义而为之的。如夏启讨伐有扈氏宣称："有扈氏威侮五行，怠弃三正，天用剿绝

其命，今予惟恭行天之罚。"① 商汤在夏王朝灭亡的转折点的鸣条之战的伐夏的誓词中言："格尔众庶，悉听朕言……有夏多罪，天命殛之……夏氏有罪，予畏上帝，不敢不正。"② 后来，西周依然遵循了殷商的"天""天命"崇拜观，如周公辅政时，在平定"三监之乱"时，同样沿用夏、商的做法，以《大诰》进行战前动员："已，予惟小子，不敢替上帝命。天休于宁王，兴我小邦周，宁王惟卜用，克绥受兹命。今天其相民，矧亦惟卜用。呜呼！天明畏，弼我丕丕基……予永念曰：天惟丧殷，若穑夫，予曷敢不终朕亩。天亦惟休于前宁人，予曷其极卜，敢弗于从率宁人有指疆土，矧今卜并吉。肆朕诞以尔东征。天命不僭，卜陈惟若兹。"③

2."天""天命"崇拜的逐渐内在化、道德化：人文自觉

（1）中国人文主义的发端："恭承民命"

可以说，"百姓思盘庚"④ 中的"盘庚"可谓中国人文主义的鼻祖。在盘庚迁都前后的几个谈话和命令中："明听朕言，无荒失朕命！呜呼！古我前后，罔不惟民之承保。后胥戚鲜，以不浮于天时。殷降大虐，先王不怀厥攸作，视民利用迁。"⑤ "今我民用荡析离居，罔有定极，尔谓朕曷震动万民以迁？肆上帝将复我高祖之德，乱越我家。朕及笃敬，恭承民命，用永地于新邑。"⑥ 其树起"天命"和"先王"两面大旗，宣称"为人民"来争取民心。其中"古我前后，罔不惟民之承保"和"肆上帝将复我高祖之德，乱越我家。朕及笃敬，恭承民命"，更无疑已经包含了道德性的诉求，已体现了尊民、爱民、利民、敬业等治国理政的思想智慧，人文主义的萌芽初现。

（2）人文自觉的进一步发展："以德配天"

周初，人文自觉得到了进一步发展。周公等人认识到"天命靡常"⑦，"惟命不于常"⑧，"殷革夏命，周革殷命"⑨，其根本原因是总结了曾经强大的夏朝和商殷的"天命"丧失的教训："我不可不监于有夏，亦不可不

---

① 《尚书·甘誓》。

② 《尚书·汤誓》。

③ 《尚书·大诰》。

④ 《史记·殷本纪》。

⑤ 《尚书·盘庚中》。

⑥ 《尚书·盘庚下》。

⑦ 《诗经·大雅·文王》。

⑧ 《尚书·康诰》。

⑨ 《尚书·多士》。

监于有殷。"① 夏朝和商殷"不敬厥德，乃早坠厥命"，② 导致"皇天上帝改厥元子兹大国殷之命。"③ 所以，"民主"（万民之君主）尽管由天与天命选定（周朝创造了"天子说"），但一定要"敬天""明德""敬德"，以避免被"革命"（周朝也创造了"天命转移论"）："皇天无亲，惟德是辅"④，"不可不敬德"，⑤ "王其疾敬德。王其德之用，祈天永命"，⑥ "保享于民……享天之命"⑦。这样，周初的变革，使得传统的"天""天命"崇拜观注入了崭新内容："敬德保民""敬德安民"，"以德配天"⑧，顺从"民意"就是尊崇"天""天命"，正所谓："天视自我民视，天听自我民听。"⑨ "民之所欲，天必从之。"⑩ 这样，便使得中国早期人文精神具有了道德的自主性和内在性本质内涵：周初人的"敬天""明德""敬德"等观念贯穿于所有生活中，是一种责任、信心由"神"转"我"的自我担当。从而自觉、主动、反省地凸显主体的积极性与理性作用，形成了中国人文精神进一步发展，即是以"敬"为动力的、具有道德性格的人文主义或人文精神。⑪ 而"道德性格的人文主义或人文精神"的实质便在于"把民意提升到天命的高度"。这些精神屡经历世演绎，固化凝结为中国传统的注重民本民生的治国理政的道德责任和政治责任，不能也不敢去怀。此亦构成儒家正义思想的先在基础：正是"以德配天"等人文自觉的进一步发展，才形成了"一切德行总和"的孔子的仁学（按冯友兰先

---

① 《尚书·召诰》。

② 同上。

③ 同上。

④ 《左传·僖公五年》。

⑤ 《尚书·召诰》。

⑥ 《尚书·召诰》。

⑦ 《尚书·多方》。

⑧ 在此之前，是"以祖配天"，"以祖配天"的内在理据："万物本乎天，人本乎祖，此所以配上帝也。郊之祭也，大报本反始也。"（《礼记·郊特牲》，也可参见冯友兰先生关于"祖先崇拜"的论述。冯友兰《中国哲学简史》，商务印书馆 2007 年版，第 30 页。）周初人把"以祖配天"发展成"以德配天"，把血缘性的祖宗崇拜，发展为政治与道德性的祖宗崇拜，把外在性的天神崇拜，逐渐内在化、道德化。这些变化对整个中国哲学思想史的走向起了决定性的作用。这也是儒家之所本。（郭齐勇：《再论儒家的政治哲学及其正义论》，《孔子研究》，2010 年第 6 期。）

⑨ 《尚书·泰誓》。

⑩ 《左传·襄公三十一年》。

⑪ 徐复观：《中国人性论史》（先秦篇），商务印书馆 1987 年版，第 25 页。

生之意，仁学也可译为"全德"之学①）及其后学对其的发展，儒家正义思想概莫能外。

（二）先秦儒家正义思想的自洽性：功利与超越功利的内在价值

"正义为什么值得选择？"或者说，"拥有正义的好处在哪里？"这是任何正义思想必须面对的一个基本问题。②

1. 孔子："内圣"到"外王"的最初表达

谈先秦儒家正义思想，自然得从孔子说起。在孔子看来，正义为什么值得选择的问题要从以下几个方面来阐述：

（1）"内圣"——君子喻于义：正义因其自身的超越功利的内在价值而值得选择

在孔子看来，正义首先是人性本身的要求，正义因其自身的内在价值而值得选择，"义"即"宜"，也即"应该"，是康德式的绝对的命令（"你的行动，要把你人格中的人性和其他人人格中的人性，在任何时候都同样看作是目的，永远不能只看作是手段"），是每个社会成员都应该做的事，是从动机的"善"来预设的，必须为做而做，因为做这些事在道德上是对的。如果做事只是出于非道德的考虑，哪怕是做了应该做的事，依然是不道德和不义的，没有通融的余地。①"义"从何来？从先秦儒家正义思想的方法论而言，其不同于西方正义思想的从假设的概念出发的传统，而是以对宇宙事物的直接领悟形成概念作为出发点。其对正义的理解是以"自然"为最终意义的参照的，基本思路是"正义意味着合乎自然"，离开了"自然"，正义的原初标准就不可能产生。而"自然"又分为外在自然和内在自然，且外在自然和内在自然为一个有机整体，内在自然是对外在自然的积极"模仿"。外在自然就是"天""天命"，内在自然就是人自身的自然，也即"人性"。在先秦儒家"天人合一"的世界观中，也可谓"天命之谓性"。③先秦儒家是用"本天道以立人道"的"模仿"方式构建出其理论体系的："有天地然后有万物，有万物然后有

① 冯友兰：《中国哲学简史》，商务印书馆2007年版，第30页。

② 正义一词，不同于哲学、逻辑等为了翻译西方著作文献而"生造"的词，在我国古已有之，即汉语的"义"，与西方的justice的用法基本相当，可对应性为主要方面，非等同性为次要方面，可以在共通的语义平台上对话与比较。（具体可参见黄玉顺《中国正义论纲要》，《四川大学学报》2009年第5期。石永之：《从"義"字看儒家正义思想的形成》，中国儒学网，2003年7月22日。）所以，本文在行文时，根据语境，尽可能以汉语的"义"来对应"正义"。

③ 《礼记·中庸》。

男女，有男女然后有夫妇，有夫妇然后有父子，有父子然后有君臣，有臣君然后有上下，有上下然后礼义知所错。"① ②何为"义"？"义"本训为"宜"，是处理人与人之间关系的，是"社会认为合宜的道理和行为"。②在先秦儒家"天人合一"的世界观中，"义"也可视为"义者，万物自然之则，人情天理之公"。③ 显然，"仁"源于天然的人的本能与朴素的感性，"义"则是一种经过人自身反思后的自觉与理性，只有"贤者"才可能把握，正所谓："爱由情出谓之仁，节爱理宜谓之义"④，"义者，德之理也"，⑤ "义者循理"⑥。《礼记·中庸》对"义"的经典表达为："仁者，人也；亲亲为大。义者，宜也；尊贤为大。亲亲之杀，尊贤之等，礼之所由生也。"⑦ 其中，处理人与人之间关系时的"尊其所当尊"就是"社会认为合宜的道理和行为"，就是"义"。而"贤"就指的是道德才智，如孔子推崇的帝尧："其仁如天，其知如神。就之如日，望之如云。富而不骄，贵而不舒。"⑧ 可以说，"贤"强调的是"大公无私"，为了天下完全可以牺牲自我利益。故而"以财分人之谓贤"。⑨ 这无疑是对中国古代所谓贤者十分准确的概括。一部中国古代史，可以说是对"亲亲""尊贤"二者之间关系的生动说明。⑩ ③"义"是"内圣"。"义"是道德修养的本质内容和原初标准，君子加强个人道德修养的首要之义就是"义"："君子喻于义，小人喻于利"⑪ "君子义以为质，礼以行之，孙以出之，信以成之，君子哉！"⑫ "君子义以为上。君子有勇而无义为乱，小人有勇而无义为盗。"⑬ "今之成人者何必然？见利思义，见危授命，久要

---

① 《易经·序卦》。
② 王力主编：《王力古汉语字典》，中华书局 1983 年版，第 1280 页。
③ 朱舜水：《舜水文集·杂说》。
④ 《韩诗外传》卷四。
⑤ 《荀子·议兵》。
⑥ 贾谊：《新书·道德说》。
⑦ 《礼记·中庸》。
⑧ 司马迁：《五帝本纪》。
⑨ 《庄子·徐无鬼》。
⑩ 晁天义：《"亲亲"与"尊贤"：前国家时代的政治遗产》，《陕西师范大学学报》（哲学社会科学版）2013 年第 6 期。
⑪ 《论语·里仁》。
⑫ 《论语·卫灵公》。
⑬ 《论语·阳货》。

不忘平生之言，亦可以为成人矣。"① "君子有九思：……见得思义。"②

（2）"外王"——君子之仕行其义也：正义因功利的外在价值而值得选择

"仁偏在宅心，义偏在应务。仁似近内，义似近外。"③ "义"通过"礼"形成外部行为规范和社会政治制度设计，这便使得正义因功利的外在价值而值得选择。

君子当践行正义——"外王"。"外王"即君子在社会中的事功和作用。君子完成道德修养后应当修身、齐家、治国、平天下④："君子之仕也，行其义也。"⑤ "有君子之道四焉：……其养民也惠，其使民也义。"⑥ "务民之义，敬鬼神而远之，可谓知矣。"⑦ 否则，就不能算道德修养真正完成。正所谓："君子之于天下也，无适也，无莫也，义之与比。"⑧ 也就是说个人（尤其是君子、"也义"的民）和社会是一个融贯的整体，通过"内圣"进而"外王"就能实现社会正义。

2. 孟子：从"心性说"到"社会分工"

（1）"心性说"：正义因其自身的超越功利的内在价值而值得选择

孟子同样认为，"义"因其自身的超越功利的内在价值而值得选择，但较孔子而言，在这一问题上，其论证更为深入。

第一，"义"从何来？

按前文所述，在孔子看来，正义首先是人性本身的要求，正义因其自身的内在价值而值得选择，但是，"人性"本质到底是什么？孔子并没有进一步展开。但这一问题非常重要，直接牵涉到"人为什么行仁义"的形而上学问题，孟子则提出并论证了自己的"心性说"，回答了孔子并没有深入思考的这个问题。① "性善说"。从本源而言，孟子提出"君子所性，仁义礼智根于心"⑨，并进一步提出"四端说"来详细论证此本源。在先秦，关于人性本质的学说，并不一致："告子曰：'性无善无不善

① 《论语·宪问》。

② 《论语·季氏》。

③ 钱穆：《论语新解》，生活·读书·新知三联书店 2002 年版，第 94 页。

④ 《礼记·大学》。

⑤ 《论语·微子》。

⑥ 《论语·公冶长》。

⑦ 《论语·雍也》。

⑧ 《论语·里仁》。

⑨ 《孟子·尽心上》。

也。'或曰：'性可以为善，可以为不善；是故文武兴，则民好善；幽厉兴，则民好暴。'或曰：'有性善，有性不善。是故以尧为君而有象，以瞽瞍为父而有舜，以纣为兄之子，且以为君，而有微子启、王子比干。"①而孟子进行了大量论证来支持他的"性善说"，其中最有力的是："人皆有不忍人之心。先王有不忍人之心，斯有不忍人之政矣。以不忍人之心，行不忍人之政，治天下可运之掌上。所以谓人皆有不忍人之心者，今人乍见孺子将入于井，皆有怵惕恻隐之心——非所以内交于孺子之父母也，非所以要誉于乡党朋友也，非恶其声而然也。由是观之，无恻隐之心，非人也；无羞恶之心，非人也；无辞让之心，非人也；无是非之心，非人也。恻隐之心，仁之端也；羞恶之心，义之端也；辞让之心，礼之端也；是非之心，智之端也。人之有是四端也，犹其有四体也。有是四端而自谓不能者，自贼者也；谓其君不能者，贼其君者也。凡有四端于我者，知皆扩而充之矣，若火之始然，泉之始达。苟能充之，足以保四海；苟不充之，不足以事父母。"② ②"心性说"。首先，孟子在上述"性善说"的基础上，形成了自己的"心性说"。其次，"心性说"的落脚点在于"以性知天"，"尽其心者，知其性也。知其性，则知天矣。存其心，养其性，所以事天也。夭寿不贰，修身以俟之，所以立命也。"③ 这里的"心"就是"善心"，就是"不忍人之心"，就是"四端"，充分发展这"四端之心"，就知道了我们人性的本质，也就知道了天。而知道了天，就可以给"义"提供终极哲学根据，就使得"义"获得"天性"，从而具有超越性普遍性与合理性。最后，"义"是"非由外铄我也，我固有之也。"④ "义"是内在于人性之中的良知良能，人能够通过理性之"义"使自己区别于"禽兽"（所以人和动物共有的"动物"方面的自然性本能不属于人性）。"义内说"认为天生的人性中即内在包含"义"的要求，也就说明"义"本身就是目的，而不是工具，从而体现"义"因其自身的超越功利的内在价值而值得选择。

第二，何为"义"？

何为"义"？孟子在坚持孔子的"义"的基本理念的基础上，更加注重"义"的阐释。如果说孔子喜欢讲亲情（仁）的话，孟子则喜欢讲理

---

① 《孟子·告子上》。

② 《孟子·公孙丑上》。

③ 《孟子·尽心上》。

④ 《孟子·告子上》。

（义），所以孔子重仁，孟子开口便讲"仁义"，① "孟子常以仁义连说，实深得孔子仁礼兼言仁知兼言之微旨。"② 在孟子看来，"仁，人之安宅也，义，人之正路也，旷安宅而弗居，舍正路而不由，哀哉!"③ "仁，人心也；义，人路也。"④ "生，亦我所欲也；义，亦我所欲也。二者不可得兼，舍生而取义者也……万盅则不辨礼义而受之，万盅于我何加焉?"⑤ "非其义也，非其道也，禄之以天下弗顾也，御马千驷弗视也；非其义也，非其道也，一介不以与人，一介不以取诸人。"⑥ "其所取之者，义乎，不义乎?"⑦

第三，"义"是"内圣"。

在孟子看来，"义"同样是道德修养的本质内容和原初标准，"仁之实，事亲是也；义之实，从兄是也。"⑧ 这里的"义"，是泛指"从兄"等一切正义行为。"为人臣者怀仁义以事其君，为人子者怀仁义以事其父，为人弟者怀仁义以事其兄。"⑨ "大人者，言不必信，行不必果，惟义所在。"⑩ "尊德乐义，则可以嚣嚣也矣。故士穷不失义，达不离道。穷不失义，故士得己矣，达不离道，故民不失望焉。"⑪ "彼以其富，我以吾仁；彼以其爵，我以吾义，吾何慊乎哉!"⑫ "其（浩然之气）为气也，至大至刚；以直养而无害，则塞于天地之间。其为气也，配义与道；无是，馁矣。是集义所生者，非义袭而取之也。行有不嫌于心，则馁矣。"⑬ "生，亦我所欲也；义，亦我所欲也。二者不可得兼，舍生而取义者也。"⑭ "言非礼义谓之自暴也，吾身不能居仁由义谓之自弃也。"我们可以明显看出：孟子是在讲"义"对个人道德修养的指向作用。一个人如

---

① 邱汉生：《四书集注简论》，中国社会科学出版社 1980 年版，第 6 页。
② 钱穆：《论语新解》，生活·读书·新知三联书店 2002 年版，第 94 页。
③ 《孟子·离娄上》。
④ 《孟子·告子上》。
⑤ 同上。
⑥ 《孟子·万章上》。
⑦ 《孟子·万章下》。
⑧ 《孟子·离娄上》。
⑨ 《孟子·告子上》。
⑩ 《孟子·离娄上》。
⑪ 《孟子·尽心上》。
⑫ 《孟子·公孙丑下》。
⑬ 《孟子·公孙丑上》。
⑭ 《孟子·告子上》。

果放弃 "义",那就是 "自暴自弃"。相反,"舍生取义""浩然之气" 是君子道德人格的最完美展现。

(2) 社会分工:正义因功利的外在价值而值得选择

同样,"义" 通过 "礼" 形成外部行为规范和社会政治制度设计,这便使得正义因功利的外在价值而值得选择。

我们仅以社会分工是 "天下通义" 为例说明。孟子认为,社会分工是一种最基本的社会制度,社会分工总是正义的,所以才称 "天下通义":"或劳心,或劳力;劳心者治人,劳力者治于人;治于人者食人,治人者食于人:天下之通义也……圣人有忧之,使契为司徒,教以人伦:父子有亲,君臣有义,夫妇有别,长幼有序,朋友有信……夫物之不齐,物之情也。或相倍蓰,或相什百,或相千万。子比而同之,是乱天下也。"① 在一般的正义理论中,正义就是 "每个人就各自有的智慧、自制和勇敢为国家做出最好的贡献,也就是各人做分内该做的事而不干涉别人,这就是正义的原则。"② 由此可以看出,这里,"劳心""劳力",就是社会分工,以及由此引发出的人伦,就是功能相互协调的国家和社会的秩序和制度,就是正义的。③ 显然,这里的正义具有功利和实用的价值,但依然是值得选择的。

3. 荀子:从 "心性说" 到 "制度规范"

按照冯友兰先生的观点,如果说孟子属于先秦儒家的理想主义派,那么,荀子就是属于先秦儒家的现实主义派。④ 这一概括不可谓不精辟。唯其如此,作为孔子的近乎同时代的 "正宗" 传人,两者包括正义在内的思想具有相左的一面。孟子重视道德,以至于向往达到近乎宗教的超道德,而荀子则强调社会功利,尽管也重视道德,但论证道德起源则更多基于功利主义。

(1) 社会制度规范建构的依据:正义因功利的外在价值而值得选择

在荀子看来,同样,"义" 通过 "礼"(社会制度规范)形成外部行为规范和社会政治制度设计,"义" 是社会制度建构的依据,这便使得正

---

① 《孟子·滕文公上》。

② 《柏拉图全集》(第二卷),王晓朝译,人民出版社 2004 年版,第 409 页。

③ 当然这样的正义和谐的国家和社会,要求圣人才可以成为真正的王,否则人民就可以 "革其命":"贼仁者谓之 '贼',贼义者谓之 '残'。残贼之人谓之 '一夫'。闻诛一夫纣矣,未闻弑君也。"(《孟子·梁惠王下》)

④ 冯友兰:《中国哲学简史》,商务印书馆 2007 年版,第 48、第 98 页。

义因功利的外在价值而值得选择，而且较之孔子、孟子，荀子更是深深重视这一点。

我们仅以其"分义说"为例说明。荀子认为，国家社会制度的起源在于"分义"，而"礼仪者，治之始也"。① 有了"分义"才会出现各种互相协调的社会制度规范，这一点在他的《荀子·王制》《荀子·礼论》《荀子·性恶》《荀子·不苟》等这些名篇中反复出现：①《荀子·王制》："水火有气而无生，草木有生而无知，禽兽有知而无义，人有气有生有知亦且有义，故最为天下贵也。力不若牛，走不若马，而牛马为用，何也？曰：人能群，彼不能群也。人何以能群？曰：分。分何以能行？曰：义。故义以分则和，和则一，一则多力，多力则疆，疆则胜物；故宫室可得而居也。故序四时，裁万物，兼利天下，无它故焉，得之分义也。故人生不能无群，群而无分则争，争则乱，乱则离，离则弱，弱则不能胜物，故宫室不可得而居也——不可少顷舍礼义之谓也。""分均则不偏，势齐则不壹，众齐则不使。有天有地而上下有差，明王始立而处国有制。夫两贵之不能相事，两贱之不能相使，是天数也。势位齐，而欲恶同，物不能澹，则必争；争则必乱，乱则穷矣。先王恶其乱也，故制礼义以分之，使有贫、富、贵、贱之等，足以相兼临者，是养天下之本也。《书》曰：'维齐非齐'。此之谓也。"② ②《荀子·礼论》："礼起于何也？曰：人生而有欲，欲而不得则不能无求，求而无度量分界则不能不争，争则乱，乱则穷。先王恶其乱也，故制礼义以分之，以养人之欲，给人之求，使欲必不穷乎物，物必不屈于欲，两者相持而长。是礼之所起也。"③《荀子·性恶》："今人之性，生而有好利焉，顺是，故争夺生而辞让亡焉；生而有疾恶焉，顺是，故残贼生而忠信亡焉；生而有耳目之欲，有好声色焉，顺是，故淫乱生而礼义文理亡焉。然则从人之性，顺人之情，必出于争夺，合于犯分乱理，而归于暴。故必将有师法之化，礼义之道，然后出于辞让，合于文理，而归于治。"④其他。"不知法之义而正法之数者，虽博，临事必乱。"③ "行义以正，事业以成。"④ "本仁义，则礼正其经纬蹊径也"⑤。这几段中的"礼义"，就是礼之义，亦即"礼之'义'

---

① 《荀子·王制》。

② 《荀子·王制》。

③ 《荀子·君道》。

④ 《荀子·赋篇》。

⑤ 《荀子·劝学》。

即礼之普通原理"。① 普通原理也即普遍的正义原则。这就体现为通过职业分工来实行利益分配功能，亦即"以礼分施"②："从人之欲，则势不能容，物不能赡也。故先王案为之制礼义以分之，使有贵贱之等，长幼之差，知愚、能不能之分，皆使人载其事而各得其宜，然后使悫禄多少厚薄之称，是夫群居和一之道也。故仁人在上，则农以力尽田，贾以察尽财，百工以巧尽械器，士大夫以上至于公侯莫不以仁厚知能尽官职，夫是之谓至平。故或禄天下而不自以为多，或监门御旅、抱关击柝而不自以为寡。故曰：斩而齐，枉而顺，不同而一。夫是之谓人伦。"同样，在一般的正义理论中，正义就是"每个人就各自有的智慧、自制和勇敢为国家做出最好的贡献，也就是各人做分内该做的事而不干涉别人，这就是正义的原则"③。由此可以看出，这里，"至平"，就是社会分工，以及由此引发出的人伦，形成功能相互协调的国家和社会的秩序和制度，形成"不同而一"的和谐的"群"——社会，就是正义的。显然，这是正义的功利和实用的价值，但荀子认为这是最重要的，是值得选择的。

（2）"心性说"：正义因其自身的超越功利的内在价值而值得选择

尽管荀子更注重正义的功利和实用的价值，但是，荀子还是从人性的角度，论证了"义"因其自身的超越功利的内在价值而值得选择。① "义""礼"使人异于禽兽。"义""礼"除了平衡利益冲突这一功能外，还具有超越功利的内在价值，人和社会应当具备它。"人之所以为人者何已也？曰：以其有辨也。饥而欲食，寒而欲暖，劳而欲息，好利而恶害，是人之所生而有也，是无待而然者也，是禹桀之所同也。然则人之所以为人者，非特以二足而无毛也，以其有辨也。今夫狌狌形状亦二足而无毛也，然而君子啜其羹，食其胾。故人之所以为人者，非特以其二足而无毛，以其有辨也。夫禽兽有父子，而无父子之亲，有牝牡而无男女之别。故人道莫不有辨。"④ ② "义""礼"出自人性本身的要求。至于"人性"的本质到底是什么，孔子并没有进一步展开，孟子则提出并论证了自己的"心性说"来阐释。而在荀子看来，"义""礼"则"不是出于伦理学意义的人性，而是出于认识论意义的人性，即是出于人天生

---

① 冯友兰：《中国哲学史》，中华书局 1961 年版，第 414 页。

② 《荀子·君道》。

③ 《柏拉图全集》（第二卷），王晓朝译，人民出版社 2004 年版，第 409 页。

④ 《荀子·非相》。

所具有的权衡利害的认知能力。"① 正是由于"义""礼"出于"人性"（尽管是权衡利害的，但依然是"人性"），才有了内在价值，因而值得选择。

（三）先秦儒家正义思想的本质内涵："实体正义"

1. 西方正义思想史上的"实体正义"

西方文献中的"substantive justice"，可以翻译为"实体正义""实质正义"。与"实体正义"对应的是"程序正义"，与"实质正义"对应的是"形式正义"。"实体正义"旨在强调"结果"的重要性；"程序正义"旨在强调"过程"的重要性；"实质正义"则旨在强调"特殊"的重要性；"形式正义"旨在强调"普遍"的重要性。

严格意义上讲，"实体正义"只能对应的是"程序正义"，"实质正义"只能对应的是"形式正义"。② 遗憾的是，我国相关文献中，常常不加区别地把"程序的"等同于"形式的"，进而等同于普遍的、绝对的、抽象的和永恒的；也常常不加区别地把"实体的"等同于"实质的"，等同于"内容的"，进而等同于特殊的、相对的、具体的和暂时的。③ 并且

---

① 黄玉顺教授指出：对于人性，荀子是从两个不同角度分别加以观察的：一个是伦理学的角度，"人生而有欲"（《礼论》），故"人之性恶，其善者伪也"（《性恶》）。另一个则是认识论的角度，"人生而有知"（《解蔽》），这与善恶无关。他说："凡以知，人之性也；可以知，物之理也。"（《解蔽》）（黄玉顺：《荀子的社会正义理论》，《社会科学研究》2012 年第 3 期。）

② 罗尔斯在其《正义论》中，就是把"实质正义"与"形式正义"对应，并不是把"实质正义"和"程序正义"对应，并且明确"形式正义"的内涵："这种对于法律和制度的公正的一致的实行，无论它们的实质性原则是什么，我们可以把它们称为形式正义"，"形式正义就是对原则的坚持……是对制度的服从"。（John Rawls, A Theory of Justice, Cambridge, Massachusetts: The Belknap Press of Harvard University Press, 1971, p. 58.）至于"实质正义"，罗尔斯并没有直接明确其内涵，但是，我们完全可以推论出"实质正义"就是罗尔斯的两个正义原则，亦即自由和平等的价值。但是，我们还可进一步以马克思正义观观之，罗尔斯的"实质正义"，其"实质"依然具有很强的"形式"性。马克思曾精辟指出："如果认为在立法者偏私的情况下可以有公正的法官，那简直是愚蠢而不切实际的幻想！既然法律是自私自利的，那么大公无私的判决还能有什么意义呢？法官只能够一丝不苟地表达法律的自私自利，只能够无条件地执行它。在这种情形下，公正是判决的形式，但不是它的内容。内容早被法律所规定。"（《马克思恩格斯全集》第 1 卷，人民出版社 1995 年版，第 287 页。）

③ 例如，被中国社会科学网转载的冯颜利、张朋光的文章《哈贝马斯的正义观与当代价值——兼论哈贝马斯与罗尔斯正义观的主要异同》就是较具代表性的。（冯颜利、张朋光：《哈贝马斯的正义观与当代价值——兼论哈贝马斯与罗尔斯正义观的主要异同》，《华中师范大学学报》（人文社会科学版），2013 年第 6 期。）

对"实体正义""程序正义""实质正义""形式正义"的内涵界定不一。①

就西方正义思想史而言，自苏格拉底、柏拉图、亚里士多德建立"正义模式"以来，整个西方正义理论，无论是中世纪、近现代以至于当代，都具有一个或隐或显的一以贯之的特点。总体而言，尽管正义的理论文献浩如烟海，但古代、中世纪以至于近现代正义理论中的正义观念基本上属于"实体正义"范畴，质言之，这些正义理论重视的是结果的正义性，而并非过程的正义性。这种情况直到上世纪六七十年代才真正改观，② 而这一标志就是1971年约翰·罗尔斯的《正义论》提出的纯粹的、不完善的以及完善的三种形态的程序正义，其中重点是纯粹程序正义。《正义论》第一次将程序正义看作一个独立范畴。尽管对罗尔斯的程序正义理论争论颇多，③ 但罗尔斯所提出的程序正义或者过程本身的正义问题却从此引起研究者和社会的深刻关注，并日益为研究者和社会所接受。

2. 先秦儒家正义思想的本质内涵："实体正义"

与古代西方正义思想一致，甚至是有过之而无不及，先秦儒家正义思想的本质内涵是"实体正义。"这主要表现在以下几个方面：

（1）先秦儒家正义思想的基本意蕴：对"差等之爱""一体之仁"的追求与承诺

"正义论的主题乃是制度规范的建构所依据的基本原则，即群体生活的秩序安排或组织形式的价值根据。"④ 用罗尔斯的话来讲，正义的主题

---

① 例如，早期的如卓泽渊《法的价值论》，法律出版社1999年版，第514页。近年来主要是围绕罗尔斯、哈贝马斯的正义观阐释相关概念。代表性的如姚大志《社会正义论纲》，《学术月刊》2013年第6期。

② 事实上，到了近现代，程序正义观念就有所发展，例如，边沁第一次将法律从总体上分为在实施社会控制方面起首要作用的实体法和为实施实体法提供服务的程序法。但是，很明显，边沁并没有将程序正义看作一个独立范畴来进行研究。

③ 哈贝马斯十分准确地看到了罗尔斯正义理论中所包含的"正义就不是正义程序之结果，相反，程序变成了为达到某种预定结果而选择的设计"这种"矛盾"，他敏锐地在其著名的《事实与规范》（1992年）中指出，罗尔斯的正义只是表面上是程序的，而实际上是实体的。（冯颜利、张朋光：《哈贝马斯的正义观与当代价值——兼论哈贝马斯与罗尔斯正义观的主要异同》，《华中师范大学学报》（人文社会科学版）2013年第6期。）

④ 黄玉顺：《荀子的社会正义理论》，《社会科学研究》2012年第3期。

是"社会基本结构"，"或者更准确地说，是社会主要制度分配基本权利和义务，决定由社会合作所产生的利益之划分的方式"①。前文已述，在先秦儒家看来，正义因其自身的超越功利的内在价值而值得选择，同时，其正义思想的宗旨无疑也在于解决群体生活中主体间的利益冲突问题。其途径就在于"义"通过"礼"（社会制度规范）形成外部行为规范和社会政治制度设计，"义"是社会制度建构的依据。孔子、孟子、荀子无不如此，尤其是荀子更是如此主张。而先秦儒家的正义，意味着"差等之爱""一体之仁"②："差等之爱的前提是主体性存在者（己、亲、民）及对象性存在者（物）的生成，而主体性本身却渊源于前主体性的生活存在及其前差等性的仁爱情感；至于一体之仁，则是超越主体性的差等性而复归于前主体性的仁爱情感，亦即由'礼'而'乐'了。假如没有这样的思想视域，就不可能阐明人们对于他者私利、群体公利的尊重何以可能，也就不能阐明正义原则何以'当然''实然''必然'。"③ 只有这样，一个社会才能说是正义的。显然，先秦儒家的正义思想认为"差等之爱""一体之仁"是普遍的、先定的，对其有着坚定的追求与承诺，也唯其如此，先秦儒家正义思想的本质内涵是"实体正义"。

---

① [美] 约翰·罗尔斯：《正义论》，何怀宏、何包钢、廖申白译，中国社会科学出版社1988年版，第5页。

② 尼采通过激烈批评基督教，深刻阐述了古代的正义实际上意味着不平等，处处表现出来的是人与人之间等级森严的秩序。最为经典的表达就是"给平等者以平等，给不平等者以不平等——这才是公正的呼声"。（《尼采文集：你与一个巨人的心灵对话》，楚图南等译，改革出版社1995年版，第503页。）当然，这一结论也适用先秦儒家正义思想，但是，从一定意义上来说，先秦儒家正义思想的最终境界实际上是高于西方古代正义思想的境界：无论制度规范如何规定不平等，这种不平等是有限度的，既定等级框架之下全体人民应当普遍受益：弱者应当得到恩惠、保护。这其实也就是先秦儒家正义思想的最终境界："乐"——"和"："乐合同，礼别异。"（《乐论》）"立于礼，成于乐"（《论语·泰伯》）。而西方古代正义思想实际上只是追求个人私利，最多是共同体利益，而对他者利益不顾，例如，在古希腊，奴隶就不算人，只是会说话的工具而已，是赤裸裸的不平等。汉学家罗思文就认为无论是柏拉图的《理想国》《律法书》，还是亚里士多德的《政治学》，我们都找不到有关政府如何有义务救济老弱病残及贫民的言论。（转引自郭齐勇《先秦儒学关于社会正义的诉求》，《解放日报》，2009年1月11日理论版。）

③ 黄玉顺：《中国正义论纲要》，《四川大学学报》2009年第5期。

（2）先秦儒家正义思想的基本格调：重实体、轻程序

在先秦儒家看来，"实体正义"具有决定意义，为实现"实体正义"而需要的各种顺序、方式和步骤这些过程，亦即程序，仅仅具有工具价值，用现代话语来讲就是，"只要某种涉及人们权益之分配或者义务之承担的活动最终的结果符合人们所承认的正当性、合理性标准，这种活动本身就是完全可以接受的，不论人们在形成这种结果时经历了什么样的过程。"① 完全可以讲，"重实体、轻程序"形成了先秦儒家正义思想的基本格调。

第一、"重实体、轻程序"："惟义所在"

孔子明确指出："君子之于天下也，无适也，无莫也，义之与比。"② 这里的"君子之于天下也"是指君子如何行事如何待人如何立于天下，"无适也，无莫也"，就是"无可无不可"③，也就是子绝四——毋意、毋必、毋固、毋我中的"毋固"④，即不拘泥固执；而"义之与比"，是指"唯义是从"或者是孟子所言的"惟义所在"⑤。对此，杨伯峻先生解释得更为直截了当："没有规定要怎样干，也没有规定不要怎样干，只要怎样干合理恰当，便怎样干"⑥。显然这里，只重结果，不在意过程，属于标准的"重实体、轻程序。"甚至孟子更进一步发展到"大人者，言不必信，行不必果，惟义所在。"这里的"大人"是德行完备的人⑦。而"言不必信，行不必果"依然只能指的是"过程"，最终的结果是满足"惟义所在"即可。

第二、"重实体、轻程序"："内圣"

先秦儒家正义思想首先是融和贯通在个人道德修养之中，表现的是一种"内圣"。君子加强个人道德修养的首要之义就是"义"，"义"是道德修养的本质内容和原初标准，"义"对个人道德修养有着超越个体存在的形上的指向意义。"舍生取义""浩然之气"是君子道德人格的最完美展现。唯其如此，"义"需要君子去感悟、体认，成为主观内心的道德标准。这样，很难精确地形成一种普遍的客观行为准则，更难形成客观严密

① 陈瑞华：《程序正义论——从刑事审判角度的分析》，《中外法学》1997 年 2 月。

② 《论语·里仁》。

③ 《论语·微子》。

④ 《论语·子罕》。

⑤ 《孟子·离娄下》。

⑥ 杨伯峻：《论语译注》，中华书局 1980 年版，第 37 页。

⑦ 孔子也指出："言必信，行必果，硁硁然小人哉。"（《论语·子路》）

性、可操作性强的法律条文，很多情况下要靠当事人依据特殊的时间、地点等境遇而定，偶然性、随意性和不确定性就很难避免。显然"重实体、轻程序"也就成为内在必然。

第三、"重实体、轻程序"：个人情感

在先秦儒家正义思想看来，"义"即"宜"，是用来处理人与人之间关系的，指向是关系的"合宜""适宜"，进而，"宜"也可以通"谊"，指的是人与人之间的友谊、情谊。在天人合一的宇宙观中，万物皆同一理："义者，万物自然之则，人情天理之公。"① 所以，先秦儒家正义思想并不排斥个人情感。而不同于亚里士多德指出的那样，"友谊""公道"并不属于正义范畴，仅仅是补充而已："好的统治者不能不顾法律通则，不能由情感用事；而法律正是没有情感的，人则容易受情感影响。"② 也正因为先秦儒家正义思想并不排斥个人情感，所以，"义"所要求的"情理""情义""情谊"，靠的是"潜移默化""春风化雨""润物无声"来感悟、体认、熏陶。同"内圣"一样，偶然性、随意性和不确定性就很难避免。显然"重实体、轻程序"也就成为内在必然。③

（四）先秦儒家正义思想的核心内容："礼"

先秦儒家正义思想中的"礼"主要源自于《周礼》。而在《周礼》中，"礼"是一个包容性极强的概念，指所有的包括但不限于政治、经济、文化、道德、法律、家庭、职业等各个方面的社会规范及其制度安排。④ 以至于"礼"可以被直接称为"制度"："问其制度变迹可知……自周之后，虽百世，制度犹可知。"⑤ "礼者，虚称也，法制之总名也。"⑥ 先秦儒家正义思想的核心内容是"礼"，并以此形成中华民族传统核心价

① 朱舜水：《舜水文集·杂说》。
② 汪子嵩等：《希腊哲学史》（第3卷），人民出版社2003年版，第1085页。
③ 这方面的论述还可以参见邓晓芒教授的观点。与邓教授其他研究思想一以贯之，其中西正义观比较的思想很是独特精到，让人茅塞顿开，受益匪浅。但邓教授出于自身研究西方哲学思想的爱好，很明显地是对中国先秦儒家正义思想存在一些有意无意地曲解。这一点，笔者在反复多次研读其《中西正义观之比较》的文章时感非常明显，以至于有请教邓教授的想法。参见邓晓芒《中西正义观之比较》，《华中科技大学学报》（社会科学版）2015年第1期。
④ 参见《周礼》《十三经注疏·周礼注疏》，中华书局1980年版。
⑤ 王素：《唐写本〈论语郑氏注〉及其研究》，文物出版社1991年版，第14页。
⑥ 李靓：《礼论第五》。

值观的重中之重，以至中华民族被美称为"礼仪之邦"。正所谓："礼，国之干也""礼，王之大经也""礼，经国家，定社稷，序民人，利后嗣者也"。① 这主要表现在"礼"之形上根源、内在依据、外在功用、终极取向②等诸多方面：

1. "礼"之形上根源：人性及仁爱

无论是孔子、孟子还是荀子，都认为正义因其自身的内在价值而值得选择，因为正义首先是人性本身的要求。这实际上就解释了"礼"之形上根源。③ 在先秦儒家看来，毫无疑问，人性首先表现为"仁爱"，"仁"是"人的发现"，④"仁爱"是儒家思想的精髓，"这个制度文明背后的理念，是维系人心，协调社会人心的以'仁爱'为核心的价值系统。"⑤ 可以说，在儒家思想中，"仁爱"是"本体"，是上天人间存在的所有事物的本源所在，包括也是利益冲突和解决的本源所在。尽管是"仁爱"引发了利益冲突，但是，利益冲突的解决最终依靠的也是"仁爱"。⑥

（1）"仁爱"是"差等之爱"：引发利益冲突

先秦儒家主张，首先是爱己，然后是爱亲，接着是爱民，最后再到爱物，这就是"仁爱"的差等性。① "自爱，仁之至也"。⑦ 自爱是仁爱的

---

① 《左传》。

② 这里实际上就是主要阐明礼与仁、义、智的关系，最终形成"大同"。有关礼与智的关系，本文不再重复论述，笔者很是推崇和赞同黄教授的观点："正义原则其实是正义感的自觉的理论表达，而正义感则是在当下生活中获得的一种直觉的智慧或良知（感悟性的'智'）。根据正义原则来进行制度规范的建构，还需要理智或理性（认知性的'智'）"（可参见黄玉顺《中国正义论纲要》，《四川大学学报》2009 年第5 期。）

③ 可参见前文"二、先秦儒家正义思想的自洽性：功利与超越功利的内在价值"相关内容。

④ 郭沫若：《十批判书·孔墨的批判》，东方出版社1996 年版，第82 页。笔者认为，西塞罗对苏格拉底的评价："把哲学从天上带到了人间"，完全适合孔子"'仁'是'人的发现'"。

⑤ 郭齐勇：《再论儒家的政治哲学及其正义论》，《孔子研究》2010 年第6 期。

⑥ 具体可参见黄玉顺《中国正义论纲要》，《四川大学学报》2009 年第5 期；黄玉顺《荀子的社会正义理论》，《社会科学研究》2012 年第3 期。

⑦ 《法言·君子》。

逻辑起点。① ② "爱利"。② "爱利"就是"爱而利之"。先秦儒家主张，爱己利己，爱亲利亲，爱人利人，爱物利物。③差等之爱引发利益冲突。由于"自爱""爱利"，必然引发利益冲突。

（2）"仁爱"是"一体之仁"：解决利益冲突

"仁爱"尽管是"差等之爱"，但是，"仁爱"的另一层深刻含义是"一体之仁"："泛爱"③ "博爱"④ "溥博"⑤。正是"一体之仁"通过"推扩""能近取譬"，而对"差等之爱"加以超越。⑥

（3）"礼"：解决利益冲突的形下制度规范

"一体之仁"超越"差等之爱"，就会解决利益冲突，而解决利益冲突的形下制度规范就是"礼"。（参见后文"'礼'之外在功用：度量分界"部分内容。）

2. "礼"之内在依据：义以为质

解决利益冲突的形下制度规范就是"礼"，"礼"之形上根源是人性及仁爱，而将人性及仁爱和礼紧密勾连的则是"义"。在先秦儒家正义思想看来，仁本礼末，"仁有里，义有门"⑦。仁有里即"义"，义有门即"礼"。"义"在其中起着内外勾连的作用。"义"是"礼"存在的内在依据，"礼"是"义"之发用流行，"义"通过"礼"（社会制度规范）形成外部行为规范和社会政治制度设计，"义"是社会制度建构的依据，正所谓："义以为质，礼以行之。"⑧ 因此，根据"义"来评判某种现存既有的"礼"，从而"复礼"（保存）或"礼有损益"⑨（根据实际情况修

---

① 其论据在于自爱到爱人再到使人爱己的逻辑：子路入，子曰："由，知者若何？仁者若何？"子路对曰："知者使人知己，仁者使人爱己。"子曰："可谓士矣！"子贡入，子曰："赐，知者若何？仁者若何？"子贡对曰："知者知人，仁者爱人。"子曰："可谓士君子矣！"颜渊入，子曰："回，知者若何？仁者若何？"颜渊对曰："知者自知，仁者自爱。"子曰："可谓明君子矣！"（《荀子·子道》）

② 《荀子·儒效》，《荀子·强国》。

③ 《论语·学而》。

④ 韩愈：《原道》，《韩昌黎文集校注》，上海古籍出版社1986年版。

⑤ 《中庸》。

⑥ "夫仁者，己欲立而立人，己欲达而达人。能近取譬，可谓仁之方也已。"（《论语·雍也》）

⑦ 《荀子·大略》。

⑧ 《论语·卫灵公》。

⑨ "殷因于夏礼，所损益可知也；周因于殷礼，所损益可知也；其或继周者，虽百世可知也。"（《论语·为政》）

改）。质言之，"礼"的"立""改""废"必须以"义"为转移。

3. "礼"之外在功用：度量分界

正义问题的论域在于利益协调，这是所有正义思想必须研究的基本课题。"由于这些人对由他们协力产生的较大利益怎样分配并不是无动于衷的，这样就产生了一种利益的冲突，就需要一系列原则来指导在各种不同的决定利益分配的社会安排之间进行选择，达到一种有关恰当的分配份额的契约。这些所需要的原则就是社会正义的原则。"① 先秦儒家正义思想的宗旨无疑也在于解决群体生活中主体间的利益冲突问题。其途径就在于根据"义"来建构形下制度规范——"礼"，其外在功用在于度量分界、利益协调。其经典就是荀子的《礼论》中的表述："礼起于何也？曰：人生而有欲，欲而不得则不能无求，求而无度量分界则不能不争，争则乱，乱则穷。先王恶其乱也，故制礼义以分之，以养人之欲，给人之求，使欲必不穷乎物，物必不屈于欲，两者相持而长。是礼之所起也。"这里的逻辑思路在于："礼"在于度量分界、利益协调："贵贱有等，长幼有差，贫富轻重皆有称"②，进而形成整体和谐——"两者相持而长"。

4. "礼"之终极取向：差异和谐

"礼"尽管有着度量分界、利益协调的重大的规范作用，但在先秦儒家正义思想看来，"礼"绝不是最终目的，其终极取向是社会生活的差异和谐。虽然"礼别异"③，但是，这种"异"是有限度的，一定不能失去平衡，因为从终极的形上意义来讲，"夫礼天之经也"，④ "礼者天地之序也"⑤，"夫礼本于天"。⑥ 而"天无私覆也，地无私载也，日月无私烛也，四时无私行也。行其德而万物得遂长焉"。⑦ 所以，"礼"的秩序源于"天"的秩序（同时天的秩序的人文化就是"仁"），具有神圣性、公共性的内涵。最终导向整体和谐——"礼之用，和为贵"⑧，"兴于诗

---

① 罗尔斯：《正义论》，中国社会科学出版社1988年版，第4—5页。

② 《荀子·礼论》。

③ 《荀子·乐论》。

④ 《左传·昭公二十五年》。

⑤ 《礼记·乐记》。

⑥ 《礼记·礼运》。

⑦ 《礼记·礼运》。

⑧ 《论语·学而》。

（"仁"），立于礼，成于乐"，① 而 "乐合同"②。总之，这种 "乐合同，礼别异"，最终形成差异和谐的大同世界："人不独亲其亲，不独子其子，使老有所终，壮有所用，幼有所长，鳏寡孤独废疾者皆有所养，男有分，女有归；货恶其弃于地也，不必藏于己；力恶其不出于身也，不必为己。是故谋闭而不兴，盗窃乱贼而不作，故户外而不闭，是谓大同。"③

三　儒家正义观：劳动者保护被排斥在视野之外

从一定意义上讲，先秦儒家的正义观实际上就是一种 "身份等级" 正义观，劳动者保护被排斥在视野之外。④ 中国古代儒家正义观局限性体现在，"仁" 的基本性质和内容是维护奴隶制的宗法等级制度，这和苏格拉底、柏拉图甚至于亚里士多德没什么两样。他们都把奴隶不视为一个真正的人，儒家的正义观的所谓 "仁者爱人"，一定意义上只是爱那些奴隶主，爱那些 "上智"⑤，而对于奴隶、劳动者实际上谈不上 "爱人" 的。在儒家的正义观看来，是 "未有小人而仁者也"⑥，甚至从事生产劳动的奴隶被视为 "鸟兽"⑦，所以，对于 "小人" 是不能够 "爱人" 的。等级观念一直是儒家正义观最显著的特征之一，特定的名分，以及由此形成的名分之间的等级关系，成为处理人与人之间关系的行为规范。⑧ 社会中的人都有自己的名位、本分，每一个人都不能超越、违反自己的名位、本分规定，再加上 "君君，臣臣，父父，子子" "唯上智与下愚不移"。⑨ 显然，儒家的正义观主张的是一种不平等的正义观，奴隶等被奴役的劳动者的保护自然被排斥在正义视野之外。

---

①　《论语·泰伯》。

②　《礼记·乐记》。

③　《礼记·礼运》。

④　但是应当承认，儒家的正义观的 "仁" 是 "人的发现"，"一体之仁" "乐合同，礼别异" 是有重要的进步意义的。

⑤　"唯上智与下愚不移"。（孔子：《论语·阳货》）

⑥　孔子：《论语·宽问》。

⑦　孔子：《论语·微子》。

⑧　这一点与西方苏格拉底、柏拉图、亚里士多德时期 "就制度（国家）正义而言，正义就是社会各阶层各守其位、各司其职、各谋其政、各得其所应得，不非分越位" 的正义观有异曲同工之处。

⑨　孔子：《论语·阳货》。

第四章　资本主义雇佣劳动制度对劳动者保护的漠视：马克思正义观的批判视野

　　"什么东西你们认为是公道的和公平的，这与问题毫无关系。问题在于：在一定的生产制度下所必需的和不可避免的东西是什么。"① "在雇佣劳动制度的基础上要求平等的或甚至是公平的报酬，就犹如在奴隶制的基础上要求自由一样。"② "工人阶级……要在自己的旗帜上写上革命的口号：'消灭雇佣劳动制度'！"③ "代替那存在着阶级和阶级对立的资产阶级的旧社会的，将是这样一个联合体，在那里，每个人的自由发展是一切人的自由发展的条件。"④

　　这表明，马克思正义观"从社会生产出发来理解正义"，批判了资本主义雇佣劳动、异化劳动，揭露了资本主义雇佣劳动制度对劳动者保护的漠视，科学地寻求不合理劳动关系的根本变革，展现了对共产主义劳动及劳动者"每个人自由而全面发展"的科学预测和满怀深情的向往。

　　劳动在整个马克思思想体系中是居于首要地位的基础性范畴。马克思通过科学劳动观，从劳动概念入手，为其唯物史观奠定了坚实的基础，使历史唯物主义成为唯一的一门历史科学。唯物史观的关键点就在于科学地揭示了劳动——社会生产——生产力、生产关系及其关系在社会历史发展中的作用和地位。其核心内容和实质所在，是对不合理的劳动关系以及在此基础上所形成的不尽人道的社会关系性质的深刻批判，对劳动者的生存、发展和命运的深情实践关怀。所以说，马克思有关劳动正义的理论就

---

① 《马克思恩格斯选集》第2卷，人民出版社2012年版，第47页。
② 同上书，第47页。
③ 同上书，第69页。
④ 《马克思恩格斯选集》第1卷，人民出版社1995年版，第294页。

实际上构成了马克思正义观的主要内容，其内核在于：社会生产推动人类社会发展。马克思依据"从社会生产出发来理解正义"这一历史唯物主义的正义理论，批判了资本主义雇佣劳动、异化劳动，[①] 揭露了资本主义雇佣劳动制度对劳动者保护的漠视，展现了对劳动者"每个人自由而全面发展"的科学预测和满怀深情的向往。

第一节　"马克思与正义"：基于资本主义雇佣劳动制度合理性与否问题的争论

马克思主义经典作家并未留下关于正义问题的系统、全面的阐述，人们只能从他们对自由主义正义的内在悖谬进行归纳、反思与批判中体会他们思考和解决正义问题的最深刻的思想。同时，正因为马克思主义经典作家并未留下关于正义问题的系统、全面的阐述，所以，人们站在不同立场、不同视角、不同的理论预设甚至是自觉不自觉地"曲解"来展开对马克思正义观的研究，出现了不同的见解。这一情况不仅在国外，就是在我国这样一个以马克思主义为指导思想的国家也是如此。这些不同见解，最终都可以归结为资本主义雇佣劳动制度合理性与否问题的争论。

一　消灭雇佣劳动制度：马克思劳动价值论的内在要求

（一）劳动的基础作用：决定人类社会的产生、发展及趋势

劳动是人的本质，是人的自我确证的本质[②]，是人类特有的基本实践

---

①　在马克思成熟时期的著作中，异化劳动，已不再作为说明历史的理论和方法（用社会生产替代了），仅仅只是作为论述资本主义社会中雇佣劳动和资本对抗关系的概念。

②　这一观点首先来自于德国古典哲学的集大成者黑格尔，其在《精神现象学》中提出了"劳动是人的本质"的著名命题，《精神现象学》中对劳动概念是这样进行阐释的："劳动是受到限制或节制的欲望，亦即延迟了的满足的消逝，换句话说，劳动陶冶事物。对于对象的否定关系成为对象的形式并且成为一种有持久性的东西，这正是因为对象对于那劳动者来说是有独立性的。这个否定的中介过程或陶冶的行动同时就是意识的个别性或意识的纯粹自为存在，这种意识现在在劳动中外在化自己，进入持久的状态。因此那劳动者的意识便达到了以独立存在为自己本身的直观。"（黑格尔：《精神现象学》（上卷），商务印书馆1979年版，第130页。）尽管黑格尔对劳动本质的理解是片面的、扭曲

活动。是劳动创造了人、创造了人类社会。在人类的从猿到人进化过程中，劳动起了决定性作用①："首先是劳动，然后是语言和劳动一起，成了两个最主要的推动力，在它们的影响下，猿脑就逐渐地过渡到人脑。"② 正所谓"劳动创造了人本身"。③ 与此同时，劳动并不是在"人同猿最终分离时就停止了，而且在此后大体上仍然大踏步地前进着……由于随着完全形成的人的出现而产生了新的因素——社会，这种发展一方面获得了有力的推动力，另一方面又获得了更确定的方向"。④ 所以，一部人类社会产生与发展的历史就是一部劳动史："整个所谓世界历史不外是通过人的劳动而诞生的过程，是自然界对人来说的生成过程……"⑤

（二）劳动的一般规定性：物质与社会性

从一般意义上讲，劳动是劳动者利用劳动资料改造劳动对象，使之符合人类需要的有意识、有目的活动。任何劳动都是劳动者与生产资料结合的过程。劳动一方面具有物质规定性："劳动首先是人和自然之间的过程，是人以自身的活动来引起、调整和控制人与自然之间的物质变换的过程。人自身作为一种自然力与自然物质相对立。为了在对自身生活有用的形式上占有自然物质，人就使他身上的自然力——臂和腿、头和手运动起来。当他通过这种运动作用于他身外的自然并改变自然时，也就同时改变他自身的自然。他使在自身的自然中沉睡着的潜力发挥出来，并且使这种力的活动受他自己的控制。"⑥ 劳动的物质规定性体现着劳动的生产力性质，在任何时候，劳动者（劳动力）与生产资料的结合，都有一个投入

的："黑格尔站在现代国民经济学家的立场上。他把劳动看作人的本质，看作人的自我确证的本质；他只看到劳动的积极方面，没有看到它的消极方面。"（马克思：《1844年经济学哲学手稿》，人民出版社2000年版，第101页。）但马克思还是高度评价了这一观点："黑格尔把人的自我产生看作一个过程，把对象化看作失去对象，看作外化和这种外化的扬弃；因而，他抓住了劳动的本质，把对象性的人、现实的因而是真正的人理解为他自己的劳动的结果。"（马克思：《1844年经济学哲学手稿》，人民出版社2000年版，第101页。）

① 达尔文的进化论仅仅是从生物学意义上研究人的起源问题。

② 《马克思恩格斯选集》第4卷，人民出版社1995年版，第377页。

③ 同上书，第374页。

④ 同上。

⑤ 《1844年经济学哲学手稿》，人民出版社2000年版，第92页。

⑥ 《马克思恩格斯全集》第23卷，人民出版社1972年版，第201—202页。

和产出的效率的问题，这一层面的劳动问题就成为经济学研究的主要内容。① 劳动另一方面具有社会规定性，即劳动具有社会性质，它体现着人们在劳动过程中发生的一定的社会关系。正如马克思所指出那样，劳动的"定义不是从劳动的物质规定性（不是从劳动产品的性质，不是从劳动作为具体劳动所固有的特征）得出来的，而是从一定的社会形式，从这个劳动借以实现的社会生产关系得出来的。"② 因此，"劳动作为生产劳动的特性只表现一定的社会生产关系。我们在这里指的劳动的这种规定性，不是从劳动的内容或劳动的结果产生的，而是从劳动的一定的社会形式产生的。"③

（三）劳动的社会规定性：资本主义雇佣劳动制度的形成与发展

完全可以说，劳动的物质规定性的本质特征在于社会生产力，劳动的社会规定性的本质特征在于社会生产关系，也正因为如此，雇佣劳动是一个历史现象，并不是从来就有的，原始社会是共同劳动，奴隶社会的奴隶是"会说话的工具"，奴隶和奴隶主之间根本不存在什么讨价还价的劳动（力）买卖关系，封建社会的地主和农民、农奴主和农奴之间由于存在人身依附关系，因而劳动（力）也不是纯粹的商品。例如，在前资本主义时期的罗马法时期，大部分劳动都是强制劳动，因此，马

---

① 《资本论》的研究专注于资本主义生产关系，生产力并不是考察的重点。

② 《剩余价值理论》第 1 册，人民出版社 1975 年版，第 148 页。

③ 《剩余价值理论》第 1 册，人民出版社 1975 年版，第 149 页。马克思在《剩余价值理论》中全面展开对生产劳动定义、劳动价值以及剩余价值起源的考察，非常鲜明地支持亚当·斯密的生产劳动理论中有关生产劳动的第一个定义，即生产劳动就资本主义生产意义而言，是生产资本的工资劳动（雇佣劳动），也就是说，斯密等资产阶级经济学家也是认为资本主义的劳动是雇佣劳动。马克思指出，"直到现在为止，我们看到，亚当·斯密对一切问题的见解都具有二重性……在他的著作中，他称为生产劳动的东西总是有两种定义混淆在一起，我们先考察第一种正确的定义。从资本主义生产意义上说，生产劳动是这样一种雇佣劳动，它同资本的可变部分（花在工资上的那部分资本）相交换，不仅把这部分资本（也就是自己劳动能力的价值）再生产出来，而且，除此之外，还为资本家生产使用价值。仅仅由于这一点，商品或货币才转化为资本，才作为资本生产出来。只有生产资本的雇佣劳动才是生产劳动，只有创造的价值大于本身价值的劳动能力才是生产的。"（《马克思恩格斯全集》第 26 卷（上册），人民出版社 1972 年版，第 142 页。）需要指出的是，马克思是反对亚当·斯密的生产劳动理论中有关生产劳动的第二个定义的，即只承认物化劳动是生产劳动，因为，他忽略了劳动力这个活劳动。当然，非马克思主义观点认为，资本家作为管理者出现在生产过程，他的劳动当然也是生产劳动。

克思指出："劳动并不向来就是雇佣劳动，即自由劳动。"①② 而是"历史上一定的社会形式。"③ 一言以蔽之，雇佣劳动具有典型的资本主义时代特征。在"自由劳动同实现自由劳动的客观条件相分离，即同劳动资料和劳动材料相分离"④，亦即劳动力与生产资料分别归属于资本家和劳动者这两个不同主体，与此同时资本和劳动（力）进行自由交换的社会条件下，劳动力与生产资料结合实现劳动过程，必然是雇佣劳动。古典自由资本主义如此，现代资本主义依然如此，虽然现代资本主义形式上发生了许多重大的变化，例如不断凸显的知识和技术重要作用等，但没有也不可能改变劳动的社会规定性，因此也就不可能改变雇佣劳动的社会形式，所以，在马克思看来，"资本主义制度实质上是一种雇佣劳动制度。资本家与雇佣劳动者的关系是资本主义制度赖以旋转的轴心。"⑤

（四）消灭雇佣劳动制度：马克思主义劳动价值论的内在要求

马克思主义的核心和精髓⑥就是在劳动这一首要地位的基础性范畴发

---

① 雇佣劳动形成是一个历史的过程，从自由资本主义时期始，雇佣劳动得以形成。这一点，不单是马克思主义经典作家有精辟论述，资产阶级古典经济思想家亦是如此，只不过二者对雇佣劳动本质持不同看法，但这不影响二者对雇佣劳动形式看法的一致性。

② 《马克思恩格斯选集》第 1 卷，人民出版社 1995 年版，第 336 页。

③ 《马克思恩格斯全集》第 30 卷，人民出版社 1995 年版，第 292 页。

④ 同上书，第 465 页。

⑤ 中共湖南省委宣传部主编：《什么是资本主义　怎样对待资本主义》，湖南教育出版社 2000 年版，第 30 页。

⑥ 马克思主义的核心和精髓是什么？从不同的角度出发，在不同的条件下，人们当然可以作出不同的概括和表述。卢卡奇晚年在其巨著《关于社会存在的本体论》中，认为"劳动为社会实践提供了范型"：本体论是马克思主义真正的哲学基础，而劳动是社会存在本体论的基础，劳动处处处于中心范畴，在劳动中所有其他规定都已经概括地表现出来了（［匈］卢卡奇：《关于社会存在的本体论》，白锡塑、张西平、李秋零等译，重庆出版社 1996 年版。）我国学者常卫国鲜明地得出了自己的结论：劳动是贯穿马克思主义原著的核心和精髓。"贯穿着整个《马克思恩格斯全集》的是关于劳动的科学理论，劳动是科学社会主义的立场、观点和方法的有机统一。在这个意义上说，科学社会主义就是'劳动论'。"（常卫国：《劳动论—〈马克思恩格斯全集〉探义》，辽宁人民出版社 2005 年版。）另外，即使从反对马克思主义的一些外国学者的论述中，也可以反向看出劳动在马克思理论中的重要地位，鲍德里亚、艾·亨特、哈里·布雷弗曼、曼德尔的著作无不如此首要攻击马克思的劳动观念。

展起来的科学劳动观①，而这一科学劳动观的最系统、最科学的表达就是马克思主义劳动价值论，是马克思主义的"两个伟大发现"的共同基础。②，恩格斯曾评论劳动价值论及其剩余价值理论是"马克思著作的划时代的功绩。它使明亮的阳光照进了经济学领域，而在这个领域中，从前社会主义者像资产阶级经济学家一样曾在深沉的黑暗中摸索。科学社会主义就是以此为起点，以此为中心发展起来的。"③ 享有"马克思主义经济学在中国传播的第一人"声誉的蒋学模先生更是指出："劳动价值论是马克思主义的灵魂。"④⑤ 我们完全可以说，消灭雇佣劳动制度，是马克思主义劳动价值论的内在要求，马克思主义经典作家毕生的努力就是通过科学的劳动价值论，从资本主义社会生产⑥出发，从资本主义劳动成果即商品着手，分析资本主义社会雇佣劳动、劳动异化现象，揭示资本主义雇佣劳动、劳动异化现象的本质、秘密和根源——资本主义生产力和生产关系的矛盾，从而找到消灭劳动异化、雇佣劳动、恢复劳动的本来面目——"不仅仅

---

① 马克思承继先人思想之精华，把劳动称为社会围绕之旋转的太阳，"在劳动发展史中找到了理解全部社会史的锁钥"，认为人类发展史就是人类劳动发展史，对劳动作了富有开创性的研究，为后人留下了一笔丰厚的劳动理论财富。

② 劳动价值论是剩余价值理论的理论基础，同时，验证、深化和丰富了唯物史观，正如列宁指出："在《资本论》中，唯物主义的逻辑、辩证法和认识论（不必要三个词，它们是同一个东西）都应用于同一门科学。"（《列宁全集》第55卷，人民出版社1990年版，第290页。）

③ 《反杜林论》，人民出版社1999年版，第212页。

④ 蒋学模：《马克思劳动价值理论在社会主义市场经济中的应用》，《复旦学报》（社会科学版）2004年第1期。

⑤ 马克思主义劳动价值论是在批判继承古典政治经济学的基础上创造性提出的。自其提出的100多年来，不管是在西方还是我国理论界，有关劳动价值论的种种探索和争论根本没有停止过。但无论劳动价值论怎样受到攻击，其历史地位坚不可摧，即使是当代的获得过诺贝尔经济学奖的、挑战劳动价值论最为积极最为典型的新古典综合理论的经济学家萨缪尔森也概莫能外。据说其在去世前还对其所开创的金融衍生工具所引发的源于美国的2008年世界性经济危机进行了反思（陈平：《论保罗·萨缪尔逊对数理经济学和经济学变革的贡献》，《经济学动态》2010年第2期。），2008年世界性经济危机实际上再一次证伪了现代庸俗经济学并对劳动价值论的批判。（当然，1999年世纪之交，马克思被西方媒体评选为千年最伟大、最有影响的思想家也可从侧面说明问题。）

⑥ 实际上，"异化劳动"已逼近"社会生产"，一旦除去"异化劳动"的人本主义外观，社会生产就呈现在人们面前。（林进平：《马克思的"正义"解读》，社会科学文献出版社2009年版，第119页。）

是谋生的手段，而且本身成了生活的第一需要"① 的共产主义劳动的科学
途径。

二　马克思是在何种意义上批判资本主义雇佣劳动制度的

从上个世纪 70 年代起，罗尔斯的《正义论》的发表引起的探讨争
鸣，使正义问题重新成为政治哲学的焦点。正义问题的研究讨论也在马克
思主义基础理论问题的研究上有较大表现。譬如，在英美学者那里，主要
是分析马克思主义者②中产生的一场关于"马克思与正义"的学术争论。
他们发表了大量的文章和著作进行论战，他们争论的焦点主要集中在：马
克思是赞成还是反对正义？③ 并由此形成赞成派和反对派。赞成派主要代

---

① 《马克思恩格斯选集》第 3 卷，人民出版社 1995 年版，第 305 页。

② "分析马克思主义"（Analytical Marxism）是上世纪 70 年代出现于英美理论界的一种西
方马克思主义哲学思潮。它主张用分析的方法来解构、建构马克思主义理论。主要代表
人物有柯亨、埃尔斯特、伍德、胡萨米、布坎南等人。分析马克思主义的研究内容可以
分为相互关联的三个部分：方法论、经验理论和规范理论。分析的方法是它的基本特
征，也是该学派宣称要重建马克思主义"微观基础"的基本武器。经验理论主要是对历
史唯物主义、阶级理论的重新解释和对资本主义的经济分析。规范理论主要是对马克思
社会正义理论的重构，包括正义、自由、平等等伦理学和政治哲学问题。分析马克思主
义围绕"马克思与正义"问题展开了激烈的争论，发表了大量的文章和著作。归纳起
来，他们争论的焦点集中于以下三个问题：（1）马克思是赞成还是反对正义？（2）马
克思缘何批判资本主义？（3）平等是社会主义的价值目标吗？分析马克思主义对马克思
正义理论的争论，扩大了马克思主义在英美地区的影响，但与此同时，他们的解释和争
论，甚至在一定程度上变成了对马克思主义的歪曲和篡改。

③ "在马克思主义诞生时期，伯恩施坦、福伦德和考茨基等人就围绕着是否应当对其进行
一种伦理学的'补充'的问题展开了争论。伯恩施坦等人以其'伦理的社会主义'为
依据，认为无论是在历史上、理论上还是在实践上，社会主义都不能使自己与伦理观相
分离，即必须建立在某种正义观念的基础之上。而考茨基等人则站在其'科学的社会主
义'立场上认为，'科学只与认识必然性有关……伦理应该只是科学的对象……科学高
于伦理学，它的研究结果与必然性一样无所谓道德或不道德。'"（具体参见王新生《马
克思超越政治正义的政治哲学》，《学术研究》2005 年第 3 期。）基于此，笔者有时想，
我们现在的争论能否超越他们？这方面的具体论述，可参阅下述文献资料（但不应该包
括这些文献资料中作者自己的观点）：林进平、徐俊忠：《伍德对胡萨米：马克思和正义
问题之争》，《现代哲学》2005 年第 2 期；林进平：《马克思的"正义"解读》，社会科
学文献出版社 2009 年版；李旸：《当代英美学者关于"马克思与正义"的争论》，《中
国特色社会主义研究》2010 年第 1 期；曹玉涛：《"分析马克思主义"的正义论述评》，
《哲学动态》2008 年第 4 期；[加] 罗伯特·韦尔、凯·尼尔森编：《分析马克思主义新
论》，鲁克俭等译，中国人民大学出版社 2002 年版；余文烈：《分哲学派的马克思主
义》，重庆出版社 1993 年版；等等。

表为柯亨（Cohen）、埃尔斯特（ELster）、胡萨米（Hasami）等，反对派主要代表人物为伍德（Allen Wood）、布坎南（Buchanan）等。他们的争论最终也是资本主义雇佣劳动合理性与否问题的争论，表现为具体层面上的"马克思是否认为资本主义雇佣关系是不正义的""关注正义问题是否是一种劳动关系改良主义倾向"以及宏观层面上的"马克思是否诉诸正义对资本主义社会批判""共产主义是否是一个正义的社会"的"四位一体"的争论。其中，"马克思是否认为资本主义雇佣关系是不正义的""关注正义问题是否是一种劳动关系改良主义倾向""马克思是否诉诸正义对资本主义社会批判"是直接针对现实资本主义雇佣劳动合理性与否问题的争论，"共产主义是否是一个正义的社会"是间接以"理想劳动关系典范"的共产主义来反衬资本主义雇佣劳动合理性与否问题的争论。

（一）马克思是否认为资本主义雇佣关系是不正义的

反对派认为，资本主义雇佣关系是正义的。这是因为：尽管在阅读马克思在《资本论》等著作中对资本主义的描述时，我们直觉地意识到这是对一个不正义社会的描述。但"我们深入阅读马克思和恩格斯的著作中有关资本主义非正义的详细描述，就会即刻发现在他们的著作中，不仅根本没有提供资本主义是非正义的论证，甚至没有明确地指出它是非正义的或不平等的，或它侵犯任何人的权利。"[①] 首先，在马克思看来，工人劳动能力和资本家工资交换，是一种等价交换，其中不包含任何欺诈行为，资本家利用资本获取剩余价值一点也谈不上不正义："货币所有者支付了劳动力的价值，因此，劳动力一天的使用即一天的劳动就归他所有。劳动力维持一天只费半个工作日，而劳动力却能劳动一整天，因此，劳动力使用一天所创造的价值比劳动力自身一天的价值大一倍。这种情况对买者是一种特别的幸运，对卖者也绝不是不公平。"[②] 其次，资本主义剥削是资本主义生产的实质，是与资本主义生产方式相一致的，所以是合乎正义的，这可以从"马克思的正义标准"看出："生产当事人之间进行的交易的正义性在于，这些交易是从生产关系中作为自然结果产生出来的。这种经济交易作为当事人的意志行为，作为他们的共同意志的表示，作为可以由国家强加给立约双方的契约，表现在法的形式上，这些法的形式作为

[①] From Karl Marx's social and political thought Critical assessments, Jessop. Bob Roudedge, vol 1, 1993. p. 390. 转引自林进平《马克思的"正义"解读》，社会科学文献出版社 2009 年版，第 42 页。

[②] 《马克思恩格斯全集》第 23 卷，人民出版社 1972 年版，第 219 页。

单纯的形式，是不能决定这个内容本身的。这些形式只是表示这个内容。这个内容，只要与生产方式相适应、相一致，就是正义的。只要与生产方式相矛盾，就是非正义的。在资本主义生产方式的基础上，奴隶制是非正义的；在商品质量上，弄虚作假也是非正义的。"①

赞成派一一对应地回应道：首先，马克思只是从流通过程将雇佣关系视为等价交换，但一旦进入生产领域来分析剩余劳动，就会立即显现这种等价交换的虚假本质；等价交换只是一种"幻象"和"伪装"，马克思实际上把资本家对剩余劳动的占有刻画为一种"诡计"。马克思写道："我们的资本家早就预见到这种情形（剩余价值的占有），而那是他发笑的原因……戏法终于变成了；货币已经转化为资本。"② 并且进一步指出它"仅仅成为属于流通过程的一种表面现象，成为一种与内容本身无关的并只能使它神秘化的形式。劳动力的不断买卖是形式，其内容则是，资本家用他总是不付等价物而占有别人的已经物化的劳动的一部分，来不断再换取更大量的别人的活劳动。"③ 所以，资本主义雇佣关系本质上是一种不正义的无偿的强制劳动。其次，赞成派认为，权利、正义等法权观念除了主要取决于特定社会的生产方式外，也取决于阶级利益、阶级立场。因此，在每一特定的生产方式之下，都存在着两类不同的正义标准，即统治阶级的与被统治阶级的，但只有统治阶级的才是支配社会的标准，因为，"统治阶级仅仅认同能维护自身利益的分配方式，而这常常以牺牲被统治阶级的利益为代价。他们采纳一种能够代表他们阶级利益的分配正义规范，并宣称它高于其他正义规范。通常来说，每一个统治阶级都把自己的阶级利益描绘成社会成员的普遍利益，然后据此声称社会规范为他们带来的是仅仅为'天然'的利益，或者仅仅是出于纯粹的感官需要。"④ 因此，反对派的"马克思的正义标准"是认为每一生产方式下只有一个单一的、盛行的、大家公认和遵守的正义标准，是把马克思理解为统治阶级而不是无产阶级的代言人。实际上，马克思并不是站在资产阶级的立场上以资产阶级的正义准则去为资本主义辩护的，他是站在无产阶级的立场上，用共

---

① 《马克思恩格斯全集》第 25 卷，人民出版社 1974 年版，第 379 页。

② 《马克思恩格斯全集》第 23 卷，人民出版社 1972 年版，第 220 页。

③ 同上书，第 640 页。

④ *From Karl Marx's social and political thought Critical assessments*，*Jessop. Bob Roudedge, vol 1*，1993. p. 426. 转引自林进平《马克思的"正义"解读》，社会科学文献出版社 2009 年版，第 46 页。

产主义的正义原则批判资本主义社会，并得出资本主义是不正义的。

（二）关注正义问题是否是一种改良主义倾向

反对派提出，关注正义问题就是一种改良主义倾向，它会"使人们的注意力离开具体的革命目标，转移到使人迷惑的关于正义的抽象理念上去。"① 正义本质上是一种分配价值，正义概念仅仅狭隘地关注收入分配及其差异。正义论者主张通过在分配领域里对收入分配进行改良消除对工人的剥削。但在马克思看来，收入的分配取决于整个资本主义生产关系，所以，他曾明确拒斥过分的关注分配的倾向。马克思斥责哥达纲领的撰写者们在"所谓分配问题上大做文章并把重点放在它上面"，② 是根本错误的。并尖锐指出"庸俗的社会主义仿效资产阶级经济学家（一部分民主派又仿效庸俗的社会主义）……把社会主义描写为主要是围绕着分配兜圈子。"③ 因此："在雇佣劳动制度的基础上要求平等的或仅仅是公平的报酬，就犹如在奴隶制的基础上要求自由一样。"④ 工人阶级"应当摒弃'做一天公平的工作，得一天公平的工资！'这种保守的格言，要在自己的旗帜上写上革命的口号：'消灭雇佣劳动制度'！"⑤

赞成派回应道，分配有狭义、广义之分。马克思反对的是狭义的社会收入分配，关注的是广义分配，尤其是关注生产资料的分配。马克思甚至把生产方式本身看作是生产资料分配这一最根本的分配形式。"消费资料的任何一种分配，都不过是生产条件本身分配的结果；而生产条件的分配，则表现为生产方式本身的性质。"所以，马克思斥责哥达纲领的撰写者们在"所谓分配问题上大做文章并把重点放在它上面"是根本错误的时候，他所针对的仅是狭义的消费资料的分配，他显然是关注最根本的分配——生产资料的分配，进而关注生产关系的。因此，关注分配正义不但不是改良主义，反而是最革命的。此外，诉诸于正义来批判资本主义的做法不是改良主义或唯心主义。"的确，如果它构成对资本主义唯一的、自足的甚至是首要的批判的话，那么马克思一定认为它是贫乏的；然而，虽然道德批判和论证本身不足以推动或实现革命性变革，但它决不是与唯物

---

① *Buchanan*, *Exploitation*, *Alienation and Injustice*, *CanadianJournal of Philosophy*, *No.*1, 1979, p. 134. 转引自李旸《当代英美学者关于"马克思与正义"的争论》，《中国特色社会主义研究》2010 年第 1 期。

② 《马克思恩格斯选集》第 3 卷，人民出版社 1995 年版，第 306 页。

③ 同上。

④ 《马克思恩格斯选集》第 2 卷，人民出版社 2012 年版，第 47 页。

⑤ 同上书，第 69 页。

主义分析不相容的东西。在工人阶级反对资本主义的现实运动和斗争中，在社会和经济变革之中，一种规范性批判不仅是必要的，并且有利于甩掉'经济决定论'的黑锅。道德谴责和辩护作为一种对社会主义的愿望和意识，可以补充社会变革的过程，并对其作出相对独立的贡献。"①

（三）马克思是否诉诸正义对资本主义社会批判

反对派认为，马克思并不是诉诸正义对资本主义社会批判。这是因为：马克思说："权利决不能超出社会的经济结构以及由经济结构制约的社会的文化发展。"②"难道资产者不是断言今天的分配是'公平的'吗？难道它事实上不是在现今的生产方式基础上唯一'公平的'分配吗？难道经济关系是由法的概念来调节，而不是相反，从经济关系中产生出法的关系吗？"③"只要与生产方式相适应、相一致，就是正义的；只要与生产方式相矛盾，就是非正义的。在资本主义生产方式的基础上，奴隶制是非正义的；在商品质量上弄虚作假也是非正义的。"④ 也就是说，马克思、恩格斯著作文本清楚表明：在马克思看来，作为一种"社会意识形态"，只能适用于特定的、历史的生产方式，无法提供超历史的评判依据，不存在某种独立地外在于资本主义的⑤，却又适用于对其进行评价的正义标准⑥。正因为如此，马克思才强烈认为那些试图这么做的理论家的观点是"陈词滥调的见解"和"民主主义者和法国社会主义者所惯用的、凭空想象的关于权利等等的废话"⑦。这些人是"想用关于正义、自由、平等和博爱的女神的现代神话来代替它的唯物主义的基础（这种基础要求一个人在运用它以前认真地、客观地研究它）。"⑧ 以至于他在 1864 年 11 月 4 日《马克思致恩格斯》的一封信中这样非常仔细地解释道："我必须在《章程》引言中采纳'义务'和'权利'这两个词，以及'真理、道德

---

① 转引自李旸《当代英美学者关于"马克思与正义"的争论》，《中国特色社会主义研究》2010 年第 1 期。

② 《马克思恩格斯选集》第 3 卷，人民出版社 1995 年版，第 305 页。

③ 同上书，第 302 页。

④ 《马克思恩格斯全集》第 25 卷，人民出版社 1974 年版，第 379 页。

⑤ "道德、宗教、形而上学和其他意识形态，以及与它们相适应的意识形态便失去独立性的外观。"（《马克思恩格斯选集》第 1 卷，人民出版社 1995 年版，第 73 页。）

⑥ 在反对派看来，不存在一般性的正义概念。

⑦ 《马克思恩格斯选集》第 3 卷，人民出版社 1995 年版，第 306 页。

⑧ 《马克思恩格斯选集》第 4 卷，人民出版社 1995 年版，第 627 页。

和正义'等词，但是，这些字眼已经妥为安排，使它们不可能为害。"①
总之，在反对派看来，马克思没有诉诸任何道德规范批判资本主义，相
反，马克思批判了正义、权利等道德观念，认为它们是意识形态的幻象，
所以马克思根本没有诉诸正义对资本主义社会进行批判。②

赞成派认为，马克思坚持诉诸正义对资本主义的不正义进行批判。这
是因为：反对派上述观点实际是把马克思的正义思想归结为一种道德相对
主义，认为正义只能适用于特定的、历史的生产方式，无法提供超历史的
评判依据，不存在某种独立地外在于资本主义的，却又适用于对其进行评
价的正义标准，所以各社会之间不存在谁更正义一说。这是对马克思的误
解。以"权利决不能超出社会的经济结构"为例，结合文本看，马克思
主要是解释下述观点的：按劳分配制度的弊病，诸如默认"天然特权"
（人的能力高低、劳动贡献的大小）、没有考虑到个体的不同需要（以同
一尺度对不同的个人从同一角度计量）等，"在经过长久阵痛刚刚从资本
主义社会产生出来的共产主义的第一阶段是无法避免的。"③ 它们只能在
共产主义的高级阶段得到克服。所以，这句话表明，这是一种现实主义而
非相对主义的观点。事实上，马克思曾明确在《哥达纲领批判》中提出
的两个著名原则：按劳分配原则和按需分配原则，而按需分配原则应当被
看作一种更为高级和正义的原则。④ 正因为如此，马克思才把资本家对剩
余价值的占有称作"掠夺""抢劫""诈取""盗窃"，把剩余产品称作
"赃物"，资本原始积累这一过程是对直接生产者的掠夺，"征服、奴役、
劫掠、杀戮，总之，暴力起着巨大的作用"⑤。总之，在赞成派看来，马

---

① 《马克思恩格斯全集》第 31 卷，人民出版社 1972 年版，第 17 页。

② 这里带出来一个问题：既然马克思根本没有诉诸正义对资本主义社会进行批判，那么是
缘何批判资本主义社会的？其代表人物伍德认为，马克思是基于历史科学的"综合理
论"批判资本主义的。"是在整体上对资本主义的谴责，即是建立在他认为是唯一的、
本质的、充分的对资本主义的内在的分析的基础上和人类历史的立场上的谴责。认为如
果要追问缘何批判资本主义的话，那马克思批判资本主义不是为了追求道德、正义这些
道德的基本善，而是为了自我实现、共同体和自由这些非道德的基本善。他认为，在这
一点上，马克思与尼采极为相似，二者都是道德的批判家，都试图理解道德价值和道德
准则在人类生活中的实际功能，并立基于非道德的基础之上对它们做出评价。"（转引自
林进平、徐俊忠《伍德对胡萨米：马克思和正义问题之争》，《现代哲学》2005 年第 2
期。）

③ 《马克思恩格斯选集》第 3 卷，人民出版社 1995 年版，第 305 页。

④ 同上书，第 304—306 页。

⑤ 《马克思恩格斯全集》第 23 卷，人民出版社 1972 年版，第 782 页。

克思其实隐含地坚持着某种独立的、超历史的正义标准，并以此对资本主义的不正义进行批判。

（四）共产主义是否是一个正义的社会

反对派认为，马克思所构想的共产主义社会是一个超越正义的社会。首先，到了共产主义社会的高级阶段，就可以实行各尽所能、按需分配，这时，按需分配不是一种分配正义原则。因为，按需分配考虑到人们的具体性和多样性，不再是一种一般化或形式化的原则，所以，"超出资产阶级的狭隘眼界"① 就意味着要超越和抛弃对权利和正义的思考。其次，正义原则是一种法权原则，"马克思相信阶级社会的终结也意味着那种需要'权利'和'正义'观念在国家机构和法律制度中占有一定位置的社会的终结。因此，如果有人坚持声称马克思的'真正的'正义观念是一个适合于马克思的全面发展的共产主义社会，那么，其结论也许就是马克思的'真正的'正义观念就是一个空洞的概念。"②

赞成派一一对应地回应道：首先，共产主义社会中的按需分配原则实质上仍是一种正义原则。尽管按需分配原则摆脱了按劳分配原则的形式主义弊端，更为具体、更准确地照顾到所有的个体自我实现的需求，但这并不能也没有取消它作为规范性准则的一般性特征。其次，我们完全可以不借助国家强制来设想按需分配原则作为正义原则的实现，所以，即便在国家和法律将消亡的共产主义社会中，也完全可以具有一种与法律无关的正义观念。

三 马克思批判资本主义雇佣劳动制度是否具有正义价值诉求

在我国，在对待马克思正义观有无价值诉求这一问题上，学者们观点并不完全一致，争论主要集中在以下问题上：马克思正义观有无价值诉求？对于这一问题的回答，除了可以把那些表面上是阐述马克思正义观实质上却是自由主义正义观，进而认为马克思正义观有价值诉求的"观点"忽略外，主要有以下两种观点：第一类学者观点鲜明地认为马克思的成熟的历史唯物主义作品中所展现的正义观根本没有价值诉求，典型的观点有"一般而言，正义都会被当作具有积极意义或者说是某种体现为善的价值

---

① 《马克思恩格斯选集》第 3 卷，人民出版社 1995 年版，第 305—306 页。

② *From Karl Marx's social and political thought Critical assessments*, *Jessop. Bob Roudedge*, *vol 1*, 1993. p. 426、p. 445。转引自林进平《马克思的"正义"解读》，社会科学文献出版社 2009 年版，第 56 页。

理想。然而正义在马克思成熟时期的作品中，并不是马克思诉求的对象，而是马克思拒斥、批判的对象。"① "马克思在其思想成熟期拒斥、批判正义，是一件值得反思和追问的事实。这一事实的背后隐含着马克思基于历史唯物主义对正义形成的认识：社会的真正基础和动力是社会生产而不是正义；物质生产和社会经济制度决定了正义的范式及其实质；物质生产的发展决定了正义内容的演变；正义是社会生产发展到一定阶段的产物，是一个历史范畴；是生产决定分配，而不是正义决定分配。简言之，正义归根结底是由物质生产决定的。"②③ 第二类学者认为马克思正义观有价值诉求，这类学者中，一部分认为马克思正义观有价值诉求的立论基础是把马克思对资本主义的批判理解为道德批判，并以此对社会主义（共产主义）做辩护。一部分是以历史唯物主义和辩证唯物主义的方法，解构、进而重构马克思正义观。这些学者也承认马克思主义经典作家在他们的著作中并没有留下关于正义问题的系统、全面的阐述，并未把正义当作独立自存的课题进行专门的研究。但是，我们完全可以在他们对自由主义正义的内在悖谬进行归纳、反思与批判中体会他们思考和解决正义问题的最深刻的思想。典型的观点有："马克思正义理论的出场，是以其清醒的总体性实践超越意义上的文化与价值批判立场：这是一个资本家阶级最大化其生存利益的社会现实，这是一个新兴市民阶级通过将'私有制'奉为神圣、永恒，而获得一种在这个阶级看来是最牢固、最安全的制度设计。"④ "如果说马克思在其唯物史观中为人的解放提供了一种社会哲学和历史哲学式的科学论证的话，那么，这一论证无疑是建立在上述政治哲学的正义立场的价值指引之上的……马克思并没有因要求一个更高的善而否定在特定的历史时期内追求正义的必要性，因为在这种追求本身就是超越政治正义的历史实践的一部分。其实，对于马克思而言，超越政治正义的政治哲学只是他的政治哲学的一个超越性层面，另一个层面则是对现实生活的正义

---

① 林进平、徐俊忠：《历史唯物主义视野中的正义观——兼谈马克思何以拒斥、批判正义》，《学术研究》2005 年第 7 期。

② 同上。

③ 在 2016 年 7 月 1—2 日中央编译局国家高端智库"马克思主义基本理论与意识形态建设"重点研究方向和中央编译局马克思主义与中国现实问题研究中心联合主办的"如何建构中国的马克思正义观"研讨会上，林进平教授发表了《论中国特色社会主义公平正义观的构建》，表示对自己先前观点还要进一步思量、深化。

④ 袁祖社：《"正义"对"制度"的介入与规制——马克思正义观的实践难题》，《北京大学学报》（哲学社会科学版）2014 年第 3 期。

关怀。并不像考茨基等人所说的那样，由于马克思将道德看作是反映经济基础的意识形态，因而就从根本上取消了对现实政治的正义与非正义进行伦理断定的问题……在马克思那里，历史的尺度和道德的尺度、超越的层面与现实的层面从来都没有混淆过，也从来没有机械地分离过。"① "马克思的高阶正义概念从'人类社会或社会化的人类'出发，以'自由人'之间有机的社会合作为基础，刻画出人类社会可能具有的最高正义原则。这一原则是先前人类历史中出现过的各类正义原则在逻辑上和在历史上自我扬弃的结果。在当代中国正义理论的建构过程中，马克思主义不可能仅仅充当批判者的角色，而是担负着为现实生活提供规范的理论责任。"② "劳动正义体现了唯物史观在正义理论上的实际应用，是马克思对资本主义生产方式在价值层面的本质追问，也是他在《哥达纲领批判》中展望未来共产主义第一阶段的基本内容之一。"③ "劳动正义……其核心和本质在于：立足人之自由存在的本质、人性的而丰富和社会全面进步的原则高度，对人类根本存在方式的社会劳动活动和社会劳动关系进行哲学的批判检审和伦理的价值规范，旨在劳动中守护人的存在价值，提升人的生命尊严，实现人的自由全面发展，促进社会的进步和人类的幸福。"④ "马克思并不反对正义，他只是反对在革命时期忽略实现正义的社会物质基础来抽象谈论正义。在马克思的时代，社会主义事业并不迫切需要正义话语，这不表示不能应新时代之需而后发式地重建正义。"⑤ 第三类学者认为马克思是在不同层面上处理正义问题的。"在纯粹历史唯物主义的解释架构当中，马克思把作为法权范畴的正义看作是一个附属性的下位概念，但这不足以反映其正义思想之实质。在系于'改变世界'和'革命'之理论范式的政治哲学中，正义作为一条'后台'的线索贯穿于马克思思想推进的始末，以经济事实为依托的政治经济学研究也不外于此。"⑥ "第一，历史唯物主义不涉及马克思的正义观念，马克思的正义观念也不涉及历史唯物主义……

---

① 王新生：《马克思超越政治正义的政治哲学》，《学术研究》2005 年第 3 期。

② 王新生：《马克思正义理论的四重辩护》，《中国社会科学》2014 年第 4 期。

③ 王代月：《马克思的劳动正义理论及现实价值研究》，《思想战线》2010 年第 1 期。

④ 毛勒堂：《劳动正义：发展和谐劳动关系的伦理诉求》，《毛泽东邓小平理论研究》2007 年第 5 期。

⑤ 李旸：《马克思正义观的合法性问题辨析》，《中国特色社会主义研究》2012 年第 6 期。

⑥ 李佃来：《马克思与"正义"：一个再思考》，《学术研究》2011 年第 12 期。还可参见李佃来《论马克思正义观的特质》，《中国人民大学学报》2013 年第 1 期。

第二，历史唯物主义不是源自马克思的正义观念，马克思的正义观念也不是源自历史唯物主义……第三，历史唯物主义不否定马克思的正义观念，马克思的正义观念也不否定历史唯物主义……"① 第三类学者实际上是和第二类学者中的第二部分观点是一致的。正如第三类学者代表自己也承认的那样："马克思在推进其历史唯物主义理论时，并没有消解正义观念，而是在强烈的价值担当的承诺中，厘定了其阐发正义思想的独特路径，使其正义观念呈现出异质于自由主义正义观的几个重要特质。"②

我国现有的关于马克思正义观的研究，也大多是以资本主义雇佣劳动制度、资本主义生产方式、异化劳动、剩余价值剥削、共产主义为对象展开的，其中主要集中在批判资本主义雇佣劳动制度上。所以，国内有关马克思正义观有无价值诉求的争论，实际上也就转化为马克思批判资本主义雇佣劳动制度是否具有正义价值诉求的争论，其中上述第一类学者和第二类学者中的第一部分学者的争论，正如分析马克思主义者关于"马克思与正义"的赞成派和反对派一样，最终都属于资本主义雇佣劳动制度合理性与否问题的争论。

四　合理劳动关系和劳动者自由而全面的发展：马克思正义观的价值旨归

上文已指出，国内外关于"马克思与正义"问题的争论的核心是资本主义雇佣劳动制度合理性与否问题。下面我们对国外分析马克思主义者关于"马克思与正义"的争论以及国内有关马克思正义观有无价值诉求的争论作一简要评析，以期对马克思正义理论得出较为客观的认识，进而总结出马克思正义观的价值旨归。

对一种理论，尤其是思想大家的理论的评价是困难的，其中最难把握的是我们如何尽量避免对其的自觉不自觉的误解，甚至于歪曲和篡改，否则可能形成相当荒谬理论和极其有害的社会实践。许多著名思想家的立意被其后的"理论家"甚至政治人物的"为我所用"在人类历史上并不鲜见，甚至可信手拈来。例如，罗素就曾十分偏颇地把卢梭、

---

① 段忠桥：《历史唯物主义与马克思的正义观念》，2016 年 7 月 1—2 日中央编译局国家高端智库"马克思主义基本理论与意识形态建设"重点研究方向和中央编译局马克思主义与中国现实问题研究中心联合主办的"如何建构中国的马克思正义观"研讨会论文。

② 李佃来：《论马克思正义观的特质》，《中国人民大学学报》2013 年第 1 期。

马克思甚至纳粹混为一起，罗素这样写道："从卢梭时代以来，自认为是改革家的人向来分为两派，即追随他的人和追随洛克的人。有时候两派是合作的，许多人便看不出其中有任何不相容的地方。但是，逐渐他们的不相容日益明显起来。到现在，希特勒是卢梭的一个结果，罗斯福和丘吉尔是洛克的结果。"① "犹太人对过去和未来历史的理解方式，在任何时候都会强烈地投合一般被压迫者与不幸者。圣奥古斯丁把这种方式应用于基督教，马克思则将其应用于社会主义。为了从心理上来理解马克思，我们应该运用下列辞典：亚威＝辩证唯物主义；救世主＝马克思；选民＝无产阶级；教会＝共产党；耶稣再临＝革命；地狱＝对资本家的处罚；基督作王一千年＝共产主义联邦。左边的词汇意味着右边词汇的感情内容。正是这种素为基督教或犹太教人士所熟悉的感情内容使得马克思的末世论有了信仰的价值。我们对于纳粹也可作一类似的辞典，但他们的概念比马克思的概念较多地接近于纯粹的旧约和较少地接近于基督教，他们的弥赛亚，与其说类似基督则不如说更多地类似马喀比族。"② 熊彼得相当明确地认定马克思及其思想中存在着本质性的"价值"方面的或者宗教意义上的诉求："他是一位先知，为了弄懂这个成就的性质，我们必须在他自己时代的背景中理解它。当时是资产阶级成就达到顶峰、资产阶级文化落入低谷而机械唯物主义盛行的时代，当时的文化环境还没有透露出新艺术和新的生活方式已经孕育在它的母胎里的信号，仍放纵在最令人厌恶的陈腐当中。社会和所有阶级急剧地消失任何真正意义上的信仰，与此同时，唯一的一线光明在工人世界中熄灭了，而知识分子则声称他们对穆勒的《逻辑学》和济贫法甚为满意。此刻，马克思主义关于社会主义人间天堂的学说，对于千百万人的内心意味着一道新的光线和新的生活意义。如果你愿意，可以叫马克思主义宗教为冒牌货，或者是一幅对信仰的讽刺画——对这个看法有许多话可说，但不要忽视或者不去称赞这个成就的伟大。不要介意这千百万人中几乎全部不能懂得和正确评价这个教义的真正意义。那是所有教义的命运。"③ 所以，笔者在下一些评价结论时，是尽其所能忠实于经典文本论述，同时尽最大可能符合其理论本意，努力做到解释学大师施莱尔马赫所言的："理解一位作者要像后者理解自己一样好，甚至比他对

---

① ［英］罗素：《西方哲学史》下卷，何兆武等译，商务印书馆1988年版，第225页。

② 同上书，第447—448页。

③ 熊彼得：《资本主义、社会主义与民主》，吴良健译，商务印书馆1999年版，第47页。

本人的理解更好。"①

　　就分析马克思主义者关于"马克思与正义"的争论而言，在反对派看来：马克思没有诉诸任何道德规范批判资本主义，相反，马克思批判了正义、权利等道德观念，认为它们是意识形态的幻象；甚至认为资本主义雇佣关系是正义的；马克思所构想的共产主义社会是一个超越正义的社会；关注正义问题就是一种改良主义倾向。显然，反对派正确地指出马克思对资本主义的批判不是基于正义、权利等道德观念，似乎是坚持了马克思的历史唯物主义，但他们却并未坚持马克思主义的辩证法，只承认马克思对正义的批判，否认马克思具有正义观念，把马克思主义与道德绝对对立起来，从而得出了马克思是反道德主义者的片面结论。在赞成派看来：马克思其实隐含地坚持着某种独立的、超历史的正义标准，并以此对资本主义的不正义进行批判；资本主义雇佣关系是不正义的；共产主义是一个正义的社会；关注分配正义不但不是改良主义，反而是最革命的。显然，赞成派正确地指出马克思具有正义观念，但他们却并未看到，马克思从正义角度批判资本主义的理论基础是唯物史观和剩余价值学说，而不单纯是正义观念，更不是独立的、超历史的正义观念。所以，赞成派同样未坚持马克思主义的辩证法，过分地估计了正义观念的作用，从而得出了马克思是道德主义者的片面结论。两者实际上都是一种历史与价值、科学与道德僵硬对立的二元思维模式的非辩证唯物主义和历史唯物主义的产物。② 也正如加拿大学者罗伯特·韦尔所说指出："分析马克思主义者几乎没有给辩证法以任何重要的地位。"③

　　就我国关于马克思正义观研究的争论而言，就上述第一类学者和第二类学者中的第一部分学者而言，他们的争论正如分析马克思主义者关于"马克思与正义"的赞成派和反对派一样。当仔细研究双方观点时，就会发现，认为马克思的成熟的历史唯物主义作品中所展现的正义观根本没有价值诉求，更多的是注意了马克思的正义观的"科学性"，反之，认为马

①　转引自车铭州、王元明《现代西方的时代精神》，中国青年出版社 1988 年版，第510 页。

②　[英]特里·伊格尔顿：《马克思为什么是对的》，李杨、任文科、郑义译，新星出版社2011 年版，第 166 页。

③　[加]罗伯特·韦尔等编：《分析马克思主义新论》，鲁克俭等译，中国人民大学出版社2002 年版，第 6 页。

克思正义观有价值诉求更多的是关注马克思的正义观的"人道性"。这也是一种历史与价值、科学与道德僵硬对立的二元思维模式的非辩证唯物主义和历史唯物主义的产物。

上述国内外争论实际上是一种"非此即彼"的不完全符合辩证唯物主义和历史唯物主义的思考问题方式。① 恩格斯指出,"辩证法不知道什么绝对分明的和固定不变的界限,不知道什么无条件的普遍有效的'非此即彼',它使固定的形而上学的差异互相过渡,除了'非此即彼',又在适当的地方承认'亦此亦彼',并且使对立互为中介。"② 所以,结合上述第二类学者中的第二部分学者和第三类学者的观点,笔者认为,我们应当既要认真研究马克思正义观的"科学性",以免"人道性"缺乏根基,"似乎都是建立在流沙堆上的",③ 同时,也要认真研究马克思正义观的"人道性",以免"科学性"缺乏伦理关怀和迷失方向。总之,要坚持承认马克思正义观既有"科学性",又具"人道性",是科学性与价值性的有机统一,真正体现"除了'非此即彼,'又在适当的地方承认'亦此亦彼',并且使对立互为中介。"

正因为马克思正义观是科学性与价值性的有机统一,所以说,我们应承认马克思正义观体现了唯物史观在正义理论上的实际应用,是马克思对资本主义生产方式——雇佣劳动制度在价值层面的本质追问,追求合理的劳动关系和劳动者自由而全面的发展是马克思正义观的价值旨归。

第二节 揭露不合理劳动关系的根源和实质:马克思 正义观演进过程

马克思正义观演进过程,实际上就是揭露不合理劳动关系的根源和实质的过程。通过研究马克思正义观的演进过程,我们会发现,马克思把近代自由主义正义观还原在市民社会上,还原在人的异化、私有财产、异化劳动、雇佣劳动上。在此基础上,通过进一步阐述"现实的个人""社会

---

① 按照恩格斯观点,"非此即彼"和"亦此亦彼"实际上是辩证思维的两个内在的不同阶段,辩证思维方式是这两种思维方式的统一。

② 《马克思恩格斯选集》第 3 卷,人民出版社 1972 年版,第 535 页。

③ 卢梭:《论人类不平等的起源和基础》,高煜译,高毅校,广西师范大学出版社 2009 年版,第 80 页。

生产""私有制"，完成了"从社会生产出发来理解正义"这一历史唯物主义的正义理论。而贯穿这一演进过程中的"红线"，就是不断地、深入地揭露不合理劳动关系的根源和实质，以及对未来共产主义社会劳动及劳动者"每个人自由而全面发展"的科学预测和满怀深情的展望。

马克思主义经典作家并未留下关于正义问题的系统、全面的阐述，马克思主义经典作家著作及有关论述中的"正义"这个术语的出现，主要是与他们对资产阶级思想家正义观点的批判联系在一起的，是与他们对以生产资料私有制为基础的资本主义雇佣劳动关系的批判联系在一起的。人们只能从他们对自由主义正义的内在悖谬进行归纳、反思与批判中以及他对未来共产主义社会的科学预测和满怀深情的展望之中体会他们思考和解决正义问题的最深刻的思想。

与社会主义、共产主义理论从空想发展到科学相一致，马克思正义观的形成有着深刻的社会历史背景，这一背景既包括社会历史条件，又包括思想理论条件。资本主义生产方式日益成熟，资本主义生产方式在西欧先进国家已占统治地位，与此同时，资本主义制度腐朽的本质的日益暴露，社会基本矛盾日益突出，私有财产犹如洪水猛兽，社会类似于弱肉强食、适者生存的动物世界，社会贫富分化成为常态。在阶级关系上，无产阶级已经开始摆脱了资产阶级附庸的地位，已不再满足经济斗争，开始作为一只独立的政治力量登上历史舞台，这就为马克思正义观的形成准备了充分的社会历史条件。① 马克思正义观既是当时资本主义社会基本矛盾和阶级对立的必然产物，又是当时及前人思想进一步升华发展的必然逻辑结果。与此同时，自然科学、社会科学的新发展、新成果为马克思正义观的形成提供了充分的思想资料。自然科学的细胞学说、生物进化论、能量守恒和转化定律的三大发现，宣告了形而上学和唯心主义哲学世界观的破产，因为三大发现说明自然界是一个相互联系相互转化的统一对立的物质世界，并不断地由低级向高级发展，这就为认清资本主义发展趋势、为马克思科学世界观提供了丰富的自然科学启示和依据。社会科学方面，德国的古典哲学为马克思主义的诞生提供了直接的哲学思想来源，英国的资产阶级的古典政治经济学的劳动价值论为马克思剩余价值学说提供了直接的理论来源，而三大空想社会主义为马克思主义的诞生提供了直接的思想资料。所有这些直接促成了马克思正义观的形成，使得马克思正义观建立在坚实的辩证唯物主义和历史唯物主义之上。

---

① 限于篇幅，我们对马克思主义正义理论的形成的社会历史条件不再详述。

马克思正义观的提出大概经历了这样一个过程：对近代思想家们从抽象人性出发阐述的自由主义正义理论的前期批判时期和后期批判时期，其中前期批判时期主要是对自由主义正义的归谬，其代表文献是《黑格尔法哲学批判》《德法年鉴》《1844 年经济学哲学手稿》，后期批判时期主要是对自由主义正义的批判并形成自己的正义理论，其代表文献是《关于费尔巴哈提纲》和《德意志意识形态》①。

在《黑格尔法哲学批判》中，通过对近代自然法思想正义观②的批判，③ 马克思阐述了以下观点：近代自然法思想正义观的进步性在于，其看到了市民社会和政治国家的二元对立，且通过社会契约论论证自然权利和政治国家的合法性。缺陷在于，其所认为自然状态是永恒的，因此，其所论证的自然权利和政治国家也就是永恒的，其结果必然是对自然权利的不应有的拔高和对政治国家的过度贬损，极有可能使个人主义泛滥。黑格尔法哲学的进步性在于，其看到了近代自然法思想的永恒的自然状态实际上就是市民社会的抽象表述，其所论证的自然权利和政治国家的合法性实际上只具有历史性。缺陷在于，在解决市民社会和政治国家④的二元对立的框架中提出来让市民社会成为通向政治国家的一个环节⑤，以至于他的理论销蚀了近代自然法思想的革命精神，看起来似乎是在为普鲁士国家辩护而成为其 "副本"。因此，实际上，自然状态的自然权利就是市民社会的人权，绝不是永恒的，而只是一个历史概念，在市民社会和政治国家的二元对立的框架中，市民社会是国家的基础。这样，马克思就通过批判黑格尔法哲学开始进行对近代自然法思想永恒正义的正义观的归谬。

---

① 路易·阿尔都塞说道："马克思的著作中，确确实实有一个 '认识论断裂'；据马克思自己说，这个断裂的位置就在他生前没有发表过的、用于批判他过去的哲学（意识形态）信仰的那部著作：《德意志意识形态》。总共只有几段话的《关于费尔巴哈的提纲》是这个断裂的前岸；在这里，新的理论信仰以必定是不平衡的和暧昧的概念和公式的形式，开始从旧信仰和旧术语中表露出来。这种 '认识论断裂' 把马克思的思想分成两个大阶段：1845 年断裂前是 '意识形态' 阶段，1845 年断裂后是 '科学' 阶段。"（［法］路易·阿尔都塞：《保卫马克思》，顾良译，商务印书馆 1996 年版，第 15—16 页。）

② 实际上也就是自由主义正义观。下文行文过程中，基本不做区分。

③ 这一过程是通过批判黑格尔批判近代自然法思想正义观实现的。

④ 黑格尔把政治国家的理念或精神视为真正的、独立的主体。

⑤ 黑格尔把 "家庭和市民社会对国家的现实关系变成了理念所具有的想象的内部活动。"（《马克思恩格斯全集》第 1 卷，《黑格尔法哲学批判》，人民出版社 1956 年版，第 250 页。）

在《德法年鉴》尤其是《论犹太人问题》中，马克思进一步系统展开了对近代自然法正义观的批判，在依据《黑格尔法哲学批判》中阐述的市民社会和政治国家的二元对立的基础上，又进一步对近代自然法自由主义正义观的进步性和局限性做了深刻分析。马克思阐述了以下观点：近代自然法思想正义观看到了市民社会和政治国家的二元分离，取消了市民社会的政治性质，使市民社会从等级、特权中解放出来，是当时历史条件下的人类解放的最后形式①，其所追求的自由、平等等正义观念相较于封建制度，是一种历史进步。但是，也正是因为此种"市民社会和政治国家的二元分离"，导致了人的异化，② 人成为"封闭于自身、私人利益、私人任性，同时脱离社会整体的个人的人，"③ 必然成为"利己主义的人"④。自由主义正义所追求的人的自由就是"孤立的、封闭在自身的单子里的那种人的自由"⑤，所追求的平等就成了"即每个人都同样被看作孤独的单子"。⑥ 而这种自由、平等是私有财产的必然产物及具体运用。所以说，自由主义正义是建立在人的异化和私有财产的基础上的，也可以说是建立在市民社会的基础上的，这也是其先天不足，也是其难以摆脱历史局限性的根源所在。那么，如何克服自由主义正义的局限性呢？这就需要扬弃市民社会的局限性，进而克服人的异化和扬弃私有财产。那么，如何克服人的异化和扬弃私有财产？由此带来相应的一些问题就是，例如，人的异化和私有财产是何种关系？对这些问题的回答主要体现在《〈黑格尔法哲学批判〉导言》和《1844年经济学哲学手稿》中，在《〈黑格尔法哲学批判〉导言》中，马克思指出：说到底，德国解放的实际可能性"就在于形成一个被戴上彻底的锁链的阶级……在于形成一个若不从其他一切社会领域解放出来从而解放其他一切社会领域就不能解放自己的领域，总之，形成这样一个领域，它表明人的完全丧失，并因而只有通过人的完全回复才能回复自己本身。社会解体的这个结果，就是无产阶级这个

----

① 伯尔基曾深刻地说道：马克思的"批判思想集中在'市民社会'……建设性思想集中在'人类解放'。"（［英］伯尔基：《马克思主义的起源》，伍庆、王文扬译，华东师范大学出版社1997年版，第64页。）

② 人虽然获得了抽象的自然权利，但并未消灭市民社会的各种由先天赋予和后天获得的特权。

③ 《马克思恩格斯全集》第1卷，人民出版社1956年版，第439页。

④ 同上书，第442页。

⑤ 同上书，第438页。

⑥ 同上书，第439页。

特殊等级。"①

　　在《1844 年经济学哲学手稿》中，马克思又进一步在《德法年鉴》尤其是《论犹太人问题》的基础上对近代自然法的自由主义正义观做了深刻批判分析。《1844 年经济学哲学手稿》的核心概念是"异化劳动"。②正是"异化劳动"这一概念使得"人的异化和私有财产是何种关系"这一问题得以解决，"异化劳动"是人的异化和私有财产存在的原因，是"异化劳动"把二者联系在一起，"异化劳动"促成了人的异化，同时也促成了私有财产，我们可以在一定意义上说，人的异化＝异化劳动＝私有财产。这样，近代自然法的自由主义正义观就是建立在人的异化、异化劳动、私有财产基础上的，这就又进一步形成其难以摆脱历史局限性的根源。如何克服，就应对人的异化、异化劳动、私有财产扬弃，就要靠共产主义形式③："共产主义是私有财产即人的自我异化的积极的扬弃，因而是通过人并且为了人而对人的本质的真正占有；因此，它是人向自身、向社会的合乎人性的人的复归，这种复归是完全的、自觉的和在以往发展的全部财富的范围内生成的。这种共产主义作为完成了的自然主义＝人道主义，而作为完成了的人道主义＝自然主义，它是人和自然界之间、人和人之间的矛盾的真正解决，是存在和本质、对象化和自我确证，自由和必

---

① 《马克思恩格斯选集》第 1 卷，人民出版社 2012 年版，第 15 页。

② "异化劳动，由于（1）使自然界，（2）使人本身，使他自己的活动机能、他的生命活动同人相异化，也就使类同人相异化；对人来说，它把类生活变成维持个人生活的手段。第一，它使类生活和个人生活异化；第二，把抽象形式的个人生活变成同样是抽象形式和异化形式的类生活的目的。"（马克思：《1844 年经济学哲学手稿》，人民出版社 2000 年版，第 57 页。）"这样一来，异化劳动导致：（3）人的类本质——无论是自然界，还是人的精神的类能力——变成对人来说是异己的本质，变成维持他的个人生存的手段。异化劳动使人自己的身体，同样使在他之外的自然界，使他的精神本质、他的人的本质同人相异化。（4）人同自己的劳动产品、自己的生命活动、自己的类本质相异化的直接结果就是人同人相异化。"（《1844 年经济学哲学手稿》，人民出版社 2000 年版，第 58—59 页。）路易·阿尔都塞说道："这一概念确实起到了……原始基础的作用。"（［法］路易·阿尔都塞：《保卫马克思》，顾良译，商务印书馆 1996 年版，第 149 页。）

③ "共产主义是作为否定之否定的肯定，因此它是人的解放和复原的一个现实，对下一阶段历史发展来说是必然的环节。共产主义是最近将来的必然的形式和有效的原则。但是，共产主义本身并不是人的发展的目标，并不是人的社会的形式。"（《1844 年经济学哲学手稿》，人民出版社 2000 年版，第 93 页。）

然、个体和类之间的斗争的真正解决。"①

当马克思通过《黑格尔法哲学批判》《德法年鉴》《1844 年经济学哲学手稿》等，层层剖析，就为马克思以唯物史观作为新的、科学的批判武器对近代自然法的自由主义正义观进行批判分析奠定了坚实的基础，而这一转变就通过《关于费尔巴哈提纲》尤其是《德意志意识形态》完成了。在《德意志意识形态》中，通过"现实的个人""社会生产""私有制"完成了"从社会生产出发来理解正义"这一唯物史观正义理论。

第三节　不合理劳动关系的根本变革与制度正义：马克思正义观的贡献

历史唯物主义的基本观点是："从直接生活的物质生产出发阐述现实的生产过程，把同这种生产方式相联系的、它所产生的交往形式即各个不同阶段上的市民社会理解为整个历史的基础，从市民社会作为国家的活动描述市民社会，同时从市民社会出发阐明意识的所有各种不同理论的产物和形式，如宗教、哲学、道德等，而且追溯它们产生的过程。"②

正是依据辩证唯物主义和历史唯物主义这一科学的世界观，马克思主义经典作家批判地借鉴和继承了人类社会思想史有关正义理论的一切积极因素，不同于近代自然法思想家们从抽象人性出发阐述自由主义正义理论，马克思并没有对"一般正义"概念与意义进行抽象的分析，③ 而是坚持从批判、革命、实践的观点和立场出发，提出推翻资本主义社会建立共产主义社会的正义理论，这样就形成了建立在社会生产基础上的科学性与

---

① 《1844 年经济学哲学手稿》，人民出版社 2000 年版，第 81 页。

② 《马克思恩格斯选集》第 1 卷，人民出版社 1995 年版，第 92 页。

③ 因为马克思主义哲学是实践的哲学：以往的"哲学家们只是用不同的方式解释世界，而问题在于改变世界"。（《马克思恩格斯选集》第 1 卷，人民出版社 1995 年版，第 57 页。）例如，马克思和恩格斯并不一般地反对正义，而只是反对抽象的正义，恩格斯在批判杜林的"平等"时指出："虽然我们结束了杜林先生关于平等观念的浅薄而拙劣的论述，但是我们还没有因此结束这一观念本身，这一观念特别是通过卢梭起了一种理论的作用，在大革命的时候以及在大革命之后起了一种实际的政治作用，而今天差不多在一切国家的社会主义运动中仍然起着很大的鼓动作用。这一观念的科学内容的确立，也将决定它对无产阶级鼓动的价值。"（《马克思恩格斯选集》第 3 卷，人民出版社 1972 年版，第 142 页。）

价值性相统一的马克思正义观，对正义理论作出了独特而巨大的贡献。其核心内容和实质所在，就是"从社会生产出发来理解正义"，深刻批判资本主义雇佣劳动、异化劳动所形成的不合理的劳动关系以及在此基础上所形成的不尽人道的社会关系，揭露资本主义雇佣劳动制度对劳动者保护的漠视，展现了对不合理劳动关系的根本变革，对劳动者的生存、发展和命运的深情实践关怀，展现了对劳动者"每个人自由而全面发展"① 的满怀深情的向往。

马克思的唯物史观的正义理论主要内容包括：社会生产推动人类社会发展，这是认识正义问题的基本前提和先决条件，也是马克思正义观与各种前马克思正义观相区别的一个根本之处；正义是社会生产的产物，具有历史性和相对性，对各种分配正义的主张，必须从社会生产方式来考察，进而判断其进步性与局限性；社会生产决定了正义的实质，正义的实质就是社会生产方式的结果，就是生产资料所有者的意志和利益的表现；正义主要指制度正义，马克思反对用个人德性批判资本主义，而主张从制度上批判资本主义的不正义一面，具体来说，包括如下内容：

一　从社会生产出发来理解正义

这是认识正义问题的基本前提和先决条件，也是马克思正义观与各种非马克思正义观相区别的一个根本之处。依据马克思主义基本原理，社会生产是人类社会发展的真正基础和动力，以社会生产为基础，构成了人类社会的基本矛盾，这一矛盾就是生产力和生产关系的矛盾、经济基础和上层建筑的矛盾。其中，较之于经济基础和上层建筑矛盾，生产力和生产关系的矛盾更为根本，前者决定后者的产生和发展，但前者又受到后者制约，后者起着巨大的能动作用。生产力是最活跃、最革命的因素，是人类社会发展最终决定力量，人类社会的发展总是从生产力发展变化开始，当其发展到一定阶段，必然要求变革生产关系即经济基础，而经济基础变革的客观要求，又导致旧有上层建筑变革为新的上层建筑，从而保证新的生产关系的形成和发展，使生产力获得解放，正是人类社会的基本矛盾运动

---

① "在资产阶级社会里，活的劳动只是增殖已经积累起来的劳动的一种手段。在共产主义社会里，已经积累起来的劳动只是扩大、丰富和提高工人的生活的一种手段……取代资产阶级旧社会的，将是这样一个联合体，在那里，每个人的自由发展是一切人的自由发展的条件。"（《马克思恩格斯选集》第 1 卷，人民出版社 1995 年版，第 294 页。）

不断推动人类社会由低级阶段向高级阶段发展。所以，在马克思主义看来，正义，无论是作为社会政治法律制度，还是作为一种道德价值观念，都是属于政治和思想上层建筑的范畴，是从属于社会生产的。特定的社会生产，往往规定了特定的正义形式。而各种非马克思正义观，脱离现实的人、现实的社会生产，从抽象的人性出发，从口头说的和思考、设想出来的人出发，去理解有血有肉的人，[①] 认为正义是人类社会发展的动力和基础，这样，在他们的视野中，排除了现实的人的物质生产关系，历史就成了一幅充满正义观念的画卷，而且，"好像后期历史是前期历史的目的"。[②] 所以，后期的正义观念比前期的正义观念更具真理性，同时，也更能迷惑人。

二　正义具有历史性和相对性

正是由于社会生产推动人类社会发展，而正义是体现人类社会发展中的人与人关系的上层建筑，所以，正义是社会生产的产物，因此也就具有了历史性。所以与宣扬永恒正义的自由主义正义观不同，正义不是永恒不变的，而是随着社会生产的发展而不断变化的。包括自由主义正义在内的其他正义都是社会生产的产物，例如，近代自然法的自由主义正义，不过是市民社会的产物而已。恩格斯曾明确指出："一切社会变迁和政治变革的终极原因，不应当到人们的头脑中，到人们对永恒的真理和正义的日益增进的认识中去寻找，而应当到生产方式和交换方式的变更中去寻找；不应到有关时代的哲学中去寻找，而应当到有关时代的经济学中去寻找。"[③] 并辛辣地讽刺道："现在我们知道，这个理性的王国不过是资产阶级的理想化的王国；永恒的正义在资产阶级的司法中得到实现；平等归结为法律面前的资产阶级的平等；被宣布为最主要的人权之一的是资产阶级的所有权；而理性的国家、卢梭的社会契约在实践中表现为而且也只能表现为资产阶级的民主共和国。"[④] 总之，"生产当事人之间进行的交易的正义性在于：这种交易是从生产关系中作为自然结果产生出来的。这种经济交易作为当事人的意志行为，作为他们的共同意志的表示，作为可以由国家强加给立约双方的契约，表现在法律形

---

① 《马克思恩格斯选集》第 1 卷，人民出版社 1995 年版，第 73 页。

② 同上书，第 88 页。

③ 《马克思恩格斯选集》第 3 卷，人民出版社 1995 年版，第 617—618 页。

④ 同上书，第 720 页。

式上，这些法律形式作为单纯的形式，是不能决定这个内容本身的。这些形式只是表示这个内容。这个内容，只要与生产方式相适应、相一致，就是正义的；只要与生产方式相矛盾，就是非正义的。在资本主义生产方式的基础上，奴隶制是非正义的；在商品质量上弄虚作假也是非正义的。"① 也正因为如此，尽管市民社会中标榜的正义是永恒正义、全民正义，是一种超历史规范，但实际上只能是资产阶级的正义，这种正义，在马克思主义看来，其在资产阶级处于上升时期具有真实性，② 但当资本主义生产关系成为生产力的阻碍时，其正义性尽失。所以，我们可以这样讲，近代自然法的自由主义正义所主张的"平等""自由"的"天赋权利"原则就是"必要的和不可避免的"。③ 尽管，它们实际上只是资产阶级的。

就分配正义而言，分配正义是正义在社会分配领域的一个具体运用，是评价社会制度的一个最主要的标尺。同样，分配正义也不过是社会生产的产物，具有历史性和相对性。在马克思所处时代，当时的很多理论家和社会活动家，也看到了私有财产所引起的社会问题，但他们并没有看到引起社会问题的背后的深刻原因，而是单纯主张"分配正义"，要么医治"人性堕落"，要么调节私有财产，例如，当时的"……诚实人——海因岑先生"④ 就主张在"合乎高尚的大丈夫的正义感的合理的基础上对财产进行调整"。⑤ 有些甚至主张取消私有财产，例如勒鲁、普鲁东⑥等。总之

---

① 《马克思恩格斯全集》第 25 卷，人民出版社 1974 年版，第 379 页。

② 这也表明了正义的阶级性。在当今中国，笔者认为存在一个不应该的问题，即如果以马克思主义阶级分析的方法来分析社会科学的理论及实践问题，就很可能会被视为"贴标签"。但笔者总是认为，阶级分析方法毕竟是马克思主义基本原理之一，其重要性不言而喻，从忠于马克思主义基本原理本身来讲，该贴标签时，还必须得贴。

③ 马克思说过："你们认为是公道的和公平的，与问题毫无关系。问题就在：一定的生产制度所必须的和不可避免的东西是什么？"（《马克思恩格斯选集》第 2 卷，人民出版社 1995 年版，第 76 页。）也就是说，尽管正义原则有历史性和相对性，但其有客观基础，这就是一定的生产制度。一定的生产制度及其变化，才是我们考虑正义问题的关键。

④ 《马克思恩格斯全集》第 4 卷，人民出版社 1958 年版，第 313 页。

⑤ 同上书，第 351 页。

⑥ "普鲁东先生曾经企图有系统地发展获得的财产的原则并把它同现存关系联系起来，大家知道，他的企图已经破产。"（《马克思恩格斯全集》第 16 卷，人民出版社 1958 年版，第 313 页。）

他们很多人只是在分配问题上"兜圈子"。① 在马克思主义看来，分配有生产资料的分配、消费资料的分配的广义、狭义之分，在分配问题上兜圈子，实际上就是在狭义的消费资料的分配上兜圈子，脱离了广义的生产资料分配这一最根本的分配形式。因此，分配实质上是由社会生产决定的："所谓分配关系，是同生产过程的历史规定的特殊的社会形式以及人们在他们生活的再生产过程中互相所处的关系相适应的，并且是由这些形式和关系产生的。这种分配关系的历史性质就是生产关系的历史性质，分配关系不过是表示生产关系的一个方面。"② 因此，对各种分配正义的主张，必须从社会生产方式来考察，进而判断其进步性与局限性。例如，在资本主义分配方式中，依据自由主义正义观的权利原则所体现出来的"按生产要素分配"③ 就具有其进步性与局限性。

三　社会生产决定了正义的实质

自人类社会最早的正义观——外在自然（宇宙）正义观，规定出一种外在自然（宇宙）万物都有各自规定地位（运命或必然）的正义的原始含义以来，经由赫拉克利特、梭伦，尤其是智者学派的外在自然（宇宙）正义观向内在自然（理性）正义观的过渡，至苏格拉底时期，内在自然（理性）正义观开始形成。内在自然（理性）正义观认为正义根源于自然，根源于理性，正义的基本含义就是："正义是给予每个人他应得的部分的这种坚定而恒久的愿望。"④ 可以简明地约化为：应得。这一正义基本含义深深地影响着后世，成为西方最基本的一种正义观念。当然，这一"应得"包含精神（道德）和制度两部分，正如埃米尔·布伦纳所言："无论他还是它只要给每个人以应得的东西，那么，该人或物就是正义的；一种态度、一种制度、一部法律、一种关系，只要能使每个人获得其所应得，那么其就是正义的。正义就在于给予每个人应得的东西。"⑤

---

① 《马克思恩格斯选集》第3卷，人民出版社1995年版，第306页。

② 《马克思恩格斯全集》第25卷，人民出版社1974年版，第998—999页。

③ 在资本主义社会中，"分配关系和分配方式只是表现为生产要素的背面。"（《马克思恩格斯选集》第2卷，人民出版社1995年版，第13页。）

④ ［古罗马］查士丁尼：《法学总论》，张企泰译，商务印书馆1995年版，第5页。

⑤ 转引自［美］博登海默《法理学：法律哲学与法律方法》，邓正来译，中国政法大学出版社2004年版，第278页。

神学正义观、西方近现代正义观概莫能外。①

　　当然，"应得"，包括事物和接受该事物的人②，完整的说法应是，各得其所应得，它的前提是，各司其职。这里的"各司其职""各得其所应得"，表明应得处理的是人和人的关系，这种人和人的关系是在社会生产中所形成的，而这种人和人的关系的客体集中在"事物"上，这种"事物"又是通过个人在特定社会形式中并借助该社会形式"对自然的占有"。一言以蔽之，"应得"表明的是（人的）社会生产和基于社会生产所享有的劳动所得。

　　按照马克思主义基本原理，随着生产力的发展，产生了分工③，分工最初也许是源于体力等天赋、需要、偶然性等因素自发的或者自然形成的，但是，当人们的精神劳动和物质生产发生分离的时候，真正的分工也

---

①　托马斯·阿奎那认为，正义就是"一种习惯，依据这种习惯，一个人以一种永恒不变的意志使每个人获得其应得的东西"。（转引自［美］博登海默：《法理学：法律哲学与法律方法》，邓正来译，中国政法大学出版社2004年版，第278页。）在霍布斯、洛克等看来，自由、平等、私有财产是人人应得的，是正义的。到了当代，尽管"正义观必须承认应得的核心地位，否则它就不是一种正义观而是别的什么东西。"（［美］约翰·凯克斯：《反对自由主义》，应奇译，江苏人民出版社、凤凰出版传媒集团2008年版，第162页。）但是，一些学者认为，"……大众的思想看上去赋予应得以很大的重要性，相反，政治哲学家们则多半对应得的观念心存疑虑，许多人认为它要么是内在混乱的，要么至少在其运用中是不确定的……应得已经受到了强硬的平等主义的攻击，但这一观念也受到了牢固地定位于自由主义主流中的思想家们的攻击，受到了诸如哈耶克这样的右翼自由派和罗尔斯这样的左翼自由派的攻击。"（［英］约翰·凯克斯：《社会正义原则》，应奇译，江苏人民出版社2005年版，第192页。）笔者认为，当代一些学者包括罗尔斯在内反对应得概念，实际上只是表明他们反对的是个人意义上的应得，因为个人意义上的应得"要么是内在混乱的，要么至少在其运用中是不确定的"，他们并没有反对制度意义上的应得。以罗尔斯为例，他在其著作《作为公平的正义——正义新论》中把应得分为三类：第一类是道德应得，第二类是合法期望，第三类是有公共规则体制所规定的应得。并且他明确讲，承认应得概念是没有什么问题的，他的作为公平的正义就是使用第二类、第三类应得的观念。（［美］约翰·罗尔斯：《作为公平的正义——正义新论》，姚大志译，生活·读书·新知三联书店2002年版，第117—119页。）同时，实际上从其著作《正义论》中也难以认为他绝对反对应得，准确地说，他只是反对道德应得（《作为公平的正义——正义新论》中的第一类应得），认为应该用第二类应得（合法期望）代替道德应得。（［美］约翰·罗尔斯：《正义论》，何怀宏、何包钢、廖申白译，中国社会科学出版社1998年版，第310—314页。）

②　亚里士多德语。

③　在马克思看来，分工等于私有制。

就开始了，同时这种分工也就带有一定异己的、外在的强制性："当（真正的）分工出现之后，任何人都有自己一定的特殊的活动范围，这个范围是强加于他的，他不能超出这个范围：他是一个猎人、渔夫或者牧人，或者是一个批判的批判者，只要他不想失去生活资料，他就始终应该是这样的人。"① 分工使精神生产和物质生产、生产和消费由个人承担成为现实，从而使得生产力、生产关系和意识发生矛盾。② 与分工相伴而生的是分配，这种分配是劳动及其产品的不平等的分配，这种分配也可以说是由所有制产生的："分工和所有制是相等的表达方式，对同一件事情，一个是就活动而言，另一个是就活动的产品而言。"③ 那么，如何分配呢？由于社会生产、分工决定了所有制，决定了分配，所以，有什么样的社会生产，有什么样的所有制，就有什么样的分配方式，由此，也就决定了有什么样的"应得"。所以，所谓正义的实质，不过就是社会生产方式的结果，不过就是生产资料所有者的意志和利益的表现。例如，在资本主义社会，依据自由主义正义观的权利原则所体现出来的"按生产要素分配"④就具有其进步性与局限性，⑤ 同样，在社会主义社会"按劳分配"较之于"按生产要素分配"具有进步性，但较之于共产主义社会的"按需分配"又具有局限性，而"按需分配"就是适应共产主义社会的分配正义。⑥

正因为正义不过就是社会生产方式的结果，不过就是生产资料所有者的意志和利益的表现。所以，我们就能理解为什么西方古代正义观更偏向强调人的社会性、政治性、城邦性，⑦ 强调的是人的义务、责任，人（特别是哲学家）要过高尚生活，从而显得崇高。而近代正义观强调的是个人的自由、平等等各种权利，强调的是人的世俗利益，从而显得卑微。换言之，古代正义之所以"崇高"，在于人要"得其所应得"，必须成为"国家"成员⑧，从而占有生产资料，实现自己利益。而到了近代，国家

---

① 《马克思恩格斯选集》第 3 卷，人民出版社 1995 年版，第 37 页。

② 要使这三者之间不发生矛盾，只有等待分工消灭。

③ 《马克思恩格斯选集》第 3 卷，人民出版社 1995 年版，第 36 页。

④ 在资本主义社会中，"分配关系和分配方式只是表现为生产要素的背面。"（《马克思恩格斯选集》第 2 卷，人民出版社 1995 年版，第 13 页。）

⑤ 所以，"没有私有财产就没有正义"就真实地表达了资产阶级的心理。

⑥ 是由社会所有制决定的。

⑦ 人是天然的政治动物，人是为城邦而活的，城邦具有绝对的优越性。

⑧ 国家的存在是人的"内在必然性"。土地、劳动力等生产资料的获得只有靠"国家"，因为"普天之下莫非王土"。

跌落为人的"外在必然性",成为个人达到私人目的的手段,[①] 人们无须成为"国家"成员,只要拥有生产资料,通过雇佣劳动就可以实现自己的利益。

四　正义的最终诉求是人的自由而全面的发展

自古以来,人的自由全面发展一直是历史上一切进步的思想家所追求的目标,他们留下很多宝贵的资料和设想,形成了人类文明发展的优秀成果。马克思、恩格斯吸收、继承了人类思想史上关于正义思想的各种积极因素,始终把自由和平等作为与正义相联系的基本价值,毕生都在为争取人类的自由、平等和正义而不断努力奋斗。[②] 马克思把"每个人的自由发展"看成是人的发展目的,主张消灭资本主义社会关系,归根到底是要实现人的如下目标状态:"代替那存在着阶级和阶级对立的资产阶级旧社会的,将是这样一个联合体,在那里,每个人的自由发展是一切人的自由发展的条件。"[③] 1894 年,即恩格斯逝世的前一年,他仍然把"人的自由而全面的发展"作为他和马克思所创立的共产主义学说的核心思想来看待。"1894 年 1 月 3 日,卡内帕请求恩格斯为 1894 年 3 月起在日内瓦出版的周刊《新纪元》找一段题词,用简短的字句来表达未来的社会主义纪元的基本思想,以别于但丁曾说的'一些人统治,另一些人受难'的旧世纪。恩格斯在卡内帕来信的页边上写了这封回信的草稿。"[④] 恩格斯说:"我打算从马克思的著作中给您找出一则您所期望的题词。我认为,马克思是当代唯一能够和伟大的佛罗伦萨人(但丁)相提并论的社会主义者。但是,除了《共产党宣言》中的下面这句话(意大利文刊物《社会评论》579 第 35 页),我再也找不出合适的了:'代替那存在着阶级和阶级对立的资产阶级旧社会的,将是这样一个联合体,在那里,每个人的自由发展是一切人的自由发展的条件。'"[⑤] 至此,足见"人的自由而全面的发展"在马克思主义思想体系中的核心地位,足见马克思恩格斯对

---

① 《马克思恩格斯全集》第 46 卷(上),人民出版社 1979 年版,第 21 页。

② 不容否认的是马克思、恩格斯毕其一生批判、揭露资产阶级关于自由、平等、正义的神话,但这并不是要否定其本身,而是为了否认资本主义社会的自由、平等、正义的局限性和虚伪性。

③ 《马克思恩格斯选集》第 1 卷,人民出版社 1995 年版,第 294 页。

④ 《马克思恩格斯选集》第 4 卷,人民出版社 1995 年版,第 858 页。

⑤ 同上书,第 730—731 页。

"人的自由而全面的发展"的极端重视。① "人的自由而全面的发展"这句话包含有三层意义：② 一是，人的真正发展是指人的本质和特征能够真正得到充分发挥和发展。自由是指这种发挥和发展不是出于生存的逼迫或社会关系的强制，而是人以人自己占有和享受自己的全面本质为出发点和归宿的。二是，马克思讲的是"个人"的自由发展，这种发展必然导致强调人的自由个性，这正是对人的个性差异性的肯定，它使人性丰富多彩地展现出来。强调人的自由个性，也是对个体在其发展过程中进行选择的自主性的肯定，就是说，个人的发展是一种以个人为主体的自觉、自愿、自主的发展。三是，"每个人的自由发展"都是互为前提的，直接针对的就是资本主义社会将多数人的牺牲作为少数人享乐的条件，同时旨在表明这种自由发展是人人平等、没有例外的。可以说，"每个人的自由发展是一切人的自由发展的条件"，是人的发展的最高阶段和最高追求。

马克思认为，人类的物质生产活动是社会发展的根本动力，社会的生产方式是社会结构的深层基础。在社会的经济基础之上，还存在着由政治法律制度和社会意识形态所构成的社会上层建筑。社会经济基础的性质决定了上层建筑的性质，经济基础的变革决定了上层建筑的变革。根据这一辩证唯物主义和历史唯物主义的基本原理，马克思主义"从社会生产出发来理解正义"：正义是随着社会经济基础的发展而发展变化的，正义不是永恒不变的。"现在我们知道，这个理性的王国不过是资产阶级的理想化的王国；永恒的正义在资产阶级的司法中得到实现；平等归结为法律面前的资产阶级的平等；被宣布为最主要的人权之一的是资产阶级的所有权；而理性的国家、卢梭的社会契约在实践中表现为，而且也只能表现为资产阶级的民主共和国。"③ 因此，马克思主义呼吁无产阶级正义，"无产阶级所提出的平等要求有双重意义。或者它是对明显的社会不平等，对富人和穷人之间、主人和奴隶之间、骄奢淫逸者和饥饿者之间的对立的自发反应——特别是在初期，例如在农民战争中，情况就是这样；它作为这种自发反应，只是革命本能的表现，它在这里，而且仅仅在这里找到自己被提出的理由。或者它是从对资产阶级平等要求的反应中产生的，它从这种

---

① 中共中央编译局副局长、著名学者俞可平曾撰文明确指出，"人的自由而全面的发展"是马克思主义的最高命题。

② 徐春：《马恩论人的自由全面发展》，《学习时报》，2007 年 10 月 16 日。

③ 《马克思恩格斯选集》第 3 卷，人民出版社 1995 年版，第 720 页。

平等要求中吸取了或多或少正当的、可以进一步发展的要求……。在上述
两种情况下，无产阶级平等要求的实际内容是消灭阶级的要求。任何超出
这个范围的平等要求，都必然要流于荒谬。"① 站在无产阶级的立场，马
克思不满足于资产阶级思想家提出的形式正义的思想，而诉诸对实质正义
的追求。为此，马克思主义主张"消灭生产资料私有制，由'联合起来
的劳动者'掌握生产资料，在分配领域中实行'各尽所能，按劳分配'
原则，并最终实现以'各尽所能、按需分配'为特征的共产主义。'真正
的自由和真正的平等'只有在共产主义制度下才可能实现；而这样的制
度是正义所要求的"②。马克思认为在这个未来的社会——共产主义社会
里，"不再是物质生产方式即经济关系构成社会生活的基础，而是人本
身生产的方式即再生产全面发展的个人的关系构成这样基础；它将是一
个以各个人自由发展为一切人的自由发展的条件的联合体。在这种社会
中，社会对个人来说不再表现为一种实体性的外在强制力量，全面发展
的个性本身同时是一种直接的社会性，从而个人对社会来说也就获得了
完全的独立和自由，因而人本身才重新成为社会再生产的出发点与最终
目的。"③

五　正义主要指制度正义

自柏拉图明确在其名著《理想国》（副标题是"论正义"）中在个人
正义和制度正义两个层次使用正义这一概念开始，正义思想家们几乎都在
个人正义和制度正义两个层次使用正义这一概念，自苏格拉底、柏拉图、
亚里士多德一直到当代的罗尔斯概莫能外。一般来说，个人正义涉及的是
个人德性问题；制度正义涉及的社会基本结构问题。古代社会由于市民社
会和政治国家合二为一，私域、公域未分，个人正义和制度正义实际上是
统一的，很难截然分开。近代社会以来，基于市民社会和政治国家二元分
离，个人正义退隐至私域，制度正义开始显现其根本性，成为实现正义的
根基和核心。以至于罗尔斯说："正义是社会制度的首要价值。"④ 当我们
分析马克思正义观时，我们依然可以得出，正义主要指制度正义。

---

① 《马克思恩格斯选集》第 3 卷，人民出版社 1995 年版，第 448 页。

② 《马克思恩格斯全集》第 1 卷，人民出版社 1956 年版，第 582 页。

③ 孙伯、张一兵：《走进马克思》，江苏人民出版社 2001 年版，第 169 页。

④ ［美］约翰·罗尔斯：《正义论》，何怀宏、何包钢、廖申白译，中国社会科学出版社
1998 年版，第 3 页。

　　结合前文对西方分析马克思主义者关于"马克思与正义"的争论的分析，可以明显地看到，他们争论的依据都是马克思主义经典著作的文本表述，并由此引起理解差异，因而得出马克思赞成或反对正义的相反的结论。但实际上，非常重要的一点，就是他们并未深刻注意到马克思所主张的正义主要指制度正义，当认识到这一点时，很多问题就迎刃而解了。我们以资本主义剥削问题为例说明，当马克思把资本家对剩余价值的占有称作"掠夺""抢劫""诈取""盗窃"，把剩余产品称为"赃物"时，他强调的是要注意资本家背后的制度问题，并不单单是资本家个人的德性问题，因为资本家不过是"资本的化身"，是制度的执行者。我们有必要回顾以下马克思在澄清人们对剩余价值理论的误解时所做的阐释："在我的论述中，'资本家的利润'事实上不是'仅仅对工人的剥取或掠夺'。相反地，我把资本家看成资本主义生产的必要的职能执行者，并且非常详细地指出，他不仅'剥取'或'掠夺'，而且迫使进行剩余价值的生产，也就是说帮助创造属于剥取的东西；其次，我详细地指出，甚至在只是等价物交换的商品交换情况下，资本家只要付给工人以劳动力的实际价值，就完全有权利，也就是符合于这种生产方式的权利，获得剩余价值。"① 这里，可以非常清楚地看到，马克思反对用个人德性批判资本主义，而主张从制度上批判资本主义的不正义一面。

---

① 《马克思恩格斯全集》第 19 卷，人民出版社 1963 年版，第 401 页。

第五章　对劳动者"平等"保护：
自由主义正义观

　　据国际劳工组织估计，全球每年约有234万人死于工作事故和工作相关疾病。其中，约202万人死于各种工作相关疾病。全世界每天因工死亡6300人，其中5500人死于各种工作相关疾病。国际劳工组织估计，每年有1.6亿例非致命性工作相关疾病发生。被报告的疾病类型和发展趋势差别很大。例如，2010年，中国总共报告27240例职业病患者，其中23812例职业病患者是由接触工作场所的粉尘所致。同年，阿根廷共报告22013例职业病患者，其中肌肉骨骼失调症和呼吸道疾病发病率最高。2011年，日本共报告7779例职业病患者，主要涉及背部疾病和尘肺病，其中325例精神障碍患者获得了补偿。2011年，英国共有5920例职业病患者获得了补偿，其中尘肺病、间皮瘤和骨关节炎的患者最多。美国劳工统计局报告，2011年美国207500名工人患非致命性职业病，其中皮肤病、听力失聪、呼吸道疾病发病率最高，且获得了补偿①。

　　工伤赔偿责任谁来承担？自由资本主义阶段，盛行个人自由主义，工伤赔偿责任在理论和实践上都坚持"劳动者自己责任"的原则，即劳动者在工作中受到的伤害由劳动者本人承担，其依据是"危险自认说"。该说代表人物之一的亚当·斯密认为，雇主在给劳动者的工资中已包含对工作岗位危险性的补偿，雇主和劳动者的劳动合同是在双方平等、自由的基础上签订的，这就意味劳动者自愿接受了劳动风险，劳动者理应自行承担他们在工作过程中因发生工伤事故而蒙受的一切损失，因此雇主不承担工伤责任具有正当性。"当他（劳动者）行动的时候，他被认为意识到了自己行为的风险，他必须承担预期的后果。"②

---

①　摘自：《国际职业病防治形势与对策——2013年"世界职业安全健康日"报告摘要》。

②　［美］庞德：《美国法的形成时代》第4卷。转引自［美］施瓦茨《美国法律史》，王军译，法律出版社2007年版，第68页。

"劳动者自己责任"是劳动者"平等"保护的表现。近代市民社会的独立为对劳动者"平等"保护提供了广阔的社会背景。对劳动者"平等"保护是把劳动关系视为纯私（民）法的调整对象的结果。对劳动者"平等"保护是自由主义正义观，在古典自然法正义观和功利主义法学和早期分析法学正义观看来，对劳动者"平等"保护，就是符合正义的。而马克思主义既肯定了劳动者"平等"保护的正义性——历史进步性，又批判其非正义性——历史局限性，这些主要集中在对近代自由主义正义的自由、平等和私有财产的抽象性的揭露上。

第一节　对劳动者"平等"保护的历史背景：身份型社会到契约型社会

1861 年，亨利·詹姆斯·萨姆那·梅因（Sir Henry James Sumner Maine）发表了《古代法：其与社会早期史及现代思想的关系》。该书提出了著名的"从身份到契约"（from status to contract）命题："所有社会进步的运动在有一点上是一致的。在运动发展的过程中，其特点是家族依附关系的逐步消灭……。我们可以说，所有社会进步的运动，迄今为止，是一个'从身份到契约'的运动。"[①] 基于此，一般人们把近代资本主义社会

[①] ［英］梅因：《古代法》，沈景一译，商务印书馆 1984 年版，第 97 页。对此命题，我国学界尤其是法学界许多学者推崇备至，以至于一些学者认为这一命题说明了现代社会和以往各个时代的基本区别："英国的法律史学家梅因正是从这一点敏锐地捕捉到现代社会和以往各个时代的基本区别，他以个人权利的变化来划分时代。"（何清涟：《经济学与人类关怀》，广东教育出版社 1998 年版，第 191 页。）客观地讲，尽管这一命题具有很强的真知灼见，但"从身份到契约运动"实际上只是反映了古代社会到近代社会的史实，也就是说应指到 19 世纪为止，而并非"现代社会"和以往各个时代的基本区别。恩格斯评论这一论点时说："他自以为他的这种说法是一个伟大的发现，其实这一点就其正确之处而言，在《共产党宣言》中早已说过了。"（《马克思恩格斯选集》第 4 卷，人民出版社 1995 年版，第 122 页。）早于《古代法》13 年的《共产党宣言》的《资产者与无产者》明确指出，"资产阶级在历史上曾经起过非常革命的作用。资产阶级在它已经取得了统治的地方把一切封建的、宗法的和田园诗般的关系都破坏了。它无情地斩断了把人们束缚于天然首长的形形色色的封建羁绊，它使人和人之间除了赤裸裸的利害关系，除了冷酷无情的'现金交易'，就再也没有任何别的联系了。……总而言之，它用公开的、无耻的、直接的、露骨的剥削代替了由宗教幻想和政治幻想掩盖着的剥削。"

以前的社会称为身份型社会，而把近代资本主义社会称为契约型社会，与此相对应，身份型社会意味着等级制政治国家，契约型社会标志着近代市民社会①的独立，而近代市民社会的独立为对劳动者"平等"保护提供了广阔的社会背景。

一　身份型社会：等级制政治国家

在近代资本主义社会以前，是一种身份型社会，这种社会的特点是：

---

① "市民社会"是马克思主义唯物史观的基本概念之一，而对什么是马克思主义所指的"市民社会"，还有争论，但笔者认为可以大致分两种不同情况理解：一种指的是抽象意义上的市民社会，即经济基础或生产关系的总和，典型论据有："马克思从黑格尔的法哲学出发，结果得出这样一种见解：要获得理解人类历史发展过程的钥匙，不应当到被黑格尔描绘成'整个大厦的栋梁'的国家中去寻找，而应当到黑格尔所轻视的'市民社会'中去寻找。"（《马克思恩格斯全集》第16卷，人民出版社1964年版，第409页。）市民社会包括个人在生产力发展到一定阶段上的一切物质交往。它包括该阶段上的整个工业生活和整个商业生活……'市民社会'这一用语是在18世纪产生的，当时财产关系已经摆脱了古代的和中世纪的共同体。真正的资产阶级社会只是随同资产阶级发展起来的；但是这一名称始终标志着直接从生产和交往中发展起来的社会组织，这种社会组织在一切时代都构成国家的基础以及任何其他的观念的上层建筑的基础。"（《马克思恩格斯选集》第1卷，人民出版社1995年版，第130—131页。）"在生产、交换和消费发展的一定阶段上，就会有相应的社会制度，相应的家庭、等级或阶级组织，一句话，就会有相应的市民社会。有一定的市民社会，就会有不过是市民社会的正式表现的相应的政治国家"（《马克思恩格斯选集》第4卷，人民出版社1995年版，第532页。）一种指的是具体意义上的市民社会，即资本主义社会："实际需要、利己主义就是市民社会的原则：只要政治国家从市民社会内部彻底产生出来，这个原则就赤裸裸地呈现出来，实际需要和自私自利的神就是钱……钱是以色列人的嫉妒之神；在它面前，一切神都要退位。钱蔑视人所崇拜的一切神并把一切神都变成商品。钱是一切事物的普遍价值，是一种独立的东西，因此它剥夺了整个世界——人类世界和自然界——本身的价值。钱是从人异化出来的人的劳动和存在的本质；这个外在的本质却统治了人，人却向它膜拜。"（《马克思恩格斯全集》第1卷，人民出版社1956年版，第448页。）"人不仅在思想中、在意识中，而且在现实中、在生活中，都过着双重的生活——天国的生活和尘世的生活。前一种是政治共同体的生活，在这个共同体中，人们把自己看作社会的玩物；后一种是市民社会中的生活，在这个社会中，人们作为私人进行活动，把别人看作工具，把自己也降为工具，成为外力随意摆布的玩物，……人在其最直接的现实中，在市民社会中，是世俗存在物，……相反的，在国家中，即在人被看作是类存在的地方，人是想象中的主权中虚构的成员；在这里，他被剥夺了现实的个人生活，却充满非现实的普遍性。"（《马克思恩格斯全集》第3卷，人民出版社2002年版，第173页。）

所有社会关系都以身份关系为基础，而身份关系又是一种超经济的强制性关系，个人及其权利与政治国家紧密结合，人与人之间形成了严格的"身份等级"，包括政治等级以及由此引起的经济等级，等级形成特权，决定一切。一句话，"身份"成为确定社会关系的方式，时刻要求人们一切行为必须与自己的社会地位相称，形成了人与人之间的不平等、不自由。正如恩格斯所指出的那样："几乎把一切权利赋予一个阶级，另一方面却几乎把一切义务推给另一个阶级。"①

"身份等级"思想及制度源远流长，"在过去的各个历史时代，我们几乎到处都可以看到社会完全划分为各个不同的等级，看到社会地位分成多种多样的层次"② 前文所述西方古代正义观、神学正义观就是实例。③

在中世纪的等级制度下，市民社会和政治国家合二为一，④ 政治国家消融、淹没了市民社会，一切私域具有政治性质，或者说变成了公域："在庄园主的统治下，法院依附于某个地方权贵，而这个权贵无不敌视司法权的分立，一种绝对的权利观念几乎不容许任何个人维护自己的权利，以与政体相对抗。"⑤ 对此，马克思明确指出，中世纪"旧的市民社会直接地具有政治性质，就是说，市民社会的要素，例如，财产、家庭、劳动方式，已经以领主权、等级和同业公会的形式上升的国家生活的要素。"⑥ 进一步讲，"中世纪的精神可以表述如下：市民社会的等级和政治意义上的等级是同一的，因为市民社会就是政治社会，因为市民社会的有机原则就是国家的原则。"⑦ 而当时的市民阶级"本身对这个社会没有采取革命的态度，他们认为有地方诸侯的权威，贵族的特权，尤其是教会的特权都是当然的。他们甚至承认与他们生活方式显然矛盾的禁欲主义的道德。他们只希望在日光之下有一个地位。他们的要求只限于他们最不可缺少的

---

① 《马克思恩格斯选集》第 4 卷，人民出版社 1995 年版，第 178 页。

② 《马克思恩格斯选集》第 1 卷，人民出版社 1995 年版，第 272 页。

③ 可参见第三章第二节相关内容。

④ 同时也是政教合一。

⑤ ［美］艾伦·沃森：《民法法系的演变及形成》，李静冰等译，中国政法大学出版社 1997 年版，第 189 页。

⑥ 《马克思恩格斯全集》第 3 卷，人民出版社 2002 年版，第 186 页。

⑦ 同上书，第 90 页。

需要。"①

在资本主义生产方式确立以前的资本主义原始积累时期，新兴的资产阶级和资产阶级化的封建贵族，运用国家权力、通过暴力加速使直接生产者与生产资料相分离，由此使货币财富迅速集中于少数人手中，正如马克思所言："创造资本关系的过程，只能是劳动者和他的劳动条件的所有权分离的过程，这个过程一方面使社会的生活资料和生产资料转化为资本，另一方面使直接生产者转化为雇佣工人。"② 在原始积累时期，尽管作为市民社会一部分的资产阶级，尤其是商业资产阶级力量有所强大，对形成和发展资本主义曾起了较大作用："由于地理上的发现而在商业上发生的并迅速促进了商人资本发展的大革命，是促使封建生产方式向资本主义生产方式过渡的一个主要因素。"③ 但是，新兴资产阶级还未强大到独立的地步，还必须与资产阶级化的封建贵族、国王与诸侯们结成联盟，以取得相应的"身份"，依靠国家权力实现自己经济目的④："事实上，14—15 世纪的资本家，不管他们的出身有何不同，都不得不与诸侯们发生关系，而与诸侯们的利益完全一致。"⑤ 总之，在资本主义原始积累时期，市民社会已显露出与政治国家尤其是与教会神权相分离的一面，但这种分离的意义应该主要集中在与教会神权方面，以新兴资产阶级为代表的市民社会并未摆脱政治国家权力，甚至还需依赖，所以，市民社会和政治国家分离的任务还远未完成，"身份社会"依然残留。

二 契约型社会：近代市民社会的独立

16 世纪中叶至 17 世纪初，尼德兰爆发的革命，标志着人类社会历史上第一次成功的资产阶级革命。继其之后的英国资产阶级革命，比尼德兰

---

① [比] 亨利·皮郎：《中世纪欧洲经济社会史》，乐文译，上海人民出版社1964年版，第46页。

② 《马克思恩格斯全集》第44卷，人民出版社2001年版，第822页。

③ 《马克思恩格斯全集》第25卷，人民出版社1974年版，第371—372页。

④ 与此相适应，当时的经济政策主要遵循重商主义，（从时间上看，重商主义可以说与文艺复兴运动——人文主义同步。）重商主义是对资本主义生产方式的最初的理论考察，主张运用国家权力对社会经济生活实行强有力的管制，深入地渗透到经济领域，重商主义的政策、理论促进了资本的原始积累。

⑤ [比] 亨利·皮郎：《中世纪欧洲经济社会史》，乐文译，上海人民出版社1964年版，第193页。

革命更深刻，是一次具有世界意义的资产阶级反对封建专制制度的革命，它的胜利具有划时代的意义，标志着封建王朝的崩溃、资产阶级政权的建立和资本主义生产方式的壮大，标志着人类进入自由资本主义的历史时期。随后美国和法国发生了资产阶级革命，使得资本主义制度从欧洲扩展到世界各地，形成资本主义世界体系。① 从此，人类社会进入契约社会，而这一过程标明了近代市民社会摆脱政治国家的控制，独立于政治国家，这一过程的理论形态就是市民社会理论，而这一理论和近代政治自由主义、近代经济自由主义的理论不谋而合。

伴随着近代市民社会独立于政治国家的社会史实，自18世纪启蒙运动始②，政治思想家们已经看到这种社会巨变，尽管对这一巨变立场不完全一致，一些人和阶级阶层失落、悲观③，但更多的是信奉和为之欢呼，认为这种分离是一种不可阻挡的人类历史的进步，霍布斯是这样，洛克等

---

① 马克思指出："1648年的革命和1789年的革命，并不是英国的革命和法国的革命，这是欧洲范围的革命……它们宣告了欧洲新社会的政治制度，……而且在更大得多的程度上反映了当时整个世界的要求。"（《马克思恩格斯全集》第6卷，人民出版社1961年版，第125页。）

② 对"启蒙运动"的定义，《布莱克维尔政治学百科全书》是这样的：18世纪以及欧洲各国（和美国）的一场思想变革运动。所有启蒙运动的思想家们都坚定地信奉进步。（［英］米勒、波格丹诺主编：《布莱克维尔政治学百科全书》，邓正来等译，中国政法大学出版社2002年版，第243页。）《启蒙运动百科全书》是这样说的：用来描述18世纪的一场重大思想、文化运动的术语，这场运动的特征是深信人类知识能够解决现存的基本问题。（［美］赖尔、威尔逊：《启蒙运动百科全书》，刘北成、王皖强译，上海人民出版社2004年版，第11页。）

③ 作为苏格兰启蒙运动代表人物之一的亚当·弗格森在其标志着西方市民社会与政治国家相分离的第一部著作《市民社会史论》(*An Essay on the History of Civil Society*，1767，中译本为《文明社会史论》)中认为，代表城市生活和繁荣的商业活动的市民社会标志着国家的公共政治生活和市民的私人生活正在分离，而且步伐越来越快。但是，与绝大多数支持市民社会与政治国家相分离的思想家不同，弗格森认为，市民社会与政治国家的分离是社会走向堕落的标志。弗格森"把市民社会与政治国家高度重合的古希腊和罗马当作文明社会的典范，而把在当时市民社会与政治国家的分离程度最高的英国斥之为社会堕落的榜样"。（俞可平：《马克思的市民社会理论及其历史地位》，《中国社会科学》1993年第4期。）笔者认为，亚当·弗格森的担忧在一定程度上是看到了市民社会的内在缺陷，是有他的先见之明，具有进步意义的，后来的黑格尔甚至马克思在一定程度上是认可弗格森对市民社会的内在缺陷的担忧的。

是这样，潘恩更是这样。① 一般认为，霍布斯是"君主主权论者"，因为他认为君主主权是绝对至上、不可转让、不可分割。恩格斯是这样评价的："霍布斯是第一个近代唯物主义者（18 世纪意义上的），但是当君主专制在整个欧洲处于全盛时代，并在英国开始和人民进行斗争的时候，他是专制制度的拥护者。"② 然而，霍布斯实际上根据他的社会契约论是承认政治国家和市民社会的分离的，③ 并且霍布斯对君主专制制度的拥护是保留的，突出表现在他反对君主主权者干预经济生活，把经济领域视为私人领域，属于自治领域，这一领域属于市民阶级（资产阶级），君主主权者要保护市民的经济自由和因此的私有财产，个人享有"买卖或其他契约行为的自由，选择自己的住所、饮食、生业以及按自己认为适宜的方式教育子女的自由等。"④ 当然，我们也得承认，霍布斯对政治国家和市民社会的分离的承认和洛克、潘恩等比起来显得更为保守。霍布斯认为人性恶，人人都是利己主义者。自然状态中的人与人的关系是"狼与狼的关系"："最糟糕的是人们不断处于暴力死亡的恐惧和危险中，人的生活孤独、贫困、卑污、残忍而短寿。"⑤ 与霍布斯不同，洛克思想中自然状态是人人自由、平等，是一种他认为较为完备无缺的自由状态，他们按照他们认为合适的方法，决定他们的行动和处理他们的财产、生命和自由，而无须得到别的任何人的许可或听命别的任何人的意志，"一切权力和管辖权都是相互的，没有一个人享有多于别人的权力。"⑥ 洛克反对霍布斯的君主专制制度，他说，"如果一个统御众人的人享有充当自己案件的裁判者的自由，可以任意处理他的一切臣民，任何人不享有过问或控制那些凭个人的好恶办事的人的丝毫自由，而不论他所做的事情是由理性、错误或情感所支配，臣民都必须加以服务，那是什么样的政府，它比自然状态究

---

① 实际上，同时代的绝大多数思想家是和这三位思想家的观点是一致的，只不过他们具有代表性，J. 基恩在他的《民主、意识形态与相对主义》一书中认为其实在黑格尔之前，已经产生了相当明晰的市民社会与政治国家关系的认识，并且认为在黑格尔以前表现为三种模式，即霍布斯、洛克和潘恩三种模式。

② 《马克思恩格斯选集》第 4 卷，人民出版社 1995 年版，第 703 页。

③ 在这一点上，霍布斯和洛克等近代政治自由主义思想家的社会先于国家而存在的观点是一致的。

④ ［英］霍布斯：《利维坦》，黎思复、黎廷弼译，商务印书馆 1985 年版，第 165 页。

⑤ 同上书，第 95 页。

⑥ J. Locke, Two Treatises Government, Second Treatises。转引自顾肃《自由主义基本理念》，中央编译出版社 2003 年版，第 242 页。

竟好多少?"① 尽管"自然状态"是一种比较完满的状态，但毕竟还美中不足，因为"自然状态"是一个基于市场经济的独立但不自足的②个人间私欲冲突的场所，存在其自身无法解决的缺陷③，使得人们的"自然权利"常受到别人侵犯的威胁，使得这些权利经常处在不稳定状态之中，为了保护"自然权利"，他们便订立社会契约，让渡一部分自然权利④，成立国家和政府，但，"政府除了保护财产之外，没有其他目的。"⑤ 当国家和政府一旦不能保护人们的自然权利，人们就可以采取包括武力在内的手段推翻它，建立新的政权。"当立法者们图谋夺取和破坏人民的财产或贬低他们的地位使其处于专断权力下的奴役状态时，立法者们就使自己与人民处于战争状态，人民因此就无须再予服从，并通过建立他们认为合适的新立法机关以谋求他们的安全和保障。"⑥ 可见，洛克的市民社会和政治国家的分离较霍布斯彻底，在承认市民社会决定国家时，市民社会对国家享有最高裁判权。至于潘恩，更是政治国家和市民社会分离的信奉者、倡导者、拥护者，甚至可以说是政治自由主义的"最高代表者"。⑦ 潘恩是西方政治思想史上最明确把市民社会与政治国家加以区别的思想家，这表现在他与其同时代的思想家相比，他更倾向扩大市民社会的力量而限制政府在其"把国王和议会的权威撕成了碎片"的著名的"常识"中，潘

---

① 北京大学哲学系外国哲学史教研室编译：《十六世纪—十八世纪西欧各国哲学》，商务印书馆 1975 年版，第 474 页。

② 用黑格尔的话来讲，这是一个以契约性攫取为标志的具有盲目导向和机械导向的私欲间无休止冲突的场所。

③ 在洛克看来，自然状态中存在三方面缺陷：第一，缺少法律，因此缺少是非标准和裁判纠纷的共同尺度；第二，基于第一点，缺少知名的和公正的裁判者；第三，缺少执行者。实际上，这就蕴含"国家是必要的，但必须是立法、行政、司法三权分立"的思想。

④ 但生命、健康、自由或财产权利是没有放弃的。

⑤ ［英］洛克：《政府论》（下篇），叶启芳、瞿菊农译，商务印书馆 1983 年版，第 58 页。

⑥ 对国家是否违背契约而侵吞市民社会，也是由市民社会做出判断的："人民应该是裁判者。"（［英］洛克：《政府论》（下篇），叶启芳、瞿菊农译，商务印书馆 1983 年版，第 149 页。）

⑦ 有人用的是"极端"二字，笔者是发自肺腑佩服潘恩的人格的（不单是思想），所以把"极端"替换成"最高"。可参见朱学勤《两个世界的英雄——托马斯·潘恩》，《河南大学学报》1987 年第 1 期，中国人民大学《世界史·复印资料》1987 年第 4 期的相关内容。更全面了解潘恩这个"赤条条来去"的真正的"两个世界的英雄"，更可参见伯特兰·罗素及罗曼·罗兰正好相反却由衷认可的对潘恩的评价。

恩反对把"社会和政府混为一谈"①："社会是由我们的欲望所产生的，政府是由我们的邪恶所产生的；前者使我们一体同心，从而积极地增进我们的幸福，后者制止我们的恶行，从而消极地增进我们的幸福。一个是鼓励交往，另一个是制造差别。前面的一个是奖励者，后面的一个是惩罚者。"② 因此，市民社会在任何时候、任何情况下都是受欢迎的，而国家"即使在其最好的情况下，也不过是一件免不了的祸害。在其最坏的情况下就成了不可容忍的祸害。"③ 在其后的《人权》一书中，潘恩更着重指出市民社会和政治国家的反向关系："市民社会越发达，政治国家就越无足轻重，在真正的民主制中，政治国家至多不过是一种必要的邪恶"。④ 所以，潘恩的市民社会和政治国家的分离较洛克更彻底，在承认市民社会决定国家时，甚至把政治国家视为"一种必要的邪恶。"

　　不难看出，上述政治自由主义者所做的各种努力，已经在市民社会与政治国家的形式结构上做了大量区别，但其"尚未能或者未完全对社会之所以先于国家或外于国家的内在规定性做出明确的学理说明，更没有对社会与国家相互关系做出有实践根据的说明。"⑤ 这一任务的完成，就历史地落到了经济自由主义者身上了。随着自由资本主义的发展，商品经济愈来愈发达，经济领域内的带有封建专制主义痕迹的重商主义理论愈来愈显示出其不适应时代要求的一面，以"自然秩序的科学"为标志的重农主义者⑥对重商主义理论进行了严厉批判，并提出了自己的经济自由主义。⑦ 但真正完成对重商主义理论批判的首推亚当·斯密（Adam Smith）

---

① 潘恩把政府和国家实际上当同一概念使用。

② ［美］托马斯·潘恩：《潘恩选集》，马清槐译，商务印书馆1981年版，第3页。

③ 同上。

④ 俞可平：《马克思的市民社会理论及其历史地位》，《中国社会科学》1993年第4期。

⑤ 邓正来：《市民社会与国家——学理上的分野与两种构架》，载邓正来、［美］J. C. 亚历山大主编《国家与市民社会——种社会理论的研究路径》，中央编译出版社1999年版，第85页。

⑥ 可视为法国古典经济学。

⑦ 重农主义认为，人身自由和私有财产是自然秩序所规定的人类的基本权利，是天赋人权的主要内容：在亚当·斯密以前很久，散居于英国乡间的某些村民团体，已经开始接受如下这种观念：维护自身利益和经济自由是人类社会的自然法则。但他们的理论是建立在"纯产品学说"基础上的，他们认为财富的来源不是流通而是生产。在各经济部门中，他们认为只有农业是生产的。

的"天赋自由经济制度"的英国古典经济学①。亚当·斯密基于"经济人"假说②，认为人的本性是利己的，行为动机上只是追求个人利益，但是，在"各个事物都听任自然发展的社会"里，有一种规律性的力量，也可以称为"看不见的手"或"无形之手"，促使人们最终实现社会利益，形成社会利益和个人利益的一致："……他所盘算的也只是他自己的利益，……他受一只看不见的手指导，去尽力达到一个并非他本意想要达到的目的。也并不因为事非出于本意，就对社会有害。他追求自己的利益，往往使他能比在真正出于本意的情况下更有效地促进社会利益。"③ 这只"看不见的手"就是价值规律，就是资本主义竞争的自生自发势力，也就是意味着国家不能干预的作为经济领域的独立存在的市民社会，亚当·斯密坚决强调经济自律，坚决反对政府对商业和自由市场的干涉，认为国家的干涉，只能破坏这种"自然的最有利的资本分配"。

总之，无论是近代政治自由主义还是近代经济自由主义，通过对国家权力疆界的限定，都为市民社会与政治国家的分离做了各自的辩护，打破了政治国家权力无所不及的封建等级专制思想，极大地促进了人类社会进步。对此，马克思评论道："国家本身的抽象只是近代的特点，因为私人生活的抽象只是近代的特点。政治国家的抽象是现代的产物。"④ "或者更确切地说，只有市民等级和政治等级的分离才表现出现代的市民社会和政治社会的真正相互关系。"⑤

---

① 从本质上讲，与法国古典经济学一样，英国古典经济学是自由主义的，甚至可以说更是自由主义的："经济学打从问世那天起，就是自由主义的产物。"（［法］A. 皮埃特：《经济的三个时代》，转引自［法］佩尔努《法国资产阶级史》，上海译文出版社1991年版，第212页。）

② "经济人"假说的提出并加以严格界定者是约翰·穆勒："把人看作必然是在现有知识水平上以最少劳动和最小生理节制获取最多必需品、享受和奢侈品。"也就是说，"只把人看作是渴望占有财富，并能对达到目的各种手段的有效性进行比较。"（《海派经济学》第六辑，上海财经大学出版社2004年版，第135—136页。）后来西方主流经济学将其基本内涵界定为："把人看作是理性、自利、谋求利益最大化的主体。"

③ ［英］亚当·斯密：《国民财富的性质和原因的研究》，商务印书馆1974年版，第27页。

④ 《马克思恩格斯全集》第3卷，人民出版社2002年版，第42页。

⑤ 同上书，第91页。

第二节　劳动关系被视为私（民）法调整对象辨析：
自由主义正义观

一　对劳动者"平等"保护：近代市民社会的产物

在观念形态上，在近代政治自由主义、近代经济自由主义理论的大力支撑下，近代市民社会理论得以初步完成。在社会史实上，近代市民社会理论的初步完成，标志着近代市民社会已经建立。与中世纪封建等级制度相比，近代市民社会在经济基础、政治法律、文化道德方面发生了巨大变动，呈现出独特的社会风貌，市民社会作为一个"特殊性领域"，其本质上的"私域性"特色显露无遗，自此，市场经济、民主政治、私法自治、个人主义等观念深深地扎根于西方社会之中，依此也催生了对劳动者的"平等"保护。

（一）近代市民社会的经济基础：市场经济

客观地讲，不管是作为一个分析性范畴抑或是作为一个实体性存在，市民社会都是源于西方社会市场经济的历史经验事实，质言之，在西方近代社会发展史上，市民社会是作为市场经济的同构体存在、发展的。[①] 以交换为中心的市场经济体系构成了市民社会最基本、最重要的组成部分，市场原则构成了市民社会本质最基础、最根本的规定。

首先，近代市民社会完全是市场经济的产物。在古代和中世纪，自然经济占主导地位，市民社会和政治国家合为一体，政治国家消融、淹没了市民社会，一切私域具有政治性质，市民社会毫无个性、独立性可言，表现出高度的同质性和明显的整体性，自治性的社会领域几乎不存在，正如马克思所说："在中世纪，财产、商业、社会团体和每个人都有政治性质；在这里，国家的物质内容是由国家的形式规定的。在这里，一切私人领域都有政治性质，或者都是政治领域；换句话说，政治也是私人领域的特征。在中世纪，政治制度就是私有财产的制度，但这只是因为私有财产的制度就是政治制度。在中世纪，人民的生活和国家的生活是同一的。"[②]

---

① 袁祖社：《市场经济与现代"市民社会"的文化——意义共契与实践——价值共生》，《陕西师范大学学报》（哲学社会科学版）2004 年第 5 期。

② 《马克思恩格斯全集》第 1 卷，人民出版社 1956 年版，第 284 页。

市场经济具有瓦解自然经济促使其分化解体的内在的力量。市场经济以市场作为基础性资源配置手段，在价值规律这只"看不见的手"的自发自生作用下调节社会生产，鼓励竞争，推动经济社会发展。而"看不见的手"这一规律性力量意味着各个市场主体自发生产、交换、消费、竞争，竭力摆脱政府的家长式控制，这样，在经济领域政治国家的干预力量日益萎缩，最后，"随着一切现有财产变成为工业资本或商业资本"，最终作为"历史结果"而非斯密式起点的"18世纪个人"，构成了"16世纪以来就做了准备而在18世纪大踏步走向成熟的市民社会。"①

其次，市场经济规定了近代市民社会的本质。近代市民社会属于私人利益自治领域，是一个"私欲间的无休止的冲突场所"，人们个个都是"强有力的智者"——"经济人"，② 人们从事经济、政治法律文化活动，都是为了更大程度地满足自身的需要。质言之，近代市民社会的一切活动或本质活动就是物质利益攫取性的，"物质利益攫取"用通俗的话语讲，就是"市场经济就是金钱经济"，而物质利益的攫取，必然要通过市场经济，通过市场，市民社会所有外在的使用价值和内在的价值得以交换，从而使资源得以配置，物质交往方式得以实现："在过去一切历史阶段上受生产力所制约同时又制约生产力的交往形式，就是市民社会。"③

第三，平等、自由、竞争等自主性品格完全是发散性的市场基因扩展的产物。市场经济是交换经济，④ 而交换必然要求市场主体间地位和机会的平等，不管是自然人还是企业等法人或组织，每个市场主体在市场活动中都是独立自主地自我判断、自我选择、自我行为、自我负责。因此市场本能地反对政府的过多干预，在这种情况下，市场主体的平等意识、自由意识、竞争意识等市民社会的自主性品格就最终得以确立。一如马克思所揭示的："我们越往前追溯历史，个人，从而也是进行生产的人，就越表现为不独立，从属于一个较大的整体……只有到18世纪，在'市民社会'中，社会联系的各种形式，对个人说来，才表现为只是达到他私人目的的手段，才表现为外在

① 《马克思恩格斯全集》第30卷，人民出版社1995年版，第22页。

② "经济人"是极其利己、狡猾至极的人，是利己的、理性的、运动着的、平等而自由的人。始终是受利益引导的个人。（［日］星野英一：《私法中的人》，王闯译，中国法制出版社2004年版，第35—38页。）

③ 《马克思恩格斯选集》第1卷，人民出版社1995年版，第87—88页。

④ 正如亚当·斯密所说："无论是谁，如果他要与旁人做买卖，他首先就要这样提议：请给我以我要的东西吧，同时，你也可以获得你所要的东西。"（［英］亚当·斯密：《国民财富的性质和原因的研究》，商务印书馆1997年版，第13页。）

的必然性，但是，产生这种孤立个人观点的时代，正是具有迄今为止最发达的社会关系（从这种观点看来是一般关系）的时代。"①

（二）近代市民社会的法律：私人利益本位的私（民）法②

虽然我们一直强调在古代社会政治国家消融市民社会，但是应当承认，其实际上在一些方面也暗含了政治国家和市民社会的分离。古希腊罗马的自由、平等等市民社会思想是依稀存在的，尽管是与当时简单商品生产相一致的初级存在。古罗马法学家乌尔比安在其所著的《学说汇编》中第一次划分了公法与私法："它们（法律）有的造福于公共利益，有的则造福于私人。公法见之于宗教事务、宗教结构和国家管辖机构之中。"③《法学阶梯》④ 明确接受这种划分："公法涉及罗马帝国的政体，私法则涉及个人利益。"⑤ 尽管这一划分是和当时简单商品生产相联系，但以此为核心的罗马法对后世产生了深入骨髓的影响。恩格斯曾高度评价罗马法："商品生产者社会的第一个世界性法律。……它对简单商品所有者的一切本质的法的关系（如买主与卖主、债权人和债务人、契约、债务等）……所作的无比明确的规定作为基础。"⑥ 因此，"罗马法是纯粹私有制占统治的社会的生活条件和冲突的十分经典性的法律表现，以致一切后来的法律都不能对它做任何实质性修改。"⑦

由于"私法的本质只是确认单个人间的现存的、在一定情况下是正常的经济关系"⑧，"民法准则只是以法律形式表现了社会的经济生活条件。"⑨ 而这里的"正常的经济关系""社会的经济生活条件"在近代市

---

① 《马克思恩格斯全集》第30卷，人民出版社1995年版，第25页。

② 民法是最典型的私法，一般情况下是可以通用的。

③ ［意］彼德罗·彭梵得《罗马法教科书》，黄风译，中国国政法大学出版社1992年版，第9页。

④ 《法学阶梯》又译成《法学总论》，是《民法大全》（又称《查士丁尼法典》《国法大全》，是东罗马帝国皇帝查士丁尼一世下令编纂的一部汇编式法典，是罗马法的集大成者）的重要组成之一，其他三部分是：《法典》《学说汇编》《新律》。

⑤ ［古罗马］查士丁尼：《法学总论》，张企泰译，商务印书馆1989年版，第5—6页。

⑥ 《马克思恩格斯选集》第4卷，人民出版社1995年版，第252页。

⑦ 《马克思恩格斯全集》第21卷，人民出版社1965年版，第451页。12—15世纪罗马法复兴后，以德国为代表的许多国家相继采用了罗马法。德国是采用罗马法最积极的国家。罗马法在德国一直被沿用到19世纪末期，直到《德国民法典》制定，但其也挣不脱罗马法巨大的影响。

⑧ 《马克思恩格斯选集》第4卷，人民出版社1995年版，第252页。

⑨ 同上书，第253页。

民社会里得到充分的体现，那就是：商品经济的高级形态——市场经济，也正是因为市场经济的物质利益攫取性的本质，使得以私人利益为本位的私（民）法的作用在近代市民社会表现得淋漓尽致，私（民）法在近代市民社会获得了极佳的"生存"条件，近代私（民）法三大原则——私有财产权神圣不可侵犯、契约自由和过失责任得以确立。

近代私（民）法的首要原则是私有财产权神圣不可侵犯，因为"市民社会的所有活动追求的是以个人私欲为目的特殊利益，是人们依凭契约性规则进行活动的私域。"① 而个人私欲主要是财产利益，在近代市民社会观念看来："对财产的占有欲是一种普遍现象，它存在于动物和人类之中，存在于孩子和成人之中，存在于原始人和现代人之中。它根植于人的自保本能，对于提高自信和自我能力的内心感知来说，它又是一个重要的心理标尺。"② 甚至认为："对财产的欲望超乎其他一切欲望之上，这就是文明伊始的标志。"③ 因此，"财产作为物质利益的承担者，同时也是社会的全部权利和权力即法权的物质基础。"④

契约自由原则，也称"意思自治"原则，是私法的精髓。⑤ 前文所言，近代市民社会的一切活动或本质活动就是物质利益攫取性的，而物质利益的攫取，必然要通过市场，市场运行的基本纽带就是契约，通过契约，市民社会所有外在的使用价值和内在的价值得以交换，从而使资源得以配置，物质交往方式得以实现，而"交换""物质交往方式"转换为私法语言就是"契约"⑥："通过交易获得财物的契约。我在分析商品流通中指出，还在不发达的物物交换情况下（强买强卖不属于交换），参加交换的个人就已经默认彼此是平等的个人，是他们用来交换财物的所有

① 邓正来：《市民社会与国家——学理上的分野与两种构架》，载邓正来、［美］J. C. 亚历山大主编《国家与市民社会——一种社会理论的研究路径》，中央编译出版社 1999 年版，第 85 页。

② *Richard Pipes*, *Property and Freedom*, *Alfred A. Knopf New York*, 1999, p. 116.

③ ［美］路易斯·亨利·摩尔根：《古代社会》（上册），杨东莼等译，商务印书馆 1977 年版，第 6 页。

④ 童之伟：《法权与宪政》，山东人民出版社 2001 年版，第 24 页。

⑤ "私法最重要的特点莫过于个人自治或其自我发展的权利。契约自由为一般行为自由的组成部分……它也是自由经济不可或缺的特征……因此，契约自由在整个私法领域具有重要的核心作用。"（［德］罗伯特·崔恩、海因·利茨等：《德国民商法导论》，楚建译，中国大百科全书出版社 1996 年版，第 90 页。）

⑥ "一项契约是两个或更多的人之间就契约规定的作为所导致的同一效果达成意思合致的协议。"（江平、米健：《罗马法基础》，中国政法大学出版 1987 年版，第 216 页。）

者；他们还在彼此提供自己的财物，相互进行交易的时候，就已经做到这一点了，这种通过交换和在交换中才产生的实际关系，后来获得了契约这样的法的形式。"① 通过契约自由原则，一方面为市民社会内部利益交换关系的顺利实现提供可靠的法律保障，另一方面，契约关系所蕴含的自由、平等、竞争等一系列规则及其精神，② 也能对抗外部政治国家干预。

过失责任原则表明市民社会内部利益交换过程中，既然主体间地位和机会都是平等，每个市场主体在市场活动中都是独立自主地自我判断、自我选择、自我行为的，所以应自我负责，因此，过错责任也是前述两项原则的必然结果。

（三）对劳动者"平等"保护：把劳动关系视为纯私（民）法的调整对象

由于近代市民社会市场经济的本质规定性以及由此决定的私人利益本位的私（民）法的基本地位的确立，使得对劳动者的"平等"保护这一法律观念得以催生，而这一法律观念是建立在把劳动关系视为私（民）法的调整对象的基础上的。

对劳动关系性质的认识有一个历史的过程，在前资本主义时期的罗马法时期，在政治上，大部分人的自由身份被强行剥夺，可以说大部分劳动都是强制劳动。可是，由于当时商品生产的简单发展，近现代意义的自由劳动关系一定范围内存在于自由民和平民之间。这种劳动关系被视为租赁关系，这种租赁关系对应的是与对物的租赁相对的对人租赁，租赁标的为劳动力，劳动关系消灭后，就直接回复劳动力。③ 中世纪日耳曼法时期，随着封建制的建立，近现代意义的自由劳动关系不复存在，由于社会成员之间存在着封建依附关系，日耳曼法摈弃了罗马法以债权法的契约关系规范劳动关系的做法，视这种劳动关系为身份关系。认为劳动力的给付与受

---

① 《马克思恩格斯全集》第 19 卷（上），人民出版社 1963 年版，第 422—423 页。

② 契约自由精神实际上也就是市场经济运行的一般规则在上层建筑领域中的反映和表现。

③ 这一点可以在后来的资产阶级民法典《法国民法典》中清晰看到，《法国民法典》承袭罗马法的传统，将雇佣合同称为"劳动力租赁"："租赁契约，可以分为两种：物的租赁契约；劳动力租赁契约。"（第 1700 条规定）劳动关系被视为租赁关系，是简单商品经济时代的产物，视为租赁关系比起强迫性的丧失人身自由的奴隶依附劳动来说，明显是一种历史进步，但劳动力与劳动者人身须臾不可分离，其毕竟不是一般的租赁物，把劳动力视为租赁标的物并不科学。

领并非单纯的债权债务关系，特别是从劳动地位的取得来看，其具有身份性更为明显。在英国，此时把雇佣关系也视为身份关系，认为类似亲子间监护关系，遵循与处理亲子关系相同的原则。①

时间跨入资本主义时期，伴随商品生产的发达，市场经济的形成，生产资料和劳动力作为极为重要的生产要素市场的组成部分，表明劳动力已成为特殊商品，资本主义国家已经承认劳动者对自己劳动力这一特殊商品的所有权，可以和作为生产资料所有权者的资本家之间建立平等、自由的交换关系，这种交换关系就是资本家作为雇主、劳动者作为雇工的雇佣关系，其最基本的表现就是劳动者自由出卖劳动力而取得维持生存的工资，资本家通过支付工资而取得劳动力的使用权，尽管其背后是资本增殖关系，但表面上依然是平等自由的商品交换关系。这种平等自由的商品交换关系在法律上被视为平等关系和经济财产关系，因而就当然成为私（民）法的调整对象，劳动关系被视为纯债权关系，遵循私法自治原则。

在这种背景下，1804 年，法国颁布了世界上首部资产阶级民法典《法国民法典》，这个法典在继承罗马法传统的基础上，将近代政治自由主义的平等自由思想和法国特别是英国古典经济学的"自由放任"（Laissez–faire）、"看不见的手"（invisible hand）的经济学语言转化为法律语言，那就是私法上的"意思自治""契约（合同）自由"，并旗帜鲜明地提出了私有财产权神圣不可侵犯和过失责任另外两大近代民法基本原则。值得指出的是，意思自治原则，在《法国民法典》中得到了充分的反映，成为《法国民法典》的精髓："成为自由资本主义时期法国民法制度赖以建立的最重要的一块基石，在长达百年的时间内，被奉为神圣的、不可动摇的法律准则。"② 这在其他国家也不例外，例如，美国著名历史学家布鲁克斯·亚当斯根据自己的研究结果甚至断言："美国的文明建立在契约

① 劳动关系被视为较为强烈的人身依附关系，是中世纪封建时代自然经济的产物，应该说是与商品经济背道而驰的，所以，伴随着12—15 纪开始的适应商品经济的罗马法的复兴（以西欧国家为代表），日耳曼法固有的劳动人身依附关系观念被复兴的罗马法的劳动租赁观念（《法国民法典》）所取代，进而劳动租赁观念被劳动买卖观念所替代。（《法国民法典》依然例外）（黄越钦：《劳动法新论》，中国政法大学出版社 2003 版，第 86 页。）

② 尹田：《契约自由与社会公正的冲突与平衡》，载《民商法论丛》第 2 卷，法律出版社 1994 年版，第 256 页。

自由的基础之上。"① 在劳动关系的民法典规定上，近代各国民法典都把劳动者和雇佣者当作抽象掉了各种能力和财力等的抽象的个人。② 把他们当作平等的主体来同样对待，两者之间的经济实力、社会势力、信息来源等差别没有被当成问题，民法典是不知道农场主、手工业者和工场主、企业主、劳动者等之间区别的，而只知道他们是完完全全的法律主体，只是"人"，而且是绝对自由的人③。因此，近代自由资本主义时期各国民法制度都把雇佣关系作为一种"平等""自由"的纯债权关系来加以规定，把劳动关系视为纯私（民）法的调整对象。④

二　对劳动者"平等"保护：自由主义正义观

前文已述，近代正义观，首先是始于人文主义运动的古典自然法正义观，古典自然法的代表人物洛克、卢梭等完成了对神学自然法的颠覆，使神学自然法脱下了上帝的外衣，从天国转向了人间，实现了世俗化，有力地促进了资产阶级革命的成功。从此以后，自由、平等的观念深入人心。在正义观上，也迈入近代。近代正义观中的正义，仍以"自然"为参照，但已大大发展：这时的"自然"已是人的理性，是人人都具有的理性；这时的"自然"已内涵平等、自由观念；这时的"自然"已为世俗的个人服务；这时的"自然"已以世俗的利益为追求。洛克思想中的自然状态是人人自由、平等，保护人的生命、健康、自由或财产就是自然法、理性，也就是正义，相应地，这些为自然法所规定的生命、健康、自由或财产的权利就是"自然权利"。卢梭思想中的自然状态中，人与人之间是一种自由平等关系，尽管卢梭的自然状态不同于其他自然法学家的描述，他把平等、自由这些理念建立在自爱心和怜悯心两种先于理性而存在的人的本性上，但是，从他的自然状态中照样能推导出人的自然权利——平等、自由、财产，⑤ 而这些都是符合正义的。至于哲理法学派的正义观，经由

---

① 转引自［美］伯纳德·施瓦茨《美国法律史》，王军等译，中国政法大学出版社1990年版，第134页。

② ［日］星野英一：《私法中的人》，王闯译，中国法制出版社2004年版，第35页。

③ 参见［德］拉德布鲁赫《法学导论》，米健、朱林译，中国大百科全书出版社1997年版，第66页。

④ 当然，我们还得承认，德国民法典、瑞士民法典等有一些对劳动者利益倾斜保护的规定，但毕竟还是把劳动关系视为平等自由的债权关系（契约关系）的。

⑤ 卢梭主张对财产进行一定程度的限制。具体参见第三章第二节相关内容。

康德的非典型社会契约论①到黑格尔的反社会契约论②，实际上是在秉承卢梭正义观的基础上，主张对形式平等、形式自由进行一些纠正，康德的手段是"绝对命令"，黑格尔是"国家"。但总的来说，哲理法学派的正义观和古典自然法一样也是以抽象的人性论作为研究的出发点，追求平等、自由，尤其是自由。至于功利主义法学和早期分析法学正义观，与古典自然法正义观不同之处在于，其以功利主义反对社会契约论，认为功利是正义的基础，实际上，尽管二者激烈争论，但都指向自由主义，都认为权利是正义观念的本质，权利是平等权、自由权、财产权，③ 只不过古典自然法正义观的权利是通过"自然状态"推导的，功利主义法学和早期分析法学正义观的权利是通过功利主义推导的，同时这时的功利主义主要是一种个人功利主义。④

　　对劳动者"平等"保护，就是意味着劳动者自由出卖劳动力而取得工资，资本家支付工资取得劳动力的使用权，表面上是平等自由的商品交换关系，在法律上被视为平等、自由的财产关系，所以，在古典自然法正义观和功利主义法学和早期分析法学正义观看来，对劳动者"平等"保护，就是符合正义的。

第三节　对劳动者"平等"保护的解读：基于 马克思正义观视野

　　纵观马克思主义经典著作文本，尽管马克思主义经典作家认为平等权、自由权、财产权等只不过是资产阶级法权，但实事求是地讲，他们并未从法学角度专门对劳动者"平等"保护所涉及的平等权、自由权、财产权进行分析批判，进而对其正义性进行剖析，他们这方面的思想主

---

① 罗尔斯就明确指出，康德持社会契约论观点。康德认为，国家的终极根源是先验的实践理性（即善良意志）。笔者自认为这和卢梭的自爱心和怜悯心相似。

② 黑格尔主张国家的本质在逻辑上是先在的。

③ 边沁曾真心赞叹道："没有洛克，我将毫无所知。""自由的定义是我的体系的奠基石之一，无此我将不知如何着手。"（转引自袁刚《论边沁的功利主义自由观》，《兰州学刊》2009 年第 4 期。）

④ 有一点不同的是，约翰·穆勒更重视总体（社会）功利。

要是通过他们的市民社会理论和对资本主义雇佣劳动①的分析批判体现的。②

如何看待马克思对劳动者"平等"保护所涉及的平等权、自由权、财产权进行的分析批判，进而对其正义性剖析，关键在于理解马克思评价社会历史的两个尺度。马克思在评价人类社会发展的历史现象时都是历史尺度和价值尺度的有机统一。历史尺度就是历史唯物主义的尺度，归根结底指的是生产力的发展对人类社会的发展的意义，认为凡是有利于生产力发展和社会进步的社会历史和现象都具有暂时的进步意义，它站在"实然"的角度来评价社会历史和现象。所谓价值尺度就是对历史进程和历史事件作出人道评价，它站在"应然"的角度来评价社会历史和现象。马克思对劳动者"平等"保护所涉及的平等权、自由权、财产权的看法，就是历史尺度和价值尺度的有机统一。一方面，马克思肯定了其历史进步性；另一方而，马克思又批判了其历史局限性。

人类社会发展的评价尺度应该是历史尺度与价值尺度的统一。历史尺度指的是生产力的发展对人的发展的意义，价值尺度则是从人的生存和发展出发来对历史进程和历史事件作出评价的。以生产力的发展作为人类社会发展总的尺度，是历史尺度和价值尺度的统一。

一 对劳动者"平等"保护：否弃异化的社会关系

在马克思历史唯物主义的正义理论看来，认识正义问题的基本前提和先决条件是社会生产推动人类社会发展，是人类社会生产决定了正义的历史性和相对性。

对劳动者"平等"保护，尽管是以表面上的平等自由的商品交换关系掩盖了其背后的资本增值关系，而这种资本增值关系实际上就是资本主义剥削，但是马克思还是肯定了其历史进步性：对劳动者"平等"保护是对异化的社会关系的否弃。

从马克思评价社会历史的历史尺度和价值尺度来看，对劳动者"平等"保护有它的历史必然性，那就是，首先，对劳动者"平等"保护是近代市民社会的产物：近代市民社会与政治国家的分离打破了政治国家权力无所不及的封建等级专制制度，以交换为中心的市场经济体系构成了市

---

① 在马克思主义看来，资本主义剥削是资本主义雇佣劳动的本质特征，因此，资本主义剥削的讨论其实就是关于资本主义雇佣劳动的讨论。

② 对这一问题的探讨，也可参见第四章相关内容。

民社会本质最基础、最根本的规定，由此市场主体的平等、自由、竞争意识等市民社会的品格就最终得以确立，反映在"本质上只是确认单个人间的现存的在一定情况下是正常的经济关系"的私（民）法上，就是私有财权神圣不可侵犯、契约自由和过失责任这些近代私（民）法三大原则①。而近代市民社会的出现是一种不可阻挡的人类历史的进步。其次，对劳动者"平等"保护所体现的资本主义雇佣劳动的本质特征——资本主义剥削也具有一定的历史必然性和进步性。人类社会的发展是一个自然的历史过程，生产力决定生产关系，生产关系要适应生产力发展。剥削是一种分配关系，从属于生产关系，其存在和发展具有一定的历史必然性。② 但同时具有其进步性："资本的文明面之一是，它榨取剩余劳动的方式和条件，同以前的奴隶制、农奴制等形式相比，都更有利于生产力的发展，有利于社会关系的发展，有利于更高级的新形态的各种要素的创造。"③ 这些肯定在《共产党宣言》对资产阶级的评价④、《资本论》中对资本家作为资本的人格化的评价⑤、对资本家的态度⑥、剥削是否有利于

---

① 具体请参阅前文"劳动者'平等'保护：近代市民社会的产物"相关内容。

② 只要有私有制，剥削必然存在："凡是社会上一部分人享有生产资料垄断权的地方，劳动者，无论是自由的或不自由的，都必须在维持自身生活所必需的劳动时间以外，追加超额的劳动时间来为生产资料的所有者生产生活资料，不论这些所有者是雅典的贵族、伊特剌斯坎的僧侣、罗马的市民、诺曼的男爵、美国的奴隶主、瓦拉几亚的领主、现代的地主，还是资本家。"（《马克思恩格斯选集》第 3 卷，人民出版社 1995 年版，第498 页。）

③ 《马克思恩格斯全集》第 25 卷，人民出版社 1974 年版，第 925—926 页。

④ "资产阶级在它的不到一百年的阶级统治中所创造的生产力，比过去一切世代创造的全部生产力还要多，还要大。"

⑤ "资本家只有作为人格化的资本，他才有历史的价值……他狂热地追求价值的增值，肆无忌惮地迫使人类去为生产而生产，从而去发展社会生产力，去创造生产的物质条件；而只有这样的条件，才能为一个更高级的、以每个人的全面而自由的发展为基本原则的社会形式创造现实基础。"（《马克思恩格斯全集》第 23 卷，人民出版社 1972 年版，第 649 页。）

⑥ "我决不用玫瑰色描绘资本家和地主的面貌。不过这里涉及的人，只是经济范畴的人格化，是一定的阶级关系和利益的承担者。我的观点是把经济的社会形态的发展理解为一种自然历史过程。不管个人在主观上怎样超脱各种关系，他在社会意义上总是这些关系的产物。同其他任何观点比起来，我的观点是更不能要个人对这些关系负责的。"（《马克思恩格斯选集》第 2 卷，人民出版社 1995 年版，第 101—102 页。）

工人①都有较为充分体现。我们以马克思的下述论断作为其对劳动者"平等"保护的历史进步性总结:"在资本对雇佣劳动的关系中,劳动即生产活动对它本身的条件和对它本身的产品的关系所表现出来的极端的异化形式,是一个必然的过渡点,因此,它已经自在地但还只是以歪曲的头脚倒置的形式,包含着一切狭隘的生产前提的解体,而且它还创造和建立无条件的生产前提,从而为个人生产力的全面的、普遍的发展创造建立充分的物质条件。"②

二 对劳动者"平等"保护:超越抽象人权的阈限

从马克思评价社会历史的历史尺度和价值尺度来看,在肯定对劳动者"平等"保护的历史必然性和进步性的同时,同样的基于他们的近代市民社会理论和对资本主义雇佣劳动分析,马克思主义经典作家剖析了对劳动者"平等"保护的历史局限性,指出对劳动者"平等"保护的所体现的自由主义正义的限度根源于市民社会所固有的限度,这些主要集中在对近代自由主义正义的自由、平等和私有财产的抽象性的揭露上,进而我们就会把握对劳动者"平等"保护的历史局限性,最终要求超越抽象人权的阈限。

马克思认为,近代市民社会和政治国家的二元分离,取消了市民社会的政治性质,使市民社会从等级、特权中解放出来,其所追求的自由、平等、私有财产等正义观念相较于封建制度,是一种历史进步,是市场(商品)经济的产物,商品交换"除了平等的规定外,还要加上自由的规定"。③ 个人意义上的私有财产只有在市场(商品)经济条件下才有可能。④ 尽管如此,当马克思从社会物质生活条件出发,就会发现自由主义

---

① "随着资本的增长……资本的剥削和统治的范围只是随着它本身的规模和它的臣民的人数的增大而扩大。在工人自己所生产的日益增加的并且越来越多地转化为追加资本的剩余产品中,会有较大的份额以支付的形式流回工人手中,使他们能扩大自己的享受范围,有较多的衣服、家具等消费基金,并且积蓄一小笔货币准备金。但是,吃穿好一些、待遇高一些、持有财产多一些,不会消除奴隶的从属关系和对他们的剥削,同样也不会消除雇佣工人的从属关系和对他们的剥削。"(《资本论》第1卷,人民出版社2004年版,第714页)

② 《马克思恩格斯全集》第30卷,人民出版社1995年版,第511—512页。

③ 自由、平等是商品交换的内在必然性。

④ 在市民社会和政治国家合二为一的时代,"一切私人领域都具有政治性质",不存在个人意义上的私有财产,只有通过政治国家才能实现自己的私人利益。参见前文第三章第二节相关内容。

正义观明显的历史局限性。

（一）从近代自由、平等的抽象性来看

马克思基于历史唯物主义的视角，立足于社会历史的现实，通过对自由、平等的深入分析，揭示出了近代自由、平等的抽象性，揭示出了自由主义试图通过自由平等来实现自由主义的正义，在现实中是无法实现的，"似乎都是建立在流沙堆上的"。① 因此是最不稳固的。因为自由主义关于自由和平等的基本价值理念，与自由主义的整个理论形态是一致的，都是建立在市民社会的基础之上，深深地打上了市民社会的印记，而市民社会本身具有局限性决定了自由主义的自由和平等有先天缺陷，难以成为人类的永恒追求的价值理念。

1. 近代自由、平等是近代市民社会的产物。自由和平等不是一个永恒的、先验的、固定的范畴，而是一个历史发展的产物。自由和平等并不是渊源于自然状态的，而是渊源于商品经济、渊源于近代市民社会这一"天然"基础。自由平等的观念，"无论以资产阶级的形式出现，还是以无产阶级的形式出现，本身都是一种历史的产物，这一观念的形成，需要一定的历史条件，而这种历史条件本身又以长期的以往的历史为前提……如果它现在对广大公众来说——在这种或那种意义上——是不言而喻的……那么这不是由于它具有公理式的真理性，而是由于 18 世纪的思想得到普遍传播和仍然合乎时宜。"② 在市民社会和政治国家合一的时代，即在古代和中世纪，并不存在自由主义的自由和平等。③ 自由、平等是近代市民社会脱离政治国家之后的产物。④ 在中世纪的等级制度下，市民社会和政治国家合二为一，⑤ 这种"合一"使近代意义的自由、平等之所以未能在古代和中世纪出现，原因在于自由和平等所要求的商品生产的关系还没有出现。⑥ 马克思认为，平等、自由的观念是对资产阶级社会的经济生活的理论反映，资本主义社会的自由和平等是建立在商品交换的基础上的："每一个主体都是交换者，也就是说，每一个主体和另一个主体发生的社会关系就是后者和前者发生的社会关系。因此，作为交换的主体，他

---

① ［法］卢梭：《论人类不平等的起源和基础》，高煜译，广西师范大学出版社 2009 年版，第 80 页。

② 《马克思恩格斯选集》第 3 卷，人民出版社 1995 年版，第 448—449 页。

③ 《马克思恩格斯全集》第 1 卷，人民出版社 1956 年版，第 284 页。

④ 《马克思恩格斯选集》第 3 卷，人民出版社 1995 年版，第 446—447 页。

⑤ 同时也是政教合一。

⑥ 《马克思恩格斯全集》第 46 卷（上），人民出版社 1979 年版，第 197 页。

们的关系是平等的关系";商品交换"除了平等的规定以外,还要加上自由的规定";① "如果说经济形式,交换,确立了主体之间的全面平等,那么内容,即促使人们进行交换的个人材料和物质材料,则确立了自由。可见,平等和自由不仅在以交换价值为基础的交换中受到尊重,而且交换价值的交换是一切平等和自由的生产的、现实的基础。作为纯粹观念,平等和自由仅仅是交换价值的交换的一种理想化的表现;作为在法律的、政治的、社会的关系上发展了的东西,平等和自由不过是另一次方的这种基础而已。"②

2. 近代自由、平等的封闭性、虚假性、消极性。近代市民社会中的人是异化的人,是"封闭于自身、私人利益、私人任性,同时脱离社会整体的个人的人,"③ 是"利己主义的人"④,人的自由就是"孤立的、封闭在自身的单子里的那种人的自由。"⑤ 平等"即每个人都同样被看作孤独的单子"⑥,并且平等、自由是奠定在资本主义私有财产之上的,近代自由、平等实际上在现实中是无法真正实现的,自由主义所主张的"没有自由、平等就没有正义"在现实中得到实现的就是捍卫在经济上和在政治上占统治和支配地位的强者的自由、平等,换句话说,法和国家的合法性就在于保护和捍卫经济上和政治上占支配地位的强者的根本利益。⑦ 这样,近代自由、平等必然具有抽象性和虚假性。

具体到资本主义雇佣劳动,劳动者和资本家之间的所谓等价交换实质上是非平等的不付任何等价物而无偿占有劳动者的劳动,资本主义雇佣关系本质上是一种无偿的强制劳动。马克思指出,雇佣劳动一旦超出流通领域而进入生产领域,等价交换这种"幻象"和"伪装"的虚假本质就会立即暴露无遗:"这个领域⑧确实是天赋人权的真正伊甸园。那里占统治地位的只是自由、平等、所有权和边沁。"⑨ "劳动力的不断买卖是形式,其内容则是,资本家用他总是不付等价物而占有的别人的已经物化的劳动

---

① 《马克思恩格斯全集》第46卷（上），人民出版社1979年版，第195页。

② 同上书，第197页。

③ 《马克思恩格斯全集》第1卷，人民出版社1956年版，第439页。

④ 同上书，第442页。

⑤ 同上书，第438页。

⑥ 同上书，第439页。

⑦ 参见林进平《马克思的"正义"解读》，社会科学文献出版社2009年版，第104页。

⑧ 流通领域。

⑨ 《马克思恩格斯全集》第44卷，人民出版社2001年版，第204页。

的一部分，来不断再换取更大量的别人的活劳动。"① 所以，对此马克思曾大声疾呼："不要受自由这个抽象的字眼的蒙蔽……这是谁的自由？这不是一个普通的个人在对待另一个人的关系上的自由，这是资本压榨劳动者的自由。"② "在雇佣劳动制度的基础上要求平等的……报酬，就犹如在奴隶制的基础上要求自由一样。"③ 工人阶级"应当摒弃'做一天公平的工作，得一天公平的工资！'……要在自己的旗帜上写上革命的口号：'消灭雇佣劳动制度'！"④

（二）从私有财产是人的本质的异化来看

近代自由、平等是奠定在资本主义私有财产之上的，是私有财产的必然产物及具体运用。

1. 纯粹的个人意义的私有财产是近代市民社会的产物。私有财产是人类社会生产力发展到一定阶段后才出现的。在市民社会和政治国家或者政治社会合一的中世纪和古代，市民社会和政治国家合二为一，政治国家消融、淹没了市民社会，一切私域具有政治性质，或者说变成了公域，并没有纯粹的个人意义的私有财产，"旧的市民社会直接地具有政治性质，就是说，市民社会的要素，如财产、家庭、劳动方式，已经以领主权、等级和同业公会的形式成为国家生活的要素。"⑤ 私有财产必须在它赖以产生的生产关系产生之后才有可能实现。而这种生产关系的典型代表就是近代市民社会生产关系，只有在近代市民社会生产关系下，私有财产在整个社会生活中才具有了绝对权威，成为市民社会的"君主"。

2. 私有财产导致了人的异化。近代市民社会的人是异化的人，是人的物质生产与精神生产及其产品变成奴役人自身的异己力量的人，而人的异化是私有财产的结果。⑥ 在资产阶级制度下（就是说只要土地和生产资料的私有制继续存在），无产者除了"自身"以及"自身的劳动"这些"私有财产"外，一无所有，在这样的资产阶级社会之中，"工人不幸而成为一种活的因而是贫困的资本，这种资本只要一瞬间不劳动便失去了自己的利息，从而也就失去自己的生存条件——作为资本。"⑦ 其结果是：

---

① 《马克思恩格斯全集》第 23 卷，人民出版社 1972 年版，第 640 页。

② 《马克思恩格斯选集》第 1 卷，人民出版社 1995 年版，第 227 页。

③ 《马克思恩格斯选集》第 2 卷，人民出版社 2012 年版，第 47 页。

④ 同上书，第 69 页。

⑤ 《马克思恩格斯全集》第 3 卷，人民出版社 2002 年版，第 186 页。

⑥ 最终是社会分工的内在结果。可以说，社会分工是异化劳动更为科学的表达。

⑦ 《1844 年经济学哲学手稿》，人民出版社 2000 年版，第 65 页。

"工人降低为商品，而且降低为最贱的商品；个人的贫困同他的产品的力量和数量呈反比；竞争的必然结果是资本在少数人手中积累起来，也就是垄断的更惊人的恢复；也就是在这样的条件和作用下，资本家和地租所得者之间，工人和农民之间的区别就消失了，而整个社会必然分为两个阶级，即占有财产的阶级和没有财产的工人阶级。"① 这样，资本和劳动关系在资本主义制度得到了现实的展开，异化劳动得以全面形成："私有财产的关系潜在地包含着作为劳动的私有财产的关系和作为资本的私有财产的关系，以及这两种关系的相互关系。一方面是作为劳动，即作为对自身、对人和自然界因而也对一时和生命表现来说完全是异己获得的人的活动的生产，是人作为单纯的劳动抽象存在，因而这种劳动人每天都可能由它的充实的无沦为绝对的无，沦为他的社会的从而也是现实的非存在。另一方面是作为资本的人的活动的对象的生产。在这里，对象的一切自然和社会的规定性都消失了；在这里，私有财产丧失了自己的自然的和社会的特质；在这里，同一种资本在各种极不相同的自然的和社会的存在中始终是同一的，而完全不管它的现实内容如何。"② 而异化劳动的现实的发展，"把这种关系③颠倒过来，以致人正因为是有意识的存在物，才把自己的生命活动、自己的本质变成仅仅维持自己生存的手段。"④ "异化劳动把自主活动、自由获得贬低为手段，也就把人的类生活变成维持人肉体生存的手段。"⑤ 最终异化劳动导致：（1）"人的类本质——无论是自然界，还是人的精神的、类的能力——变成人的异化的本质，变成维持他的个人生存的手段。异化劳动使人自己的身体，以及在他之外的自然界、他的精神本质、他的人的本质同人相异化。（2）工人同劳动产品、自己的生命活动、自己的类本质相异化的直接结果就是人同人异化。"⑥ 从时间上来讲，私有财产在先，劳动异化在后；但从实质来看，几乎同时，异化劳动又转

---

① 《1844 年经济学哲学手稿》，人民出版社 2000 年版，第 50 页。

② 同上书，第 67 页。

③ 这种关系就是劳动社会关系："正是在改造对象世界中，人才真正地证明自己是类存在物。"（《1844 年经济学哲学手稿》，人民出版社 2000 年版，第 58 页。）以及 "有意识的生命活动把人同动物的生命活动直接区别开来。正是由于这一点，人才是类存在物，他才是有意识的存在物。"（《1844 年经济学哲学手稿》，人民出版社 2000 年版，第 57 页。）

④ 《1844 年经济学哲学手稿》，人民出版社 2000 年版，第 57 页。

⑤ 同上书，第 58 页。

⑥ 同上书，第 58—59 页。

变为私有财产进一步积累，可以说是加速积累的根据和原因了。是异化劳动联结了人的异化与私有财产，只要存在异化劳动，就会必然存在人的异化和私有财产。私有财产是外化劳动[1]即工人同自然界和自身的外在关系的产物、结果和必然后果……，与其说私有财产表现为外化劳动的根据和原因，还不如说它是外化劳动的结果。[2] 而这种关系一旦形成，就变成相互作用的关系，互相强化，加深了人的异化。

具体到资本主义雇佣劳动，资本家拥有生产资料，工人丧失一切生产资料，与生产资料相分离，劳动者既无生产资料，又无生活资料，劳动力成为他唯一的财产，劳动者不能自己进行生产，因此，劳动者只能被迫把自己的劳动力当作商品出卖给资本家，所以，在"资产阶级的所有权"前提下谈平等、谈自由，无异于缘木求鱼："在资产阶级制度下（就是说只要土地和生产资料的私有制继续存在），在资产阶级民主下，'自由和平等'只是一种形式，实际上是对工人（他们在形式上是自由的和平等的）实际雇佣奴隶制，是资本具有无限权力，是资本压迫劳动。这是社会主义的起码常识。"[3] "在富人和穷人不平等（工人和资本家在生产资料占有上的不平等）的前提下的平等，即限制在目前主要的不平等的范围内的平等，简括地说，就是简直把不平等叫做平等。"[4] 正如马克思在剖析1793年法国宪法所规定的平等、自由、财产等人权时指出："私有财产这项人权就是任意地、和别人无关地、不受社会束缚地使用和处理自己财产的权利"；"自由这一人权的实际应用就是私有财产这一人权"；"平等无非是上述自由的平等"。[5] 在资本主义生产关系的范围内，

---

[1] 马克思在论述外化劳动时始终是在"主体本质的外在化"的意义上使用的，即强调作为劳动结果的对象化存在。按照马克思的逻辑，这一物化的劳动与劳动者是直接统一的，这也是外化劳动的题中之意。而异化劳动是指物化的劳动转化为自己的对立面。仔细分析一下，不难看出，外化劳动和异化劳动所代表的实体其实是同一个对象，即物化在对象中的凝结着主体的付出的劳动，即物化的劳动。所以，马克思在《1844年经济学哲学手稿》中曾多次并列使用两者。例如"总之，通过异化的、外化的劳动，工人生产出……资本家……对这个劳动的关系。"（《1844年经济学哲学手稿》，人民出版社2000年版，第61页。）有时候，马克思在"异化"的意义上，使用了"外化"的概念，例如马克思在分析国民经济学的外化劳动概念时说："尽管私有财产表现为外化劳动的根据和原因"，（《1844年经济学哲学手稿》，人民出版社2000年版，第61页。）这里的"外化"实质应是"异化"的意义。

[2] 《1844年经济学哲学手稿》，人民出版社2000年版，第61页。

[3] 《列宁全集》第36卷，人民出版社1985年版，第362页。

[4] 《马克思恩格斯全集》第2卷，人民出版社1957年版，第648页。

[5] 《马克思恩格斯全集》第1卷，人民出版社1956年版，第438—439页。

"所谓自由就是自由贸易、自由买卖"①;所谓平等往往被归结为"法律面前的资产阶级的平等"②,所谓人权最主要的是"资产阶级的所有权"③。资本主义社会的"君主"——私有财产导致了劳动者的异化,也使得"对劳动者平等保护"等成为"现代性神话"。而要解决这一问题,就只能扬弃资本主义私有财产,而扬弃私有财产只能通过共产主义完成。

---

① 《马克思恩格斯选集》第 1 卷,人民出版社 1995 年版,第 288 页。
② 《马克思恩格斯选集》第 3 卷,人民出版社 1995 年版,第 720 页。
③ 同上。

第六章 劳动法"倾斜保护原则"：
自由主义正义观的自我调适

工伤赔偿责任"劳动者自己责任"原则导致的必然结果是：在不断增多的工业事故面前，工人的生活条件不断恶化。疾病流行，工业事故丛生，"事实上切断手指、工厂楼梯上沾染鲜血的事早已是司空见惯。"① 失业、贫困问题严重，工人们为了捍卫自己的生存，进行各种斗争。19世纪发生的波澜壮阔的国际工人运动，严重地动摇了资产阶级统治。这种情形足以说明，"劳动者自己责任"原则已经走到了尽头。德国于1884年颁布了《德国工业事故保险法》，确立了雇主对雇员工业事故损害的无过错赔偿责任原则，即，无论劳动者有无过错，雇主对于所发生的伤害事件因劳动关系承担风险，并于1900年提出了一个完整的方案。《德国工业事故保险法》所确认的"无过错赔偿责任原则"，很快在大多数欧洲国家传播开来。1896年，法国最高法院改判泰弗里诉拖船主因拖船爆炸而使雇员泰弗里受致命伤害一案，就采用了无过错责任原则。这一历史性判例导致法国于1898年制定了《雇员赔偿法》。同一时期，美国也启动了雇员赔偿制度改革的进程。1891年，美国联邦劳工委员会任命布鲁克斯研究和评价德国的《德国工业事故保险法》。大多数州的调查委员会考察了欧洲的经验之后，一些早期的"劳动者自己责任"法令得到了修改②，在美国，《劳

---

① ［法］西蒙娜·薇依·扎根：《人类责任宣言绪论》，徐卫翔译，生活·读书·新知三联书店2003年版，第44—45页。

② *Lawrence M Friedmen and Jack Ladisky*，"*Social Change and the Law of Industrial Accidents, see Columbia Law Review*"，*Vol*，67，p.77. 转引自李清伟《侵权行为法与社会保险法的冲突和融合》，北大法律信息网。

工赔偿法》在所有州均已经被采纳。①

"无过错赔偿责任原则"是劳动法"倾斜保护原则"的具体表现。19世发生的波澜壮阔的国际工人运动和"从契约到身份的运动",使得对劳动者进行倾斜保护成为时代要求。劳动法"倾斜保护原则"是市民社会内在局限的内部克服,它把劳动关系视为社会法的调整对象,成为以社会法学为代表的现代三大法学学派的共同指向,在它们看来,对劳动者"倾斜"保护,就是符合正义的。劳动法"倾斜保护原则"是自由主义正义观的自我调适的结果。马克思主义既肯定了劳动法"倾斜保护原则"的正义性——历史进步性,又批判其非正义性——历史局限性,其所体现的只是属于一种分配领域的改良主义,其"底线"是它不能改变资本主义作为一种制度的质的规定性,最终不能实现劳动者"自由而全面的发展"。

第一节 劳动法 "倾斜保护原则": 起源与发展

一 直接动因: 工人运动

到了自由资本主义时期,由于资本主义国家把资本家作为雇主、劳动者作为雇工的雇佣关系认为是平等自由的商品交换关系,在法律上被视为纯债权关系,② 当然成为私(民)法的调整对象,遵循私法自治原则,资

---

① 美国非营利组织 Propublic 2015 年 3 月 5 日发表的权威性报告《美国赔偿金额调查报告》指出,因工伤造成手臂"永久性伤害"(断臂),联邦政府、各州以各自法律进行工伤赔偿,其数额标准不一,其中内华达州、联邦政府、伊利诺伊州、肯塔基州、宾夕法尼亚州赔偿最多。内华达州赔偿 85.9634 万美元,联邦政府赔偿 58.8647 万美元,伊利诺伊州 43.9858 万美元,肯塔基州 40.2227 万美元,宾夕法尼亚州 38.9910 万美元,而最少的阿拉巴马州只赔 4.8840 万美元。全美平均可达 16.9878 万美元。这份报告同时还提供身体各部位工伤赔偿金额比较表,包括脚部、手部、拇指、中指、无名指、小指、脚掌、脚趾等。(Michael Grabell, ProPublica, and Howard Berkes, NPR. 2015. How Much Is Your Arm Worth? Depends On Where You Work. Each state determines its own workers' compensation benefits, which means workers in neighboring states can end up with dramatically different compensation for identical injuries.)

② "劳动关系亦承其一贯理论,逐渐丧失其身份要素,慢慢地渗入债权的要素遂成为两个人格者间劳务与报酬之交换关系,劳动成为买卖关系中之商品,劳动关系成为纯债权关系"。(黄越钦:《劳动法新论》,中国政法大学出版社 2003 年版,第 5 页)

产阶级国家对于劳动关系采取了"自由放任"的不干预政策。尤其是 18世纪工业革命以后，随着大工业的兴起，资产阶级的势力大大加强，而劳动者，由于没有生产资料，在失业和饥饿的胁迫下，不得不接受资本家规定的任何苛刻劳动条件。资本家为了最大限度地获取剩余价值，加大了对工人的压榨，由此引出了种种社会恶劣现象：利用经济手段强制把工作时间延长到 14 个小时甚至 18 个小时，工作时间长度远远超过了工人生理极限，同时工资非常低，大量雇佣女工和童工，[①] 其结果是工人阶级的境遇十分悲惨，极大地破坏了工人的健康和生命，伤亡事故和职业病经常发生，"事实上切断手指、工厂楼梯上沾染鲜血的事早已是司空见惯。"[②] 死亡率激增，工人的平均寿命日趋缩短。[③][④] "被生产的轰隆声震晕了的工人

---

① 1835 年，在英国棉纺织厂 21.9 万个工人中，13 岁以下的儿童占 4.9 万人，13 岁至 18 岁的少年占 6.6 万人，成年妇女占 6.7 万人，很多怀孕女工为了不被克扣工资或无端解雇，不得不堕胎，或在机器旁分娩，而产后一个星期就要上班。(《英国工业革命的进程及其后果》，《经济日报》门户网，2007 年 3 月 14 日)

② [法] 西蒙娜·薇依·扎根：《人类责任宣言绪论》，徐卫翔译，生活·读书·新知三联书店 2003 年版，第 44—45 页。

③ "根据 1840 年的调查，利物浦工人的平均寿命只有 15 岁，曼彻斯特工人的孩子 57% 以上不到 5 岁就死亡。"(《英国工业革命的进程及其后果》，《经济日报》门户网，2007 年 3 月 14 日。)"陶工、磨工车间粉尘飞扬，火柴制造车间到处都是磷毒，漂白厂干燥室温度高达华氏 90—100 度……工人们在没有任何劳保设施的条件下，每天高强度地工作十几个小时，许多人患上了职业病——肺病、哮喘病、肝脏病、风湿病、肾病、支气管炎，往往只工作几年或十几年就未老先衰或死亡，棉纺织业在英国 90 年的历史中，经历了三代人，却吞没了九代纺纱工。"(康瑞华：《发达国家的工人运动与生态运动》，《史学理论研究》2006 年第 2 期。)

④ 2001 年 4 月 24 日，国际劳工组织 (ILO) 正式宣布将每年 4 月 28 日定为"世界安全生产与健康日"，同时在国际自由工会联合会 (The International Confederation of Free Trade Unions) 和全球工会联盟 (Global Union Federations) 的推动下，将每年 4 月 28 日作为联合国官方纪念日。国际劳工组织坚信，全世界没有哪一个国家的事故率是从事故高风险期不采取任何措施而自然滑落下来的。只有真正做好工作，采取有效措施，才能使事故真正降下来。而且这种下降也不可能是直线趋势，而是波浪式发展，有高有低，安全生产工作做好了，下降快；工作不够好，下降幅度也会减缓。职业安全卫生工作应当预防而且各个国家可以做到预防，各个国家应在各个层面上采取积极的行动措施以实现预防目标。一方面要制定健全的职业安全卫生法，并且"有法必依，执法必严，违法必究"，劳动监察应当充分发挥关键作用。另一方面，努力做好职业安全卫生教育、宣传、培训工作，使得职业安全卫生观念深入人心，形成职业安全卫生"预防文化"。许多国家都在国家层面执行各自的"预防计划"。近 20 年来，发达国家职业死亡人数已经大幅下降。

阶级一旦稍稍清醒过来，就开始进行反抗。"① 所以，工人们为了捍卫自己的生存，就自发地组织起来，起初，工人们主要只是为争取出卖劳动力的有利条件，为改善工人劳动条件、生活条件而向工厂主进行经济斗争，包括以破坏机器为手段反对工厂主压迫和剥削的自发工人运动②和团结起来的经济罢工。③ 后来逐渐演变成自觉的政治斗争。政治斗争包括政治罢工、议会斗争、武装起义等方式。回顾历史我们会发现，19 世纪发生了许多波澜壮阔的国际工人运动：1831 年和 1834 年的法国里昂工人起义，1836 年开始的英国宪章运动，1844 年德意志西里西亚纺织工人起义，成为 19 世纪 30—40 年代欧洲著名三大工人运动，这些工人运动呈现出政治运动的新特点，表明无产阶级作为独立的政治力量登上了历史舞台：里昂工人起义具有鲜明的政治性质，提出了建立民主共和国的政治目标，口号是"不共和毋宁死！"英国宪章运动以争取普选权、国会改革为中心内容举行全国范围的集会和示威游行；德意志西里西亚工人起义"一开始就恰好做到了法国和英国工人在起义结束时才做到的事，那就是意识到无产阶级的本质。"④ 此后还有现代社会中两大对立阶级间的第一次伟大战斗⑤，1848 年的法国工人六月起义，产生人类历史上第一个无产阶级政权——巴黎公社的 1871 年的巴黎公社革命，1886 年 5 月 1 日芝加哥二十多万工人为争取实行 8 小时工作制而举行全国性的大罢工等。反对整个资产阶级的工人运动矛头直指资本主义制度和打碎资产阶级的国家机器，严

目前，职业事故造成的 10 万从业人员死亡率的世界平均数为 14.0，发达国家的平均数最低，为 5.3。有的国家甚至下降到 1 以下，如：英国 2010 年度为 0.5，加拿大 2009 年度为 0.7，澳大利亚 2009 年度为 2.6，美国 2009 年度为 3.6。2000 年以来，英国每年事故死亡人数保持在 250 人以下，并逐年下降；美国保持在 6000 人以下；澳大利亚保持在 300 人以下；日本保持在 1800 人以下，并逐年小幅下降。（国家安全生产监管总局国际交流合作中心：《发达国家职业安全健康主要经验与做法——推进现代职业安全健康立法》，《劳动保护》2013 年第 1 期。）

① 《资本论》第 1 卷，人民出版社 2004 年版，第 321 页。

② 在历史上把破坏机器运动叫做"卢德运动"，因为一个名叫卢德的工人是捣毁机器的首创者。

③ 马克思主义反对只搞经济斗争，因为经济斗争不能根本废除雇佣劳动制度。马克思指出，经济斗争"反对的只是结果，而不是在产生这种结果的原因；他的延缓下降的趋势，而不改变它的方向；他们服用止痛剂，而不祛除病根。"（《马克思恩格斯选集》第 2 卷，人民出版社 1995 年版，第 97 页。）

④ 《马克思恩格斯全集》第 1 卷，人民出版社 1956 年版，第 483 页。

⑤ 同上书，第 254 页。

重地动摇了资产阶级统治，工人运动使资产阶级认识到，工人最基本生存条件的满足，是资本主义发展的需要，也是资本主义利益之所在。所以，资产阶级为了自己的根本利益，开始不得不关注劳动等问题，并运用行政和法律手段进行调节，对劳动者倾斜保护。俾斯麦型社会保险模式也许能最清楚说明这一问题。当时的德国工人运动在马克思主义指导下不断高涨，在这种背景下，俾斯麦出于对社会主义及工人运动的恐惧而非表面上的对工人阶级的关心，深信有必要改善无产者的社会处境，想通过接受工人阶级的要求来收买工人阶级，打压社会主义及工人运动，通过"立法和行政"手段除掉工人运动的根，保证工人最低生存条件，希望这样做能消除社会关系紧张，① 维护统治阶级的利益。俾斯麦决定采用劳资合作和国家干预的社会法学派的观点，② 对工人阶级斗争采取"胡萝卜加大棒"的政策，③ 进行了一些让步："我们只指出一点，俾斯麦能够实行改良，就是因为他越出了改良主义的范围。"④ 俾斯麦时期的1883年制定了世界第一部《疾病保险法》，1884年制定了《工人赔偿法》，1889年制定了《伤残和养老保险法》，形成了现代世界上第一个比较完整的社会保险法律体系。但是俾斯麦是这样道明他立法的目的："社会保险是一种消除革命的投资，一个期待养老金的人是最安分守己的，也是最容易被统治的。"⑤

　　进入垄断资本主义阶段，在资本主义国家特别是在发达资本主义国家，随着资产阶级统治方式的转变，工人运动发展经历了一个曲折和反复的过程。在"一战"期间和二战结束之初发生在众多资本主义国家，动辄每次都有数十万、数百万人甚至上千万人参加，每年都发生成百上千次轰轰烈烈、声势浩大的大规模罢工和游行示威，⑥ 有力地促进了世界上第

---

① ［德］迪特尔·拉夫：《德意志史》，波恩国际出版社1985年版，第63—166页，转引自林嘉《劳动法与社会保障法》，中国人民大学出版社2009年版，第313页。

② 俾斯麦是认可马克思关于资本主义存在问题的分析的，但不同意其"革命"的解决方式，他主张改良。但我们得承认马克思对俾斯麦政策的实施具有重大的影响。

③ "再加上大企业的'家长制'传统和维护自身生产秩序的考虑，也积极推动政府出台相关措施，这些都为（德国）社会保险制度的诞生创造了独特的社会背景和内外部因素。"（郑功成：《社会保障学》，中国劳动社会保障出版社2006年版，第51—52页。）

④ 《列宁全集》第18卷，人民出版社1959年版，第533页。

⑤ 这句话最后被写进1881年11月德皇威廉一世发布的《黄金诏书》。

⑥ "据统计，从1919年到1939年的20年中，在资本主义国家中参与罢工的总人数有7400万，从1945年到1959年的14年中，参加罢工斗争的总人数已达1.5亿，而1960年到1970年的10年中，参加罢工的总人数更达3.6亿。"（高放：《社会主义的过去、现在和未来》，北京出版社1982年版，第286页。）

一个社会主义国家由理想变成现实,并由一国变为多国。但进入 20 世纪 80 年代以来,发达国家工人运动的形势渐趋缓和,工人阶级反抗资产阶级的斗争浪潮逐渐回落。[①] 例如,1970 年美国和英国的罢工次数分别为 5716 次、3906 次;罢工人数分别为 330.5 万人、18 万人;罢工工作日分别为 6641.4 万天、109.8 万天。1993 年分别降到 35 次、211 次;36.4 万人、3.85 万人;398.1 万天 6.4 万天。[②] 1970 年代后,工会组织率与罢工数量同时下降。其中,最为关键的事件发生在 1980 年,当时的里根总统宣布联邦空中交通管制人员罢工非法,解雇了罢工工人,并吊销了他们的空中交通管制人员从业执照。学术界认为,联邦政府对此次罢工的反应标志着政府开始站在雇主一边反对罢工。值得一提的是,冷战结束的 20 世纪 90 年代以来,全球化加速发展,主张回复古典自由主义的右翼保守自由主义大行其道,[③] 工人对资本的依附程度加深,实际收入下降,工人运动潜潮涌动,重新崭露头角,工人运动在一定程度得以复兴。例如,2010 年 10 月 12 日,法国再度举行全国性跨行业大罢工,抗议政府期望推行的退休制度改革。[④] 2010 年 12 月 15 日,希腊总工会组织该年以来该国工会组织的第七次大罢工。新一轮大罢工强烈抗议政府在失业率上升的情况下依然实行紧缩的财政政策,并且推进劳动制度改革。[⑤] 2013 年 3 月 28 日,华人首富李嘉诚旗下和黄集团的香港国际货柜码头公司(简称 HIT)的码头外判工人,因过去十几年间工资有减无增,工作环境恶劣且存在极高的人身危险,合约条款不合理,在葵青货柜码头发起罢工及抗议行动。本次罢工由香港职工会联盟(简称"职工盟")组织,职工盟成立于 1990 年 7 月,目前已有超过 80 个属会,代表会员超过 17 万人,是香港第二大劳工组织。罢工一直持续了 40 余天,最终加薪 9.8%。[⑥] 其间,不断有外国工会派人"声援"香港罢工。包括:澳大利亚海事工会共 8 名代表、国际

---

① 笔者常想,工人运动的低潮,正从一方面说明了工人的权利得到了一定程度的保护。

② 吴忠明:《深化阶级分析的理论与方法》,《社会科学研究参考资料》2002 年第 9—10 期。

③ 自由主义其内部可划分为右翼与左翼、保守与激进,以及处于二者之间的中间派,一般来说,右翼、保守更强调形式自由,而左翼、激进更偏向强调实质平等,但是二者这些差别,并未影响自由主义的基本原则:强调个人自由和平等。

④ 2010 年 9 月 7 日和 23 日,法国就已经两度举行全国性的跨行业大罢工。(中广网北京 2010 年 10 月 13 日消息,据中国之声《新闻晚高峰》报道。)

⑤ 《希腊举行全国性大罢工　国内运输瘫痪报纸将停刊》,《中国日报》2010 年 12 月 16 日。

⑥ 《香港码头工人罢工结束　接受外判商加薪 9.8%方案》,中国日报网,2013 年 5 月 7 日。

运输工人联盟主席、两名荷兰码头工会代表赴港声援。① 2015 年 9 月 2 日印度发生印度总理莫迪执政后的最大范围的数百万人的全国规模大罢工,罢工直指莫迪倡导的劳工法改革和国企改革等一系列经济改革政策,是对莫迪政府进一步推进改革的举措的一次重大考验。②

20 世纪初以来尤其是二战以来的工人运动发展尽管经历了一个曲折和反复的过程,且工人运动出现了一些新的特点,比如运动主要局限在经济领域,且以对话、谈判、比较随意的罢工和游行示威③等方式为主,要求进行政治变革的工人运动很少见,④ 等等,但毋庸置疑的是,19 世纪以来包括劳动者权利确立并改善的资本主义国家的政治、经济和社会生活的进步,都是与工人阶级的斗争分不开的,⑤ 尽管这种进步是自觉不自觉地进行的。俾斯麦的观点和下述观点"……劳工,……一旦这个阶级起来造反,国家绝不可能维持安全稳定的政治体系。"⑥ 也许最能说明问题。

二 劳动法"倾斜保护原则"的新意蕴: 从"身份"到"契约"的逆转

在近代市民社会以前,是一种身份型社会,社会和国家、政治和宗教合二为一,市民社会消融、淹没于政治国家之中,公域遮蔽了一切私域,严格的政治等级以及由此引起的经济等级及相应特权,使得"身份"成为确定社会关系的方式,形成了人与人之间的不平等、不自由。近代资本主义社会,荷、英、法、美等资产阶级革命使得人类社会进入契约社会,在这一过程中近代市民社会摆脱了政治国家的控制,"……表现出现代的市民社会和政治社会的真正关系",市民社会独立于政治国家,打破了政

---

① 《外国工会赴香港支持码头罢工令劳资纠纷变复杂》,中国网,2013 年 5 月 8 日。

② 吴强:《印度大罢工考验莫迪改革决心》,新华网新德里 2015 年 9 月 5 日电。

③ "法国人的随意罢工,更像是一种文化。'就像下雨天一样,抗议示威是法国首都日常生活的常规特色。'加拿大新闻记者让 - 伯努瓦·纳多在《六千万法国人不可能错》一书中如是说。"(《国际观察:法国罢工现象更像一种文化》,《南方日报》2006 年 3 月 29 日。)

④ 这也符合发达国家采取一些改良和改善措施的初衷,在一定程度上缓和劳资冲突,把工人运动引向经济领域并限制在经济斗争范围内。

⑤ 19 世纪末 20 世纪初以来的资本主义生产关系的最重要变化,都直接或间接是受阶级斗争的形势驱动的。如果撇开了阶级斗争的因素,人们很难解释推动资本主义生产关系的最重要变化的原因。

⑥ 理查德·隆沃思:《全球经济自由化的危机》,生活·读书·新知三联书店 2002 年版,第 136 页。

治国家权力无所不及的封建等级专制制度，为对劳动者"平等"保护提供了广阔的社会背景。与此同时，市民社会作为一个"特殊性私领域"，其本质上的独立而不自足的"一个私欲间的无休止的冲突场所"特色显露无遗，决定了私人利益本位的私（民）法的基本地位的确立，几乎把一切关系视为平等关系和经济财产关系。① 私法自治原则，成为自由资本主义时期私（民）法制度赖以建立的最重要的一块基石，长时间被奉为神圣的、不可动摇的法律原则，以至于"美国的文明建立在契约自由的基础之上"。②

与私法自治、契约自由相对应的是建立在私有财产基础之上的平等、自由，是抽象的平等、自由，平等只是一种形式平等，自由只是一种消极自由。在形式的平等、消极自由下，契约关系中的当事人都被当作抽象掉了各种能力和财力等的抽象的人。把他们当作平等自由的主体来同样对待，两者之间的经济实力、社会势力、信息来源等差别都被人为地忽略掉了，民法典"不知晓农民、手工业者、制造业者、企业家、劳动者等之间的区别，而只知道完完全全的法律主体，只是'人'。"③

然而，契约的本质是："契约双方当事人互以直接独立的人相对待，所以契约。（甲）从任性出发；（乙）通过契约而达到定在的同一意志只能由双方当事人设定，从而它仅仅是共同意志，而不是自在自为普遍的意志；（丙）契约的客体是个别外在物，因为只有这种个别外在物才受当事人的单纯任性的支配而被割让。"④ 也就是说，契约是一种"任性"的"任意法"，是契约当事人"自己为自己立法"，这样："在契约中我们看到了两个意志的关系，它们成为共同意志。但是这种同一的意义只是相对的普遍意志，被设定的普遍意志，从而仍然是与特殊意志相对立的。"⑤因此，契约是由两个特殊意志形成的共同意志，而不是社会普遍意志，个别契约中特殊意志与共同意志存在着矛盾和冲突，这样意思自治和契约自由就必然内在地存在局限性，即契约当事人一方就极有可能把自己的意志强加给另一方，形成弱势一方和强势一方。以至于："其流弊使经济上的

---

① 正好和古代社会相反，甚至可以说走了极端。

② 转引自［美］伯纳德·施瓦茨《美国法律史》，王军等译，中国政法大学出版社1990年第1版，第134页。

③ 参见［德］拉德布鲁赫《法学导论》，米健、朱林译，中国大百科全书出版社1997年版，第66页。

④ ［德］黑格尔：《法哲学原理》，范扬、张企泰译，商务印书馆1961年版，第82页。

⑤ 同上书，第90页。

强者利用契约为欺压弱者的工具，或以契约自由为掩护而影响社会公序良俗的事情。"① "致使民法上立法者所想象之契约自由，变为经济强者命令之自由。"② "……自由权，便以保障形式上的平等为后盾，压倒性地有利于有产者而不利于无产者，使两者之间的不平等和差距极大地扩大开来了。自由能使有产者获得实际利益，但对无产者却形同充饥之画饼，因而形式上的平等越受保障，矛盾就越为深刻。"③ "我们可能是自由的，但同时也可能是悲苦的……所谓自由亦可以意指有饥饿的自由，有犯重大错误的自由，或有冒生命危险的自由。"④ "……这是谁的自由？这不是一个普通的个人在对待另一个人的关系上的自由，这是资本压榨劳动者的自由。"⑤ "对那些为了换取不足维持生计的报酬而出卖血汗的人说合同自由，完全是一种尖刻的讽刺。"⑥ 恩格斯指出：劳动契约仿佛是由双方自愿缔结的，但是，这种契约的缔结之所以被认为出于自愿，只是因为法律在纸面上规定双方处于平等地位而已。至于不同的阶级地位给予一方的权利，以及这一权利加于另一方的压迫，即双方实际的经济地位，这是与法律毫不相干的。而在劳动契约有效期间，只要任何一方没有明白表示抛弃自己的权利，双方仍然被认为是权利平等的。至于经济地位迫使工人甚至把最后一点表面上的平等权利也抛弃掉，这仍然与法律毫不相干。⑦

所以，近代市民社会中的"从身份到契约"运动，从其发动伊始，就内含其否定的因素，其结果必然演变成新的"新的身份"，但这种"新的身份"不是奴隶社会、封建社会的人身依附型的"等级身份"，而是一种弱势主体和强势主体之确认并对之进行实质性保护进而实现相对实质性平等、自由的"新的身份"，这是一种体现"肯定否定规律"的前进的、上升的发展过程。

基于弱势主体和强势主体的"新的身份"的形成，契约所体现的"消极自由""形式平等"所造成劳动者等弱势群体的实质不自由、不平

---

① 管欧：《当前法律思潮问题》，载刁荣华主编《法律之演进与适用》，台湾汉林出版社1977年版，第122页。

② 转引自刘得宽《民法诸问题与新展望》，台湾三民书局1980年版，第160页。

③ ［日］大须贺明：《生存权论》，林浩译，法律出版社2001年版，第34页。

④ ［英］F. 哈耶克：《自由秩序原理》（上册），邓正来译，生活·读书·新知三联书店1997年版，第13页。

⑤ 《马克思恩格斯选集》第1卷，人民出版社1995年版，第227页。

⑥ ［美］伯纳德·施瓦茨：《美国法律史》，中国政法大学出版社1997年版，第211页。

⑦ 《马克思恩格斯选集》第4卷，人民出版社1995年版，第71页。

等必须加以克服。梅因所说的"从身份到契约"这一命题应该被倒转为"从契约到身份"这一"返祖命题"①，"近代社会中的'从身份到契约'的运动在现代社会中正转变为'从契约到身份'的运动。"② 因此，"我们必须给法律上的抽象人（例如所有权人、债权人、债务人）以及为进行论证而架空了的人（例如甲、乙）穿上西服和工作服，看清他们所从事的职业究竟是什么。"③ 进而，"承认社会上经济上的强者和弱者的存在，抑制强者、保护弱者，……在自给自足经济业已消失、人类的生产和消费活动已经分离的分工时代，在某个方面作为强者或处于强者立场而自由受到限制的人，也会在其他方面作为弱者受到保护，……根据这些，可以说已经从将人作为自由行动的立法者、平等的法律人格即权利能力者抽象地加以把握的时代，转变为坦率地承认人在各方面的不平等及其结果所产生的某种人享有富者的自由而另一种人遭受穷人、弱者的不自由，根据社会的经济的地位以及职业的差异把握更加具体的人、对弱者加以保护的时代。"④

第二节　劳动关系成为社会（劳动）法调整对象辨识：自由主义正义观的自我调适

一　劳动法"倾斜保护原则"：市民社会内在局限的内部克服

近代市民社会本质上是"私域性"的，表现在经济基础、政治法律、文化道德方面，在促进社会进步的同时，近代市民社会的内在局限性日益明显，突出表现经济方面的市场的"天生"障碍以与之相适应的法律方面的私人利益本位的私（民）法的流弊上，现代市民社会对这种内在局限进行了克服，但这种克服仅是内部克服，之所以是内部克服，其原因在于市民社会的私有制市场经济基础和私法私人利益本位的法律基础并未从根本上触及变革，依此也催生了劳动法"倾斜保护原则"。

---

① 实际上是"否定之否定规律"的结果。

② 傅静坤：《20 世纪契约法》，法律出版社 1997 年版，第 62 页。

③ ［法］里佩尔：《职业民法》，转引自［日］星野英一《私法中的人》，王闯译，中国法制出版社 2004 年版，第 74 页。

④ ［日］星野英一：《私法中的人》，王闯译，中国法制出版社 2004 年版，第 70—71 页。

（一）劳动法"倾斜保护原则"：从市场障碍到政府干预

前文所言，作为分析性范畴和实体性存在，市民社会都是源于西方社会市场经济的历史经验事实，市民社会是作为市场经济的同构体存在、发展的。① 市场经济体系构成了市民社会最基本、最重要的组成部分：首先，近代市民社会完全是市场经济的产物。其次，市场经济规定了近代市民社会的本质。最后，平等、自由、竞争等自主性品格完全是发散性的市场基因扩展的产物。在市场经济中，所有经济活动都直接、间接地处于市场关系之中，市场经济"……是自律性地展开的，国家的任务仅仅在于排除对这种秩序的干扰，而对所有自治性（律）领域，国家则不应该加以干涉。"② 然而，市场经济的实践表明，市场并不能当然完全实现社会资源的最佳配置，其原因在于纯粹的市场机制调节存在着"天生"障碍，具有自发性、盲目性和滞后性等明显的弱点和消极作用，往往很难从整体上实现社会资源的合理配置。

西方自由资本主义时期，以亚当·斯密经济学为代表的西方古典经济理论一直信奉"看不见的手"（Invisible hand）原理和萨伊"供给自己创造自己的需求"（Supply creates its own demand）定律，认为市场机制能够发挥神奇的提高配置社会资源效率的作用，只要让市场充分发挥其作用，社会资源就能够实现最佳配置。因此，政府对市场的任何干预都是有害的，反而引起经济的动荡或失衡。然而，自 1825 年英国第一次发生普遍的生产过剩的经济危机以来，不断周期性爆发的经济危机，尤其是以美国为代表的 1929 年开始的西方世界经济大萧条导致的长时间的经济停滞和社会动荡，彻底动摇了市场具有自动调节而达到均衡的"法术"的信条，动摇了人们对古典经济学的信任，要求国家（政府）出面干预市场的呼声越来越高。这时凯恩斯扩大国家经济职能的宏观经济理论应运而生。凯恩斯主义认为要解决周期性的经济危机，就必须结束放任自流的经济政策，提倡国家直接干预私人经济。他承认私人经济无法使总需求与总供给趋于一致，承认市场价格机制的缺陷，承认资本主义社会存在自愿和非自愿失业以及贫困等。1933 年，美国罗斯福政府依托凯恩斯主义出台"新政"且取得巨大成功，从此拉开了政府干预市场的序幕。二战以后，凯恩斯主义逐渐成为各国政府社会、经济政策的一个重要的依据。半个世纪

---

① 袁祖社：《市场经济与现代"市民社会"的文化——意义共契与实践——价值共生》，《陕西师范大学学报》（哲学社会科学版）2004 年第 5 期。

② ［日］大须贺明：《生存权论》，林浩译，法律出版社 2001 年版，第 12 页。

以来，在政府的积极、全面干预下，西方国家基本上没有出现过二战前那样的大经济危机和大规模失业，社会稳定程度大大提高。但是，由于凯恩斯主义属于"市民社会内在局限的内部克服"，他不可能从根本上消灭资本主义固有矛盾，20世纪70年代第一次石油危机之后，战后30多年来的资本主义"黄金发展时期"结束，主要资本主义国家相继进入了经济停滞和通货膨胀同时出现的所谓"滞胀"阶段，导致国内经济萧条，失业率居高不下。凯恩斯主义失灵了，西方经济学界又出现了一股向古典的自由放任主义复归的思潮，各种新的经济理论不断出现，反对凯恩斯主义的"全面""过多""过细"和"过分"的国家干预。尽管如此，西方国家没有也不可能回到自由放任的时代，合理地寻找到政府干预与市场运行之间的最佳结合点，采用"两手——市场和政府政策——并重"的办法克服市场的"天生"障碍成为"常识"。

上述基于市场障碍而进行的政府干预，从市民社会理论来讲，实际上是资本主义国家借鉴吸收了马克思主义对近代市民社会理论的批判，在资本主义内部试图化解资本主义基本矛盾，强调市民社会可以实行自身的变革，而不是超越市民社会进入新的社会形态——社会主义、共产主义社会，其根本手段是赋予作为政治功能的国家以经济、社会功能，将经济、社会和政治功能整合到国家中，最终是为了市民社会的自治，形成不改变私有制的福利国家。笔者认为，这一做法，与黑格尔和罗尔斯的思想是有本质上的相似性的。① 黑格尔对私利无穷追求的市民社会的缺陷开出的"药方"是靠国家来拯救这种社会异化。② 黑格尔认为，市民社会对私利的不择手段的追求，其结果必然导致道德沦丧和社会混乱。如何解决这一问题？黑格尔不同意洛克、密尔和亚当·斯密等古典自由主义思想家所主张的由普遍的自利动机形成的"看不见的手"（市场）完全可以最终导致公益和道德的观点。黑格尔认为，市民社会的这种无节制的放荡和堕落的自身无法挽救的不自足性，必须依靠一个具体的普遍性的原则的体现者——国家对这种社会的异化状态实现拯救。因为国家是"绝对自在自为的理性东西"，是绝对精神的较高发展，是对市民社会这种绝对精神发展的特殊阶段的"超越"。尽管黑格尔颠倒了国家和市民社会的关系，是

---

① 这一做法，与卢梭、普鲁东、一些空想社会主义者的思想也是有本质上的一贯性和连续性的。

② 具体可参见王岩《马克思的"市民社会"思想探析——论"市民社会"理论的现代意义》，《江海学刊》2000年第4期。

为现存制度辩护，然而黑格尔不但首次把市民社会作为政治国家的对立物，同时也看到了市民社会的经济本质以及道德上的不自足性的重大缺陷，进而提出了要由国家来纠正市民社会的不足和缺陷，这显然有其合理性。就罗尔斯而言，他"吸收了马克思对自由主义的批判性成果，可以作为积极回应马克思的典型代表。"① 考查罗尔斯的思想，他的确努力试图克服市民社会利己主义的缺陷，同时也努力避免市民社会私有财产的局限，将利己主义、私有财产权放置在正义原则——平等的自由原则、公平的机会平等原则尤其是差别原则的控制之下，使国家依据这些原则对社会处境最差群体的发展做出安排，从而对市民社会的不足和缺陷进行体制内克服。罗尔斯和黑格尔一样是为现存制度辩护的。②

（二）劳动法"倾斜保护原则"：社会利益本位的社会法③

前文述及，和当时简单商品生产相联系，古罗马法学家第一次划分了公法与私法："公法涉及罗马帝国的政体，私法则涉及个人利益。"④ 以此为核心的罗马法对后世的产生了深刻的影响，以致"……一切后来的法律都不能对它做任何实质性修改。"⑤ 就近代市民社会而言，其最基本的"社会的经济生活条件"就是以物质利益攫取性为本质的市场经济，所以私（民）法在近代市民社会获得了极佳的"生存"条件，其作用在近代市民社会表现得淋漓尽致，近代私（民）法三大原则——私有财产权神圣不可侵犯、契约自由和过失责任得以确立。私有财产权神圣不可侵犯，成为近代私（民）法的首要原则；契约自由原则，亦即"意思自治"原则，成为私（民）法的精髓；过错责任成为前述两项原则的必然结果。然而，近代市民社会中的经济方面的市场的"天生"障碍以及市民社会自身无法挽救的不自足性，实际上使得"无形之手"作用大打折扣，国家这个"守夜人"再也无法继续无动于衷，必须伸出其"有形之手"，超越"公域"，进入"私域"，形成"公域""私域"融合，来纠正市场机制的内在缺陷，因此，私（民）法由于国家、社会干预而成为"社会法"。"以维持这种社会经济弱者阶层的生存及其福利的增进为目的的诸

---

① 林进平：《马克思的"正义"解读》，社会科学文献出版社2009年版，第5页。

② 具体参见前文第三章第二节部分内容。

③ 劳动法是最典型的社会法，一般情况下是可以通用的。

④ ［古罗马］查士丁尼：《法学总论》，张企泰译，商务印书馆1989年版，第5—6页。

⑤ 《马克思恩格斯全集》第21卷，人民出版社1965年版，第451页。

法律在学术上按体系分类。称为 '社会法'。"① 其以为社会利益本位，直接目的就是对劳动者等这些具有 "新的身份" 的弱势群体进行保护，而这一切，就要靠社会法 "独特的规制对象、调整原则、权利体系、调整方式以及法律责任"② 等体现公法、私法融合的调节机制来完成，其中最重要的就是 "倾斜保护原则"。我们以社会法的调整原则、规制对象、调整方式为例简要说明③。社会法倾斜保护原则，是由 "倾斜立法" 和 "保护弱者" 两个层次构成的。就 "保护弱者" 来讲，社会法通过社会弱者的 "身份" 认定，对于失衡的私法上的社会关系作出矫正，来缓和这种实质上的不平等。就 "倾斜立法" 来讲，一是将倾斜保护限定在立法上，二是在立法利益的分配上，也仅仅体现一种 "倾斜"，仍给当事人留出充分的 "意思自治" 的空间。社会法规制对象，是体现弱者利益的 "社会利益"，社会利益 "即以文明社会中社会生活的名义提出的使每个人的自由都能获得保障的主张或要求"。④ 这种利益本质上不是公共利益，而是从属个人利益的，是体现弱者个人利益的。⑤ 社会法调整方式是通过宏观、中观、微观三个层次调整社会关系的，共同体现了国家、社会、个人的作用。

（三）劳动法 "倾斜保护原则"：把劳动关系视为社会（劳动）法的调整对象

为克服近代市民社会的内在局限性而进行的政府干预以及由此决定的社会利益本位的社会法的基本地位的确立，使得劳动法 "倾斜保护原则" 这一法律观念得以催生，而这一法律观念是建立在把劳动关系视为社会法的调整对象的基础上的。

对劳动关系性质的认识有一个历史的过程，在前资本主义时期的罗马法时期，大部分劳动都是强制劳动，与此同时，近现代意义的自由劳动关系一定范围内存在于自由民和平民之间，被视为租赁关系。中世纪日耳曼

---

① ［日］星野英一：《私法中的人》，王闯译，中国法制出版社 2004 年版，第 72 页。

② 可参见董保华等《社会法原论》，中国政法大学出版社 2001 年版，第 14—16 页。另可参见董保华、周开畅《也谈 "从契约到身份" ——对第三法域的探索》，《浙江学刊》2004 年第 1 期。

③ 下章将详述。

④ ［美］庞德：《通过法律的社会控制、法律的任务》，雷沛鸿译，商务印书馆 1984 年版，第 10 页。

⑤ 庞德认为，利益分为个人利益、公共利益、社会利益，为当今法律的根本任务和目的的就是社会利益。

法时期，近现代意义的自由劳动关系不复存在，视劳动关系为身份关系。到了自由资本主义时期劳动关系被视为平等关系和经济财产关系，被视为纯债权关系，成为私（民）法的调整对象，遵循私法自治原则，把劳动关系视为私（民）法的调整对象。在现代市民社会中，基于劳动关系的从属性特点，劳动关系被视为社会（劳动）法的调整对象。我们可以从以下三个方面阐述：

1. 劳动关系的定义界定

"劳动关系"，也称为"劳雇关系""劳资关系""劳使关系"等。我国大陆的学者一般只使用"劳动关系"这一概念，意在强调这种关系既包括社会主义公有制也包括社会主义市场经济条件下的私有制，以区别于"劳资关系""劳雇关系。"我国台湾著名劳动法学者黄越钦认为："劳动关系"是以劳动为中心所展开，着重在劳动力即劳动者为本位的思考；"劳资关系"含有对立意味，因为劳方资方的界限分明，其所展开的关系自然包含一致性与冲突性在内；"劳雇关系"以雇佣的法律关系为基础，重点在权利义务的结构；"劳使关系"则已将所有的价值意味予以排除，只剩下技术性意涵。[1] 本成果基于"劳动关系"体现"着重在劳动力即劳动者为本位的思考"，所以也主张使用"劳动关系"一词。[2] 对劳动关系的认识，基于不同的角度，就有不同的结论。从劳动二重性出发，至少要区别劳动经济学意义上的劳动关系和劳动法意义上的劳动关系，进而从劳动法上的劳动关系的从属性出发，理解雇主和劳动者的"新的身份"形成。

劳动一方面具有物质规定性，劳动的物质规定性体现着劳动的生产力性质，这一层面的劳动关系问题就成为劳动经济学研究的主要内容。另一方面具有社会规定性，即劳动具有社会性质，它体现着人们在劳动过程中发生的一定的社会关系。在劳动力与生产资料分别归属于不同主体进而形成雇佣劳动的社会条件下，劳动力与生产资料结合使劳动过程中必然产生劳动力所有者——劳动者与劳动力使用者——雇主之间的各种各样的关系，这种范围的社会关系就是具有从属性的劳动法意义上的劳动关系，也

---

[1] 黄越钦：《劳动法新论》，中国政法大学出版社 2003 年版，第 19 页。

[2] 在迄今为止的劳动关系的历史发展上，经历过前资本主义社会的"身份型"劳动关系，资本主义社会的市场经济的"契约型"劳动关系，以及前苏联等社会主义国家、我国计划经济时期的"行政型"劳动关系，由于我国已经选择了社会主义市场经济，所以，本书的有关劳动关系的阐述，都是以市场经济的劳动关系为基础展开的。

构成了雇主和劳动者的"新的身份",从而要求对劳动者倾斜保护。

2. 狭义与广义劳动关系

劳动者与用人单位之间的这种劳动关系是最基础的劳动关系,是狭义上或本来意义上的劳动关系,是个别劳动关系,是对劳动者倾斜保护的根源,其理由在于上述狭义劳动关系的从属性。① 劳动法上的劳动关系还可以作广义理解,即包括狭义劳动关系、集体劳动关系和社会劳动关系。

集体劳动关系是劳动者集体——工会与用人单位及其团体形成的劳动关系。集体劳动关系又称团体劳动关系,通常是指劳动者集体或团体一方(通常以工会为代表)与雇主或用人单位组织,就劳动条件、劳动标准以及有关劳资事务进行协商交涉而形成的社会关系。集体劳动关系包括企业、行业、产业等不同层面的关系。集体劳动关系具有对等性:"集体劳动关系基本的运行方式,是以劳动者的团结力量与资本实力抗争,以实现劳动者的自我保护,并进而平衡和协调'个别'② 劳动关系。"③ 集体劳动关系是通过工会这个社会力量为个别劳动关系服务的,是为了矫正个别劳动关系的从属性而产生的关系。集体劳动关系的立法和实施已经成为现代劳动法制的重点和中心。但在我国目前,由于企业层面缺乏真正能够代表工人的工会组织,集体劳动关系还处在初级发展阶段。

社会劳动关系是指以劳动力市场为基础的,包括政府、劳动者及其组织和用人单位及其组织在实现社会劳动过程中所构成的关系。④ 其内容包括劳动就业关系、劳动争议关系、社会保险关系、劳动管理关系、劳资政三方协商关系。其中,劳动管理关系包括劳动立法与劳动政策制定、劳动行政管理、劳动保障监察、劳动行政复议、劳动司法等关系。相对于个别劳动关系的从属性、集体劳动关系的对等性,社会劳动关系具有管理性、服务性和协调性。这首先表现在劳动管理关系基本的运行方式,是以国家的管理与服务,干预个别劳动关系和集体劳动关系。其次表现在劳动就业关系、劳动争议关系、社会保险关系基本的运行方式,是以国家的管理与

---

① 我国目前绝大多数理论探讨(包括教科书)和实务界都有意无意地不加区别地把从属性认为是"劳动关系"的特征,殊不知,集体劳动关系、社会劳动关系并不具有从属性这一特征。

② 常凯教授的原文是"社会劳动关系"。本书认为,这里用"个别劳动关系"更适当。

③ 常凯:《劳动法学》,高等教育出版社 2011 年版,第 13 页。

④ 这是从一般意义上而言的,实际上,还应包括劳动服务机构等主体,例如就业服务机构、社会保险服务机构等。在我国劳动法学界,较早提出"社会劳动关系"的常凯教授,在论述社会劳动关系主体时,也忽视了劳动服务机构等主体。

服务，劳动（就业、社会保险）服务机构、劳动争议调解机构的服务，为个别劳动关系和集体劳动关系的正常运行服务。再次表现为劳、资、政三方协商关系基本的运行方式为三方协商机制，即劳、资、政三方均保持自己独立的身份，政府以公正人的身份介入劳资关系，三方以平等协商的方式确定劳工标准和劳工政策，来实现劳、资、政三方协商关系的协调性，进而为个别劳动关系和集体劳动关系的正常运行服务。

就三者联系而言，集体劳动关系和社会劳动关系都是建立在个别劳动关系基础之上的，反过来是为个别劳动关系服务的。当然，社会劳动关系除为个别劳动关系服务外，还服务于集体劳动关系。换一个角度说，通过社会劳动关系的管理和服务性、集体劳动关系的对等性，来校正个别劳动关系的从属性。

3. 劳动关系的从属性①

在我国劳动法学界，有关劳动关系的属性，较早提出具有新意的观点的学者是华东政法大学的董保华教授，他在《中国法学》1992年第五期上的《劳动制度改革的法学探索》一文中，提出劳动关系可以概括为"两个兼容"的特征，亦即劳动关系是一种兼有平等关系和隶属关系的特征、兼有人身关系和财产关系的特征的社会关系。这一理论基本内容可以概括为：劳动关系是由当事人双方按照平等的关系的方式建立的；但劳动关系一经建立，则劳动者必须按照社会化大生产要求听从雇主的指挥，将劳动力的支配权交给用人单位，从而形成以雇主指挥劳动者为特征的从属性管理关系。与此同时，劳动者劳动的过程，即劳动力的消耗过程亦即劳动者生存的实现过程，与劳动者的人身是紧密相连的，因此劳动关系就其本来意义上说具有人身性，是一种人身关系；从现实的经济意义上来说，劳动者将劳动力的支配权转让给雇主是为了换取生活资料，雇主因为劳动者的劳动而给予其劳动报酬，从而显示出劳动关系的财产性。② 由于这一理论较好地揭示了市场经济条件下劳动关系的内在矛盾，所以此后基本形成我国关于劳动关系特征的通说。（可参见法律出版社1997年版王全兴著《劳动法》，法律出版社1999年版郭捷等著《劳动法》，中国人民公安大学出版社2004年版黎建飞著《劳动法的理论与实践》，法律出版社2002年版王先林、李坤刚编著《劳动和社会保障仲裁与诉讼》，等等。）但曾

---

① 有必要在此再次说明一下，这里的劳动关系只能是作为对劳动者倾斜保护的根源的"个别劳动关系"。

② 可参见董保华等《社会法原论》，中国政法大学出版社2001年版，第89—91页。

持个别劳动关系具有 "两个兼容" 的特征观点的中国人民大学常凯教授，在其代表作《劳权论——当代中国劳动关系的法律调整研究》（中国劳动社会保障出版社 2004 年版）修正了自己的观点，认为劳动关系是形式上的财产关系和实际上的人身关系、形式上的平等关系和实际上的从属关系。强调个别劳动关系的本质不是 "两个兼容"，而是实际的不平等，是因为个别劳动关系所形成的劳动过程是一种从属劳动。① 董保华教授在回应常凯教授的观点时指出："劳动关系的两个兼容性与强调劳动关系的实质不平等性并不矛盾。劳动关系的确在实质上存在着劳动者与劳动力使用者的不平等性，并且也正是由于关注到了这种不平等性被滥用所带来的弊端，现代劳动法才得以产生。然而，两个兼容性并没有抹杀这种劳动关系的从属性而引发的实质上的不平等性，只是在强调这种实质不平等性的同时，也关注到形式的平等性。"② 笔者认为这两种理论提法异曲同工，没有实质区别，其共同指向皆是劳动关系的从属性，但用常凯教授的观点表述个别劳动关系的特征应该更明了，所以，笔者同意常凯教授的观点表述。

首先，劳动关系的从属性表现为形式上的财产关系和实际上的人身关系。劳动关系是一种社会经济关系，在形式上，劳动者是其劳动力的所有者，雇主是生产资料的所有者，只有二者的他我结合，才能进行劳动过程。劳动者提供自己的劳动力归雇主使用，雇主支付工资给劳动者，工资成为劳动力的等价物，这里劳动关系体现为劳动力的让渡与劳动报酬交换的财产关系。但是实质上，劳动首先表现为人体的一种生理机能，是人的脑、神经、肌肉感官等的耗费。劳动力存在于劳动者肌体内，一刻也不能与劳动者分离。劳动力的支付过程，也就是劳动者生命（生存）的实现过程。因此，劳动关系就具有了人身关系意义。正是由于人身性，决定了劳动关系不能简单视为契约关系。所以，"现实的劳动关系中，财产关系的意义只在于劳动者作为劳动力的所有者，是一个可以自由处置自己的劳动力的独立的自由人，即劳动者可以自行决定是否与雇主签订劳动合同。一旦劳动者与雇主之间的劳动关系成立，所谓财产关系便转换为人身关系，在这里，个别劳动关系和企业管理关系重合，并实际上体现为一种劳

---

① 常凯：《劳权论——当代中国劳动关系的法律调整研究》，中国劳动社会保障出版社 2004 年版，第 75—77 页。

② 董保华：《劳动关系调整的社会化（一）》，转引自江苏常州劳动法论坛，2009 年 11 月 13 日。

动力使用者可以对于劳动者的人身予以支配的科层管理关系。"① 其次，劳动关系的从属性表现为形式上的平等关系和实际上的从属关系。在形式上，劳动关系是一种社会经济关系，表现在劳动关系上双方各是独立的财产所有者，他们要进行交换，就必须遵守劳动力市场的等价交换的原则，所以他们之间有可能建立一种以双方合意为基础的平等性劳动关系。一旦劳动关系建立起来，劳动者与雇主之间的平等关系即告结束。正如恩格斯在《论权威》一书中所明确指出的那样，大工厂是以"进门者放弃一切自治"为特征的。劳动者必须使自己的劳动力归雇主支配，并须服从雇主的指挥、调配，服从雇主的劳动纪律和管理制度，完成一定的工作任务。这就使雇主与劳动者之间形成了一种职责上的隶属关系。在劳动关系的实际运行中，劳动者与雇主之间的平等性劳动关系转化为从属性劳动关系。

基于劳动法意义上劳动关系的从属性特点，雇主和劳动者的"新的身份"得以形成。所以，契约所体现的"消极自由""形式平等"所造成劳动者弱势群体的实质不自由、不平等必须加以克服。而这种克服，就历史地落到了劳动法"倾斜保护原则"上。通过劳动法公法、私法融合的调节机制来完成，把劳动者的利益认为是社会利益，以倾斜立法的方式，发挥国家、社会、个人各自在宏观、中观、微观三个层次调整劳动关系的作用，对于失衡的劳动关系作出矫正，来缓和这种实质上的不平等。

二　劳动法"倾斜保护原则"：自由主义正义观的自我调适

前已述及，近代正义观属于自由主义正义观，这种自由主义正义观基于不同的理论基础分为社会契约论正义观和功利主义正义观两大类，社会契约论正义观亦即古典自然法正义观，功利主义正义观亦即功利主义法学和早期分析法学正义观。社会契约论正义观是一种高扬人的理性、为世俗的个人服务、以世俗的利益为追求的，最终落脚在平等、自由观念的正义观。功利主义正义观认为功利是正义的基础，反对社会契约论，功利主义正义观更是一种为世俗的个人服务、以世俗的利益为追求的，最终落脚在平等、自由观念的正义观，两者尽管争论激烈，但都认为权利是正义观念的本质，是平等权、自由权、财产权，最终都指向

① 常凯：《论个别劳动关系的法律特征——兼及劳动关系法律调整的趋向》，《中国劳动》2004 年第 4 期。

自由主义，只不过前者的权利是通过社会契约论推导的，后者的权利是通过功利主义推导的，尤其是通过个人功利主义推导的。在此正义观理念下，劳动者自由出卖劳动力而获得工资，资本家支付工资获得劳动力的使用权，是平等、自由的财产关系，所以，对劳动者"平等"保护，就是符合正义的。

然而，这种近代正义观下的平等、自由，只是一种形式上的平等、自由，其根本局限性在于近代市民社会的局限性引起的近代自由、平等的抽象性。近代市民社会中的人是"封闭于自身、私人利益、私人任性，同时脱离社会整体的个人的人。"① "利己主义的人"是近代市民社会的人的本质②，他们的自由是"孤立的、封闭在自身的单子里的那种人的自由"③；平等表现为"即每个人都同样被看作孤独的单子"④，最为重要的是，这种平等、自由是奠定在私有财产之上的。私有财产是外化劳动即工人同自然界和自身的外在关系的产物、结果和必然后果，与其说私有财产表现为外化劳动的根据和原因，还不如说它是外化劳动的结果。⑤ 外化劳动和私有财产这种关系一旦形成，互相强化，使私有财产成为市民社会的"君主"，决定了近代自由、平等抽象性和虚假性的必然，使得平等、自由等成为"现代性神话"。具体到社会史实上，"被生产的轰隆声震晕了的工人阶级一旦稍稍清醒过来，就开始进行反抗"，大规模频繁爆发的经济危机、风起云涌的社会主义革命、广大殖民地国家人民的民族解放运动，严重地动摇了资产阶级统治。

那么，如何解决这种形式平等、自由等问题？除了马克思主义外，资产阶级思想家及政治家们基于现实社会的需要，提出了各自的解决方案。就资产阶级思想家及政治家们而言，自康德的非典型社会契约论⑥、黑格尔的反社会契约论⑦开始，他们就主张对形式平等、形式自由进行一些纠正，康德的手段是"绝对命令"，黑格尔是"国家"，密尔是"总体（社会）功利"，俾斯麦是"社会保险"。但总的来说，这些都是对形式

---

① 《马克思恩格斯全集》第1卷，人民出版社1956年版，第439页。

② 同上书，第442页。

③ 同上书，第438页。

④ 同上书，第439页。

⑤ 《1844年经济学哲学手稿》，人民出版社2000年版，第61页。

⑥ 康德认为，国家的终极根源是先验的实践理性（即善良意志）。笔者自认为这和卢梭的自爱心和怜悯心相似。

⑦ 黑格尔主张国家的本质在逻辑上是先在的。

平等、自由进行纠正的初级阶段，其实质性的纠正是进入垄断资本主义阶段以后的，在资本主义国家特别是在发达资本主义国家，利用国家这个"总资本家"的力量对经济社会进行干预和调节，拉开了政府干预市场的大幕。其根本做法是：结束放任自流的经济、社会政策，赋予作为政治功能的国家以经济、社会功能，将经济、社会、政治功能整合到国家中，采用"两手—市场和政府政策—并重"的办法，合理地寻找到政府干预与市场运行之间的最佳结合点，进而实现较为实质性的自由、平等。

与此相适应，在法学领域，直接结果就是开始了"法律社会化运动"，社会法学应运而生，社会法学强烈反对功利主义和早期分析法学的"个人功利主义"，注重社会中的"分工"和"协作"因素，更加强调社会利益，其以社会利益为本位，直接目的就是对劳动者等这些具有"新的身份"的弱势群体进行倾斜保护，最终目的是争取最大社会安全，"倾斜保护原则"成为社会法的最基本原则，因此社会法是一种"社会功利主义"的实用主义法学。在对两次世界大战尤其是二战反思之后，新自然法学重新成为当代最有影响力的法律思想之一，其不再像古典自然法学家那样强调个人的绝对价值，而是像社会法学那样关注社会利益，主张对形式自由、平等进行纠正。罗尔斯的基于"社会契约论"的新自然法"差别原则"，实际上和社会法的"社会功利主义"的"倾斜保护原则"如出一辙，具有异曲同工之妙。① 至于现代分析法学，已不同程度地向自然法学靠拢，凯尔森承认合法意义的正义②，哈特承认坚持最低限度的自然法③，就足以说明，现代分析法学"基本规范""最低限度的自然法"实际上也是和社会法的"社会功利主义"的"倾斜保护原则"以及基于

---

① 一些自然法学家甚至把社会法学甚至纯粹法学说成是自然法学的分支，或者是"隐蔽的自然法"。（严存生主编：《西方法律思想史》，陕西人民教育出版社1996年版，第284页。）

② 凯尔森的"纯粹法学"的"基本规范"被视为其理论"软肋"。其软肋恰恰是在其开端上，"……这个规范已不再是一个实定规范，而只是一个肯定'自然法'存在的命题，一个肯定正义之存在的声明。"（登特列夫：《自然法——法律哲学导论》，李日章、梁捷、王利译，新星出版社2008年版，第130页。）

③ "法律实证主义代表人物哈特也终于在《法律的概念》第二版中，接受了最低限度自然法的学说。不管各自如何'犹抱琵琶半遮面'，其实都在接近自然法和法律实证主义之间的中线。"（登特列夫：《自然法——法律哲学导论》，李日章、梁捷、王利译，新星出版社2008年版，第233页。）

"社会契约论"的新自然法"差别原则"遥相呼应。完全可以明确地讲，"倾斜保护原则"成为三大法学学派的共同指向。然而，无论是政府对经济社会进行干预和调节，无论是对形式平等、形式自由进行一些纠正，这些都是从内部试图化解资本主义基本矛盾，而不是超越近代市民社会进入新的社会形态——社会主义、共产主义社会，其原因在于这些纠正都是在为市民社会的私有制经济基础辩护的。① 所以这种纠正只是一种改良主义，只是自由主义自我调适。劳动法"倾斜保护原则"，把劳动者的利益认为是社会利益，以倾斜立法的方式，对于失衡的劳动关系作出矫正，来缓和这种实质上的不平等、不自由，就是符合正义的，但实际上也只能是自由主义正义观的自我调适的体现。

第三节　劳动法"倾斜保护原则"的解读：基于马克思正义观视野

正如前文所述，马克思主义经典作家认为平等权、自由权、财产权等只不过是资产阶级法权，他们对劳动者"平等"保护所涉及的平等权、自由权、财产权进行分析批判，进而对其正义性进行剖析，主要是通过其市民社会理论以及对资本主义雇佣劳动②的分析批判体现的。同样，尽管马克思主义经典作家并未从法学角度专门对劳动法"倾斜保护原则"所涉及的平等权、自由权、财产权进行分析批判，进而对其正义性进行剖析，但他们这方面的思想依然主要是通过他们的市民社会理论和对资本主义雇佣劳动的分析批判体现的，其中内含着马克思对共产主义的深情展望。

如何看待马克思对劳动法"倾斜保护原则"所涉及的平等权、自由权、财产权进行的分析批判，进而对其正义性的剖析，我们仍然要从社会生产出发，坚持马克思评价人类社会发展的历史现象的两个尺度——历史尺度和价值尺度，并坚持二者的有机统一。马克思对劳动法"倾斜保护

---

① 在这一点上，所有资产阶级思想家都是毫不避讳的，例如，黑格尔是为现存制度辩护。罗尔斯的确努力试图避免市民社会私有财产的局限，但只主张将私有财产权放置在正义原则的控制之下，而绝不是推翻现存制度。

② 在马克思主义看来，资本主义剥削是资本主义雇佣劳动的本质特征，因此，关于资本主义剥削的讨论其实就是关于资本主义雇佣劳动的讨论。

原则"所涉及的平等权、自由权、财产权的看法依然是坚持历史尺度和价值尺度的有机统一，在肯定其历史进步性的同时，又批判了其历史局限性。

一 劳动法"倾斜保护原则"：历史进步尺度的澄明

在马克思历史唯物主义的正义理论看来，认识正义问题的基本前提和先决条件是社会生产推动人类社会发展，是人类社会生产决定了正义的历史性和相对性。马克思在《〈政治经济学批判〉序言》中明确指出："无论哪一个社会形态，在它所能容纳的全部生产力发挥出来以前，是决不会灭亡的；而新的更高的生产关系，在它的物质存在条件在旧社会的胎胞里成熟以前，是决不会出现的。所以人类始终只提出自己能够解决的任务，因为只要仔细考察就可以发现，任务本身，只有在解决它的物质条件已经存在或者至少是在生成过程中的时候，才会产生。"① 从这一点出发，我们坚持马克思评价社会历史的历史尺度和价值尺度，就能较好地理解劳动法"倾斜保护原则"是一种历史进步尺度的澄明，其历史进步性集中表现在劳动法"倾斜保护原则"是市民社会内在局限的内部克服的结果：在资本主义国家特别是在发达资本主义国家进入垄断资本主义阶段以后，基于市场障碍而利用国家这个"总资本家"的力量对经济社会进行干预和调节，其基本手段是：结束放任自流的经济、社会政策，将经济、社会、政治功能整合到国家中，采用"两手（无形之手、有形之手）——市场和政府政策——并重"的做法，努力寻找到政府干预与市场运行之间的最佳结合点，进而实现较为实质性的自由、平等，从而从内部试图化解资本主义基本矛盾，这些"市民社会内在局限的内部克服"的做法，在自觉或不自觉中调整了资本主义的生产关系，特别是矫正了资本主义的市场机制的失灵之处，使资本主义的经济、社会制度一定程度上适应了新的社会生产的变化。所以也就符合了"无论哪一个社会形态，在它所能容纳的全部生产力发挥出来以前，是决不会灭亡的；而新的更高的生产关系，在它的物质存在条件在旧社会的胎胞里成熟以前，是决不会出现的"，"马克思主义者不倦地进行工作，不放过任何一个'机会'争取改良和利用改良，同时，无论在宣传、鼓动，还是在群众经济活动等方面，任何超出改良主义范围的做法他们都不横加指责，而是予以支持，关切地

---

① 《马克思恩格斯选集》第 2 卷，人民出版社 1995 年版，第 33 页。

加以发展。"① 这些历史唯物主义的基本观点,从而也决定了劳动法"倾斜保护原则"的正义性——历史进步性。例如,马克思在评论英国工厂法时候,认为工厂立法的精神实质,就是"作为工人阶级的身体和精神的保护手段",是一个"朴素的大宪章",这一保护劳动者的大宪章,比起那种"天赋人权"的抽象性的、冠冕堂皇的条款规定,是社会的一个巨大进步。②③

二 劳动法"倾斜保护原则":谋求社会生产关系的根本变革

从马克思评价社会历史的历史尺度和价值尺度来看,在肯定劳动法"倾斜保护原则"的历史必然性和进步性的同时,同样的基于他们的近代市民社会理论和对资本主义雇佣劳动分析批判,马克思主义经典作家剖析了劳动法"倾斜保护原则"的历史局限性,指出劳动法"倾斜保护原则"所体现的只是一种改良主义,是自由主义自我调适,其原因在于这些纠正都是在为市民社会的私有制经济基础辩护的,而不是超越近代市民社会进入新的社会形态——社会主义、共产主义社会。当马克思从社会物质生活条件出发,就会发现其明显的历史局限性,进而要求谋求社会生产关系的根本变革。

劳动法"倾斜保护原则"所体现的只是一种消费资料的分配正义。在马克思看来,分配有生产资料的分配、消费资料的分配的广义、狭义之分。狭义的分配关系和分配方式即产品的分配关系和分配方式,是以当时的生产条件所体现的社会性质和生产当事人之间在生产过程中所形成的一定社会关系为前提的,是同生产过程的历史规定的特殊社会形式,以及人们在再生产过程中相互所形成的关系相适应的,并且是由这些形式和关系产生的。"照最浅薄的理解,分配表现为产品的分配,因

① 《列宁选集》第2卷,人民出版社1995年版,第329页。

② 参见于丽平《劳动、资本与法律——马克思的劳动法思想解读》,《山东财政学院学报》2010年第1期。

③ 现代劳动法的产生是以1802年的英国《学徒健康与道德法》的颁布实施作为开端的。它的产生和发展,是对于传统的公私法划分理论和体系的一个巨大突破。恩格斯在《路德维希·费尔巴哈和德国古典哲学的终结》一文中曾经强调过,"现在法律形式就是一切,而经济内容则什么也不是。公法和私法被看作两个独立的领域,它们各有自己的独立的历史发展,它们本身都可以系统地加以说明,并需要通过彻底根除一切内部矛盾来作出这种说明。"(《马克思恩格斯选集》第4卷,人民出版社1995年版,第253页。)

此它离开生产很远，似乎对生产是独立的。但是，在分配是产品的分配之前，它是（1）生产工具的分配，（2）社会成员在各类生产之间的分配（个人从属于一定的生产关系）——这是同一关系的进一步规定。这种分配包含在生产过程本身中并且决定生产的结构，产品的分配显然只是这种分配的结果。"① 在马克思看来，在分配问题上兜圈子，实际上就是在狭义的消费资料的分配上兜圈子，脱离了广义的生产资料分配这一最根本的分配形式："消费资料的任何一种分配，都不过是生产条件本身分配的结果。而生产条件的分配，则表现生产方式本身的性质。例如，资本主义生产方式的基础是：物质的生产条件以资本和地产的形式掌握在非劳动者的手中，而人民大众所有的则只是生产的人身条件，即劳动力。既然生产的要素是这样分配的，那么自然而然地就产生现在这样的消费资料的分配。如果生产的物质条件是劳动者自己的集体财产，那么同样要产生一种和现在不同的消费资料的分配。"② 因此，分配实质上是由社会生产决定的："所谓分配关系，是同生产过程的历史规定的特殊的社会形式，以及人们在他们生活的再生产过程中互相所处的关系相适应的，并且是由这些形式和关系产生的。这种分配关系的历史性质就是生产关系的历史性质，分配关系不过是表示生产关系的一个方面。"③ 劳动法"倾斜保护原则"所体现的消费资料的分配正义，是一种分配领域的改良主义，最终也就不能实现劳动者自由而全面的发展。劳动法"倾斜保护原则"并没有要求消灭生产资料资本主义私有制和雇佣劳动制度这些资本主义制度最基本的特征，相反，是为了维护资本主义制度的。劳动法"倾斜保护原则"的"底线"是它不能改变资本主义作为一种制度的质的规定性，只是改变私（民）法中把劳动关系视为平等关系和经济财产关系，进而被视为纯债权关系，从而实行"意思自治"给劳动者带来的抽象的平等和消极自由，而给雇主和劳动者穿上"西服和工作服"，承认他们分别是"强势主体"和"弱势主体"，并对之进行较为实质性的保护进而实现实质性平等、自由。但其根本没有动摇生产资料资本主义私有制和雇佣劳动制度，只是一种改良主义。所以，在马克思看来，"改良主义是资产阶级对工人的欺骗，只要存在着资本的统治，尽管有某些改善，工人总还是雇佣奴隶。……使劳动者

---

① 《马克思恩格斯选集》第2卷，人民出版社1995年版，第14页。

② 《马克思恩格斯选集》第3卷，人民出版社1995年版，第306页。

③ 《资本论》第3卷，人民出版社2004年版，第999—1000页。

永远当雇佣奴隶。……改良主义者竭力用小恩小惠来分化和欺骗工人，使他们放弃他们的阶级斗争。……改良主义实际上就是不要马克思主义，用资产阶级的'社会政策'取代马克思主义。"① 因此"在雇佣劳动制度的基础上要求平等的……报酬，就犹如在奴隶制的基础上要求自由一样。"② 这也充分显示了劳动法"倾斜保护原则"的局限性，所以，无产阶级"……要在自己的旗帜上写上革命的口号：'消灭雇佣劳动制度'！"③ 最根本的就是，"实际上，而且对实践的唯物主义者即共产主义者来说，全部问题都在于使现存世界革命化，实际地反对并改变现存事物。"④ 只有扬弃资本主义生产资料私有制，实现人的全面解放和发展，才能实现真正的平等、自由，才能解决正义问题。社会生产关系的变革是实现社会正义的最关键因素。⑤ 承载这一历史使命，实践主体是无产阶级，⑥ 制度保证是共产主义。随着生产力日益发展，资本主义生产资料私人所有制越来越不能容纳庞大的社会生产力，因而这个资本主义生产资料私有制外壳必然要被生产资料公有制所取代。分配方式也必然相应地发生变革。"改变了的分配将以改变了的、由于历史过程才产生的新的生产基础为出发点。"⑦ 这一"新的生产基础"就是新的社会制度，在未来的新的社会制度里，资本主义社会的剥削制度将被消灭，阶级差别将逐步消亡，社会中的人们，在社会化中联合起来，按照生产的规划，利用共同占有的社会生产资料，在符合人类本性的条件下结合起来，一起劳动，一起生产，将生产出来的产品，按照每一个劳动者提供的劳动时间、劳动的强度和复杂程度进行公平的分配。马克思说："在这个制度之下，现代的阶级差别将消失；在这个制度之下——也许在经过一个短暂的、有些艰苦的、但无论如何在道义上很有益的过渡时期以后，通过

---

① 《列宁选集》第2卷，人民出版社1995年版，第330页。

② 《马克思恩格斯选集》第2卷，人民出版社2012年版，第47页。

③ 同上书，第69页。

④ 《马克思恩格斯选集》第1卷，人民出版社1995年版，第75页。

⑤ 是由所有制而非由劳动决定分配关系的。

⑥ 德国解放的可能性"就在于形成一个被戴上彻底的锁链的阶级，……在于形成一个若不从其他一切社会领域解放出来从而解放其他一切社会领域就不能解放自己的领域，总之，形成这样一个领域，它表明人的完全丧失，并因而只有通过人的完全回复才能回复自己本身。社会解体的这个结果，就是无产阶级这个特殊等级。"（《马克思恩格斯选集》第1卷，人民出版社1995年版，第15页。）

⑦ 《马克思恩格斯选集》第31卷，人民出版社1998年版，第245—246页。

有计划地利用和进一步发展现有的巨大生产力，在人人都必须劳动的条件下，生活资料、享受资料、发展和表现一切体力和智力所需的资料，都将同等地、愈益充分地交归社会全体成员支配。"①

---

① 《马克思恩格斯全集》第22卷，人民出版社1965年版，第243页。

第七章 劳动法"倾斜保护原则"正义价值实现之途：基于劳动法基础理论分析

"契约内容客观妥当性之维护，世界各国大致上采取两种机制：团体协约与劳动条件基准法定。……最低工资、最高工时……之类关键性劳动条件，各国均设有一套基准，鲜有例外。"① "要处理劳动法上的问题，首先要了解关于劳动条件的形成，法律上有不同的手段，在法源地位上具有一定阶层关系。……为法律规定。……其次是团体协约。"② "近代最终将劳动关系建立在债权，即契约自由的基础上。但这种法律形式上的契约自由不过是劳动契约中的经济较强一方——雇主的自由，……确切地说，契约自由制度只将劳动力当作物，不视其为人。……针对劳动契约领域法律形式上契约自由泛滥的危险，新劳动法……表现为通过强行法律直接对契约自由予以法律限制，表现为将雇员与雇主之间的个别劳动契约与雇员组织同雇主之间所订立的集体劳动契约相衔接，也体现在对所订立的劳动契约的事实部分附加不可免除的公法条款。最后，新劳动法也表现为要求劳动契约的订立必须具备在不能满足所订条件的情况下的预先措施，以寻求对基于契约自由所导致的生活状况的不可预测性的控制（工作介绍和失业津贴③）。"④

这些都是从劳动法基础理论方面来讲劳动法"倾斜保护原则"正义价值的实现途径。概括起来，主要是实体法意义和程序法意义上的正义价值的实现途径，其中"劳动基准法定"、集体合同、劳动合同的强制性规

---

① 黄越钦：《劳动法新论》，中国政法大学出版社 2003 年版，第 197—199 页。

② 王泽鉴：《债法原理》，中国政法大学出版社 2001 年版，第 83 页。

③ 这实际上就是就业促进和社会保险，笔者注。

④ ［美］拉德布鲁赫：《法学导论》，米健、朱林译，中国大百科全书出版社 1997 年版，第 82 页。

定、就业促进、社会保险五者共同构成了劳动法"倾斜保护原则"正义价值在实体法意义上得以实现的途径。劳动争议处理、新型的劳动法责任形式和劳动法"三方机制"三者共同构成了劳动法"倾斜保护原则"正义价值在程序法意义上的实现途径。

第一节　劳动法"倾斜保护原则"正义价值实现之途：实体法意义

一　劳动关系的国家干预："劳动基准法定"

"劳动基准法定"是劳动法"倾斜保护原则"正义价值在劳动关系存续过程中的宏观层次的实现途径。

何谓"劳动基准"？迄今为止，基于劳动法学视角，即使是一直致力于制定国际劳动标准的国际劳工组织以及劳动标准研究历史较长的西方，都没有对"劳动基准"的含义作一个明确的界定。

我国的传统劳动法学中没有劳动基准的概念。有相当多的学者不加区别地把劳动标准和劳动基准混为一谈。近几年来，这一情况有所变化，在我国的劳动法教材中，劳动法专业学术开始涉及劳动基准。有代表性的观点有："……劳动基准法是有关劳动报酬和劳动条件最低标准的法律规范的总称"[1]，"劳动基准法是国家规定最低劳动条件的法律规范的总称。……'基准'的含义是'最低的标准'，这个词简练而准确地表达了各国关于劳动条件的立法是最低劳动标准的特征。"[2]"劳动基准，即法定最低劳动标准。广义劳动基准，是指劳动法中赋予劳动者权利和雇主义务的强行性规范，包括劳动条件基准和劳动关系运行基准（即强行性劳动关系运行规范）。……既涵盖作为实体利益的劳动权利，又涵盖作为获取实体利益之工具的劳动权利……；既涵盖劳动关系中的劳动权利，又涵盖劳动关系成立前和终止后的劳动权利，……狭义劳动基准，仅指劳动条件基准，即劳动者在劳动关系中所得劳动条件的法定最低标准，其内容仅涵盖作为实体利益的劳动权利。……劳动基准仅适用于劳动关系存续过程中的劳动标准，劳动关系确立前和终止后劳动者所得利益未在其中……，在

---

[1]　董保华：《劳动关系调整的法律机制》，上海交通大学出版社2000年版，第130页。

[2]　周长征：《劳动法原理》，科学出版社2004年版，第154页。

理解劳动基准与集体合同、劳动合同的关系，或比较劳动基准水平时，通常对劳动基准作狭义理解"①。实际上，近几年来，我国劳动法学界已基本就劳动基准的含义达成一致，笔者认为，下述定义更为准确："'基准'的含义是'最低的标准'，'劳动基准'就是对'最低劳动标准'简练而准确的概括。劳动法学上的劳动标准包括劳动关系成立前和终止后以及劳动关系中的劳动标准，作为最低的标准的劳动基准只是劳动关系中的劳动标准，而劳动关系中的劳动标准又是指劳动条件劳动标准。所以，劳动基准，指的是就劳动条件基准，即劳动者在劳动关系中所得劳动条件的法定最低标准。"②

所以，劳动基准法是由国家规定的劳动者在劳动关系中所得最低劳动条件的法律规范的总称。劳动条件，指的是工资、工时、休息休假、安全卫生等维持劳动者本人及其家庭生存所必需的各种条件。"劳动合同之主要项目诸如工资、工时、工作场所、休假等，双方当事人据以为成立合同基础之合意内容并有对价等值关系者称为劳动条件。"③ 具体来说，劳动条件，本应依当事人合意而形成。这体现了劳动合同的消极自由，但是，由于劳动关系从属性的特点，劳动条件的形成，除了强调当事人间的合意，更应重视劳动条件妥当形成的完善机制。这种机制首先表现为"劳动基准法定"。国家（政府）为了维持劳动合同自由，允许当事人有一定的意思自治，但重要的内容往往以"劳动基准"作为上限或下限。不但要有基准之设，而且基准必须法定，"基准法定"的目的在于经过国家（政府）立法机关审查，平衡各种利益，不容个人的恣意行为，也不能由行政机关决定，当然劳动基准法定并不表示国家（政府）可以广泛介入，尽管各国介入的程度不一，"但最低工资、最高工时……之类关键性劳动条件，各国均设有一套基准，鲜有例外。"④ 劳动基准一旦形成，就对雇

---

① 王全兴：《浅论劳动基准法的定位（草纲）——学习黄程贯先生〈劳动基准法之公法性质与私法转化〉的体会》，《中国法学会社会法研究会 2006 年年会暨海峡两岸社会法理论研讨会会议论文（下册）》，第 742—743 页。

② 这是笔者参与 2009 年 10 月已结项的国家社科基金项目《政府协调劳动关系的法律机制研究》项目时，该项目主持人郭捷教授所下定义，此项目成果尚未公开出版。

③ 黄越钦：《劳动法新论》，中国政法大学出版社 2003 年版，第 197 页。

④ 同上书，第 198—199 页。

主与劳动者之间的劳动合同产生效力，①② 同时对劳动者团体——工会和雇主及其团体的集体合同产生效力。劳动基准法在立法上是一种相对强制性规范，体现对劳动者的倾斜保护原则，劳动合同、集体合同所确定的劳动条件，可以高于但是绝对不得低于国家（政府）规定的劳动基准，集体合同、劳动合同，以及用人单位规章制度的有关规定形成的劳动条件，凡低于劳动基准一律无效，但是如果高于劳动基准，则是有效的。例如，只能规定最低工资和最高工时，决不允许规定最高工资和最低工时，只要雇主给予劳动者的工资高于最低工资，其行为就是合法有效的，并且国家（政府）还要提倡，只要雇主规定劳动者的工作时间低于最高工时，其行为就是合法有效的，国家（政府）还要提倡，反之，皆为无效。这样，就体现了对劳动者的倾斜保护。

二 劳动关系的社会干预：集体谈判和集体合同

集体谈判和集体合同制度③是劳动法"倾斜保护原则"正义价值在劳动关系存续过程中的中观层次的实现途径。

---

① 可大致表现为两方面：一是反射效力问题；二是双重效力问题，即公法规定直接转化为私法内容的问题。前者是指劳动基准法在法的规定形态上，并不是直接规定雇主与劳动者之权利义务关系，而是规定国家（政府）与雇主之间的权利义务关系。因此，劳动基准法规定雇主应履行的义务，是以国家（政府）为权利人，而劳动者仅因其为雇主义务履行的对象而受益（亦即劳动者只是国家（政府）公法规定的反射效力的受益人而已）。因此，雇主如不遵守劳动基准法的规定履行其义务时，其请求权利人是国家（政府），而不是劳动者；而国家（政府）为实现其强制的目的，则必定有处罚的规定。这是因为劳动基准法是国家（政府）与雇主之间的权利义务关系的规范所使然。后者是指劳动基准法，并不仅仅形成雇主的公法上义务，更会形成雇主与劳动者之间的劳动合同的内容，其当然具有转化成私法的形成效力，同时会直接转化成为雇主对劳动者所负的劳动合同义务，雇主违反劳动基准法，同时亦会产生合同上债务不履行的各种法律后果。也就是说，劳动者因而取得直接对雇主请求其遵守公法性质的劳动基准内容的劳动合同上的请求权，雇主不遵守时，劳动者可以拒绝给付劳务，实施履行抗辩权，遇有损害时，完全可以请求债务不履行的损害赔偿请求权。（我国台湾地区，针对"反射效力"与"双重效力"问题，目前通说坚持"反射效力说"，但愈来愈多的学者与司法实务开始转向同意"双重效力说"。德国的通说为"双重效力说"。参见黄程贯《劳动基准法之公法性质与私法转化》，《中国法学会社会法研究会2006年年会暨海峡两岸社会法理论研讨会会议论文》。）

② 本部分详细内容可参见笔者、郭捷《劳动合同自由与劳动合同正义浅探》，《兰州学刊》2010年第5期，有较多删节。

③ 集体合同是集体谈判的结果，也是最重要的目的。

集体谈判与集体合同制度，是协约自治模式之抗衡模式下的制度，可谓劳动法最重要的特色制度，在其他法律领域中都很难见到。在劳动合同中，双方当事人并不具有平等的谈判实力，集体谈判与集体合同制度从本质上来说是为了恢复劳方与资方的实力均衡，制造典型的机会平等。换句话说，集体谈判与集体合同制度的产生，是为了修正劳动合同制度的不足。正因为如此，在集体合同中约定的劳动条件，仅仅是设立的基准，并不阻止劳动者与用人单位约定更高的劳动条件。

集体谈判，亦称集体协商。集体谈判是国际劳动组织使用的概念，根据国际劳工组织 1981 年通过的 154 号公约《促进集体谈判公约》第 2 条规定，"集体谈判是指包括所有在一名雇主、一个雇主群体或者是一个以上的雇主组织同一个或多个工人组织之间进行的谈判。"集体谈判的内容包括：（1）决定劳动条件和就业期限；（2）调整雇主和工人之间的关系；（3）调整雇主或者他们的组织同一个或者多个工人组织之间的关系。集体合同，也称集体协议或团体协约。是指工会或劳动者代表与雇主及其组织之间就劳动报酬、工作时间、休息休假、劳动安全卫生、保险福利等劳动条件在平等协商的基础上形成的书面协议。《集体合同建议书》规定："以一个雇主或一群雇主，或者一个或几个雇主组织为一方，一个或几个有代表性的工人组织为另一方，如果没有这样的工人组织，则根据国家法律和法规由工人正式选举并授权的代表为另一方，上述各方之间缔结的关于劳动条件和就业条件的一切书面协议，称为集体合同。"[①]

集体谈判和集体合同制度是一项以对等、均衡的目的调整劳动关系的重要的劳动法律制度，起源于资本主义国家，是工人阶级为争取自由和维护自己的利益而坚持斗争的产物。在资本主义制度下，由于雇主与雇佣劳动者经济实力强弱的差异和利益上的冲突与对抗，再加上国家契约自由原则的保护，劳动契约对雇佣劳动者来讲成了不平等的条约，劳动条件苛刻，劳动待遇低下。工人们为了改善劳动条件，提高劳动待遇，集体行动起来，通过怠工、罢工等方式向雇主施加压力。雇主为了避免持续怠工、罢工造成更大的损失，便与工人代表通过集体谈判达成和解协议，以缓和劳资矛盾，解决劳资纠纷，于是产生了集体合同。英国是世界上最早出现集体协议的国家，18 世纪末英国出现了雇佣劳动团体与雇主签订的集体协议。19 世纪初，在英国某些行业，由雇主协会和工会双方成立的避免

---

① 1951 年国际劳工组织第 91 号建议书《集体合同建议书》第 2 条第 1 款规定。

发生劳资争议的机构是世界上集体谈判的雏形。到19世纪末，资本主义各国已普遍实行集体合同制度，但集体合同只是劳资双方的"君子协定"，不具有法律约束力，法院也不受理集体合同争议案件。20世纪初，随着工人运动的进一步发展，特别是十月革命的影响，资产阶级政府才开始承认集体合同，并以立法的形式加以确认。但早期的集体合同立法，内容比较简单，而且大多列入工会法、民法之中。如英国1871年制定的世界第一部《工会法》和1875年制定的《企业主和工人法》，率先肯定工会有与企业主签订契约的权利。第一次世界大战以后，出现了一些较有影响的单行集体合同法或劳动法典等基本法中的集体合同专章（篇）。如德国在1918年发布了《劳动协约、劳动者及使用人委员会暨劳动争议调停令》，并于1921年颁布了《劳动协约法（草案）》，1935年美国颁布的劳资关系法中也承认了工会有代表工人同雇主订立集体合同的权利。第二次世界大战以后，集体谈判与集体合同制度在西方各国得到了进一步的发展。一些国家制定和修订劳动法时，大都对集体合同作了专门规定，有些国家还制定了新的集体合同法。另外，前苏联和东欧各国也建立了集体合同制度，一些第三世界的国家也对集体合同作了专门规定。20世纪60年代以来，集体合同制度已普及于各市场经济国家，成为调节劳资关系的一项基本制度。它作为调整劳动关系的重要机制，目前已被国际劳工组织、世界各国广泛采用。

如何保证劳动者劳动条件与劳动待遇，正如前文所述，从宏观层次来说，国家（政府）根据劳动关系具有从属性的特点，制定适用于全部雇主及其组织的劳动基准法来保障劳动者的劳动条件与劳动待遇。劳动基准法所规定的关于劳动者劳动条件与劳动待遇的标准属于最低标准，雇主可以优于但不能劣于劳动基准法所规定的标准。而按此标准对劳动者进行的保护只是劳动法律所要求的最低水平，对劳动者能否获得高于劳动基准的利益，劳动基准法却无能为力。中观层次的集体合同制度，表现为劳动者依靠集体力量，成立工会组织，以集体的形式成为劳动市场上唯一的劳动力供应者，使得雇主面对的不再是单个劳动者，而是作为集体的劳动者，通过集体协商交涉机制，改变雇主对于劳动者的绝对优势，争取比较优越的劳动条件和比较优厚的劳动待遇。通过集体合同，可以对劳动者劳动条件与劳动待遇作出高于劳动基准的约定，进而使保护劳动者的水平能够实际高于法定最低标准。世界上绝大多数国家劳动法规定，集体合同依法成

立，即对双方当事人具有法律约束力，① 一方面，违反集体合同的一方要
承担相应的法律责任。另一方面，作为微观层次的雇主与劳动者个人签订
的劳动合同中的劳动条件与劳动待遇，也不得低于集体合同的规定，但完
全可以高于集体合同的规定，使得集体合同具有劳动基准法的效能，这样
就能抑制雇主损害单个劳动者利益的行为，切实保障劳动者合法权益的实
现，与此同时，又给劳动关系双方当事人的协商、意思自治留下足够空
间。因此，集体合同作为一种中观的层次，具有一种承上启下的作用，既
可以弥补劳动基准法、劳动合同的不足，又可以使三者相互促进，成为确
保劳动者劳动条件与劳动待遇的必要手段。

值得注意的是，从世界劳动法制的发展来看，劳动基准法与集体谈判
和集体合同制度之间存在着一种此长彼消的态势。"假若集体谈判制度能

---

① 集体合同，"它是一个很有弹性的决策方法，比立法、司法和行政都要有弹性。不仅因
为集体谈判可以在不同国家之间有很大差别，也就是说，它可以运用于各种形式的政
治、经济制度，而且，对于任何一国家，它也可以满足各种产业和职业的需要。"（约
翰·P. 温德姆勒等：《工业化市场经济国家的集体谈判》，何平等译，中国劳动出版社
1994 年版，第 8 页。）不同类型的西方国家对集体合同的效力认识并不完全相同。主要
有：1. 契约说。该说认为，集体合同是双方当事人之间通过集体协商程序订立的一种契
约，集体合同规定的当事人之间的义务关系，具有一种债权合同的性质，对双方都有约
束力，除了适用劳动法以外，还可以适用合同法的一般规定，因此，集体合同的履行，
除法律有特别规定外，可适用债权的一般规定。2. 法规说。该说认为，集体合同不仅
仅具有债法上的效力，而且具有法规的效力。这种法规的效力渊源在于国家的认可。集
体合同对于劳动合同具有规范效力，集体合同订立后，在其有效期内，劳动合同关于劳
动者利益的规定，可以高于但不得低于这些标准，若低于此标准就由集体合同的规定取
而代之。无论劳动者是否工会会员，也无论在订立合同当时是否为集体合同的雇主的劳
动者，集体合同都同样对他们具有约束力。集体合同订立之后新录用的劳动者，在订立
劳动合时同样要受该集体合同的约束。3. 君子协定说。这种观点主要是英国学者所持
的观点以及司法实践。依英国权威劳工法学者的见解，英国现行由劳资双方所签订的团
体协议，非属契约。集体合同不仅不具有法规的效力，而且也不具有契约的效力。该说
认为当事人之间缺乏创设法律关系之意，集体合同虽然在当事人之间也产生一定的"权
利"与"义务"，但此种"权利"与"义务"不具有法律上的意义，仅具有"君子协
定"的性质。集体合同的履行，不是依赖法律之制裁（legal sanction），其所依赖的只是
社会制裁（social sanction）。按照"君子协定说"，集体合同不构成法律上必须履行的契
约，不具有法律上的契约效力。但绝大多数国家采纳了"契约说""法规说"的观点，
认为集体合同不仅具有合同的约束力，而且这种约束力高于劳动合同。我国亦是如此。
（本部分详细内容可见笔者所撰写的教材的相关内容，有较多删节。郭捷：《劳动法
学》（第四版），中国政法大学出版社 2007 年版，第 172 页。）

够有效合理规制劳资问题，保护立法可相对减少。反之，假若集体谈判制度根本未能建立或名存实亡，则将多赖国家立法以保护劳工利益。"各国到底以劳动基准法还是集体合同制度为重，完全取决于各个国家的历史传统和其他国情，"固受其社会、哲学思想、工业经济发展及政治制度之影响，但仅有轻重之别，实难偏废。"① 但是，"美国人更坚信以谈判方式达成合约较政府规定更富有弹性和创造性，更能唤起人类高尚的品质。"②

三　微观层次的国家直接干预：劳动合同的强制性规定

"劳动基准法定"、集体合同分别是劳动法"倾斜保护原则"正义价值在劳动关系存续过程中的宏观层次、中观层次实现的途径，在微观层次实现的途径则主要是劳动合同方面的强制性规定。劳动合同方面的强制性规定主要包括劳动合同解除限制、劳动合同解除时的经济补偿等③以及事实劳动关系。④ 尽管劳动合同解除限制、劳动合同解除时的经济补偿等是否属于劳动基准有异议，但各个国家的立法规定却是大同小异，不管是以劳动基准立法出现，还是以其他单行立法出现，各国对雇主解雇工人都作了严格限制，而且对劳动合同解除时的经济补偿也是作了非常明确具体的规定，充分体现对劳动者的倾斜保护。

至于事实劳动关系，由于其极大区别于传统契约理论，倒是本部分内容所主要探讨的。

在谈事实劳动关系之前，我们先要弄清一些有关事实契约关系⑤的理

① 王泽鉴：《民法学说与判例研究》（第 2 集），中国政法大学出版社 1998 年版，第 324—325 页。转引自王全兴主编《劳动法学》，高等教育出版社 2004 年版，第 186 页。

② ［美］哈罗得·伯曼：《美国法律讲话》，三联出版社 1992 年版，第 129 页。转引自王全兴主编《劳动法学》，高等教育出版社 2004 年版，第 186 页。

③ 对于"劳动合同解除限制、劳动合同解除时的经济补偿等"是否属于劳动基准，劳动法理论和立法实践上并不统一。特别是立法实践上，日本和我国台湾地区属于劳动基准，但美国、加拿大等国家则不属于。本书认为"劳动合同解除限制、劳动合同解除时的经济补偿等"不属于劳动条件，当然不应属于劳动基准，但属于公法性质，劳雇双方当事人"非私权契约之合意所能改变"。（具体可参见黄越钦《劳动法新论》，中国政法大学出版社 2003 年版，第 202 页。）

④ 可参见董保华等《社会法原论》，中国政法大学出版社 2001 年版，第 14—16 页。另可参见董保华、周开畅《也谈"从契约到身份"——对第三法域的探索》，《浙江学刊》2004 年第 1 期。

⑤ 关于事实契约关系，国内相关研究并不多，我国台湾王泽鉴先生的《民法学说与判例研究》（第一卷）中的《事实上之契约关系》文章是国内了解该问题的主要资料。

论争鸣。1941 年 1 月，Gunter Haupt 就任莱比锡大学教授职务时发表了一篇"论事实上之契约关系"的专题演说，提出了极大区别于传统契约理论的事实契约理论。传统契约理论认为，契约是双方当事人的合意，是意思自治的结果，契约关系得到法律保护的前提是法律所规定的法律事实的出现。但是事实契约理论认为，在现实交易活动中，由于存在强制缔约制度，格式合同存在也成为普遍事实，因此存在相当多的并不完全依缔约方式，而仅仅因事实行为而成立之契约关系，这种契约关系就是事实契约关系，事实契约关系很难完全符合传统的契约法律要件，其中最突出的就是形式上并不是传统的契约法律关系，但是实质上具备契约内容，所以理论界应该拿出勇气，面对现实，承认事实契约关系仍应适用契约法的规定。事实契约关系被认为有三个典型类型：一是基于社会接触而发生的，"当事人因社会接触产生照顾、通知、保护等义务，基此事实即足成立契约关系。"①；二是基于纳入团体关系而发生的，其最主要的是事实上的合伙及事实劳动关系。三是基于社会给付而发生的，其最主要的是如自来水、电气等格式化契约关系。此演说震动整个德国法学界，影响深远，争鸣热烈，形成反对派和赞成派，但反对派在"事实上的合伙及事实劳动关系"上还是有所松动的，② 赞成派中的 Larenz 教授所提出了"社会典型行为理论"，对事实契约关系进一步完善："现代大量交易产生了特殊现象，即在甚多情形，当事人无须为真正意思表示，依交易观念因事实行为，即能创设契约关系。其所涉及之客体，主要是生活上不可欠缺之照顾给付。"③和 Gunter Haupt 的事实契约理论相比较，"社会典型行为理论"，更为缜密一些，因此被更多德国学者接受了，德国联邦法院也曾将其转化为司法实践。我们可以说，事实劳动关系是由劳动这种社会典型行为的事实过程产生的，其并非当然完全符合传统的契约法律要件，如果按照传统契约理论，事实劳动关系就不会受到劳动契约法保护，自然就会对劳动者不利，但是事实劳动关系实质上具备劳动契约内容，所以，应承认事实劳动关系仍应适用劳动契约法的规定，因为把通过事实劳动过程形成的事实劳动关

① 转引自王泽鉴《民法学说与判例研究》（第一卷），中国政法大学出版社 2005 年版，第98 页。

② 当然也有极力反对的，认为其所涉及的问题都可以以信赖及诚信原则解决，没有必要创设新概念。

③ 转引自王泽鉴《民法学说与判例研究》（第一卷），中国政法大学出版社 2005 年版，第110 页。

系确认为劳动法律关系，至少确认为"准"劳动法律关系，就为对劳动者倾斜保护提供了可能性：只要劳动者不具有严重违法性，那么，没有签订书面合同而形成的事实劳动关系与因履行无效劳动合同而形成的事实劳动关系，都可以确认为劳动法律关系，至少确认为"准"劳动法律关系，劳动者是完全可以获得劳动报酬的，甚至还可以获得经济补偿金和赔偿金，从而实现对劳动者倾斜保护。例如，在欺诈情况下签订劳动合同，就会形成无效劳动合同，并因为履行无效劳动合同而会形成事实劳动关系。这种情况下，对这种事实劳动关系并不是一概不予保护，而是在劳动者不具有严重违法性的前提下，将其视同劳动法律关系：如果劳动者是受害者，那么，劳动者可以随时通知解除合同，并可以依法向雇主索取劳动报酬、经济补偿金、经济赔偿金；如果属于一般违法，劳动者还可以依法请求支付劳动报酬，但不可请求其他支付，甚至还要赔偿给雇主造成的损失；只有在劳动者欺诈且情节严重的情况下，劳动者才有可能依法承担刑事责任，同时不得请求支付劳动报酬，甚至还要赔偿给雇主造成的损失。这样，就能尽最大可能实现对劳动者的倾斜保护。

四　国家在就业问题上的基本职责：就业促进

就业，是指"具有劳动能力的劳动者在法定劳动年龄内自愿从事某种具有一定劳动报酬或经营收入的社会劳动。"[1] 市场经济条件下，就业的实质主要指的是劳动者的劳动力与雇主提供的生产资料的一种"他我"结合。"他"指的是雇主的生产资料，"我"指的是劳动者的劳动力。[2]

劳动者的就业首先应当建立在劳动力市场机制的基础上，亦即首先应靠劳动者自己以个人的手段与方法通过个人自主性努力在雇主处获得就业机会。市场经济社会的经济运动是自律性地展开的，"……国家的任务仅仅在于排除对这种秩序的干扰，而对所有自治（律）性领域，国家则不应该加以干涉。"[3] 其真谛是要求国家在国民自治领域不作为，排除公权力对自治性领域的干涉，确保自治主体的能动性与创造性的充分发掘与发挥。在市场经济中，就要承认和确立市场机制是推动生产要素流动以及促进资源优化配置的基本运行机制，一切经济活动都直接或间接地处在市场

---

[1]　关怀主编：《劳动法》，中国人民大学出版社 2001 年版，第 102 页。

[2]　个体劳动者的劳动，由于是劳动力与生产资料的自我结合，因而不能纳入劳动法意义上的劳动。

[3]　参见［日］大须贺明《生存权论》，林浩译，法律出版社 2001 年版，第 12 页。

关系中。劳动力市场作为最基本的要素市场之一，对劳动力资源的配置和优化自然起着基础作用，正是在市场这只"看不见的手"的作用下，才使就业关系基本上处于正常运转之中。"市场机制"这一经济学语言转化为法律语言就是一国宪法上的"自由权"及民（私）法上的"意思自治。"就业关系在本质上而言是一种市场关系（私法关系），应首先适用民（私）法上的"意思自治"原则。雇主作为劳动力市场主体的另一方，其首要的权利就是拥有用人自主权，以此实现劳动力与生产资料的最佳结合。同时，劳动者对劳动力的所有权也决定了劳动力的拥有、使用属于劳动者个人领域，劳动力何时、何地、被何人使用是劳动者自主决定的事。这也就决定了在市场经济前提下，就业机会的提供及取得都是按市场机制的要求进行的。

但是，当劳动者通过自身努力，仍无法实现就业时，国家和社会就应当承担起相应的促进就业的责任和义务①。这是因为，市场经济条件下，劳动力的使用必须与社会生产资料相结合才能实现，而最为普遍的结合形态是劳动者与他人（用人单位）的生产资料相结合。但这种结合并不必然实现，市场经济的实践表明，市场并不能当然完全实现社会资源的最佳配置，其根本原因在于纯粹的市场机制调节存在着内在障碍，具有自发性、盲目性和滞后性等明显的弱点和消极作用，往往很难实现社会资源整体上的合理配置。正如美国著名经济学家、诺贝尔经济学奖获得者保罗·萨缪尔森所说："当今没有什么东西可以取代市场来组织一个复杂的大型经济。问题是，市场既无心脏，也无头脑，它没有良心，也不会思考，没有什么顾忌。所以，要通过政府制定政策，纠正某些由市场带来的经济缺陷。"只要发展市场经济，失业现象就不可避免。劳动力作为一种社会资源出现供求动态性不平衡是一种必然的市场现象，市场经济理论和实践证明失业是一种正常现象，是劳动力市场的必然结果，是市场经济固有的产物。失业并非是失业者个人懒惰造成的（除去自愿性失业）。为了保持经济的有效运行，甚至需要让失业率维持在某个水平上，这个正常的失业率亦可称为"自然失业率"。② 所以，我们不能把工作机会的获得仅仅归属于劳动者个人的自主性努力，所以国家和社会就应当在劳动者不能通过个

---

① 除摩擦性失业和那种没有就业意愿的人外。

② 主要由摩擦性失业、结构性失业引起的失业率就是自然失业率。（参见《新帕尔格雷夫经济学大词典》（第3卷）"自然失业率"（nature rate of unemploymen）词条，经济科学出版社1992年版，第655—656页。）

人自主努力自由获得工作的情况下，承担相应的责任。① 这种责任和义务就表现为就业促进。②

　　就业促进是指国家采取的帮助公民实现劳动就业的一系列措施的总称。就业促进构成国家就业政策的主要内容，是国家在就业问题上的基本职责。就业促进的目标是实现充分就业。充分就业被理解为是消灭了周期性失业、市场分割性失业的就业状态 。而这种状态就是指最优的自然失业率下的就业状态。所以，各国政府就业促进的主要目标就是：通过反周期的扩张性宏观经济政策来提高有效需求消灭周期性失业；通过实行城乡统筹的就业政策来消灭市场分割性失业；通过采取有效的就业服务、职业教育和培训措施来使摩擦性失业、结构性失业降到最低的水平（但不可能消灭）。以我国《就业促进法》为例，这些措施进一步概括为"县级以上人民政府通过发展经济和调整产业结构、规范人力资源市场、完善就业服务、加强职业教育和培训、提供就业援助等措施，创造就业条件，扩大就业。"③ 从而实现就业促进，充分体现了对劳动者的倾斜保护。

　　近年来，国际劳工组织每年发表《全球就业趋势报告》④，针对全球性就业困境，呼吁各国采取积极的就业促进措施。国际劳工组织于2015年1月20日发表了《世界就业和社会展望——2015年趋势》，该报告指出，全球劳动力市场在经过连续几年的危机状况之后，除美国、日本等国有所转好外，还没有明显的复苏迹象，欧元区以及拉丁美洲，甚至中国、俄罗斯等新兴经济体的就业形势还有所恶化。2014年的失业人数为2.01亿，2015年失业人数预计将增加300万，更令人忧心的是，世界失业率将在未来五年仍然攀升，这一数字在2019年将达到2.12亿。在2019年，将需要创建2.8亿个工作岗位，才能应对全球就业缺口。青年特别是青年妇女继续不成比例地遭受失业的影响，年龄在15—24岁的人比其他成年人的失业可能性高出三倍，这些人群的失业率占13%。报告呼吁各国采取积极劳动力市场改革措施，大力促进就业，解决就业问题特别是青年和妇女等弱势就业人群的失业问题。⑤

---

①　本部分详细内容可参见拙作《试论就业权的限定性》，《甘肃政法学院学报》2006年第5期，有较多删节。

②　失业的危害性也决定了就业促进是政府的基本职责。

③　《就业促进法》第5条。

④　从2015年起，报告名称改为《世界就业和社会展望报告》。

⑤　《劳工组织报告：未来五年全球失业率将会继续攀升》，中国新闻网，2015年1月21日。

五 劳动风险的制度性保障：劳动者的社会保险

从严格意义上讲，社会保险的对象并不限于劳动法上的劳动者。"全体公民均应是社会保障的实施对象"，这是世界公认的一个标准。① 但由于社会保险的对象主要是劳动法上的劳动者，且劳动法上劳动者的社会保险是源于保护劳动者②而建立的，最能体现社会保险的本质，所以本部分内容如无特别说明，指的就是劳动者的社会保险。

劳动者的社会保险，是指劳动者在面临年老、疾病、工伤、失业、生育以及其他社会风险时，为保障其基本生活需要，由国家立法强制建立的社会保险基金，是帮助劳动者克服困难的一种物质帮助制度。欧洲产业革命以来，人类社会进入工业化、市场化、社会化的新的历史时期，社会生产力得到史无前例的发展，但与此同时也带来了前所未有的社会风险。③ "工业化的发展削弱了家庭的生产职能，家庭企业日益让位于在工厂中组织劳动的大规模工业，它逐渐接管了以前由家庭所完成的任务。"④ 由此雇佣劳动制度得以形成，然而在雇佣劳动制度下，"由于雇佣劳动经济取代了实物经济，无法挣钱糊口就成为生死攸关的问题，年老、疾病及因工致残等长期存在的危险具有越来越大的重要性。"⑤。社会风险的直接后果就是劳动者遭到年老、疾病及因工致残等意外事故后，失去生活来源，以至于处于生存失去保障的境地。为了保障因遭受社会风险而陷于困境的劳动者的生活需要，促进社会化大生产的有序发展，避免社会的动荡不安，于是，国家通过立法，强制实施劳动者社会保险制度。工业革命最早发生于英国，社会保险制度也最先诞生于英国。1925 年，英国率先承认劳动

---

① 我国现行劳动法教材的通说认为，社会保险的对象仅限于建立劳动法律关系之后的以工资收入为主要生活来源的劳动者。这并不符合社会保险原意，且与我国正在进行的扩大社会保险范围的改革是相背离的。我国 2010 年 10 月新颁布的《社会保险法》对城镇居民基本养老、医疗保险、新型农村养老、合作医疗制度的法律形式的确认就是明显例证。

② 种明钊主编：《社会保障法律制度研究》，法律出版社 2000 年版，第 62 页。

③ 正如前文所述，在生产市场化、社会化的条件下，生、老、病、残、失业等风险已不再完全是私人性质的意外事故，而是一种社会风险。

④ ［奥］迈克尔·米特罗尔、雷因哈德·西德尔：《欧洲家庭史》，华夏出版社 1987 年版，第 71 页。转引自覃有土、樊启荣编著《社会保障法》，法律出版社 1997 年版，第 39 页。

⑤ 同上书，第 40 页。

者结社自由，劳动者才得以组织工会并兴办相互救济的事业。在英国的相互保险组织中，最有名的有两个：友爱组合和工会经营的保险社。这时劳动者间的相互救济保险皆为任意保险。除英国之外，任意保险最发达的国家是法国。劳动者相互救济由于采用任意原则，参加人数很少，加之政府不予经济扶助，仅以会员缴纳的保险金实施救济，实力有限，收效甚微。后来，各国政府逐渐认识到相互保险制度给国家和社会带来的利益，遂开始对其予以经济援助，极大地促进了相互保险的发展。但是，由于相互保险任意参加，有些人则不愿意参加，有些人又无力参加，事实上很多人不能享受相互保险待遇。所以，让一般劳动者都参加相互保险，实现普遍的救济，实施强制保险实属必要。世界上首创强制保险制度的是德国。其主要原因有：（1）德国在19世纪后半期工业较其他国家发达，工业问题自然就突出；（2）社会主义兴起，无产阶级运动发展起来，对资产阶级统治产生一种强大的社会压力；（3）国家社会主义者主张，国家兴办保护劳动者阶级的事务；（4）社会化大工业生产推动了人类文明进程，这就为社会保险制度的建立奠定了一定的物质基础。当时，"铁血首相"俾斯麦被迫接受社会政策学派的观点①，俾斯麦出于镇压社会主义运动、缓和社会矛盾的目的，决定通过劳资合作和国家干预来建立起社会保险制度，于1878年提出强制保险法案，几经努力，于1883年获议会通过。在此之后，疾病伤害、年老等单项保险立法相继公布。强制保险的适用范围也由工业劳动者逐步扩展为商业劳动者和农业劳动者。继德国之后，其他工业国家因目睹德国施行强制保险的成效而纷纷效仿。20世纪初，采用强制保险的还只有几个国家，后来发展为20几个国家。② 在第二次世界大战之后，一些发达国家以"福利国家"为目标，不断扩大本国社会保险的项目、内容和实施范围，甚至还建立了不以缴费为基础的养老或者医疗制度。时至今日，几乎所有的发展市场经济的国家都采用了强制保险制度，且不断克服历史上的随意性过大、体系化程度低下的缺陷，进一步成为制度体系，向体系化、常态化的方向发展。③ 通过强制实施劳动者社会保险

---

① 俾斯麦几经权衡，最终认可社会政策学派，并提出自己的观点："国家不应该被认为是现存秩序的简单守护者，现代国家的逐步进化要求国家应该不断完成其维护现存权利的使命，同时也应该通过适当制度的建立，积极主动地改善全体成员的福利。"（转引自何子英《社会政策》，中国人民大学出版社2012年版，第112页。）

② 参见史尚宽《劳动法原论》，正大印书馆1979年版，第477—479页。

③ 还可参见张邦辉《社会保障的政府责任研究》，中国社会科学出版社2011年版，第36—37页。

制度，使得劳动者在面临社会风险的情况下能继续达到基本生活水平，从而保证劳动力再生产和扩大再生产的正常运行，保证社会安定，也体现出对劳动者的倾斜保护。

第二节 劳动法"倾斜保护原则"正义价值实现之途：程序法意义

一 劳动者权利保障的最后防线：劳动争议处理

在劳动关系调整机制中，劳动基准制度是国家调整劳动关系的基本依据，劳动基准制度是以一种原则的和基准的规定，来指导和规范劳动关系的具体运作。劳动合同是市场经济国家确立和调节"个别劳动关系"的基本法律形式，贯穿于劳动力使用与管理的全过程。集体合同制度是劳动者通过集体力量改变自己在"个别劳动关系"中弱者地位，实现劳动关系双方势力均衡的重要举措，也是缓和劳资矛盾、维护正常的劳动生产秩序进而协调劳动关系的基本制度。劳动关系的形成、运行并不是一帆风顺的，当劳动关系主体围绕权利义务发生争议时，就形成劳动争议，[①] 需要劳动争议处理机制来化解、矫正、协调。劳动争议处理制度，正是劳动基准制度、劳动合同和集体合同制度的延伸，是劳动法律体系中劳动关系主体尤其是劳动者权利保障的最后防线。如果说劳动基准制度、劳动合同法、集体合同法是劳动者的权利书，那么，劳动争议处理就是劳动者权益

---

① 劳动争议是指劳动者与用人单位之间所发生之争议及用人单位或用人单位团体与工会之间围绕权利、义务以及相关利益所发生的争议。这一含义包含以下几点内容：1. 劳动争议的主体是特定的，即一方是劳动者及工会，另一方是用人单位及用人单位团体。2. 劳动争议的内容具有广泛性。劳动权利和义务本身就具有广泛性，既有法定权利，也有约定权利，既有财产性质权利，也有人身性质权利。包括就业、工时、工资、劳动安全与保护、劳动保险与福利、职业培训、民主管理、奖励惩罚等若干方面。同时，在集体合同争议中还会围绕相关利益发生争议。3. 劳动争议是劳动领域中的经济利益的冲突。例如，劳动关系解除争议，从其实质讲，都是为了一定的利益而产生的争议。4. 劳动争议是主体权利或利益主张的矛盾和冲突。因此，劳动争议的处理也就成为解决这种权利或利益冲突的法定程序。5. 劳动争议由于以劳动关系为基础，而劳动关系又具有极强的社会性特征，因此，劳动争议处理的程序公正会对劳资关系的稳定产生重要作用。（本部分详细内容可参见拙作《试析"劳动争议调解仲裁法"的不足及完善》，《西北农林科技大学学报》（社会科学版）2008 年第 6 期。）

的保障书。劳动争议处理机制对调整劳动关系所起的主要是"安全阀"和"减压器"的作用。①

劳动争议处理机制分为三个层次，第一个层次是以劳动保障监察形式出现的宏观层次，这与劳动基准制度对应②；第二个层次是以社会协调形式出现的中观层次，这与集体合同制度对应；第三个层次是以调解、仲裁或民事诉讼程序形式出现的微观层次，这与劳动合同制度对应。此外，还可包括以公益诉讼等。③ 在这三个层次中，微观层次具有浓厚的私法特征，调解、仲裁或民事诉讼程序是较为典型的争议处理机制，从形式上看，这些处理程序等相似于私法的做法，但是，这些私法的形式，都被赋予新的特征以加强对劳动者的倾斜保护。例如，劳动争议及时处理，劳动争议仲裁不收取费用，雇主得承担更多举证责任，设立专门的劳动法院、劳动法庭等。中观层次主要是确保维护劳动者的"劳动三权"④：一是维护团结权⑤，二是维护集体谈判权⑥，三是维护争讼权⑦。其重点是处理集

---

① 出自笔者撰写的 2009 年 10 月已结项的国家社科基金项目《政府协调劳动关系的法律机制研究》第 9 章《劳动争议处理机制的反思与完善》相关内容，有较多删节。此项目成果尚未公开出版。

② 例如，美国职业安全卫生总署就代表政府行使劳动保障监察职权。美国职业安全卫生总署（Occupational Safety and Health Administration，OSHA）（1971 年以前美国职业安全卫生问题突出，1971 年尼克松总统执政时期成立了美国职业安全卫生总署，其宗旨是，政府必须牢牢掌握职业安全卫生工作的主动权以保护劳动者的生命和健康）认为，保护劳动者生命和健康是用人单位的责任，且能促进其劳动者的责任心、竞争力、效率、质量，最终提高利润率。工作人员可以依据《职业安全卫生法》进入任何相关工作场所进行职业安全卫生检查，可以事先通知也可以不需要事先通知用人单位。然而，检查必须是"在合理的时间，合理的范围内，并以合理的方式。"OSHA 一般选择检查的对象是依据企业的性质、劳动者的投诉，或随机任选。OSHA 还可以要求国家职业安全与健康研究院，（附属于美国卫生部的一个机构），检查工作场所的环境危害。

③ 可参见董保华等《社会法原论》，中国政法大学出版社 2001 年版，第 14—16 页。另可参见董保华、周开畅《也谈"从契约到身份"——对第三法域的探索》，《浙江学刊》2004 年第 1 期。

④ "劳动三权理论"在资本主义市场经济国家备受重视。

⑤ 又称结社权，指劳工参加、组织工会的权利。

⑥ 也称集体协商权，指工会代表职工与雇主谈判的权利。

⑦ 也称集体行动权，赋予劳动者和雇主怠工、游行、示威、罢工、闭厂等权利。

体谈判中的争议即集体合同争议。① 事实上，市场经济国家的劳动争议立法，通常都是以包括权利争议和利益争议②在内的集体合同争议为主要内容的。而集体合同争议的处理，最终落脚在"调解、斡旋、调停、自愿仲裁、强制仲裁、行政处理、紧急处理"等社会协调形式上。通过集体合同争议的良好处理，就能很好地维护劳动者的"劳动三权"，从而实现对劳动者的倾斜保护。就以劳动保障监察形式出现的宏观层次而言，这一处理机制的形成，是基于雇主和劳动者围绕劳动基准法发生的争议，通过劳动保障监察，就可强化劳动基准法的效力，同时，劳动保障监察的对象只是限定在雇主，这就会充分实现对劳动者的倾斜保护。

二　私法责任的限定和公法责任的优位：新型劳动法责任形式③

劳动法的法律责任，是指雇主和劳动者及其他劳动法主体，违反劳动法的规定所应承担的否定性的法律后果。劳动法的法律责任，是一种新型的法律责任，也是一种综合的法律责任，是传统私法责任与公法责任相融合的法律责任。这集中体现在劳动合同、集体合同、劳动基准法三个层次的法律责任上。而对劳动者的倾斜保护又集中体现在对私法责任的限定和公法责任的优位上，其中私法责任的限定主要是约定责任（任意法责任）的限定，公法责任的优位又主要是对法定责任（强制法责任）的强化，由此，较好地体现对劳动者的倾斜保护。

就劳动合同而言，违反劳动合同的责任主要是一种违约责任，是指劳

---

① 有的劳动争议立法，甚至只以签订集体合同中的利益争议或事实争议为限。这种要求，是从市场经济劳动关系的发展特点提出的。因为规范的市场经济的劳动关系，一般都应该是以集体劳动关系的运作和调整为重点。而集体的利益争议在市场经济下是最多的，也是对劳动关系和社会关系影响最大的事情。（常凯：《劳权论》，中国劳动社会保障出版社 2004 年版，第372、374 页。）

② 按照争议标的不同，将劳动争议分为权利争议和利益争议。权利争议，是指劳资双方依据法律、集体合同、劳动合同的规定，当事人主张权利存在与否或有无受到侵害或有无履行债务等发生的争议。按照"司法最终解决原则"，劳动争议当然可以以公力救济——诉讼解决。利益争议，一般指因为确定或变更劳动条件而发生的争议。这类争议并不具有法律上的可衡量性和可诉性。利益争议在各国均以专门设计的调解、仲裁解决，在必要的时候，如日本、美国等采取公力强行介入的"紧急调整程序"。权利争议和利益争议之划分，成为程序立法乃至管辖划分的重要依据。（本部分详细内容可参见拙作《试析"劳动争议调解仲裁法"的不足及完善》，《西北农林科技大学学报》（社会科学版）2008 年第 6 期。）

③ 也有学者主张法律责任应属于实体法范畴。

动合同签订后，劳动合同双方当事人没有履行或没有适当履行依照法律规定（强制法）或当事人约定（任意法）所应承担的法律责任。这种劳动合同法律责任是基于劳动合同的履行与否发生的。除了违约责任外，还有国家以强制法形式对劳动合同订立、解除或终止时所进行的一些法律责任规定，这些强制法律责任规定实际上是带有基准法性质的，而不属于劳动合同的违约责任。① 劳动合同约定责任（任意法责任）的限定主要表现在：很多国家劳动合同法明确规定，禁止使用违约金、保证金等约定违约责任形式，尤其是禁止对劳动者使用违约金、保证金等责任形式。对劳动合同法定责任（强制法责任）的强化主要表现在：通过强制立法直接对雇主违反劳动合同的责任做出具体规定，例如雇主违反劳动合同法规定解除或者终止劳动合同的，应当依法向劳动者支付赔偿金，逾期不支付的，责令雇主按应付金额相应比例的标准向劳动者加付赔偿金。这就较好地体现出对劳动者的倾斜保护。

就集体合同而言，由于集体合同"是一个很有弹性的决策方法，比立法、司法和行政都要有弹性。不仅因为集体谈判可以在不同国家之间有很大差别，也就是说，它可以运用于各种形式的政治、经济制度，而且，对于任何一国家，它也可以满足各种产业和职业的需要"。② 所以，不同类型的市场经济国家对集体合同的性质认识并不完全相同③，由此也引起了对违反集体合同的责任的不同认识。按照"君子协定说"，集体合同不构成法律上必须履行的契约，不具有法律上的契约效力。但绝大多数国家采纳了"契约说""法规说"的观点，认为集体合同不仅具有合同的约束力，而且这种约束力高于劳动合同。我国亦是如此。正因为如此，对违反集体合同的法律责任赋予类似于劳动基准法性质的法律责任，实际上也体现了对约定责任（任意法责任）的限定和法定责任（强制法责任）的强

① 例如，劳动合同解除或终止时的经济补偿金，就是明显区别于民商事的私法合同的相关规定。劳动合同经济补偿金是劳动法的特色制度，是劳动法倾斜保护原则的典型体现。对经济补偿金，各国劳动法都有明确规定，而这些规定实际上是带有基准法性质的，雇主可以高于而不能低于所规定标准支付劳动合同解除或终止时的经济补偿金，否则，就要承担民事责任、行政责任甚至是刑事责任。再如，无效劳动合同并不存在违约问题。但是因无效劳动合同形成的事实劳动关系，劳动法并不是一概不加以保护。（可参见上文事实劳动关系部分内容。）

② 约翰·P. 温德姆勒等：《工业化市场经济国家的集体谈判》，何平等译，中国劳动出版社1994年版，第8页。

③ 我们在此不探讨社会主义计划经济国家对集体合同性质的认识。

化，同时这些法律责任主要以雇主及其组织的集体合同责任为主，① 所以，就会较好地体现对劳动者的倾斜保护。

就劳动基准而言，在法律责任形式上，国家通常更是采用对约定责任（任意法责任）的限定和法定责任（强制法责任）的强化，使得劳动基准法具有鲜明的公法特征。具体来说，违反劳动基准法的法律责任，具有如下特征：第一，优先适用法定责任。违反劳动基准法产生的法律责任主要是法定责任而非约定责任，在劳动法明确规定的情况下，雇主必须承担相应的法律责任，劳动关系双方当事人不得以约定的方式免除这部分责任。第二，优先适用客观责任。亦即适用严格责任，违反劳动基准法的法律责任，不以雇主主观上是否有过错作为归责要件，只要雇主出现了违反劳动基准法的情形，雇主就应承担相应责任。第三，优先适用行政责任。违反劳动基准法，一般除了要求雇主承担民事赔偿责任外，往往还主要让其承担行政责任，例如罚款等，即使是民事赔偿责任，也不完全等同一般的民事责任，其要求劳动者一般不得放弃赔偿要求。第四，往往采用两罚制。对违反劳动基准法的雇主法人和其法定代表人以及雇主法人的工作人员均让其承担相应的法律责任，实行两罚制。②③ 所有这些违反劳动基准法的法律责任形式的规定，同样较好地体现出对劳动者的倾斜保护。

三　工人组织、雇主与政府的对话与合作："三方机制"

"三方机制"也称为三方性原则。三方是指劳方、资方以及政府。劳动关系从社会劳动看，是涉及劳、资、政府三方之间的关系。三方协商原则的具体运用，表现为三方协商机制。"它以市场经济为基础，以民生制度为依据，以合作、共赢为基本出发点，构建了政府与劳方、资方共同管

---

① 世界绝大多数国家包括国际劳工组织的集体合同法律责任都主要是以雇主及其组织的集体合同责任为主，甚至只规定雇主及其组织的集体合同责任。但有一些国家是例外，也规定了工会的责任，例如，《美国劳工管理法》中的不当劳动行为实施主体包括劳资双方团体，但实际上，仍是以雇主及其组织的集体合同责任为主。

② 个人责任有两种形式，第一种是内部责任，即由雇主法人对劳动者承担全部责任后，有权向有过错的其法定代表人以及工作人员进行追偿；第二种是外部个人责任，即由雇主法人及其法定代表人以及工作人员并列承担责任。

③ "违反劳动基准法的法律责任特征"这部分内容主要得益于董保华教授的著作。参见董保华《劳动关系调整的法律机制》，上海交通大学出版社2000年版，第332—336页。

理和处理劳动关系的活动平台。"① 1960 年，国际劳工组织②通过《（行业和国家级别）协商建议书》（第 113 号），对三方协商机制的总目标提出以下要求："这种协商与合作的总目标应是促进公共当局与雇主组织和工人组织之间以及这些组织之间的相互了解和良好关系，以求发展总体经济或发展其中某些部门，改善劳动条件和提高生活水平。"这一要求概括了三方性原则的内涵，即三方性是国家、雇主和工人三方的有组织和有目的的共同行为；是通过地位对等的协商、谈判及其他的各种合作性手段和形式来实现目的的，具有法律的合规定性和程序上的正当性；合作的目的在于促进相互了解，实现劳资双赢和社会、经济的发展。国际劳工组织于1976 年又通过了《（国际劳工标准）三方协商公约》（第 144 号）及《（国际劳工组织活动）三方协商建议书》（第 152 号）。第 144 号公约要求已经批准该公约的成员国承诺在政府、雇主和工人代表之间，就促进履行国际劳工标准事项进行有效协商。第 152 号建议书将建议开展三方协商的领域扩大到国际劳工标准以外的更为广泛的国际劳工组织活动领域。

"三方机制"是国际工人运动促进的结果。工业革命后，大量的无产阶级在利益上形成与资本家的对立。但是国家对劳资之间的矛盾解决机制采取了自由放任政策，主要依靠劳动契约的履行和救济。因而劳资矛盾一方面并未显现于国家层面，但另一方面，国家层面隐藏着巨大的危机。19世纪 40 年代末，工人阶级在马克思主义指引下，开始统一行动，并通过施压政府改善劳动条件。1890 年，西方国家举行了第一次由各国政府代表参加的讨论劳动事务的国际会议。1898 年，在瑞士工人联合会的倡议下，13 个国家的工人组织代表在苏黎世举行了劳动保护首届国际代表会议。1901 年，由工人组织、学者和政府的代表在瑞士成立了国际劳动立法协会。1919 年，在美国劳联的推动下，国际劳工组织成立。三方性原则，体现着民主制度的理念和发展。政府制定劳动条件的法律，合理吸纳工人组织和雇主组织的意见，是对劳资自治的修正。提倡劳资合作、社会共赢，将劳资关系纳入经济基础，并将政府从全能型政府逐步过渡到有限

① 常凯主编：《劳动关系学》，中国劳动社会保障出版社 2010 年版，第 326 页。
② 国际劳工组织是一个由各会员国组成的国际性的政府间组织。它设有国际劳工大会、理事会和国际劳工局。国际劳工组织是当今世界上历史最久、规模最大的国际组织之一。该组织的宗旨是："促进充分就业和提高生活水平；促进劳资合作；改善劳动条件；扩大社会保障；保证劳动者的职业安全与卫生；获得世界持久和平，建立和维护社会正义。"中国是国际劳工组织的创始成员国。

型政府、服务型政府中来，实现政府治理和社会治理的有机结合。另外，三方机制原则的目的，也在于追求法律制度的社会性和效率性。所谓社会性，是指劳动条件的标准制定必须符合社会经济发展需求，其正当性价值是由社会的需求来决定的；所谓效率性，是指劳动条件的制定能够实现劳资双赢，而不仅仅是对国家有利。

"三方机制"首先表现在国际劳工组织的组织结构上，即它的所有机构都是由政府、雇主和工人组织三方面的代表组成的。这种三方结构在联合国系统的各个国际组织中是独一无二的。

"三方机制"是通过三方协商机制实现的。三方协商机制的组织机构分为国家一级的三方协商及组织机构①、产业一级的三方协商与组织机构、地方一级的三方协商与组织机构。国家一级的协商是通过由三方成员共同成立的委员会来完成的。主要协商有关参加国际劳工大会事宜和批准或履行国际劳工公约或国际劳工建议书的相关建议，国家有关劳动关系立法及政策，实施劳工标准的方式、步骤和方案等。总之，全国性的劳动标准及立法是国家一级协商的主要内容。产业级协商由政府的产业部门、产业的雇主协会和产业工会进行，主要协商本产业的劳动标准及实施。地方级的三方协商由地方政府劳动和相关经济部门、地方雇主协会、地方工会来完成，主要协商本地区劳动就业领域社会经济政策的制定和立法。

"三方机制"还被改造性地进入劳动仲裁和劳动司法的组织机构中。在部分市场经济国家，劳动仲裁庭的构成往往由雇主代表、雇员代表以及一名中立的仲裁员构成，形成相互制约、相互平衡的利益结构。而在部分市场经济国家，由于普遍设立的劳动法庭（法院），其法庭审判法官也是由雇主推荐的法官、工会推荐的法官以及一名中立的职业法官构成。我国劳动争议仲裁制度已经体现了这样一种利益均衡下的"三方机制"。

"三方机制"得到了西方市场经济国家的普遍认同，已成为世界多数国家劳动法的一个重要原则。在"三方机制"中，工会作为社会力量，自然而然代表劳动者利益，政府作为国家力量，进行适当的干预，有限度地介入劳动关系，并且积极推动劳动关系双方的合作，从而充分调动各方

---

① 比如，出席国际劳工大会的各国代表团由 4 名代表组成，其中 2 名政府代表、1 名雇主代表、1 名工会代表。理事会由 56 名有表决权的正理事组成，其中政府代表 28 名，雇主和工人代表各 14 名。国际劳工局的工作人员的组成也遵循三方性原则。国际劳工组织的其他会议，如地区会议和部门会议也都体现了三方性原则。另外，三方性原则还体现在国际劳工组织的议事规则中。

的积极性，达到相互的协调和平衡。其结果必然会改变雇主对于劳动者的绝对优势，得到比较优越的劳动条件和比较优厚的劳动待遇。这样，就形成了工人组织、雇主与政府三方协商对话与合作的劳动关系调整机制，从而实现对劳动者的倾斜保护。

第八章　劳动法"倾斜保护原则"正义价值实现之途：基于域外劳动法律制度分析[①]

　　2004 年，美国布什政府修改了《公平劳动标准法》，这是半个多世纪以来，美国对加班法规的首次重大调整。该法案取消了年薪 10 万美元以上雇工的加班补贴，但提高了年薪低于 23660 美元的雇员的加班补贴。[②]

　　据韩国联合通讯社报道，韩国修改后的《劳动基准法》将从 2004 年 8 月 1 日开始施行，韩国将正式进入每周 5 天（40 小时）工作制时代。修改后的《劳动基准法》规定，如果工作时间超过法定工作时间，则对超过的部分适用附加率，应该支付额外的加班费。修改法还规定，取消月满勤假、生理休假无薪制，以及把年假调整为 15 天至 25 天，从而改善了休假制度。同时还规定，不可以因修改法的施行，而降低劳动者的现有工资水平和固定时间内的正常薪金。[③]

　　从 1947 年实施劳动基准法开始，到现在为止，日本政府对劳动基准法进行了二十几次修改，其中较大幅度的修改就有九次。劳动基准法在整个日本经济社会发展过程中，对保障劳动者基本权益，促进经济发展、社会稳定起到了非常大的作用。[④]

　　据台湾《联合晚报》报道，台湾《劳动基准法》大翻修，《劳动基准法》将劳资关系权利义务进行更明确的规范，尤其是劳动派遣形态，以

---

① 包括我国台湾地区，之所以这样安排，主要是出于台湾地区劳动法研究更接近西方国家劳动法最新发展。本章几乎未涉及前苏联、东欧等社会主义国家以及我国计划经济时期的劳动法，因为这些劳动法的指导思想并非"倾斜保护"劳动者，而是一种基于理想的平等（实际结果是平均主义）保护，属于纯粹的公法性质，而极大地区别于劳动法的公、私法融合的社会法性质。

② 《布什政府修订加班待遇法案　部分白领失去加班费》，《新民晚报》，2004 年 8 月 25 日。

③ 《韩国修改劳动法　施行每周 40 小时工作制》，中国新闻网，2004 年 7 月 1 日。

④ 《日本劳动基准法的沿革和意义》，中国劳动力市场信息网监测中心，2004 年 5 月 20 日。

及竞业禁止等业界常见的劳资问题，进行全面性的法令规范，以因应劳动弹性化时代。①

　　这些都是从域外劳动法律制度及其新发展方面来讲劳动法"倾斜保护原则"正义价值的实现途径。劳动法律制度是劳动法"倾斜保护原则"正义价值实现的制度保证。总体来说，域外劳动法律制度的内容主要包括八个方面，即，劳动基准方面；集体合同方面；劳动合同的强制性规定方面；就业促进方面；社会保险方面；劳动争议处理方面；新型的劳动法责任形式方面；劳动法三方机制方面。

第一节　域外劳动法律制度：历史演变考察

　　1802 年英国议会通过了皮尔勋爵提出的《学徒健康与道德法》，拉开了对劳动者②倾斜保护的序幕。该法规定：纺织厂③童工的最低年龄为 9 岁，纺织厂不得雇佣 9 岁以下的学徒；童工工作每天不得超过 12 小时，并且仅限于清晨 6 时至晚间 9 时之间，禁止童工做夜工。此前有关劳动方面的立法是"劳工法规"。④ 与"劳工法规"相比，《学徒健康与道德法》有了质的变化，其宗旨是为了对劳动者倾斜保护，是现代意义上的第一个劳动法律。由于最初的劳动法律只适用工厂，所以，其又称"工厂法"或"工厂立法"。《学徒健康与道德法》是资产阶级"工厂法"的开端。在此后的几十年中，英国议会又陆续对《学徒健康与道德法》进行修订以及通过了新法规，对童工作了进一步的保护，并将保护的范围由童工扩大到女工。例如 1847 年英国颁布的《十小时工作日法案》规定，未满 18 岁的童工、未成年工以及女工的日工作时间不得超过 10 小时。以英国"工厂立法"为开端，其他西欧一些发达资本主义国家也先后进行了"工厂立法"。例如，德国 1839 年的《普鲁士工厂矿山规则》规定，禁止未成年工从事每天 10 小时以上的劳动或者夜间劳动。法国于 1841 年出台的《童工、未成年工保护法》，对限制童工、未成年工工作时间等问题作了规定。美国、瑞士、意大利等也先后颁布了一些初期的工厂法，由国家出

---

① 《台"劳动基准法"翻修　弹性雇用时代将来临》，中国新闻网，2011 年 1 月 20 日。

② 尽管这时的劳动者实际上是童工，但在当时，童工劳动是合法的。

③ 仅限于纺织厂，其他工厂童工不适用。

④ 具体参见本文第二章相关内容。

面对劳动关系进行一些干预，开始了对劳动者的倾斜保护。

19 世纪中叶以后，西方各国相继进入了以自由竞争为主要特征的资本主义阶段。随着资本主义经济的发展和国际工人运动的不断高涨，西欧发达资本主义国家和其他一些资本主义国家，为了适应物质生产方式的客观需要，颁布了更多工厂法。同时，一些附属国和殖民地，如澳大利亚、新西兰、加拿大和印度等也开始颁布工厂法，工厂法的国别范围进一步扩大。自由资本主义时期劳动立法，在内容和范围上较之初期阶段有了较大的进展，具体表现在：第一，工厂法的适用范围逐渐扩大。从适用人的对象上看，由最初的极易引起人同情感的童工、未成年工、女工扩展到所有劳动者。从适用的对象上看，由最初的工厂逐渐扩展到矿山、运输、商业等各行各业。如英国于 1867 年和 1878 年出台的两项法律又把起初工厂法只适用纺织厂的范围推广到雇佣 50 人以上的所有工业企业。第二，保护内容趋向充实。由最初的主要限制童工、未成年工、女工工作时间问题扩展到工资、劳动安全卫生、社会保险、解决劳资纠纷、工会与集体合同、劳动合同等涉及劳动关系的各个方面。例如，新西兰 1894 年出台的最低工资法是世界上最低工资立法的开端；法国的《劳动保护法》，英国的《煤矿业限制法》等，规定了改善工厂矿山的安全卫生条件；俾斯麦时期，1883 年制定了世界第一部《疾病保险法》，次年制定了《工人赔偿法》，1889 年制定了《伤残和养老保险法》，基本形成了世界上首个比较完整的社会保险法律体系；新西兰于 1890 年通过立法，第一个开始对劳资纠纷实行强制仲裁；英国议会 1824 年承认工人有组织工会和罢工的权利；比利时 1900 年制定了劳动契约法；等等。总而言之，在自由资本主义时期，劳动法有了一定的发展。但是发展的进程比较缓慢，也不稳定，而且很重要的是，对劳动法的贯彻实施还缺少必要的保障，实施效果很差。

19 世纪末 20 世纪初，在一些发达的资本主义国家，随着生产力的发展，垄断代替了自由竞争，自由资本主义过渡到了垄断资本主义阶段，这一时期，资本主义社会所固有的各种矛盾进一步尖锐化，出于从内部试图化解资本主义基本矛盾的目的，资产阶级不得不作出让步。因此，以改良主义作为主要方法，资产阶级劳动法"倾斜保护原则"得到广泛而迅速的发展。与自由资本主义时期相比，垄断资本主义时期劳动法的适用对象和内容有了更进一步的充实。以法国劳动法典为标志，劳动法成为一个独立的法律部门。表现在：劳动法的内容基本上包括了劳动关系的一切方面：就业促进、劳动合同、集体谈判与集体合同、工会组织、劳动报酬、工作时间、女工与未成年工、劳动安全与卫生、社会保险、劳动争议处理、劳动法律责任等方面均有了相应的法律。过去的"工厂立法"主要适用于工业无产阶级，这时的劳动法一般都扩大了适用范围，这样就使工厂法的适用范围越来越大：所有的经济部门，如工业、交通、商业等部门的工人和职员。但是，劳动法"倾斜保护原则"的发展并不是一帆风顺的，在第二次世界大战前后，无论是在法西斯主义国家还是其他发达资本主义国家，伴随着国内国际经济政治形势以及工人运动的高涨与低潮，其出现反复甚至倒退现象。例如，德国法西斯政权于1934年1月颁布的《劳动宪章》，取消了工会和工厂委员会，明确雇主和劳动者之间是上下级隶属关系，劳动者须绝对服从雇主，对雇主保持基于生产利益一致的忠诚，不得过问雇主事务，雇主有全权决定作息时间、工资、罚款等。意、日等法西斯国家也在当时实行了诸如强制劳动等类似制度。美、英、法等发达资本主义国家，在"二战"期间也大大降低了战前颁布的一系列对劳动者倾斜保护的劳动法律法规所规定的劳动条件，甚至取消正常的工资增长机制，对劳动者的工资实行"冻结"政策。然而，总体来讲，战后特别是进入20世纪六七十年代以来，各资本主义国家的劳动立法得到了较大发展。①

　　20世纪末以来，世界格局发生了深远的转变，如苏欧剧变，冷战结束，经济、政治、文化、全球化迅速发展，信息化突飞猛进，社会条款之争②，强资本、弱劳工问题日益突出等，这一切使得劳动法"倾斜保护原

---

①　国际劳动立法的思想发端于19世纪初期的欧洲，国际劳动立法的发展同国际劳工组织的成立和活动分不开。国际劳动立法主要包括国际劳工组织所制定的国际劳工公约和建议书，体系完整，特点鲜明。国际劳工公约和建议书内容广泛，其中涉及劳动者基本人权的公约，被称为"核心劳工标准"。在经济全球化的背景之下，国际劳动立法的地位更加重要，作用更加明显，国际劳动立法尤其是国际劳工标准对每个国家的劳动立法的影响日益加深。其不利一面在于，国际劳工标准所定的最低劳动标准也许对发达国家并不高，但对发展中国家太高，再加上发展中国家劳动法的发展往往受到资本的强势干扰和政府对其的迁就，必然影响发展中国家劳动立法进程。

②　是指在国际贸易与投资协议中写入有关专门条款，强制所有签字国实施国际劳工组织核心劳工标准，并具有法律约束力。一旦缔约方违反该条款，其他缔约国有权予以贸易制裁。其目的在于通过贸易制裁来保证国际劳工组织核心劳工标准的实现。对社会条款问题，发展中国家和发达国家观点不一，发达国家赞成并极力推广，发展中国家认为这是发达国家以国际劳工组织核心劳工标准之名行贸易保护主义之实而予以反对。在各类劳工组织内部也有不同意见。

则"的发展面临诸多冲击和挑战①。其中最主要的就是以下表现：②

第一，放松劳动法的管制政策。20 世纪 90 年代以来，一些当代资本主义国家开始重提并倾向放松劳动法的管制政策③，"增加弹性""放松管制"成为劳动立法的关键词汇，甚至一些发展中国家亦是如此，例如印度总理辛格（Manmohan Singh）2010 年 11 月 23 日就敦促放松劳动法管制，实施更加灵活的劳动法。④ "放松管制"说直白一点就是减少国家干预，降低对劳动者保护水平。然而，总体上看，无论怎样"放松管制"，政府"管制"却是必须的，"倾斜保护原则"的底线是各个国家都坚守的。

第二，工会遇到难题，处于一些困境之中。上世纪 80 年代以来，由于经济结构和劳动力结构出现巨大变化、雇主的直接或间接打压、政府政策的影响，以及工会自身战略的不适应等多种因素，大多数西方国家工会的组织率下降，一些甚至下降得非常厉害。例如法国工会的组织率甚至下降了 65% 以上（1985 年到 1995 年十年间比较），英国下降了大约 50%，美国下降了大约 40%。进入新世纪以来，工会组织率下降虽然没有以前那样剧烈，可是仍然延续着缓慢下降的趋势。例如，加拿大工会的组织率 2002 年比 1990 年下降了 3 个百分点，不加入工会的工人人数在增加。美国威斯康星大学教授考夫曼预言美国工会的组织率仍将处于缓慢下降过程。⑤ 实际上，1980 年至今的几十年，在美国大多数行业里，劳动关系氛围由互相接纳、合作变为雇主激烈反对工会，工会为自身生存艰难奋斗。在私营部门，工会组织率下降到《瓦格纳法案》前的水平：截至 2011 年，不到 7% 的私营部门劳动者是工会会员。⑥ 美国《纽约时报》2010 年

① 前苏联、东欧等社会主义国家以及我国计划经济时期的劳动法的指导思想并非"倾斜保护"劳动者，而是一种基于理想的平等（实际结果是平均主义）保护，属于纯粹的公法性质，而极大地区别于劳动法的公、私法融合的社会法性质。

② 主要参引黄越钦《劳动法新论》，中国政法大学出版社 2003 年版，第 6—10 页。常凯《劳动法学》，高等教育出版社 2011 年版，第 65—67 页。常凯《劳动关系的集体化转型与政府劳工政策的完善》，《中国社会科学》2013 年第 6 期。

③ 管制和放松管制并非一个新问题，而是与劳动法相伴而生的话题，在劳动法领域关于管制与放松管制问题一直作为一个争议点为各国所重视。

④ 《印度总理敦促放松劳动法》，《世华财讯》，2010 年 11 月 23 日。

⑤ 李磊：《西方工会振兴理论研究综述》，《中国劳动关系学院学报》2010 年第 12 期。

⑥ 摘自纽约大学法学院教授辛西娅·艾斯特伦德 2012 年在"全球化背景中的劳动关系与集体协商国际研讨会暨中国社会学会劳动社会学专业委员会第四届年会"上的报告《探究美国工会的兴衰》。

1 月 21 日报道：美国劳工局例行报告中指出，2009 年美国工会的会员数量急剧减少到 1470 万人，工会密度为 11.9%，该数据是美国自上世纪二三十年代以来最低水平。[①] 新数据表明这一趋势还在延续，美国 2013 年工会成员总人数是 1450 万人，工会密度为 11.3%[②]。工会的衰弱，很大程度上限制了其对政府决策的影响以及对劳动者的保护。然而，面对时代性、暂时性的困境，各国工会组织根据自己的具体情况采取各种各样的应对措施或创新性行为进行"工会振兴"，以便更广泛地组织动员工会会员去影响逐渐发生的社会、经济和立法变化。"工会振兴"在探索中前进，逐渐使工会走出低谷，实际上也取得了一定效果，正在重现昔日风采，从长远看，工会还将继续在各国保护劳动者方面发挥重要作用。

第三，经济全球化对劳动法的发展形成冲击和挑战。在全球化的时代环境中，不但国际间经济竞争激烈，国内市场也向世界开放。全球经济一体化带来的资本、劳动力的跨国、跨地区流动，对过去以国内为基础范围的各国劳资关系，形成诸多冲击和挑战，各国劳动立法无法回避这些问题。例如，经济全球化导致劳方力量弱化。经济全球化下、资本的跨国界流动导致劳动者处于劣势，资本处于优势地位。发达国家的高工资和高福利导致其劳动力成本过高，资本向发展中国家转移，从而使发达国家的失业率上升，政府放松规制；而接受资本的国家，也被要求保持较低的劳动标准，否则投资方就以撤资要挟。这种局面导致发展中国家劳动法的发展往往受到资本的抑制和政府的忽略，令劳动立法的进程更加艰难。在这种局面下，劳方的力量不断下降，进而使得劳工组织也成为社会条款与国际贸易挂钩的积极鼓吹者。[③]

第四，信息化造成结构性影响。信息化的推进，使劳动者的劳动场所更加分散、工作时间更为灵活，雇佣关系逐渐复杂，深刻影响劳资关系的组成与结构，工会的组织动员方式、劳资关系的运行规则、劳动合同制度上形成较明显的变化，松散而自由的劳资关系成为信息化时代常见的形态。

---

① 黄骞：《美国工会工人成员数降至 70 多年来最低》，中国经济网，2010 年 1 月 24 日。

② 《世界各国工会概览》，《华闻周刊》2014 年 2 月 13 日。

③ 美国劳联—产联［美国最大的劳工组织——劳动工人联合会和产业工人联合会（AFL—CIO，简称劳联—产联）］认为，在经济全球化的情况下，由于 WTO 没有强制实施最低劳动标准，导致工人在全球市场遭到盘剥。保护劳工权利的最有效的办法，是通过全球贸易体制来奖励或惩罚某个产品。国际劳工组织在 1998 年通过的《关于基本劳工权利原则宣言》中明确提出，"不得将劳工标准用于贸易保护主义之目的，并且本《宣言》及其后续措施中的任何内容不得被援引或被以其他方式用于此种目的；此外，无论如何不得因本《宣言》及其后续措施而对任何国家的比较利益提出异议。"

第二节 域外劳动法律制度：基本内容概述

一 劳动基准

由于劳动基准最能体现国家干预，对劳动法"倾斜保护原则"正义价值实现有着重大作用，所以各国的规定都很详细、明确。

劳动法上使用"劳动标准"一词，最早出现在美国 1938 年制定的《公平劳动基准法》或《公平劳动标准法》（Fair Labor Standard Act）中的"Labor Standard"。《公平劳动标准法》和《国家劳动关系法》（National Labor Relations Act）一样，都是罗斯福新政的法律方面的产物，是罗斯福新政的重要基石。① 总的来说，其调整的劳动条件范围仅限于最低工资、最高工时②，未成年工、学徒、学生和残疾人的特殊保护③。自《公平劳动标准法》制定以来，已修改 30 余次，其中一些是技术性的轻微改动，另外一些则是重大修改；一些是由于别的新法的出台而做的相应修改，另外一些则是较为系统的该法本身的修改。最近的一次是 2007 年，以最低工资制度修改为内容。④ "劳动基准"一词，最早出现在日本。

---

① 《公平劳动标准法》和《国家劳动关系法》遥相呼应，在各自范围内保护劳动者。《公平劳动标准法》规定劳动基准，《国家劳动关系法》规定集体合同确定的劳动条件不得低于劳动基准。

② 最低工资、最高工时立法美国之前已有，如最早的最高工时立法始于 1892 年，最低工资立法相对较迟，始于 1931 年的适用于公部门的立法。《公平劳动标准法》首次将最低工资、最高工时立法系统化。

③ 其他劳动条件规定在不同法律中，如职业安全卫生规定在《美国职业安全卫生法》中。

④ 《公平劳动标准法》（2007 年）规定：联邦最低工资每小时 5.85 美元，2007 年 7 月 24 日生效；联邦最低工资每小时 6.55 美元，2008 年 7 月 24 日生效；联邦最低工资每小时 7.25 美元，2009 年 6 月 24 日生效。（美国大部分州都有自己的最低工资立法和相应的最低工资标准，但是当联邦和州有不同的最低工资标准时，适用二者中较高的最低工资标准。）在 2014 年国情咨文中，奥巴马呼吁国会把联邦最低工资提高到 10.1 美元，大约上浮 40%，但"胎死腹中"，遭到共和党的坚决反对。2015 年元旦，美国 20 个州开始实施新的州最低工资制度（美国智库"经济政策研究所"高级经济分析师库珀（David Cooper）认为，各州增加最低工资是由于 2013 年全国快餐食品工人要求最低小时工资增加到 15 美元的罢工行动所导致的），更多的州会跟进，这意味着美国超过半数州的最低工资都将高于联邦最低工资 1.25 美元以上。（http://www.washingtonpost.com/news/storyline/wp/2015/01/05/。）

1947 年，日本制定了本国历史上第一部《劳动基准法》。① 其最近的一次修订呼声是 2014 年，准备参照欧美的方式引入高薪职员不受法定工作时间限制的"白领例外"制度，这也被称为"零加班费"制度。② 此后，韩国及我国台湾地区等其他国家或地区纷纷效仿日本，颁布了各自的《劳动基准法》。除了这种单独以劳动基准法命名立法的体例外，劳动基准法主要还有另外一种立法体例，即将劳动基准的法律规范包含在一个国家的综合劳动立法中，例如，法国劳动基准法的法律规范就包含在《法国劳动法典》中。

各国劳动基准法的内容规定主要集中在劳动基准法的适用范围、劳动基准水平的确定、劳动基准的文字表达形式的规范、劳动基准制定程序的完善有效等几个方面。③

（一）劳动基准法的对物的适用范围

劳动基准法的对物的适用范围，实际上也就是劳动条件的范围，由于各国基于各自国情对劳动条件范围宽窄的理解并不完全一致，所以劳动基准法的对物的适用范围相应地也是如此，日本较宽，不仅规定了工资、工时、劳动安全卫生、女工及未成年工保护等，还包括劳动合同立法、工伤事故补贴立法、雇佣规则等。日本劳动基准法由总则、劳动合同、工资、工作时间、休息、休息日及每年有工资休假、安全与卫生、女工及未成年工、技工培养、事故补贴、雇佣规则、宿舍、监察机构（监察组织）十三章及附则构成。④⑤ 我国台湾

---

① 笔者认为，美国的"公平劳动标准"与日本的"劳动基准"实际上是一回事，"最低"可以说就是"公平"。

② 张超：《日拟修改劳动基准法改革工资制度》，《法制日报》，2014 年 6 月 3 日。

③ 这一思路主要得益于笔者参与的郭捷教授主持的 2009 年 10 月已结项的国家社科基金项目《政府协调劳动关系的法律机制研究》项目的启发，此项目成果尚未公开出版。同时这一思路也体现在笔者主持的 2010 年度陕西省社科基金项目《劳动者"倾斜保护原则"的现代价值论解读———基于马克思主义正义理论视域》相关内容中。

④ 参见《日本劳动基准法》（1976 年版）。从 1947 年实施劳动基准法开始，到目前为止，日本政府为了更好地适应社会经济发展的需要，对劳动基准法进行了二十几次修改，其中较大幅度的修改就有九次。

⑤ 20 世纪 50 年代以后，随着工业化水平的迅速提高和经济的高速发展，日本的安全生产问题突显，工伤死亡人数剧增，并在 1961 年同时达到伤亡人数和死亡人数的历史最高纪录，伤亡人数为 481686 人，死亡人数为 6712 人。（叶永峰，顾智世：《中日安全生产监管体系的比较分析》，《安全与环境工程》2012 年第 2 期。）为了加强安全生产和减少

的《劳动基准法》① 及其《施行细则》对物的适用范围基本上与日本相类似，包括劳动契约；工资；工作时间、休息、休假；童工、女工；退休；职业灾害补偿；技术生、工作规则等。而在美国、加拿大等国，范围较窄，主要包括工资、工作时间与休息休假等方面的立法。美国《公平劳动标准法》以规定最低工资标准、最长工作时间为主要内容，附带规定了未成年工、学徒、残疾工人等，故又称为《工资工时法》。②《加拿大劳工标准法》只规定了工作时间、最低工资、年休假、通例假日、监察等内容。③

（二）劳动基准法的对人的适用范围

根据对劳动基准效力的不同理解而有较大不同。对劳动基准效力有

伤亡事故的发生，日本政府制定了一系列安全生产法律法规，主要有：《劳动基准法》（1947 年）、《劳动安全卫生法》（1972 年）、《矿山安全法》（1964 年）、《劳动灾难防止团体法》（1964 年）、《作业环境测定法》（1975 年）、《劳动安全卫生规则》（1972 年）等一系列法律法规。这些法律法规在颁布后还经过了多次修改完善，例如，《劳动安全卫生法》颁布后，根据日本安全生产形势不断发展的需要，已进行了 20 余次修改、完善。这些法律法规现已经成为日本生产安全的保护神。日本生产过程中的伤亡人数从 1961 年的 481686 人下降到 2010 年的 114804 人，从业人员的万人伤亡率到 2009 年已下降至 20 人左右。（叶永峰，顾智世：《中日安全生产监管体系的比较分析》，《安全与环境工程》2012 年第 2 期。）

① 台湾《劳动基准法》2011 年又进行了修改：据台湾《联合晚报》报道，台湾"劳动基准法"修改，台湾人事主管协会执行长林由敏表示，新"劳动基准法"将劳资关系权利义务进行更明确的规范。尤其是对劳动派遣形态以及竞业禁止等业界常见的劳资问题，进行全面性的法令规范，以因应劳动弹性化时代。（中国新闻网，2011 年 1 月 20 日）。

② 参见美国《公平劳动标准法》（1974 年版）。

③ 基于"一般说来，劳动条件必须是双方当事人可支配之权利或利益始克相当，如系公法上强行规定者，即非私权契约之合意所能改变，当然亦非劳动条件。"（黄越钦：《劳动法新论》，中国政法大学出版社 2003 年版，第 202 页。）笔者认为，劳动基准法的对物的适用范围涉及的只是最低劳动条件，即最低工资、最高工作时间、最低休息时间、限制延长工时、最低安全卫生（工作环境）条件等，而不应该包括类似日本的劳动合同，我国台湾地区的"退休、职业灾害补偿"等更不宜包括在内。因为，"'退休、职业灾害补偿'等问题在本质上早已步出 19 世纪的观念，尤其社会保障体系已成为世界潮流，制度业已普遍建立。退休与职灾补偿不但已经不属于劳资双方对价等值关系的范畴，而且早自 20 世纪初即已成为社会保障体系中的重要项目，但劳基法仍将之作为劳资双方对待给付项目处理，这种错误政策……除了造成体制混乱外，对劳资关系的恶化更有责无旁贷之责任。"（黄越钦：《劳动法新论》，中国政法大学出版社 2003 年版，第 202—203 页。）

"反射效力说""双重效力说"两种不同理解。根据"反射效力说"，劳动基准法为公权力介入干预劳动条件的法律，其在法的规定形态上，并非直接规定雇主与劳动者之权利义务关系，而是规定国家与雇主之间的权利义务关系。因此，劳动基准法规定雇主应履行的义务，是以国家为权利人，而劳动者仅因其为雇主义务履行的对象而受益①。因此，雇主如不依劳动基准法的规定履行其义务时，其请求权利人是国家，而非劳动者；而国家为达成其强制的目的，则必定有罚则的规定。这是因为劳动基准法是国家与雇主之间的权利义务关系的规范所使然，因此，劳动者为反射利益的保护对象，并非劳动基准法上权利义务的当事人。根据"双重效力说"，劳动者同样是劳动基准法上权利义务的当事人，劳动基准法，并不仅仅形成雇主的公法上的义务，更会形成雇主与劳动者之间的劳动合同的内容，具有转化成私法的形成效力，亦会同时直接转化成为雇主对劳动者所负的劳动合同义务，雇主违反劳动基准法的同时亦会产生合同上债务不履行的各种法律效果。亦即劳动者因而取得直接对雇主请求其遵守公法性质的劳动基准内容的合同上的请求权，雇主不遵守时，劳动者可以拒绝给付劳务（履行抗辩权），遇有损害时，亦可以请求债务不履行的损害赔偿请求权。德国的通说为"双重效力说"。在我国台湾地区，针对反射效力与双重效力问题，目前通说是坚持"反射效力说"，但越来越多的学者与法院实务开始转向"双重效力说"。② 世界各国在劳动基准对人的适用范围上，由于各个国家有自己的具体国情，统一的"国际惯例"并不存在，进而形成不同的观点和做法。有的国家把自然人、家庭保姆视为适用对象，有的国家否认之；有的把家庭保姆视为雇员，有的否认之；等等，其中最具代表性的是公务员③和企业高级管理人员是否适用。例如，美国的联邦公务员不是劳动基准法适用对象，④美国的某些州诸如伊利诺伊州《雇佣合同法》却包括政府雇员。美国的

---

① 亦即劳动者只是国家公法规定的反射效力的受益人而已。

② 本部分详细内容可参见笔者、郭捷《劳动合同自由与劳动合同正义浅探》，《兰州学刊》2010 年第 5 期，有较多删节。

③ 需要说明的是，各国公务员的范围亦不完全相同。例如，德国的教师法规定，教师是国家行政官员，属终身职务。法国的"教师——研究人员"属国家公务员，综合性大学教师由法国教育部统一招聘，由不同级别的行政官员任命。日本国立学校的教职员为公务员，公立学校的教师为地方公务员。（刘冬梅：《试论高等学校与教师的法律关系》，《河南师范大学学报》（哲学社会科学版）2003 年第 3 期。）

④ 参见王益英《外国劳动法和社会保障法》，中国人民大学出版社 2001 年版，第 72 页。

"监管人员"①、高级"管理人员"②、"机要人员"③ 等高层管理人员被排除在雇员以外。2007 年修订的《公平劳动标准法》专章对人的适用规定了极为详细的例外。《公平劳动标准法》对雇员是这样定义的：任何受雇于雇主的个人。尽管《公平劳动标准法》对雇员的定义比较宽泛，有模糊、循环定义之嫌，但通过本法随后的一系列除外规定④，使得雇员身份的确定相当清楚。《公平劳动标准法》对雇主中的企业是这样定义的：企业作为雇主的主要组成部分。该法首先对企业进行明确定义，之后对企业进行分类，在分大类的前提下又细分小类，不同类别的企业规定条件不同，非常明确。其中，最具特点的是，对一些特定雇员（exempt employees）不需支付最低工资和加班工资⑤⑥。这些雇员主要是行政管理和专业技术人员（employees employed in a bona fide professional, administrative, or

---

① "监管人员"。1947 年的《塔夫脱—哈特莱法案》中，国会将监管人员从"雇员"中排除出去。规定："'监管人员'一词指的是任何为了雇主的利益，有权代表雇主雇佣、转移、中止、临时解雇、召回、提升、解雇、分配、奖励或惩罚其他雇员的任何人，或指负责指挥雇员或调整雇员的不满或有效地建议采取这些行动的人，如果他在行使上述权力时不仅仅是照章办事或具有秘书性质，而是需要独立做出判断。"实践中，美国国家劳资关系委员会通常会裁定，拥有这些判断、人事决定权力的人是监督管理人员，即使该权力很少被行使（哪怕 40%—70% 的时间从事普通工作）。（参见［美］罗伯特·A. 高尔曼《劳动法基本教程》，马静等译，中国政法大学出版社 2003 年版，第 31—35 页。）

② 高级"管理人员"。美国国家劳资关系委员会在 1970 年将高级"管理人员"定义作了以下的表述："那些通过表达雇主的决定并使之得以运作的方式来制定和完成管理政策的人，以及那些在履行其职务时有独立于雇主制定的政策的处理权的人……，那些作为资方真正的代表与资方紧密结盟的人。"（参见［美］罗伯特·A. 高尔曼《劳动法基本教程》，马静等译，中国政法大学出版社 2003 年版，第 31—35 页。）

③ "机要人员"。一般情况下，"机要人员"也被从"雇员"中排除出去。机要人员是指那些"支持并以秘密身份按照在劳动关系领域里行使'管理'职能的人的指示行事"的人。但是，如果雇员有机会接近的保密信息与劳动关系无关，那他们就不被排除。简言之，在确定是否将某雇员作为"机要人员"从《劳动法》的有效范围内排除出去时，要审查被称为机要人员的雇员所履行的特殊职能。（参见［美］罗伯特·A. 高尔曼《劳动法基本教程》，马静等译，中国政法大学出版社 2003 年版，第 31—35 页。）

④ 加上美国法院、劳工部司法实践中形成的认定标准。

⑤ 另外，2004 年布什政府通过的《公平劳动法》修正案规定，年薪超过 10 万美元的雇员不能享受加班补贴。这些雇员被称为"豁免雇员"。即使他们每日工作超过八小时，每星期工作超过四十个小时，老板也不必支付他们加班费。

⑥ 实际上对这些雇员谈最低工资无意义。

executive capacity）和推销员（outside salesman）。当然，这些特定雇员的认定标准非常量化具体，例如，行政管理人员的确定，通常情况下主要看其是否超过50%以上的工作时间从事管理①。专业技术人员的认定更为复杂，如从事音乐、写作、剧院等工作的艺术类专业技术人员。需要说明的是，认定一个雇员是否是特定雇员举证责任在雇主一方，且要求作出有利于雇员的解释②。在德国，雇员（或劳动者）的一般定义为：基于私法上的劳动合同，为获取工资而有义务处于从属地位，为他人（雇主）提供劳动给付的人。③德国劳动法不以公务员为适用对象，法人或合伙的代表、高级职员等中高层管理人员可不属雇员：（1）法人或合伙的代表。在法人企业或合伙企业工作并且根据法律、章程或公司合同单独的或作为代表机构的成员被任命为法人或合伙人的代表人，不属雇员范畴，它包括股份有限公司的总经理之类。（2）与高级职员。经理、企业领导人员等类似的有权雇佣或解雇雇员的高级职员可不属雇员。④（3）《德意志联邦共和国企业委员会法》第二款规定，本法所称的职工不包括：在有法人地位的企业中，被确定为该法人的法定代表机构的成员；无限公司的股东，或者一个社团的成员，而在该社团和公司的企业中，以法律、章程或公司合同确定为社团的代表或者担任经营经理、厂长或执掌经营管理职能的人员。根据《德意志联邦共和国企业委员会法》的规定，该法不适用于按其职位或根据任职合同享有下列权限的高级职员：有权自行雇用或解雇工行或作坊中工作的职工；有代理权或经理权；主要执行自行负责的任务，这些任务对企业的维持和发展甚为重要，鉴于他们具有特殊的经营和知识，因而长期地委托给他们。⑤加拿大劳动法律规定："'职工'表示任何被雇佣以从事熟练的或不熟练的、体力的、办公室的、技术的工作或经营工人工作的人。"⑥在美国，通过立法和判例产生了"雇员"认定的许多原则和规则。根据《公平劳动标准法案》（Fair Labor Standards Act），

① 当然，这不是唯一标准。在满足特定条件下，即使没有超过50%以上的工作时间从事管理，也可认定是管理人员。
② Owsley v. San Antonio Independent School Dist., 187 F. 3d 521, 137 Ed. Law Rep. 516（5th Cir. 1999）.
③ [德] W. 杜茨：《劳动法》，张国文等译，法律出版社2003年版，第1—2页。
④ 参见王益英《外国劳动法和社会保障法》，中国人民大学出版社2001年版，第72页。
⑤ 董保华：《十大热点事件透视——劳动合同法》，法律出版社2008年版，第96—97页。
⑥ 《加拿大劳工标准法》（1965年），第2条第3款。

雇员是指"被雇主雇用的任何人"。① 《加拿大劳工标准法》不以公务员为适用对象，同时规定该法不适用"经理、厂长或执掌经营管理职能的人员"。② 日本劳动法律规定："本法中的'劳动者'，是指不问其职业为何，以工资、薪俸或其他相当于工资、薪俸的收入为生活来源者。"③ 《日本劳动基准法》不以公务员为适用对象，规定几种特殊情况不适用该法：(1) 与雇用共同生活的亲属的企业、事务所或家庭用工；(2) 劳动基准法大部分的规定不适用于海员（对海员劳动有《海员法》)④。韩国劳动法律规定："本法中'工人'一词，是指以获得工资为目的而从事向企事业或工作场所（下称'企事业'）提供劳动服务的任何职业的人。"⑤ 我国台湾地区的劳动法律规定："劳工：为受雇主雇用从事工作获致工资者。"⑥ 《台湾劳动基准法》不以公务员、公办学校教授、军人为适用对象规定特殊情况不适用该法：本法适用于一切劳雇关系。但因经营形态、管理制度及工作特性等因素适用本法确有窒碍难行者，并经"中央"主管机关指定公告之行业或工作者，不适用之。《台湾工会法》规定，除各级政府行政及教育事业、军火工业之员工，及代表雇方行使管理权之各级业务行政主管人员，不得组织或加入工会外，其余劳动者均应依工会法规定组织或加入工会。司法裁判中关于劳工之特征认定如下：①人格从属性，即受雇人在雇主企业组织内，服从雇主权威，并有接受惩戒或制裁之义务；②亲自履行，不得使用代理人；③经济上从属性，即受雇人并不是为自己之营业劳动而是从属于他人、为该他人之目的而劳动；④纳入雇方生产组织体系，并与同僚间处于分工合作状态，另又基于保护劳动者之立场，一般就劳动契约关系之成立，均从宽认定，只要有部分从属性，即应成立。⑦

至于雇主的认定，和雇员认定一样，也不存在统一的"国际惯例"，进而形成不同的观点和做法。在美国，雇主是"直接或间接的为了与雇员相对应的雇用方的利益而行事的任何人"。可见其范围相当宽泛。在决定某主体是否为《公平劳动标准法案》规定的雇主时，关键在于所谓的

---

① FLSA §3 (e) (1), 29 U.S.C.A. §203 (e) (1).

② 《加拿大劳工标准法》第3条第9项第3款。

③ 《日本劳动组合法》(1949年)，第一章第3条。

④ 《日本劳动基准法》第8条、第116条。

⑤ 《韩国劳工标准法》(1953年)，第一章第14条。

⑥ 《劳动基准法》(1984年)，第一章第2条第1款。

⑦ 台湾地区"最高法院"81年度台上字第347号。

雇主对其工人是否有控制的权力。在确定某一主体是否具有"雇主身份"时，通常需要考虑以下因素：（1）该主体是否享有雇用和解雇雇员的权力；（2）该主体是否可对雇员进行工作安排或对雇佣状况进行监督和控制；（3）该主体是否享有确定工资数额及支付方式的权力；（4）该主体是否保存雇佣记录。在判断雇主身份时，法院也需要综合考虑以上诸因素。在美国法上，雇主不仅包括法人或企业，个人也可能被认定为具备雇主身份从而承担雇主的责任。"雇主"的个人责任可能产生于雇主在公司中所享有的所有者权益或对公司的日常经营活动所享有的有效控制权。在Reich v. Circle C. Investments, Inc. 案中，"雇主"是一家夜总会特色节目的舞蹈演员顾问，他有权雇用夜总会的舞蹈演员和对夜总会的雇员给予特别的指示，并有权从夜总会的保险箱里取钱给雇员发工资。法院认为，雇主的法定含义应当是"足够广泛的"，"雇主"应包括那些虽然不拥有公司的所有权权益，但可以有效支配公司的管理活动，或者为了公司的利益进行活动或有权利这样活动的人，因此认定了该舞蹈演员顾问具备"雇主身份"。可见，美国法上的雇主包括实际控制公司雇佣事务的个人。英国劳动法将雇主定义为，在雇佣合同（contract of service）的基础上，雇佣一个以上员工的个人、合伙组织、企业或非企业组织。这个定义不是很有帮助，必须结合雇佣合同（contract of service）和服务合同（contract for service）的区分标准才能确定雇主。因英国雇佣关系和我国一样也包括两个范畴：雇佣合同关系（相当于我国的劳动合同关系）和服务合同（contract for service）关系（相当于我国的劳务合同关系）。英国法认为：当个人和雇主依照雇佣合同提供劳动，就形成雇佣关系；依照服务合同提供劳动，就是劳动服务关系。在英国法中，只有雇员才能获得社会保险、雇佣权益保护、雇主在清算过程中的工资保护、由普通法上雇主的义务所产生的利益，以及依照健康和安全立法所应当得到的保护。此外，服务合同下的独立经营者（individual contractor）和雇佣合同下的雇员（employee），在税收方面适用不同标准。这些规定和我国类似，劳动关系纳入劳动法的调整范围，劳务关系属于民法的调整范围。在德国，雇主的概念需要通过雇员来定义，雇员的劳动合同的另一方当事人是雇主。雇主可能是自然人、法人，也可能是商事合伙人。我国台湾地区对雇主的定义也颇具启发意义。在我国台湾，劳动契约当事人一方为雇主，另一方为受雇人。我国台湾"劳动基准法"第2条第2款规定，雇主谓雇佣劳工之事业主、事业经营之负责人或代表事业主处理有关劳动事务之人。从该概念可以得知，不仅法人得为雇主，自然人亦得为雇主。法人包括私法人和公法人。

雇主地位在法律上最主要的意义在于对受雇人之"劳务请求权"以及"指示命令权"。然而，劳务请求权与指示命令权可以分属不同之人行使，例如事业主有劳务请求权，事业经营之负责人有指示命令权，而事业经营之负责人又对事业主有服从义务。[①]

（三）劳动基准水平

劳动基准制度的核心问题是确定劳动基准水平。劳动基准水平是最低劳动条件，如何确定劳动基准水平，并不是主观臆想的，而是有一个客观、现实、明确的标准。日本以研究劳动法著名的早稻田大学大须贺明教授关于"最低限度生活"水准客观测定的精辟论述，非常具有实际意义。他认为：劳动基准水平确定时"应该考虑而且必须考虑的要素，就是处于一定历史时期的社会生产力的水平，再者就是与此相关的国民的收入水准、生活水准，以及该时期的社会与文化的发展程度，等等。关于这些要素，从今天社会科学与自然科学发展的水平来看，在很大程度上是可以客观地进行计算测定的。……客观确定'最低限度生活'水准的实际操作问题，从如今生活科学发展的现状来看，在相当程度上是可以实现的，……在排除计算测定者的主观意识干扰、保证计算的客观性方面，生活科学已取得很大的进展。"[②] 我们以劳动基准中最具典型意义的最低工资为例说明。目前，世界上绝大多数国家均已实行最低工资制度。国际劳工组织在 1928 年 6 月 16 日制定了《制订最低工资确定办法公约》（第 26 号公约），[③] 对最低工资确定问题首次作出规定。1970 年 6 月 23 日又制定了《确定最低工资并特别考虑发展中国家公约》（第 131 号公约），[④] 其规定了更为详细具体的确定最低工资的原则和方法：在可能和适当考虑本国国情的情况下，确定最低工资水平应考虑多种因素，包括工人及其家庭生活需要、本国一般工资和生活费用水平、社会保障津贴、其他社会群体的相应生活水平、本国经济方面状况包括发展经济的需要、生产率水平，以

---

① 主要参考谢增毅《劳动关系的内涵及雇员和雇主身份之认定》，《比较法研究》2009 年第 6 期；李坤刚《论劳动关系中雇主之界定——以英国劳动法为视角》，《云南大学学报》（法学版）2007 年第 3 期。

② ［日］大须贺明：《生存权论》，林浩译，法律出版社 2001 年版，第 98—99 页。

③ 本公约于 1930 年 6 月 14 日生效。1984 年 6 月我国承认当时中国国民政府对本公约的批准。

④ 本公约于 1972 年 4 月 24 日生效。

及实现并保持高就业水平的必要性。① 据此形成了测算最低工资的多种方法。② 但是，出于对劳动者倾斜保护，国际上通用的做法是"社会平均工资法"，按此法测算，月最低工资一般是月平均工资的 40%—60%。我国台湾地区早在 1968 年便出台"基本工资暂行办法"，将基本工资月薪定为 600 元（新台币，约 130 元人民币，下同）。不过它属于临时条例，公布后并未严格施行，直到 1984 年 8 月"劳动基准法"通过后，劳工基本工资才正式实施。台湾"行政院长"江宜桦 2013 年 4 月 2 日宣布调涨台湾劳工基本工资，月薪制基本工资自 4 月 1 日起，调涨为 19047 元。据台当局"劳委会"初步统计，这次调整劳工每月基本工资，将有 179 万劳工受惠。另据"劳委会劳工保险局"统计，目前适用本次基本工资调涨的劳工，估计有雇主劳工 132 万人，职业工会劳工 43 万人，另有 25 万名外籍劳工。③

（四）劳动基准的文字表达形式的规范、劳动基准制定程序等

至于劳动基准的文字表达形式的规范、劳动基准制定程序的完善有效等，可简述如下：首先，就劳动基准的文字表达形式的规范而言。由于劳动基准是法定最低标准，具有相对强行法性质，但属于一种特殊类型的强制性规范，被称为"相对强制性规范"。出于对劳动者倾斜保护，"在违反（相对）④ 强行法之规定而有利于劳动者时仍然有效，只有在不利于劳动者时，为无效。"⑤ 这就意味着雇主通过集体合同、劳动合同，以及雇主内部规章制度所提供的劳动条件可以高于但不得低于劳动基准，凡低于者无效，相反，高于者不但有效，国家还给予鼓励、提倡。因此，就劳动基准的文字表达形式，在立法中往往采用"至少""不超过""不得"等字样，许多国家在立法时予以明确规定。例如日本："鉴于本法所规定的劳动条件为最低标准，劳动关系中的当事人不仅不应以此标准为借口降低劳动条件，而且必须力求高于本标准。"⑥ "雇主不得使工人在一日内的工作时间超过八小时（休息时间除外）或一周内工作时间超过四十八小

---

① 《确定最低工资并特别考虑发展中国家公约》（第 131 号公约）第 3 条。

② 例如，比重法、恩格尔系数法等。（韩兆洲、魏章进：《我国最低工资标准实证研究》，《统计研究》2006 年第 1 期。）

③ 薛洋：《19047 元 16 年台湾基本工资涨了 3000 多》，东南网 – 海峡导报 2013 年 4 月 3 日。

④ "相对"二字为笔者根据上下文所加。

⑤ 黄越钦：《劳动法新论》，中国政法大学出版社 2003 年版，第 200 页。

⑥ 《日本劳动基准法》（1976 年版）第 1 条第 2 款规定。

时。"① 我国台湾地区"劳动基准法"规定劳工每日正常工作时间不得超过 8 小时，每两周正常工作总时数不得超过 84 小时。并规定此工作时间经雇主、工会或劳资会议同意后，可以将两周之内任何两日的正常工作时数分配于其他工作日，但分配的结果不得使每天增加超过两小时，每周不得超过 48 小时；每连续工作 4 小时至少有 30 分钟的休息；另外还要求对劳工的出勤情形的记载要保存 1 年，同时置备工资清册，保存 5 年待查。2011 年 10 月，台湾地区"劳委会"经与地方政府与劳资代表协商，已初步达成共识，配合幼托整合政策上路，决定从 2013 年起，将托儿所教师排除于《劳动基准法》84 条之规定中。未来托儿所老师当日正常工时达 10 小时后，最多只能加班 2 小时，且期间雇主须依"劳基法"付给员工加班费。"劳委会"劳动条件处科长黄维琛说，期间大约一年多的缓冲期。"劳委会"也制定参考指引，提供地方政府在审核雇主所提的责任制申请时，需留意劳工有无作七休一、每日正常工时最多十小时、加班最长两小时等规定，② 等等。其次，就劳动基准制定程序的完善有效性而言。劳动基准制定必须"法定"，由于劳动基准的作用重大，劳动基准必须由国家立法机关依照法定程序制定③，其他机关、个人均无此权力："……经过国家立法机关民意审查，才能综合各种利益取得平衡，不容个人间恣意行为，也不能以命令方式由行政机关决定。"④

（五）劳动基准的"非标准化""去制度化"倾向

需要说明的是，近年来，劳动基准在一些发达国家出现了"非标准化""去制度化"的倾向，对劳动者的劳动条件造成极大的负面影响，已引起国际劳动法学界的热切关注。其中，最为典型的负面事件是英国的"零时工"现象⑤和美国的标准劳动时间的"去制度化"倾向，我们仅以后者为例说明。

---

① 《日本劳动基准法》（1976 年版）第 32 条第 1 款规定。
② 《台"劳基法"拟修法　幼教老师将享正常工作时间》，中国新闻网，2011 年 10 月 10 日。
③ 包括修改，完善。
④ 黄越钦：《劳动法新论》，中国政法大学出版社 2003 年版，第 199 页。
⑤ 签了"零时工"合同，雇主对劳动者就可以在需要时立即招徕，工作完了，就没有其他基本工资保障。英国工会大会秘书长弗朗西斯·奥格雷迪（Frances O'Grady）强烈谴责这一现象，"零时工"的规模在英国最少 100 万人，它已熊熊烈火般泛滥于英国的整个经济，极大地侵害了劳动者的工资、工作和劳动条件。（《最新剥削方式介绍——英国"零时工"达百万人》，http：//www. wsws. org/en/articles/2013/08/07/zero‐a07. html。）

工作时间是现代社会劳动基准的最主要内容之一，对用人单位来说，工作时间对职业安全卫生、生产效率、工作弹性、企业竞争力至关重要，对劳动者来说，直接关系到其收入报酬、工作满意度、职业发展和生活质量，过长或过短劳动时间对用人单位和劳动者均不利。在劳动生产率基本既定的情况下，劳动时间过长，影响劳动者的身体健康甚至生命安全。例如"过劳死"，影响劳动者家庭幸福。劳动时间过短，意味劳动者收入下降，工作稳定性受影响。过长过短的劳动时间实际上最终对用人单位也不利，因为这会引起劳动者职业倦怠、不适当的劳动力流动（频繁"跳槽"，使用人单位缺少稳定的富有生产效率的劳动者）。总的来说，标准劳动时间，亦即每日工作8小时，每周工作40小时，能保证最大的平衡，是绝大多数国家通行的做法。但是近年来美国出现了一种标准劳动时间的"去制度化"的倾向。

1919年，国际劳工组织就已确认劳动时间是工作条件良好与否的最基本的决定因素之一，并与同年制定了《工作时间（工业）公约》（第1号公约），规定标准工作时间是每天8小时，每周48小时。尽管当时许多工业化国家都采用了国际劳工组织的标准劳动时间，但美国并没有，美国的劳动者工作时间在发达国家中算是比较长的，因为美国奉行彻底的利伯维尔场经济，对工作时间也是采取"放任主义"。例如，在1890年，美国劳动者的日平均工作时间为11.4小时，在一些产业部门甚至达到12小时或更多。尽管针对妇女的最高工时立法始于1892年，但是，实际上在美国没有执行，例如，1895年伊利诺斯州就宣布该州限制最高工时立法违宪无效。[①] 此后直到美国发生经济大萧条的20世纪二三十年代，在美国工会运动的巨大压力下，罗斯福新政的法律方面的基石——1938年6月美国《公平劳动基准法》或《公平劳动标准法》（Fair Labor Standard Act）实施后，美国才采用了国际劳工组织的标准劳动时间。《公平劳动标准法》建立了40小时的周工作时间制度，甚至优于国际劳工组织每周48小时的标准。这一标准，不但适用有工会的产业部门，也在一些没有工会的产业部门适用。此后，8小时标准工作日和40小时标准工作周观念在美国变得越来越被接受，也越来越制度化、规范化，标准工作时间成为雇佣合同的重要的"标准"内容。不管是参加工会的劳动者，还是没有参加工会的劳动者，都适用着"朝九晚五"（"9 to 5"，早晨九点到下

---

① 杨丽红，孙丽红：《1930年以前美国妇女在保护性劳工立法上的地位》，《党史博采》2007年第11期。

午五点，午饭时间算在工作时间内，明显其实际工作时间还不到 8 小时）标准工作日、"礼拜一至礼拜五"标准工作周。不管是参加工会的劳动者，还是没有参加工会的劳动者，只要是"非豁免"劳动者，在此之外的时间工作都享受额外的"加班加点"劳动报酬。直到上世纪 80 年代，美国劳动统计局还是分别以 8 小时、40 小时统计标准工作日、"标准工作周"的。

但是至此以后的近几十年来，尤其是进入 21 世纪以来，随着美国主导经济全球化，美国"工作"大量外包给劳动力成本低下的发展中国家，美国服务业的迅速兴起并在 GDP 的比重越来越高（而服务部门又是最缺少工会组织的部门），美国的工作时间越来越背离标准工作日、"标准工作周"，雇佣合同的标准工作时间被瓦解了，工作时间越来越非标准化、不可预测。标准劳动时间有一种"去制度化"的倾向，需要引起重视，这种倾向主要有以下三方面原因：第一，用人单位。在市场经济条件下，由于"无形之手"的幕后"控制"，用人单位，尤其是中小规模和被边缘化的用人单位，为了减少劳动力成本（相较于以标准劳动时间雇佣更多的工人，采取延长劳动时间的非标准时间的措施可以在招工、培训、劳动管理监督等各个方面带来可观的人力资本费用的节省），增强竞争力，增加工作灵活性（很容易地扩大或减少生产规模而不需要调整劳动者人数），追求利润最大化，很多用人单位往往采取极端的劳动时间措施，甚至是滥用劳动时间，以牺牲劳动者利益为代价（实际上是违法采取非标准时间，类似于国际劳工组织所称的"非体面"工作①），采取非标准工作时间的动机非常强烈，越来越倾向去除标准工作时间，甚至"全天候"部署劳动力，不设置固定劳动时间，无论白天、晚上还是周末，导致劳动者工作时间不稳定，不可预知、不能控制和不匹配，以致产生许多消极后果，导致劳动者工作和生活的冲突，使劳动者劳动强度加大，再加上即使在工作时间上违法，但是违法成本较小，进一步"鼓励"了用人单位采取非标准工作时间。第二，工会。由于工会作用发挥不力，一方面是工会的代表性薄弱，对工人维权不力。在美国，20 世纪 80 年代以来，由于多种复

---

① "非体面"工作的劳动者，是那些有正式的工作，但不享受正式劳动者的劳动权利的人。在全球范围内，这些劳动者就业不稳定，工资较低，工作条件更恶劣。他们很少得到社会保障，通常被拒绝加入工会。即使赋予他们有权成立工会，但他们害怕组织工会，因为他们知道他们很容易被更换。妇女、少数民族和移民工更有可能填补这些类型的工作。

杂因素的影响，工会会员人数不断下降，影响力迅速衰退。[①] 另一方面，非标准劳动时间下，劳动者由于工作时间的不确定性，之间缺乏交流机会，直接影响劳动者参与工会的积极性，缺乏对其认同感，进一步削弱了工会的影响力。第三，国家。由于美国"利伯维尔场经济"发展导向战略，国家对劳动时间立法放松管制，缺少对这些劳动者的保护的政治、政策、法律认同，认可非标准劳动时间，允许用人单位采用非全日制用工，使得非标准工作时间呈现出常态化发展趋向，且违法非标准工作时间大量存在。近年来，美国非标准工作时间呈现出常态化发展趋向尤为明显，对其第一大产业部门——服务业的劳动者的劳动条件造成极大负面影响，已引起美国劳动法学家的热切关注。[②③④]

二　集体谈判和集体合同

集体谈判和集体合同制度对劳动法"倾斜保护原则"正义价值实现有着重大作用。通过集体合同，可以对劳动者劳动条件作出高于劳动基准的约定，从而使保护劳动者的实际水平能够高于法定最低标准。集体合同作为一种中观层次的劳动关系调整机制，具有一种承上启下的作用，在弥补劳动基准法、劳动合同不足的同时，又可以形成三者相互促进。它作为

[①] 多数美国集体劳动关系法学者认为，相较于其他发达的西方国家，自里根政府以来，美国集体劳动关系法违反了核心国际劳动权利，更多强调雇主的权利，缺乏对劳动者组织权的充分保护，反而更限制了劳动者采取集体行动权的能力。这是美国工会衰落的主要原因之一。2012 年 12 月，共和党掌控的密西根州议会通过严格限制全州工会资助方式的法案（规定工会不得强制收取劳动者会费的法案）——《劳动权法案》，实际上严重削弱了工会权利。法案使劳动者丧失了工会的保护，劳动者将很难维护自己的权益。密西根州曾经是工会力量的象征，也是美国劳工运动的孵化器。有线电视新闻网（CNN）发表分析文章说，密西根州新法律不仅是美国"生锈地带"的变化信号，也是美国工会萎缩的象征。截至 2012 年年底，全美 24 个州已经通过限制工会权利的法案。（《密西根立法限制工会　美劳工运动的悲哀》，美国中文网，2012 年 12 月 12 日；张君荣：《美国告别强硬工会时代》，《中国新闻周刊》，2013 年 1 月 29 日。）

[②] 可参见 Kalleberg，Arne. 2012. Job quality and precarious work：Controversies，clarifications，and challenges. Work and Occupations 39（4）：427 – 48；Yang Cao，Beth A. Rubin. 2014. Market transition and the deinstitutionalization of standard work hours in post—socialist China. Industrial & Labor Relations Review.

[③] 另还可参见章磊《人数超过 2700 万 待遇方面同样遭遇不公平——美国也有一支临时工大军》，《解放日报》，2013 年 7 月 7 日。

[④] 《美企限制上厕所次数 员工上班被迫穿纸尿裤》，《环球时报》，2016 年 5 月 16 日。

调整劳动关系的重要机制，目前已被世界各国、国际劳工组织广泛采用，完全可以讲，在西方发达国家市场经济中，它的作用巨大，其重要性甚至超过劳动合同制度，成为劳动法调整劳动关系的核心①。

英国是世界上最早出现集体合同的国家。② 18 世纪末 19 世纪初，在英国某些行业，出现了集体合同的雏型。到 19 世纪末，资本主义各国已普遍实行集体合同制度，但集体合同只是劳资双方的"君子协定"，不具有法律约束力。20 世纪初，资产阶级政府才开始以立法的形式承认集体合同。如英国 1871 年制定的世界第一部《工会法》，肯定工会有与企业主签订集体合同的权利。新西兰 1904 年制定了有关集体合同的法律。1907 年，奥地利、荷兰制定了关于集体谈判的法律。1911 年瑞士颁布的《债务法》中，也有关于集体合同的规定。第一次世界大战以后，出现了一些较有影响的单行集体合同法或劳动法典等基本法中的集体合同专章（篇）。如德国在 1918 年发布了《劳动协约、劳动者及使用人委员会暨劳动争议调停令》，并于 1921 年颁布了《劳动协约法（草案）》。法国于 1919 年颁布《劳动协约法》，后来又将其编入《劳动法典》。随后，澳大利亚、芬兰等国家也相继颁布了集体协议法。1935 年美国颁布的劳资关系法中也承认了工会有代表工人同雇主订立集体合同的权利。第二次世界大战以后，集体谈判与集体合同制度在西方各国得到了进一步的发展。一些国家制定和修订劳动法时，大都对集体合同作了专门规定，有些国家还制订了新的集体合同法。例如，德国于 1949 年制定了至今仍然有效的《集体合同法》。另外，前苏联和东欧各国也建立了集体合同制度，一些第三世界国家也对集体合同作了专门规定。20 世纪 60 年代以来，集体合同制度已普及于各市场经济国家，成为调节劳资关系的一项基本制度。和早期的集体合同立法相比，现代集体合同无论是从形式还是从内容上都日臻完善，对集体合同的主体、内容、形式、期限、效力、程序等作出明确规定。我国台湾地区的劳动三"法"，即"工会法""团体协约法"与"劳资争议处理法"均经历了最新修订，并于 2011 年 5 月 1 起正式施行。台湾劳动三"法"在立法过程中借鉴吸收了大量国际上最新的经验和理

① 程延园：《集体谈判制度研究》，中国人民大学出版 2004 年版，第 1 页。

② 在我国劳动法学界，有关集体合同产生最早的国家有不同观点。董保华教授认为：美国是集体合同产生最早的国家。但同时他也承认"然而，较早形成气候的则是英国"。（董保华：《集体合同立法模式的比较》，《工会理论研究》（上海工会管理干部学院学报）1999 第 3 期。）

念，对与集体劳动关系密切的"劳工三权"即团结权、团体协商权及争议权，作了许多新的调整和规范。集体合同立法已成为国际劳工立法的最主要内容之一。国际劳工组织制定了多项有关集体合同的公约和建议书，如1949年第98号公约《组织权利和集体谈判权利公约》（八大基本国际劳工公约之一），1951年第91号建议书《集体协议建议书》，1981年的《促进集体谈判公约》和第154号公约同名建议书等。

各国集体合同制度的规定主要集中在集体合同的性质、效力、主体、内容、法律责任等几个方面。由于集体合同的性质、效力、主体、法律责任已在上章陈述过，这里不再讨论。① 我们仅就集体合同的效力②和内容作一探讨。

第一，集体合同的效力。确认集体合同的效力，一般从其对人的效力、时间效力及空间效力层面进行理解。1. 对人的效力。对人的效力是指集体合同对什么人有约束力。按有关规定，依法签订的集体合同对工会组织和用人单位或其团体、工会组织所代表的全体劳动者和用人单位团体所代表的各个用人单位具有法律约束力。国际劳工组织1951年第91号建议书《集体协议建议书》规定："集体协议的条文，除协议中另有规定的之外，应适用于协议所覆盖的企业雇佣的各种层次的工人。"在集体合同已经建立的情况下，无论劳动者是否为工会会员，也无论在订立合同时是否为集体合同的用人单位的职工（包括对集体合同持反对意见的劳动者和用人单位、用人单位新招录的职工和新加入用人单位团体的用人单位）都要受该集体合同的约束。2. 时间效力。时间效力是指集体合同何时生效、何时终止效力以及有无溯及力和余后效力的问题。其表现形式有三种类型：第一，当期效力，即集体合同在其存续期间内具有约束力。各国劳动立法对集体合同的生效与失效作了明确规定。其生效时间，有的国家规

---

① 这方面各国的具体制度可参见下列文献：董保华：《集体合同立法模式的比较》，《工会理论研究（上海工会管理干部学院学报）》1999第3期；常凯：《市场经济与集体谈判、集体合同制度》，《天津市工会管理干部学院学报》1996年第1期；沈同仙：《中外集体合同制度的比较和评析》，《中国法学》1996年第4期；黄越钦：《劳动法新论》，中国政法大学出版社2003年版；董保华等：《社会法原论》，中国政法大学出版社2001年版；常凯：《劳权论》，中国劳动社会保障出版社2004年版；[美] 罗伯特·A. 高尔曼：《劳动法基本教程》，马静等译，中国政法大学出版社2003年版；[德] W. 杜茨：《劳动法》，张国文等译，法律出版社2003年版等等。

② 上章讨论的集体合同的效力仅指劳动法学理论上的效力探讨。本部分探讨的是当一个国家立法采用"契约说""法规说"后的集体合同的法律效力。

定为集体合同经审查合格之日或依法推定审查合格之日。有的国家则规定为双方在合同上签字盖章之日。其失效时间，一般为定期集体合同的期满、约定终止、法定终止或依法解除之日。第二，溯及效力，即对其生效前已签订的劳动合同是否产生约束力。有约束力的即为有溯及力，不产生约束力的为无溯及力。集体合同一般不具有溯及效力，但某些国家规定，当事人如有特别理由，并经集体合同管理机关认可，允许集体合同有溯及效力。第三，余后效力，即集体合同终止后对依其订立并仍然生效的劳动合同继续产生约束力的状况。余后效力旨在避免现存的集体合同效力终止后、新集体合同生效前的无规则状态①。许多国家作了具体规定，如德国1969 年《集体合同法》第 4 条（5）规定："集体合同期限届满以后，其法律规范仍然有效，直至它被另一协议代替为止。"俄罗斯 1992 年《集体合同和协议法》第 14 条也规定："……如合同有效期已满，则集体合同在双方尚未签署新合同或未修改和补充现行合同的情况下继续有效。"值得注意的是，由于溯及力和余后效力对劳动合同的约束力都发生在集体合同的效力期之外，所以，溯及效力和余后效力都只限于一定条件，溯及效力与余后效力有冲突的，以对劳动者更有利的集体合同为准。3. 空间效力。空间效力是指集体合同在什么地域、产业（职业）范围内发生效力。全国性或地方性集体合同分别对全国范围或某特定地域内的用人单位及其劳动者有效；产业（职业）的集体合同则对该产业的覆盖范围内的用人单位及其劳动者有效；企业的集体合同其效力只能对该企业范围内的用人单位及其劳动者有效。

第二，集体合同的内容。集体合同的内容，是指集体合同中对双方当事人具体权利义务的规定。它是劳动者集体劳动权益的体现。西方国家集体合同的内容，最初主要规定工作时间、工资标准、劳动保护方面的事项，后来扩大到劳动者录用、调动及辞退的程序，技术培训、休息休假，辞退补助金、养老金及抚恤金的支付，保险、福利以及劳动者组织的权利和劳动者参加企业管理办法等内容。根据 1981 年国际劳工组织关于促进集体谈判的第 154 号国际公约的规定，集体协议的内容主要包括确定工作条件和就业条件，调整工人与雇主之间的关系，调整雇主或其组织同工人之间的关系。此外，还包括同上述内容有关的问题和适于谈判的经济问题，如劳动争议调解与仲裁程序，禁止罢工与怠工的范围，对违反劳动纪

---

① 参见［德］W. 杜茨《劳动法》，法律出版社 2005 年版，第 206 页。

律的处理，解雇冗员的规定程序，以及双方认为有必要的和感兴趣的问题。① 集体合同的内容按功能可以分为两种类型：（一）标准性条款。标准性条款也称规范性条款，指劳动合同加以约束和规范的集体合同条款，包括劳动报酬、劳动定额、工作时间、休息休假、劳动安全卫生、补充保险和福利、女职工和未成年工的特殊保护、职业技能培训等方面。标准性条款是集体合同的核心内容，它制约着劳动合同中的相关内容，能对劳动合同中的劳动报酬、劳动条件等内容直接产生制约和规范作用，直接体现集体合同的规范效力。（二）程序性条款。程序性条款，即规定集体合同自身运行的程序规则的条款。包括集体合同的订立、履行、变更、解除、终止、续订，以及违反集体合同责任的承担、集体合同争议的处理程序，以及职工的录用、工资调整办法、奖惩程序、裁员程序等。程序性条款的目的在于保障集体合同所确立的权利、义务得以落实，是保证集体合同履行及维护集体合同主体双方合法权益所不可缺少的。世界各国关于集体合同内容的立法，主要有三种：1. 列举式。即在集体合同立法中详细列举了其必要条款，如法国、美国等。2. 排除式。即在立法中对集体合同的内容做排除性规定，除此之外由当事人自由协商，如波兰。3. 自由式。即对集体合同的内容立法不做规定，由双方当事人自由协商，如德国、日本、俄罗斯等。②

三 劳动合同的强制性规定

在劳动合同方面，能够体现对劳动者倾斜保护的并非在劳动合同任意法方面，因为任意法主要体现雇主和劳动者双方当事人之间的私人意志，国家和社会不得干预。能够体现对劳动者倾斜保护的主要在劳动合同方面的强制性规定，体现的是国家和社会的干预，表现在劳动合同解除限制、劳动合同解除时的经济补偿以及事实劳动关系等。

在劳动合同解除限制、劳动合同解除时的经济补偿方面③，我们以劳

---

① 国际劳工组织《促进集体谈判》（第 154 号国际公约）于 1981 年 6 月 19 日通过，1983 年 8 月 11 日生效。

② 本部分详细内容还可参见笔者所撰写的教材的相关内容，有较大删节。郭捷：《劳动法学》（第四版），中国政法大学出版社 2007 年版，第 174 页。

③ 尽管经济补偿金在世界各国和地区的称谓不完全相同。例如，法国《劳动法典》称为"辞退补偿金"，俄罗斯称为"解职金"，香港地区将其称为"遣散费"，台湾地区"劳动基准法"称为"资遣费"。（董保华：《劳动合同法中经济补偿金的定性及其制度构建》，《河北法学》2008 年第 5 期。）

动合同解除限制为例说明。严格限制劳动合同解除是国际惯例，雇主不可以随意解雇劳动者。即使是在劳动力市场极为宽松的美国，雇主也不是可以随意解雇员工的：首先，严格的解雇程序，没有工会的同意，雇主是不能任意做出解雇决定的；其次，高昂的违法成本极具震慑力，公司被解雇劳动者一旦起诉并且公司败诉，总的来说，胜诉劳动者所获赔偿额完全可以使劳动者后半辈子衣食无忧，一般公司轻易不敢解雇劳动者。① 在英国，限制解雇制度体现为对不正当解雇和不公平解雇规制两个方面。英国限制不公平解雇的相关法律有 10 余个，各种司法判例更是不可胜数。在日本，雇主不得解雇因工负伤或患病在法定条件内的劳动者以及怀孕女工和在享受产假期间及其后 30 天内的女工。但雇主已结束了赔偿支付，或出于不可抗力的原因而致企业不能继续经营时，可例外；雇主解雇劳动者时，至少应在 30 天前预告通知。雇主不预告通知的，必须支付相当于 30 天的平均工资。但出于不可抗力的原因以致企业不能继续经营或由于劳动者的责任而致解雇时，可例外。② 在法国，雇主只有在两种情况下才能解雇劳动者：首先是"重大过失原因"，而且雇主必须提供充足证据证明劳动者犯有重大过失；其次是"经济原因"，即雇主须说明取消工作岗位的

---

① 美国法学家 Horace Wood 1877 年首次提出美国雇佣法惩戒解雇制度的"随意"原则（［美］Kenneth G. Dau‑Schmidt & Martin H. Malin 等. Labor Law In The Contemporary Workplace（Second Edition）［M］，THE LABOR LAW GROUP，2014.［5］［美］Harper v. Hassard，113 Mass. 187，190（1873）另一说法是，美国法学家 Harper v. Hassard 1873 年首次提出"随意"原则）。"随意"原则（美国劳动法律与政策的"政党化"倾向中的共和党更偏向"放任主义"的"随意"原则）把劳动力视为普通商品，根据经济条件的变化可随意获得和抛弃，极大损害了劳动者利益，劳动者生活十分悲惨，不断起来采取各种方式进行强烈反抗，工人运动此伏彼起，极大地动摇了资产阶级统治秩序，出于维护自身统治的需要，美国政府开始考虑关注劳动者的生存利益。伴之而来的是，其雇佣法惩戒解雇制度的原则经历了一个从"随意"到"正当"的演进过程。随着正当原则的与时并进，从"七标准"（Seven tests）到"义务目的统一"（obligation and objective）模式，再辅以"公共政策抗辩"（public policy exception）等，形成了美国雇佣法惩戒解雇制度正当原则的"三位一体"的基本蕴含。自上世纪 80 年代起，尽管受到一些理论上的批评与攻击、司法实践中的不彻底执行、雇主的消极抵制等，但正当原则作为原则的属性并未因此动摇，相反，正当原则常谈常新。当前，其理论不断深化，越来越受到美国社会的接受，深刻地影响美国联邦和州的立法、司法判例及雇主的惩戒解雇决策。考察研究对美国雇佣法惩戒解雇制度的正当原则的理解与适用，可以对完善我国劳动法惩戒解雇制度及其适用带来诸多启迪。（参见拙著《论惩戒解雇制度中的正当原则——基于美国雇佣法》，《河北学刊》2016 年第 1 期。）

② 《日本劳动基准法》（1976 年版）第 19—20 条规定。

经济原因，且不能用新劳动者来取代被解雇者，如果随着经济状况好转欲恢复此岗位，必须优先考虑原来的劳动者。在瑞典，其《就业保障法》从根本上限制了雇主自由解雇劳动者的权利，并没有沿袭以往通过集体合同来规范劳动关系的传统，成为瑞典劳动立法史上的一个转折点。该法规定，没有充分的理由，任何雇主都不能随意解雇劳动者。劳动者的偶尔疏忽过错、失误以至不轨行为，并不能构成被解雇的充分根据。雇主在作出解雇决定时，必须以书面形式终止合同，并且必须在书面通知中告知劳动者行使阻止合同终止权利的程序，以及怎样索赔由合同终止带来的损失，并且告知劳动者是否享有再次被优先录用的权利。在印度，劳动合同解除限制立法不仅数量多，而且非常复杂，其在《产业争议法》规定，只要超过100人的企业，在解雇劳动者时，必须取得州政府的批准。出于选票的考虑，实践中，政府行政官员几乎从来不批准解雇劳动者的请求，使得印度成为全世界解雇劳动者成本最高的国家之一。① 我国台湾地区解雇劳动者时严格执行比例原则②③，对比例原则在惩戒解雇中的适用成为通

---

① 主要参考《世界各国对雇主解雇工人的严格限制》，《工人日报》，2008 年 3 月 12 日；《日本劳动基准法》（1976 年版）；1974 年生效的瑞典《就业保障法》；谢德成、笔者：《英国劳动法限制解雇制度》，《中国劳动》2005 年第 6 期；等等。

② 比例原则源自德国，由行政法的基本原则即"帝王条款"进而上升为公法基本原则，作为"公法领域的软化剂"。其基本含义是指"国家一切措施之目的和为达到目的所采取手段产生对人民负担间的考量。"比例原则有广义和狭义之分。广义比例原则概念，包括了三个下位概念：适当性原则、必要性原则及狭义的比例原则。1. 适当性原则，又称有效性原则，指行政主体行使行政权所采取的手段（措施）有助于或能够达成目的，或者说手段必须能够达到所预期的目的，在目的——手段关系上，必须是适当、有效的。2. 必要性原则，又称为最小侵害原则，是指行政主体在履行职务时，面对多数可选方法，在不违背或减弱所追求目的的效果的前提下，应尽可能选择最少不良作用者。3. 狭义比例原则，是指主体行使行政权所采取的手段虽然有必要，但该手段必须与所追求的目的具有适当之比例关系。如果有助于或能够达成目的之手段造成副作用过大，可以放弃目的追求，质言之，就是要求行政主体采取行政手段所造成的损害不得与要达成的行政目的的利益明显失衡。比例原则是针对行政自由裁量权行使界限的实体性原则，目的是保护单方行使的行政自由裁量权下的行政管理相对人的利益，其主要功能在于：通过"目的与手段的关系"，控制行政自由裁量，使其得以公正、公平地行使。

③ 对应德国的比例原则，美国雇佣法惩戒解雇制度采用的是正当原则。正当原则"三位一体"：从"七标准"到"义务目的统一"，再辅以"公共政策抗辩"等。"七标准"的目标系统探讨雇佣法惩戒解雇制度正当原则本质属性，形成正当原则的理论框架，并尽可能具体化，用以指导司法实践、规范雇主的惩戒解雇行为和引导劳动者保护自己的合法权益。"七标准"共有七个问题，对这七个问题中的一个或更多的"否"回答，就意

识，司法实践亦多受赞同。(其美中不足的是，台湾学界和实务界更多的是涉及比例原则的第三项，而很少涉及第一项和第二项。)例如，台湾地区著名劳动法学者、东海大学法学院院长林更盛教授认为，"而解雇之最后手段性，从文义而言，指解雇应为雇主终极、无法避免、不得已的手段(ultima ratio)；就其内容而言，实不外为广义的比例底下的必要性……又由于广义的比例原则尤其是最后手段性原则对所有解雇形态皆有其适用，因此最高法院的上述要求，原则上亦应对所有解雇事由有其适用。"[5]① 我们举三个案例说明：(1)台湾台北地方法院民事判决(2002年)劳诉字七十七号指出："雇主对于违反纪律之劳工，施以惩戒处分，系事业(企

味着惩戒解雇正当性是不存在的。换言之，"否"回答意味着雇主的惩戒解雇决定包含一个或多个武断的、任性的或歧视性的行为，这样的决定实际上就是雇主惩戒解雇自由裁量权的滥用。在对正当原则的"七标准"改进提高的理论探讨和实践摸索不断深入的情况下，正当原则的"义务目的统一"理论模式应运而生，这一模式修正了"七标准"的不足之处，解释并加强了"七标准"中程序化问题的理论基础分析。这样，正当原则"七标准"和"义务目的统一"从程序和实体两方面相互补充，相得益彰。而正当原则的"公共政策抗辩"理论，其始于上世纪50年代后期的加利福尼亚 Petermann v. Teamsters Loca 案例(［美］Petermann v. Teamsters Local 396.)，真正于80年代得到了重视(［美］The Covenant of Good Faith and Fair Dealing and the Public Policy Doctrine, 45 Mass. Prac., Employment Law § 3.4 (2d ed.). Westlaw. 2014 Thomson Reuters.)，美国联邦最高法院于1992年在 Wright v. Shriners Hosp. for Crippled Children 案例中(［美］Wright v. Shriners Hosp. for Crippled Children, 412 Mass. 469, 472, 589 N. E. 2d 1241, 1244 (1992))最终认可。需要指出的是，"公共政策抗辩"主要是对雇主的不当解雇的规制，但近年来"公共政策抗辩"也探索对劳动者的限制，劳动者如果违背了公共利益，对其惩戒解雇就不属于违背正当原则。从目前的司法实践来看，"公共政策抗辩"对劳动者的规制主要有：(1)劳动者对他人实施性骚扰或性侵犯行为。例如，"Chicago Transit Authority v. Amalgamated Transit Union Local 241, 399 III. App. 3d 689, 339 III. Dec. 444 (2010)"一案和"State AFSCME, Council 4, Local, 69 A. 3d 927 (2013)"一案。(2)劳动者实施家庭暴力。例如，"Decatur Police Benevolent and Protective Ass'n Labor Committee v. City of Decatur, 2012 IL App (4th) 110764, 360 III. Dec. 256 (2012)"一案。(3)劳动者吸毒、酗酒，尤其是职业禁止(如从事公共交通运输)的吸毒酗酒。例如，"Quesad v. City of Tampa, 2012 Fla. App. LEXIS 10892 (2012)"一案。(4)其他。如劳动者伪造公文。例如，2014年发生的"Boehringer Ingelheim Vetmedica, Inc. v. United Food & Commercial Workers, 739 F. 3d 1136 (8th Cir. 2014)"一案。(还可参见拙著《论惩戒解雇制度中的正当原则——基于美国雇佣法》，《河北学刊》2016年第1期。)

① 林更盛：《劳动法案例研究(二)》，五南图书出版有限公司2011年版，第301—302页。

业）单位为维持经营秩序所必须，惟其采取之方式，不可逾越必要之程度。以解雇作为惩戒手段终止，将使劳工丧失既有工作，所导致之后果最为严重，故须有劳基法第十二条各款规定之情形，足认劳动关系受严重之干扰而难期，而有立即终结之必要，且雇主采取其他惩戒方法，如记过、扣薪、调职均已无法维护其经营秩序，始得以解雇作为惩戒手段。"（2）台湾"最高法院"（2009 年）度台上字第 1698 号指出："……其惩戒处分手段违反比例原则，所为惩戒性解雇属惩戒权滥用，应为无效，两造间劳动关系仍然存在。"再如，雇主不得以劳动者私生活事由对其加以惩戒解雇。我国台湾地区台北地方法院（2000 年）劳诉字四十四号，就保险公司以发生婚外情为由解雇劳动者的案件，指出："需证明原告之不检行为与被告之事（企）业活动有直接关联，有损被告之社会评价，且为维持被告之事业秩序必须将被告解雇，方属合法，否则，即属不当干预劳工之私生活。"本案中，婚外情为劳动者的私生活，并未破坏雇主组织经营秩序，被告采取解雇的手段和维护雇主组织经营秩序的目的没有合理的关联性，手段是不能达成目的的，所以，被告不得运用惩戒解雇这一手段。（3）台湾地区板桥地方法院（2006 年）劳诉字六十七号指出："本案原告倘确有被告所抗辩之迟到、早退、顶撞老板及无故请假等情，其行为虽属不当，惟类此情事纵有违反劳动契约或工作规则，仍难认系情节重大之情形，被告以记过、扣薪、警告或其他方式对原告施以惩戒即已足达其目的，尚无害于两造间劳动契约继续存在，亦不致使劳动契约关系之进行有所障碍，被告公司舍其他惩戒原告之方式不为，却对原告施以惩戒解雇之处分，显然违反解雇之最后手段性及惩罚相当性原则。"①

至于事实劳动关系，除了德国联邦法院也曾将支持事实劳动关系的"社会典型行为理论"转化为司法实践外，很多国家实际上是在立法上也承认了事实劳动关系。就没有签订书面合同而形成的事实劳动关系来讲，许多国家和地区的劳动立法，都确认其为劳动法律关系，至少确认为其"准"劳动法律关系，劳动合同形式经历了一个从要式到不要式的嬗变和发展，决定劳动合同书面形式的效力从要件主义转向证据主义，而这正是"倾斜保护原则"的具体体现，从而实现对劳动者倾斜保护。从世界范围内来看，许多国家和地区都放宽对劳动合同形式的要求，并没有把书面形

---

① 需要指出的是，这里板桥地方法院对比例原则的内涵有误用的问题，把最后手段性原则（下位原则）及相当性原则（上位原则，相当于广义比例原则）互相混用了。

式当作劳动合同生效的要件。换言之，西方各市场经济国家对劳动合同的形式的主要立法依据是当事人的意思自治。例如，根据英国法，劳动合同既可以采用书面形式，又可采取口头形式，并不是必须以书面形式订立；德国对劳动合同形式原则上不作限制；法国规定，某些不定期劳动合同要求采用书面形式，但并未把书面形式作为有效条件；日本劳动合同有书面形式和口头形式两种，口头形式视为默认。[①] 我国台湾地区《劳动基准法》规定：定期劳动合同届满后，劳动者继续工作而雇主不反对的，视为不定期劳动合同。[②] 就因履行无效劳动合同而形成的事实劳动关系讲，确实需要消灭这种"劳动合同解除"处理，换言之，许多国家和地区的劳动立法，都视其为劳动法律关系，至少视其为"准"劳动法律关系，从而实现对劳动者倾斜保护。很少有国家和地区提出"无效劳动合同"的概念。我国台湾著名劳动法学者史尚宽认为："原则上排除对于过去部分为无效之主张，不得不认事实已成立之劳动关系视同有效。"[③] 王泽鉴也认为："倘若劳动关系业经进行，尤其是在劳务给付之后，始发现劳动契约具有瑕疵时，亦不能径适用无效撤销规定，令既已发生之关系，自始归于消灭，非特使问题难予处理，在甚多情形对于劳工之保护，亦嫌不周。"[④]

四　就业促进

在亚当·斯密"看不见的手"（Invisible hand）的自由放任的古典经济学的指导下，资本主义国家政府认为劳动力市场等同于商品市场，不应进行干预，进而，就业问题没有被各国政府纳入自己的职责范围。然而，1929 年至 1933 年之间全球性的经济大萧条，彻底动摇了人们对以亚当·斯密为代表的古典经济学的信任，要求政府出面干预的呼声越来越高。

---

① 王益英：《外国劳动法和社会保障法》，中国人民大学出版社 2001 年版，第 32、82、202、436、498、585 页。转引自拙作《试论我国劳动合同形式的立法发展》，《新视野》2007 年第 4 期。

② 台湾"劳动基准法"第 9 条第 2 款第 2 项。

③ 史尚宽：《债法总论》，中国政法大学出版社 2001 年版，第 279 页。转引自董保华《论事实劳动关系》，《中国劳动》2004 年第 7 期。

④ 王泽鉴：《民法学说与判例研究》第 1 册，中国政法大学出版社 1998 年版，第 120 页。转引自董保华《论事实劳动关系》，《中国劳动》2004 年第 7 期。

（一）美国政府的就业促进

即使一向标榜自己绝对奉行"利伯维尔场经济"① 的美国，在就业促进方面也是不遗余力。

1933 年，采用凯恩斯宏观经济学理论，美国政府出台"罗斯福新政"，从此正式拉开了政府干预商品要素市场以及劳动力市场的序幕。② 20 世纪 70 年代，主要资本主义国家相继结束了二战后 30 多年来的"黄金发展时期"而进入了所谓的"滞涨"阶段，凯恩斯主义由于对此无能为力而受到严重挑战，各种新的经济理论层出不穷，反对凯恩斯主义的"全面"和"过分"的国家干预。西方经济学界又有一股向古典经济学的自由放任主义复归的思潮。尽管如此，没有也不可能回到自由放任主义时代。寻找到政府干预与劳动力市场运行之间的最佳结合点，采用"两手——劳动力市场和政府劳动法律政策——并重"促进就业成为"常识"。用法律、政策手段促进就业是许多国家政府的成功经验。1. 政策方面。就政策而言，1992 年克林顿政府宣布了振兴美国的经济计划，其要点是创造就业机会；2003 年 1 月，美国总统国情咨文强调把"必须建立一个高速发展的，以便能够满足每一个正在寻找工作的人的需要"作为政府的首要目标。与此同时，各国都把扩大就业与经济增长、国际收支平衡、稳定物价并列为国家四大宏观调控指标，成为制定经济和社会政策的重要基础，等等。面对金融危机，美国奥巴马政府采取了多种促进就业的措施。美国在 2008 年国际金融危机中失去了 800 万个就业岗位，对此，促进就业成为奥巴马政府实施国内政策的"第一要务"。美国前总统奥巴马 2009 年 12 月 8 日宣布促进就业方案，美国政府将一揽子举措三管齐下：一是把促进中小企业发展当做促进就业的首要措施，因为，实证表明，中小企业最能容纳就业，中小企业虽然生产经营规模不及大企业，但却对就业市场起到至关重要的决定作用，这就需要对中小企业采取减税、

---

① 笔者在美为期 1 年的学习生活期间，更是加深了自己对美国标榜自由的已有的有点"偏颇"看法：在美国的政治经济生活中，所谓自由主义，不过就是赤裸裸的"丛林主义""社会达尔文主义"（"市场经济"必然是弱肉强食的原始丛林）。"市场经济不相信眼泪"，这一点充斥在美国的各个细胞，政客自不必说，甚至是普通老百姓也是自觉不自觉、自愿或者被迫认可的。只不过在美国国内，"丛林主义"还有一些社会保障等粉饰，在国际上"丛林主义"——"霸权主义"则是毫不遮掩、原形毕露。（共和党、民主党无不如此，只存在程度上的差别。）

② 在此后不到 10 年之中，英国、澳大利亚、加拿大和瑞典等，也确认了把促进就业作为政府基本的目标和责任的承诺。

奖励和信贷优惠措施等；二是加大投资力度，通过投资拉动就业，创造更多就业岗位，这些投资包括桥梁、道路等基础设施建设以及新能源等节能领域的投资；三是通过向失业者提供失业保险，发挥失业保险促进就业的"正向"功能，同时尽力通过对企业援助款项等措施来保证企业尽量减少裁员。① 2010 年 3 月 10 日，美国国会参议院通过了总额高达 1490 亿美元的失业救助法案，延长失业保险和失业者医疗保险，法案还安排了 300 亿美元用于为企业尤其是中小企业税收减免等，被视为美国政府促进就业、发展经济的最新举措。② 2013 年 8 月 10 日，奥巴马表示，"美联储主席不仅是美国最重要的经济决策者之一，他或者她也是世界上最重要的决策者之一。而这个人在我不再担任总统之后还将继续留任。所以这个决定，和最高法院的任命一样，可能是我作为总统所做出的最重要的决定。"他同时表示，采取何种方式促就业将决定于美联储新主席，促进就业策略是美联储新主席的两个最重要的"法定责任"之一，就业促进是确定美联储主席人选的关键。③ 此后，当选为美联储新主席也是首位女主席的珍妮特·耶伦公开承诺把促进就业、推动经济复苏作为自己主席任上的"第一要务"。④ 这些措施的实施，效果是极为明显的，使得美国成为国际劳工组织认可的 2014 年度就业促进效果较好的国家。⑤ 2. 法律方面。就法律而言，美国 1946 年制定了《就业法》，20 世纪 60 年代通过了《人力开发与培训法案》，70 年代通过了《紧急就业法》，90 年代通过《劳动力投资法案》，把原来分属各州的就业服务统一为全国性服务。2002 年通过的《行业调整改革法案》中，要求对那些受到产业结构调整影响的工人提供一定的财政援助。美国还建立了失业率期望指标体系，作为制定政策的参考。

（二）英国政府的就业促进

1973 年，英国通过了《就业和训练法》，建立人力服务委员会，把所有的就业服务机构联合起来，共同为政府解决失业问题承担责任。英国政府还修改或通过《就业法》《就业关系法》《性别歧视法》。1969 年德国

---

① 刘洪、刘丽娜：《奥巴马公布促进就业一揽子计划》，新华网华盛顿 2009 年 12 月 8 日电。

② 李瑞红：《国外如何促进就业》，《学习时报》2012 年 4 月 30 日。

③ 孔军：《奥巴马：促就业策略将决定美联储新主席》，腾讯财经，2013 年 8 月 10 日。

④ 《美联储首位女主席耶伦：就业为第一要务》，中国日报网，2013 年 10 月 10 日。

⑤ 《世界就业和社会展望——2015 年趋势》，联合国网，2015 年 1 月 21 日。

颁布了《就业促进法》，有效降低了失业率。英国政府在 2004 年 9 月设立了英国大学生创业促进委员会（后来升级改称为"英国创业教育中心"），英国创业教育中心每年为超过 100 所高校的大学生进行创业辅导，并且为高校毕业生创业提供项目贷款，支持鼓励大学生自主创业。除了鼓励在校生外，英国政府针对已经走出校园的青年求职者推出相关就业促进计划。例如，英国政府 2010 年推出的"失业青年实习计划"，帮助 19 岁以上的失业青年到指定的高等职业培训学院参加职业技能培训，为期三个月，其间，学院不但支付学生往返路费，而且提供午餐补贴。① 英国首相卡梅伦于 2011 年 2 月 17 日提出了被称为是自英国社会福利体系建立以来的最大一次福利政策改革法案。实行积极的失业保险政策，要求调整社会福利政策，优化劳动力配置，使有工作能力的失业者积极求职，接受职业指导和培训，尽力上岗工作等，否则，将取消失业保险金。② 2013 年 3 月，英国政府决定从 2015 年开始，逐渐削减企业税税率至 20%，同时对有新招工的企业减免雇主的保险费用。这些措施的实施，效果是极为明显的。2015 年 3 月 18 日，英国国家统计局数据显示，英国的失业人数不断减少，目前的就业率保持在 73.3%，是国家统计局自 1971 年开始统计以来的最高记录。③

（三）国际劳工组织的就业促进

就业促进也是国际组织尤其是国际劳工组织关注的核心问题。联合国宪章规定："……联合国应促进：（一）较高之生活程度、全民就业、经济与社会进展。"④ 1995 年又专门成立了联合国充分就业和生活水平工作组。国际劳工组织的《就业政策公约》（第 122 号公约）和同名建议书中明确指出："每一个会员国都应当为了……满足对劳动力的需求以及克服失业与就业不足而宣布和执行一项积极的政策，促进充分的、生产性的和自由选择的就业，并把它作为一个重大的奋斗目标。这项政策的目的是要确保所有可以工作并在寻找工作的人都有工作可做，而且这样的工作应当尽可能是生产性的；还要保证人人享有选择职业的自由，并且有尽可能充分的机会获得为了做适合于他的工作而需要的资格以及得以实现人尽其才。"1995 年，哥本哈根联合国世界社会发展首脑会议承诺：将促进充分

---

① 吴心韬：《英国青年就业：扶上马送一程》，新华网，2013 年 6 月 18 日。

② 傅晓田：《英首相卡梅伦提福利政策改革法案》，凤凰网，2011 年 2 月 18 日。

③ 《英国：就业率达 44 年来最高　年轻人失业率居高不下》，人民网，2015 年 3 月 18 日。

④ 联合国宪章第 55 条规定。

就业作为经济和社会政策的一个基本优先目标，并一致提倡能够最大限度创造就业机会的经济增长模式。1999 年，第 87 届劳工大会的《体面的劳动》报告中指出就业是劳工组织职权的核心。2001 年，国际劳工组织召开的"全球就业论坛"上通过的《全球就业议程》强调："使经济增长和繁荣的潜力得以发挥的基本条件是，生产性就业被置于经济和社会政策的核心位置，使充分的、生产性的和自由选择的就业成为宏观经济战略和国家政策的总目标。"2009 年，国际劳工组织在瑞士日内瓦召开了"应对金融危机就业峰会"。2010 年 11 月，国际劳工组织呼吁二十国集团在韩国首尔召开的峰会上采取行动促进就业。所有这些就业促进法律政策的内容可以简要概括如下①：通过反周期的扩张性宏观经济政策来提高有效需求，消灭周期性失业。这主要表现在：着力利用经济结构政策、财政税收政策、货币信贷政策等宏观经济社会政策促进就业；通过实行城乡统筹的就业政策来消灭市场分割性失业。这主要表现在禁止就业歧视、维护就业公平上。通过采取有效的就业服务、职业教育和培训措施来使摩擦性失业、结构性失业降到最低的水平（但不可能消灭）。这主要表现在：建立多层次就业服务体系，发展多种专业性职业中介机构等社会化服务组织，全方位提供就业服务；面向全体劳动者发展职业教育和职业培训。其他就业促进行为主要包括：提高对就业困难群体的扶持能力；推动就业灵活化；以完善的社会保障促进就业；加强对就业权益保障的监督检查；增加对突发性失业采取的应急措施；等等。

（四）其他国家政府的就业促进

日本就业促进法律体系包括：《日本职业安定法》《紧急失业对策法》《日本职业培训法》《职业能力开发促进法》等。1998 年，法国出台了《青年就业法案》。2001 年，俄罗斯出台了《俄罗斯联邦居民就业法》。还有一些就业促进的保险立法，如日本的《雇佣保险法》等。②

（五）域外反就业歧视立法和实践

反对就业歧视，维护就业平等，是政府在就业促进问题上的基本

---

① 基于各国特定的国情，就业促进法律政策必然有所不同，但不同之外更多的是共同之处。这里仅就就业促进法律政策共同性方面来简述。

② 参见刘刚《论我国促进就业的法律对策——高度重视运用法律手段解决就业问题》，《中国物价》2003 年第 3 期；燕晓飞《国外促进就业的做法值得借鉴》，《经济纵横》2007 年第 12 期；李晶《美国就业促进政策的变迁及其启示》，《辽宁经济》2010 年第 4 期；成志刚、吴彬《国外就业保障的经验及启示》，《湘潭大学学报》（哲学社会科学版）2010 年第 6 期；等等。

职责之一，是就业促进的主要内容。现实中存在一种根深蒂固的需要纠正的观念和做法，认为选择劳动者是用人单位的用人自主权，何况就业歧视并不减少就业总量，例如，歧视女性，但与此同时意味着职位最终由男性所获得。实际上，就业歧视从大的方面讲，违背了市场的供求规律和竞争规律，造成宝贵的社会人才资源的极大浪费，甚至不可避免地引起社会紧张，导致社会不满和社会动荡，影响社会和谐，已经涉及社会正义问题。从小的方面来说，就业歧视，使得与工作相关的个人能力成为就职的非第一位因素，影响了劳动者的公平竞争，极易使劳动者输在起点上，使遭受就业歧视的一部分劳动者失去适合的职业发展机会，导致经常性的就业压力感、受挫感，最终也损害了用人单位选才、用才的效果。就业歧视已成为不容忽视的社会问题。

西方国家的反就业歧视法律大多已经比较系统、完善。加拿大1995年颁布了《就业平等法》；英国1975年颁布《性别歧视法》，1995年颁布了《残疾歧视法》和《就业平等法》，2010年4月通过了统一的反歧视基本法——《平等法》。2006年8月，德国对现有大量反歧视法律法规进行统一编纂，形成了反歧视基本法——《一般平等待遇法》。欧盟共同就业政策由四项支柱之一就是平等的就业机会，目前，欧盟已经将就业目标与社会平等的主流政策付诸实践①。这里有必要强调一下反就业歧视立法和实践较为成熟的美国与国际劳工组织的做法。

1. 国际劳工组织反就业歧视立法和实践

2003年6月在日内瓦召开的国际劳工大会第91届会议发表了专门针对世界各地形形色色就业歧视的《工作中平等的时代》报告，报告明确指出："消除工作中的歧视是社会正义的核心，是国际劳工组织的中心任务。它加强为所有男女创造体面劳动②这一理念，这个理念的基础是为在正规或非正规经济中工作或者寻求工作和谋生的所有劳动者、雇主和自雇者提供平等的机会。消除歧视是任何可行的脱贫和经济可持续发展战略的一个必不可少的组成部分。"③ 这足见国际劳工组织对反就业歧视的重视。

1944年6月第26届国际劳工大会通过的《费城宣言》即《关于国际

---

① 杨雪：《欧盟共同就业政策研究》，中国社会科学出版社2004年版，第83页。

② 体面劳动是国际劳工组织所有4个战略目标的共同核心：促进工作中的权利、就业、社会保护和社会对话。

③ 《工作中平等的时代》的报告"序言"第4点。

劳工组织的目标和宗旨的宣言》（现在为《国际劳工组织章程》组成部分）明确指出："全人类不分种族、信仰或性别都有权在自由和尊严、经济保障和机会均等的条件下谋求物质福利和精神发展。"①

工作中的平等是国际劳工组织通过和促进的国际劳工标准的永恒主题，是8个核心公约②③中2个公约的主题，即：1958年《（就业和职业）歧视公约》（第111号）和1951年《同酬公约》（第100号），这2项公约属于获得批准最多的国际劳工组织公约。④ 1958年《（就业和职业）歧视公约》（第111号）及其附属建议书要求发展一项促进平等的国家政策，规定"各国应建立和实施一项促进就业与职业机会均等和待遇平等，消除歧视的国家政策。……国家根据特有国情确定发展哪些措施，促进机会和待遇平等。"⑤ 1958年《（就业和职业）歧视公约》（第111号）及其附属建议书还对"就业歧视"进行定义，规定歧视为："基于种族、肤色、性别、宗教、政治见解、民族血统或社会出身等原因，具有取消或损害就业或职业机会均等或待遇平等作用的任何区别、排斥或优惠。"同时进一步规定"有关成员国经与有代表性的雇主组织和工人组织……协商后可能确定的"其他原因的歧视。⑥ 1958年《（就业和职业）歧视公约》（第111号）及其附属建议书（第1条（1b））最后指出："不构成歧视的措施包括基于一项特定工作内在要求的措施、意在保障国家安全的措施、特殊的保护（如针对男女健康的特殊需要）或援助措施。"⑦

1998年6月通过的《工作中的基本原则和权利宣言及其后续措施》

---

① 参见《费城宣言》第二条（"二"a）
② 8个核心劳工公约包括：1930年《强迫劳动公约》（第29号）、1948年《结社自由和保护组织权利公约》（第87号）、1949年《组织权利和集体谈判公约》（第98号）、1951年《男女工人同工同酬公约》（第100号）、1957年《废除强迫劳动公约》（第105号）、1958年《（就业和职业）歧视公约》（第111号）、1973年《最低年龄公约》（第138号）和1999年《最有害形式童工劳动公约》（第182号）。
③ 8个核心劳工公约中，美国只承认了2个，包括英、法、德等在内的所有的欧盟成员国和俄罗斯都批准了全部8个核心国际劳工公约，日本批准了6个，我国和印度批准了4个，国际劳工组织也只能通过非强制手段督查其承认。
④ 《工作中平等的时代》的报告"序言"第5点。
⑤ 1958年《（就业和职业）歧视公约》（第111号）及其附属建议书（第111号）第3条。
⑥ 1958年《（就业和职业）歧视公约》（第111号）及其附属建议书［第1条（1a）］。
⑦ 1958年《（就业和职业）歧视公约》（第111号）及其附属建议书（第111号）［第1条（1b）］。

再次肯定了消除与就业和职业有关的歧视的章程原则，从而确认了通过促进待遇和机会平等，禁止劳动世界歧视的普遍决心。（国际劳工组织对公约和建议书的执行的监督，实际上是没有也不可能是强制性的，这些监督手段是"软"手段，主要是靠道德劝说、公开事实真相和谴责、提供技术专长帮助、外交活动和对话来使成员国遵守。）2003年6月国际劳工组织在《工作中平等的时代》的报告明确指出："假如要使人类的尊严和个人自由、社会正义和社会凝聚力的价值不仅仅限于正式的宣言，则消除工作中的歧视是至关重要的。"该报告是遵循《国际劳工组织关于工作中的基本原则和权利宣言及其后续措施》的要求而汇编的，审议了已被确认并在国家和国际一级受到正式谴责的工作中各种形式的歧视。报告也列举了各种最新的政策和实际对策，目的是为就业和职业歧视的消除争取更大程度的支持。[①]

2. 美国反就业歧视立法和实践

美国反就业歧视的法律主要包括：1963年《同工同酬法》、1964年《民权法案》第七章、1967年《雇佣年龄歧视法》、1978年《怀孕歧视法》、1990年《残障人士法案》、1991年《民权法案》等。其中1964年《民权法案》第七章对《同工同酬法》做了进一步完善，《雇佣年龄歧视法》在1978年经国会修改。1964年《民权法案》第七章是美国反就业歧视的法律的核心。1991年《民权法案》对1964年《民权法案》第七章、《残障人士法案》以及《就业年龄歧视法案》进行了修正，特别是在1964年《民权法案》第七章补偿性损害赔偿的基础上增加了惩罚性损害赔偿的规定。这些法律对就业歧视的构成及分类（主要以成文法与判例法并用的方式规定什么是就业歧视）、就业歧视抗辩（"真正职业资格"和针对妇女等特定群体的保护性的"积极歧视"，后者对应《（就业和职业）歧视公约》的"不构成歧视的措施"）、就业歧视救济（补偿性损害赔偿和惩罚性损害赔偿）、反就业歧视的工作机构"EEOC"[②] 等做了具体明确、操作性极强的规定，有力地打击了美国劳动力市场上的就业歧视现象，维护了就业公平。

---

① 国际劳工局局长报告：《工作中平等的时代》。本报告可在国际劳工局因特网网址上查询，http：//www.ilo.org/declaration。

② "EEOC"，即"Equal Employment Opportunity Commission"，亦即平等就业机会委员会，1965年7月依据1964年《民权法案》第七章设立的准政府机构，全权负责反就业歧视工作。

在《解放黑人奴隶宣言》发表近100年后的美国社会，亦即20世纪五六十年代以前，美国种族歧视根深蒂固，并未得到有效改观，除了教育、房屋、交通等方面存在明显的种族隔离，在就业方面也同样存在大量直接种族歧视，更不需要说间接种族歧视了。黑人一般从事"笨""脏""苦""累"的劳动职业，平均工资只有白人的三分之一到二分之一，而且失业比例很高。

20世纪五六十年代，美国就业歧视尤其是针对以黑人为主的有色人种就业歧视是极其盛行的，"花样繁多"：种族歧视、年龄歧视、性别歧视、宗教信仰歧视等无所不在。在美国20世纪五六十年代的包括"妇女运动""黑人运动"等重大社会运动的压力下，美国政府制定了严格的法律，并采取切实措施保证法律实施。经过四五十年的努力，如今美国的就业歧视问题得到有效解决，① 尽管还存在一定间接的"隐形就业歧视"，但直接的公开的就业歧视已销声匿迹，就业越来越平等与公正。

进入21世纪以来，美国在批准国际劳工公约方面处于停顿状态，直到目前美国只批准了8个核心国际劳工公约中的两个，即《禁止和立即行动消除最恶劣形式的童工劳动公约》和《废除强迫劳动公约》，而与反就业歧视直接相关的核心公约如1951年《男女工人同工同酬公约》（第100号）、1958年的《（就业和职业）歧视公约》（第111号）都没有被批准。并不仅是核心国际劳工公约《消除对妇女一切形式歧视公约》没有被批准，与反就业歧视关系密切的《经济、社会、文化权利国际公约》等核心的国际人权公约也没有被批准。没有批准的理由是其他6个核心国际劳工公约与美国的联邦或者州劳动法律有直接冲突。本书认为，由于根深蒂固的美国劳动法的"反工会"性，例如美国劳动法对工人罢工权限制明显，直接影响《结社自由和保护组织权利公约》（第87号）、1949年《组织权利和集体谈判公约》（第98号）的批准。至于反就业歧视核心国际劳工公约的不批准，多数是涉及立法技术问题，当然也涉及美国劳

---

① 如今，美国雇主最害怕的官司之一就是"就业歧视"的官司。美国旧金山高等法院一个陪审团2015年3月27日作出裁定，原华裔女合伙人鲍康对其公司提起的性别歧视诉讼败诉，不支持鲍康求偿1600万美元。对此，当地法律界和实务界人士认为，该诉讼无论胜负，都将会对男性主导的硅谷产生巨大影响。（刘丹：《美国硅谷华裔女高管性别歧视案：求偿无果影响深远》，中新社旧金山2015年3月27日电。）

动法的"反工会"性①，例如基于工会会员身份的歧视，在此不予展开阐述。

实际上，尽管1951年《男女工人同工同酬公约》（第100号）、1958年的《（就业和职业）歧视公约》（第111号）没有被批准，但是，美国的反就业歧视法的基本框架和核心内容是和这两个核心国际劳工公约一致的，甚至一些具体的法律规定也是核心国际劳工公约的进一步深化。例如，美国反就业歧视法提出的"BFOQ"（Bona Fide Occupational Qualification，"真正职业资格"②）就是对《（就业和职业）歧视公约》（第111号）中第1条（2）的"不构成歧视的措施"的"升华"。

五 劳动者社会保险

现代意义的社会保险制度起源于德国，此后逐渐扩展到欧洲其他国家及全世界。19世纪末期，生产力的发展为社会保险制度的建立奠定了一定的物质基础。同时，在工人运动不断高涨的情况下，为了维护统治阶级的根本利益，俾斯麦决定采用劳资合作、国家干预的社会法学派的观点，向工人阶级做了一些妥协，其最主要的表现就是建立社会保险

---

① 美国劳动法之所以具有"反工会"性，在于美国整个社会奉行的"自由主义"，实际上是单个人的个体自由，是"单子化"的自由，这种自由强调的是个人自我判断、自我行为、自我负责，某种意义上就是推崇社会生活的"丛林主义"，必然反对通过社会集体力量干预"单子化"的自由。所以，美国是目前世界上市场自由化程度最高的国家，甚至从负面可以说，美国是实行社会生活的"丛林主义"最彻底的国家，这就是奉行"单子化"自由主义的必然结果。

② "真正职业资格"，允许雇主在特殊行业的劳动者求职和雇佣时，按照行业正常生产经营要求而依据性别、年龄、宗教信仰、种族等特征对劳动者进行合理而且必需的选择，这种选择不构成歧视性的，可以根据1964年《民权法案》第七章规定的就业歧视的抗辩受到法律保护。例如，医院的妇产科的医护人员可以要求必须是女性，天主教学校的教师必须信仰天主教，重体力劳动者必须有年龄要求，等等。（http：//www. businessdictionary. com/definition/bona - fide - occupational - qualifications - BFOQ. html）我国台湾地区《性别工作平等法》规定："雇主对求职者或受雇者之招募、甄试、进用、分发、配置、考绩或升迁等，不得因性别而有差别待遇。但工作性质仅适合特定性别者，不在此限。"这一条款中"不在此限"例外情况，实际上就是美国的"真正职业资格"标准。香港地区的《性别歧视条例》中也明确列举了"真正职业资格"，包括正常生产经营合理的必需由男性或女性担任工作等七种情形，且规定了举证责任倒置的原则。实践中"真正职业资格"是非常难以精确化、固定化的，需要随着时代的发展而不断充实。否则，"真正职业资格"极有可能成为用人单位实施就业歧视的托词，给法律适用带来困难。

制度。俾斯麦时期的 1883 年，制定了《疾病保险法》，这是世界上第一部社会保险法。1884 年，制定了《工人赔偿法》，1889 年，制定了《伤残和养老保险法》，形成了现代世界上第一个比较完整的社会保险法律体系。根据这些立法，明确了劳动者、雇主和政府的责任，保险基金主要源于劳动者与雇主双方的缴费，政府提供部分补贴。① 1911 年，又将这三部法律和新颁布的《孤儿和寡妇保险法》组成统一的《社会保险法典》。1923 年，颁布了《矿工保险法》；1927 年，又颁布了《职业介绍和失业保险法》。至此，德国的社会保险法律体系基本建立起来。德国经过 100 多年的发展，逐步形成了一套包括养老保险、失业保险、医疗保险、护理保险和工伤事故保险五项法定险种的体系健全的社会保险制度，并且随着社会历史条件的变化其实现形式也在不断调整和改良。② 继德国之后，西方各国也相继颁布了有关社会保险的法律制度。目前，各资本主义国家已普遍实行了社会保险制度。苏联成立后建立了社会主义性质的社会保险制度，随后，东欧、中国以及亚洲社会主义国家，也以苏联为模式建立了本国的社会保险体系。我国台湾地区基本养老保险（年金）制度基本内容包括劳保年金（主要对应大陆地区的企业基本养老保险等），公、军、教人员保险年金（主要对应大陆地区的机关事业单位基本养老保险等），国民年金（主要对应大陆地区的城市、农村居民等群体养老政策）制度等诸多方面。经过多年的发展，台湾地区基本养老保险制度取得了较大成果，正如台湾著名社会法学者、台湾"国立"政治大学法学院院长郭明政撰文指出："若与社会保险的创始国德国相较，台湾的全民健康保险与年金保险（亦即国民年金与劳保年金）之保障对象，亦皆超过德国。"③ 现行《劳工保险条例》于 2009 年 1 月 1 日实施。截至 2012 年 7 月底，台湾地区参加劳工保险的投保单位数为 50 余万个，被保险的劳工人数约为 979 万人。按现行《劳工保险条例》，劳工退休后，养老金替代率超过世界银行和国际劳工组织（ILO）建议的 55% 的水平。④

　　社会保险也是国际组织尤其是国际劳工组织关注的核心问题之一。国

---

①　曾繁正等编译：《西方国家法律制度、社会政策及立法》，红旗出版社 1998 年版，第 205 页。

②　杨一帆：《对德国社会保险制度与政策的回顾和评析》，《保险研究》2010 年第 7 期。

③　郭明政：《社会福利与社会保险》，联经出版公司 2012 年版，第 692 页。

④　2011 年大陆地区企业养老金替代率为 42.9%。

际劳工组织积极推动各国社会保险事业的发展，通过了一系列有关社会保险的公约和建议书，包括工伤保险、疾病保险、养老、工伤和遗嘱保险、失业保险等。例如，1925 年通过的《工人工伤事故赔偿公约》《工人职业病赔偿公约》《本国工人与外国工人在工伤事故赔偿方面享受同等待遇公约》，1927 年通过的《工商业工人及家庭雇佣工的疾病保险公约》《非自愿失业者保证给予津贴或补助公约》和《关于失业保险与救济失业的各种形式建议书》，等等。① 所有这些社会保险法律政策的内容可以简要概括如下：国家通过立法强制实施劳动者社会保险法律制度，使得劳动者在面临社会风险（年老、疾病、工伤、失业、生育以及其他）的情况下能继续达到基本生活水平，从而保证劳动力再生产的正常运行，保证社会安定。

六　劳动争议处理

我国台湾著名劳动法学家黄越钦先生将西方各国劳动争议处理模式划分为四种，即斗争模式、多元放任模式、协议自治模式和统合模式。斗争模式指的是共产主义模式，目前已无采用国家；多元放任模式主要指的是美国，与欧洲模式大异其趣；协议自治模式又分为劳资抗衡式和制衡式两种，分别以法国、德国为代表；统合模式分为社会统合、经营者统合和国家统合三种模式，分别主要以瑞典、日本和我国台湾地区为典型代表②。这些模式的差别主要在于国家、工会、雇主团体等在其中的作用的不同：协议自治模式强化工会、雇主团体在其中的作用，而统合模式则

① 王益英主编：《外国劳动法和社会保障法》，中国人民大学出版社 2001 年版，第 16 页。
② 实际上，我国台湾地区统合模式近年来有所变化。（台湾地区）旧法时代以劳资和谐、企业竞争力或者是国家之经济成长作为劳动三法的基调，是过去国家统合主义思想所遗留下来的观点。一个成熟的劳资关系，与其说是和谐的劳资关系，不如说是对等的劳资关系。这种劳资关系不是因为统合主义思想下之国家的介入而形成，相反的是因为劳动三法的保障而使劳动关系回复到对等的状态。因此，工会的自主性和劳资自治原则的确立才是今后工会运动的首要课题，诸如会务假的法定、强制入会的明定等虽然是工会存续的重要事项，但是这些工会存续的必要保护在新法所创设之诚信协商义务和不当劳动行为救济制度等程序的保障下，已有透过团体协商来获取的可能，过度依赖法律的实质保护反而有碍工会的自主发展。（参见张鑫隆《新劳动三法对台湾工会的意义及未来的课题》，《台湾劳工季刊》2010 年第 26 期。）

强调国家、工会、雇主团体在其中的作用，多元放任模式介于二者之间。①②

美国工会组织并不发达，只有约五分之一的劳动者为工会会员。除少数例外，美国并没有正式的机构处理劳动者与雇主之间所产生的劳动争议，劳动争议处理制度最突出的特点是劳动争议仲裁的民间化趋势。进入20世纪，劳动争议仲裁被认为是解决劳资矛盾的主要手段。值得说明的是，在美国按照《国家劳资关系法》（National Labor Relations Act），雇主或工会任何一方无正当理由拒绝集体谈判，就构成所谓"不当劳动行为"（unfair labor practice），案件由全国劳资关系委员会处理，如全国劳资关系委员会作出命令交涉时，则可交付联邦上诉法院予以强制执行。对于影响社会公共利益的公共部门的劳资纠纷，一般采取辅助程序：调解、实情调查和仲裁。其中，实情调查主要由政府成立的机构对争议事实进行了解，提出调查报告，迫使双方当事人达成协议。德国的劳动争议处理制度较为健全：企业级的争议解决渠道是企业内部的经营参议制，劳动者代表有建议的权利，涉及争议的，当事人可要求设立调解委员会，提出和解方案；在企业级之外，因劳资团体争议，双方提交调解委员会调解，调解达成协议则具有约束力，调解失败或事先没有调解协议，则提交联邦的劳工部下设立的劳动仲裁委员会进行处理。对权利争议，由劳动法院解决，设有基层劳动法院、州劳动法院和联邦劳动法院三级劳动法院。在法国，个人劳动争议由个人劳动调解委员会处理："劳资调解委员会是经选举产生的、双方人数对等的法院机构，通过调解方式，解决雇主或其代表与其所雇佣的受薪雇员之间因受本法典（《法国劳动法典》）约束而产生的分歧。劳资调解委员会对调解不成的分歧作出判决。"③ 劳资调解委员会是公权强制与私权自治的有机结合，一方面尊重了当事人意志，另一方面又体现了司法权威。④ 集体劳动争议处理与个人劳动争议处理不同，由全国或

---

① 参见黄越钦《劳动法新论》，中国政法大学出版社 2004 年版，第 318、73、76、320 页。

② 上一章论述过劳动争议处理机制分为三个层次：第一个层次是以劳动保障监察形式出现的宏观层次，这与劳动基准制度对应；第二个层次是以社会协调形式出现的中观层次，这与集体合同制度对应；第三个层次是以调解、仲裁或民事诉讼程序形式出现的微观层次，这与劳动合同制度对应。此外，还包括公益诉讼等。由于劳动保障监察是代表政府实施的，是一种行政权力，依从于行政法，且立法比较成熟，所以本章不予涉及，因此本章的劳动争议处理实际上只涉及后两个层面。

③ 罗结珍译：《法国劳动法典》，国际文化出版公司 1996 年版，第 360 页。

④ 郑尚元：《劳动争议处理程序法的现代化》，中国方正出版社 2003 年版，第 31 页。

地区调解委员会受理。一般情况下，如调解失败，则可寻求仲裁程序解决，采取自愿仲裁原则。法国的劳动争议仲裁只适用于集体劳动争议，仲裁作出后，即发生效力。在调解和仲裁之外，法国劳动法规定了调停制度，就是由负责劳动事务的官员，按照当事人的书面申请，决定是否采取调停程序。如是，则调停人向各方提出劝告并提出解决争议的建议。英国立法上对个人权利争议与集体争议分别采取了不同的处理程序。英国劳动争议处理体制由三部分组成：一是劳资双方自行解决；二是由咨询、调解、仲裁服务中心（the Advisory, Conciliation and Arbitration Service 简称 ACAS）处理；三是司法处理。对于个人权利争议，协商解决不成的，当事人可以到 ACAS 申请调解或仲裁，也可以提请司法处理。英国的司法处理体系自上而下主要分为五级：欧洲法院（The European Court）；上议院（The House of Lords）；上诉法院（The Court of Appeal）；劳工上诉法院（Employment Appeal Tribunal）；产业法院（The Industrial）。一般个人权利争议解决在产业法院和劳工上诉法院。集体争议协商解决不成时，可向 ACAS 申请调解或仲裁，裁决为终局裁决，当事人不得向法院提出起诉请求。日本与美国一样，工会力量不强大，同时受日耳曼法的忠勤理念影响，限制了劳动争议仲裁制度的发展。日本工会法规定，全国设立三种性质的劳动委员会：中央及地方劳动委员会，管辖民间劳动争议；公共企业体劳动委员会，管辖公共部门内劳动争议；船员劳动委员会，处理船员的劳动争议。① 以上各机构并受理不当劳动行为案件的审查。

西方各国劳动争议处理模式的特征。劳动争议基于劳动关系的产生而发生，表明劳资双方间不同的利益存在着冲突。冲突解决方案的选择，既受制于实体部门法——劳动法的基本理念和功能，又受着一国法律传统和传统文化的影响。"由于案件性质、制度设计及文化背景的不同，各国的纠纷处理方式的选择偏好和类型分布会出现较大差异。"② 尽管西方主要市场经济国家劳动争议处理机制不尽相同，但其处理劳动争议的经验积淀丰厚，有许多共同之处。1. 普遍将劳动争议分为权利争议和利益争议，

① 这里主要是集体劳动争议，个别劳动争议主要由普通法院受理并辅以其他非正式方式。
② 棚濑孝雄：《纠纷的解决与审判制度》，王亚新译，中国政法大学出版社 1994 年版，第 5 页。

因此采取不同的程序法救济。① 区分权利争议与利益争议的意义在于，二者适用的争议处理程序不同，成为程序立法乃至管辖划分的重要依据。由于权利争议是针对已确定的集体合同、劳动合同中的权利发生的，具有法律上和可诉性，又称"法律上的争议"。同时，西方国家宪法基本上将民事诉权确定为公民享有的基本权利，任何人不得随意限制或剥夺这项权利。② 劳动法权利与民事权利在形式上具有相同的一面，因此也决定了它的可救济性。遵循"司法最终解决原则"，在大多数西方国家，权利争议以诉讼为最后解决手段，当事人可以向法院直接起诉。20 世纪 80 年代以来，世界劳动法学界曾认为社会正面临劳资双方"诉讼爆炸"现象，法院因之迟缓而无效率。③ 因此，提出改革权利事项，可以以调解程序解决。但这种改革并未取得良好成效，因为调解属于选择任意程序，不能限制或剥夺当事人诉权。与此形成对比的是利益争议，指因为确定或变更劳动条件而发生的争议，又称"法律上的争议"。利益争议不能通过诉讼解决，当事人只能以协商、调解或者仲裁程序解决，并且，调解、仲裁的结果是终局的，不得起诉。在必要的时候，如日本、美国等有采取公权力强行介入的"紧急调整程序"。④ 2. 三方机制原则是劳动争议程序法的主要

---

① 个别争议和集体争议的分类，实际上都可以转化为权利争议与利益争议。史尚宽先生将劳动契约上当事人双方权利发生或消灭及契约效力方面的争议界定为个别劳动争议，亦称权利争议。同时他在论述团体劳动争议时指出："团体争议与个别争议不同，非为劳动契约上权利之争，乃为团体的利益之争。原来团体争议发生之原因，有种种。关于既有团体协约之内容解释，亦有纠纷之发生。然此为法律上之纠纷，属于法院之范围。而此团体争议，非为现在权利之争，乃为团体协议订立之要求或其变更所生之纠纷。故争议的目的，在于有利的劳动条件之获得，即一种利益争议。"（史尚宽：《劳动法原论》，正大印书馆 1978 年台北重印版，第 248 页。）

② 我国宪法理论一般认为，诉权是国民在权利和利益受到不法侵害或妨碍时，向有管辖权的法院提起诉讼，寻求法律救济的权利。我国宪法理论对于诉权的宪法性问题研究还很薄弱。

③ J. K. Liebeman（1981），The Lingious Society，N. Y.（转引自黄越钦《劳动法新论》，中国政法大学出版社 2004 年版，第 320 页。）

④ 例如，日本的紧急调整程序为：国民日常生活中不可欠缺的公用事业，如运输、邮信、自来水、电力、瓦斯、医疗、公共卫生及经总理大臣指定之其他当事人企图采取争议行为时，负有于十日前通知劳动委员会及劳动大臣或都知事之义务。而劳动委员会为确保公用事业之劳资争议早日解决，应优先处理此项争议。总理大臣如果认为该项争议由于涉及公众利益或由于规模的理由已使该事业停止营运，而威胁到国家经济及国民之日常生活时，有权作出紧急调整的决定。紧急调整之决定公告后五十天内，禁止采取任何之争议行为。（转引自黄越钦《劳动法新论》，中国政法大学出版社 2004 年版，第 329 页。）

原则。① 3. 健全的工会法律制度及集体谈判法律机制。工会，是社会经济矛盾的产物，是"资本主义市场经济中劳动关系矛盾的产物"。② 恩格斯曾经明确指出："通过工会使工人阶级作为一个阶级组织起来。而这是非常重要的一点，因为这是无产阶级的真正的阶级组织。"③ 目前，世界上绝大多数国家都有较为健全的工会法律制度，从法律上确认了工会会员的团结权，并据此构成工会调整劳资关系的主体地位。在一些西方国家，如以法国为代表的劳资抗衡模式，强调工会理想主义，推崇劳资关系自治；以德国为代表的劳资制衡模式，强调"产业民主化"，在经营参议会制度基础上，强化工会的维权作用；以瑞典为代表的社会统合模式："集体意识与阶级认同感同存在于社会阶层；劳工对其他劳动阶层之效忠高于本身的产业。"④ 全国总工会与全国雇主联盟构成强大的劳动力市场组织，强调其互动关系，反对国家干预；以经营者统合模式为代表的日本，强调企业层级的工会与雇主之间的协商。与工会的法律地位相对应，西方各国均建立了比较完善的集体谈判法律机制。这种法律机制，除了签订集体合同或团体协约外，更重要的是形成建立在结社权、缔约权、集体争议权等"劳动三权"基础上的劳资协商的有机体系。4. 法定的和平义务。争议权设立的目的，实为救济被侵犯的权利。劳动者的权利是基于生存权的。劳动权利救济，除了以诉权为主要方式，还可以行使集体争议权。但各国劳动法或劳动程序法对当事人劳动权利救济均课以法定的和平义务（Peace Obligation），即双方必须在法律范围内自主解决。例如，罢工、闭厂权的行使，一般必须由工会来行使，且必须是集体谈判破裂时方可行动。对涉及公共利益的部门等，限制或禁止罢工、闭厂。瑞士的协和协约规定：对于重要的意见分歧及可能引起的争议，当事人应依规解决，在协约有效期间必须维持和平。据统计，瑞士有57%的团体协约中订有绝对和平义务。⑤ 当劳资双方以协商程序订立集体合同后，应全面履约，否则违反和平义务⑥。

① 本部分内容参见本章随后的"劳动法'三方机制'"方面内容。
② 常凯：《劳权论》，中国劳动社会保障出版社 2004 年版，第 131 页。
③ 《马克思恩格斯选集》第 3 卷，人民出版社 1988 年版，第 317 页。
④ 黄越钦：《劳动法新论》，中国政法大学出版社 2003 年版，第 76 页。
⑤ 同上书，第 331 页。
⑥ （本部分详细内容可参见拙作《试析"劳动争议调解仲裁法"的不足及完善》，《西北农林科技大学学报（社会科学版）》2008 年第 6 期。）

七　新型劳动法责任形式

　　劳动法的法律责任，是一种综合性的新型的法律责任，是传统私法责任与公法责任相融合的法律责任。这集中体现在劳动合同、集体合同、劳动基准法三个层次的法律责任上对私法责任的限定和公法责任的优位，而私法责任的限定主要是对约定责任（也称任意法责任）的限定，公法责任的优位主要是对法定责任（也称强制法责任）的强化。

　　就劳动合同而言，在违约责任方面的限定主要表现在：大多数国家的劳动合同法明确规定，禁止使用尤其是禁止对劳动者使用违约金、保证金等责任形式。其原因主要是考虑到劳动者的弱势地位，承担赔偿责任的能力极为有限，不能与雇主的经济抗衡，雇主的优势地位很容易让劳动者处于"违约"状态，违约金条款往往对劳动者不利。例如，日本明文禁止劳动合同中规定"违约金"条款，《日本劳动基准法》规定："禁止雇主签订预先规定不履行劳动合同时的违约金或损坏赔偿金额的合同。"① 对劳动合同法定责任（强制法责任）的强化主要表现在：通过强制立法直接对劳动合同订立、解除或终止时的一些法律责任进行规定。例如，许多国家明确规定，雇主违反劳动合同法规定解除或者终止劳动合同的，应当依法向劳动者支付赔偿金，逾期不支付的，责令雇主按应付金额相应比例的标准向劳动者加付赔偿金。

　　就集体合同而言，"君子协定说"主要是英国的理论及司法实践。英国现行集体合同，不具有法律上的意义，只具有"君子协定"的性质，其履行依赖社会制裁（social sanction），而不是法律制裁（1egal sanc-tion）。但绝大多数国家的理论及司法实践采纳了"契约说""法规说"的观点，按这一观点，集体合同不仅具有合同的约束力，而且高于劳动合同。例如，《法国劳动法典》规定："有资格指控和受控以及受集体劳动协议约束的各个团体均可依其自己的名义对那些受协议约束而又未能履行协议所规定的义务的团体及其成员和个人进行起诉，以要求其赔偿损失。"② "受集体劳动协议约束的人可以对受同一协议约束而又未能履行协议所规定的义务的其他人员及团体进行起诉，以要求其赔偿损失。"③ 美国 1935 年《国家劳动关系法》支持集体谈判，签订集体合同并承认集体

---

① 《日本劳动基准法》（1976 年版）第 16 条。

② 《法国劳动法典》第 135 条第 2 款。

③ 《法国劳动法典》第 135 条第 3 款。

合同具有法律效力，其规定："集体合同签订后，双方当事人应按照合同规定的权利、义务认真执行。如雇主在集体合同中已承认诸项条款时，法院有权强制其只准雇佣工会会员；如雇主或被雇者不按集体合同规定进行制裁而擅自关厂或罢工时，法院有权认为其违反集体合同而予以处罚。"① 这就意味着对违反集体合同者赋予类似于劳动基准法性质的法律责任，进而也体现了对约定责任的限定和法定责任的强化，当然，这些法律责任主要以雇主及其组织的集体合同责任为主。

就劳动基准而言，在法律责任形式上，劳动基准法具有更鲜明的公法特征，违反劳动基准法的法律责任，具有优先适用法定责任、优先适用客观责任、优先适用行政责任以及往往采用两罚制特征。例如，日本《劳动基准法》规定：雇主签订预先规定不履行劳动合同时的违约金或损坏赔偿金额的合同的以及违反工作时间等规定的，处以6个月以下的劳役及5000日元以下的罚款②。《加拿大劳工标准法》规定：雇主违反工作时间等规定的，处以罚金③。我国台湾地区为解决欠薪问题，建立了系统的保护雇工权益的制度，在劳动合同建立前就建立起防范欠薪的预警机制，强制雇主缴纳欠薪垫付基金，劳动合同实施过程中严格保护雇工的劳动权益，发生劳动纠纷后列专项预算支持劳资诉讼，对恶意欠薪雇主限制出境，情节恶劣者将被刑事处罚。为解决恶意拖欠问题，明确规定恶意歇业雇主如不在规定的期限内清偿积欠工资、发放遣散费，依"法"可限制雇主出境；同时为保护劳动者行使诉讼权利，列专项预算支持劳资诉讼，并对被解雇劳动者给予必要生活补助，对优先雇佣被解雇劳动者的雇主可申请雇佣奖励金。台湾"雇佣条例"规定，雇主必须在确实可行的范围内尽快支付工资，任何情况下，不得迟于工资期届满后7天支付，雇主如故意及无合理辩解而违反上述规定，即属违法，一经定罪，最高可判罚款35万元新台币及监禁3年。④

八 "三方机制"

"三方机制"最早是由国际劳工组织在1919年成立之初通过的《国际劳动组织章程》中提出的，是为缓解劳资间社会矛盾激化而采用的措

---

① 王益英主编：《外国劳动法和社会保障法》，中国人民大学出版社2001年版，第342页。

② 《日本劳动基准法》（1976年版）第119条。

③ 《加拿大劳工标准法》第42条。

④ 刘文忠：《台湾恶意欠薪要判刑》，《法制日报》，2010年5月11日。

施，其实施效果也是非常明显的。之后，西方各国劳动法均引进了这一制度，成为调整劳动关系的基本机制。从活动内容上看，是政府、雇主和工人组织之间在平等的基础上，共同处理所有涉及劳动关系的活动，如劳动立法、政策的制定、就业、劳动标准、社会保险、劳动争议处理以及对产业行动的规范与防范等。就全国性质的三方组织形式而言，多数欧洲国家是经济社会委员会（或理事会），例如法国的经社委员会由 200 人组成，雇主和工会代表各 45 人，另有政府、其他社团代表和有关专家。近年来，欧洲等地区还出现了跨国性"三方机制"，例如欧盟委员会、欧洲工联和欧洲雇主组织三方通过举行洲际协商谈判和签订相应协议调节全欧劳动关系问题，这类跨国性三方机制的出现是地区经济一体化发展的结果，也是应对经济全球化挑战的需要。日本的三方机构称为"产业劳动恳谈会"，加拿大称为"国家劳资关系委员会"。苏联、东欧国家在苏联解体和东欧剧变后，也普遍建立起了国家一级的三方性机构。例如，俄罗斯的三方机构是"调节社会劳动关系三方委员会"；一些东欧国家建立了"全国利益调解（或协调）委员会"；[①] "三方机制"在发展中国家也得到发展。在一些国家还有就某一问题或事项而设立的专业性组织，如澳大利亚的全国职业安全与卫生委员会，新加坡的全国工资理事会。我们以"三方机制"在劳动争议处理上的体现为例说明。例如，美国仲裁机构，虽分为特设仲裁机构和常设仲裁机构，但均由政府、雇主和工人组织三方人员构成。建立专门的劳动司法机构，当属德国最为历史悠久。1848 年 1 月 2 日，德国普鲁士各邦陆续成立了独立的工厂法庭。1869 年，德意志帝国国会通过立法将工厂法庭改为工商法庭。1901 年，德国在 2 万人以上的城市设立工商法庭。法庭由劳资双方各选一名代表与另外一位超然中立人士组成。1926 年，成立了专门的劳动法院。1953 年 9 月 3 日，德国颁布《劳动法院法》，经过实践，于 1979 年修订后重新公布。《劳动法院法》既是一部劳动法院组织法，又是一部审理劳动争议案件的程序法。在劳动法院自成体系的德国，共设有基层劳动法庭 123 个，州劳动法庭 19 个，联邦劳动法庭 1 个。其中，基层劳动法庭为初审法庭，州劳动法庭为上诉法庭，联邦劳动法庭为终审法庭。[②] 德国的基层、州劳动法院法庭由 1 名职业法官和 2 名名誉法官组成，名誉法官来自雇员和雇主，各 1 人。联邦劳动法院法庭一般由 3 名职业法官（1 名为首席法官）和 2 名名誉法官组

---

① 《工人日报》2005 年 8 月 19 日。

② 李贤华：《劳动争议诉讼的司法模式选择》，《人民法院报》，2013 年 4 月 26 日。

成。名誉法官来自雇员和雇主，各 1 人。同时名誉法官在审理案件中有与职业法官一样的权力。日本的三方性质的劳动委员会，委员由政府任命，人员由雇主、工会和公益组织如大学、研究所、新闻界三方同数组成，由公益组织代表担任委员长。劳动者一方委员由工会推荐，雇主一方委员由雇主团体推荐。而在普通法院中设立劳动法庭的法国，约有 1000 多个基层法院，27 个上诉法院，1 个最高法院。法院内设各种专门法庭，自然包含了劳动法庭。劳动法庭分布广、数量多，均由职业法官、工会和雇主组织选派的名誉法官所组成。

第九章 当代中国劳动法"倾斜保护原则"正义价值问题的思考: 困境及出路

1983年2月,我国劳动人事部发布了《关于积极试行劳动合同制的通知》,国家开始在国营企业进行劳动合同制度的改革和试点工作。1986年7月,国务院发布《国营企业实行劳动合同制暂行规定》,我国国营企业全面、统一施行劳动合同制度。1995年1月1日施行的《中华人民共和国劳动法》第三章,对劳动合同的订立、履行、变更、解除、终止以及法律责任等作了明确规定。我国开始全面实行劳动合同制度。

2016年第一季度部分城市公共就业服务机构市场供求状况分析:

2016年第一季度,中国人力资源市场信息监测中心对全国101个城市的公共就业服务机构市场供求信息进行了统计分析。

从供求对比看,用人单位通过公共就业服务机构招聘各类人员约520万人,进入市场的求职者约487万人,岗位空缺与求职人数的比率约为1.07,比2015年同期和上季度分别下降了0.05和0.03,市场需求略大于供给。与2015年同期相比,本季度的需求人数和求职人数分别减少了22.9万人和0.5万人,各下降了4.5%和0.1%。与上季度相比,本季度的需求人数和求职人数分别增加了75.9万人和79.4万人,各增长了17.9%和20.4%。

从行业需求看,84.2%的企业用人需求主要集中在制造业(35.5%)、批发和零售业(14.3%)、住宿和餐饮业(11.2%)、居民服务和其他服务业(9.4%)、租赁和商务服务业(5.7%)、建筑业(4.2%)、信息传输计算机服务和软件业(3.9%)等行业。与2015年同期相比,除信息传输计算机服务和软件业(+37.3%)、交通运输仓储和邮政业(+19.3%)、金融业(+16.4%)、教育(+25.6%)的用人需求有所增长外,其他各行业的用人需求均有所减少。其中,用人需求减少较多的行业有:制造业(-11.3%)、批发和零售业(-5.6%)、住宿和餐饮业（-4.9%）、建筑业（-11.2%）、居民服务和其他服务业（-2.5%）、租赁和商务服务业（-3.1%）。

全国十大城市岗位需求和求职排行榜显示，推销展销人员、餐厅服务员、厨工、简单体力劳动人员、机械冷加工人员等职业的用人需求较大，财会人员、行政办公人员、营业人员、收银员、机动车驾驶人员、治安保卫人员等职业的用人需求相对较小。①

2014年世界劳动力临时化程度的调查报告指出：在所有75个国家和地区中，香港仍然是世界上劳动力临时化程度最高的地区，美国紧随其后，中国由2013年的第16位跃升为第3位。②

这些现象表明，当代中国已基本形成相对健全的市场化劳动关系，这种市场化劳动关系冲突与融合的社会实践，为当代中国劳动法 "倾斜保护原则" 正义价值的问题困境、成因及解决之道提供了强烈的现实依据。

当代中国对正义有着强烈的诉求，正义不再仅仅是一种理论形态，更是一种活生生的社会实践。当代中国劳动法 "倾斜保护原则" 正义价值的问题困境在于当代中国社会主义市场经济条件的劳动力是否为商品以及如何看待由此引发的诸问题和当代中国劳动法是否需要对劳动者 "倾斜保护" 以及如何看待由此引发的诸问题。解决这一问题的基本出路在于：坚定不移地走中国特色社会主义的正确道路；承认社会主义市场经济体制下劳动力的商品属性，进而承认劳动力市场和雇佣劳动；当代中国劳动法需要对劳动者 "平等" 保护；当代中国劳动法需要对劳动者 "倾斜" 保护；当代中国劳动法 "倾斜保护原则" 体现的是中国特色社会主义正义。

在背景阐述中可以明确看出，当代中国有着正义的强烈诉求，这在我国已相对健全的市场化劳动关系领域的表现就是，当代中国劳动法也应体现对正义的强烈的诉求，但当代中国劳动法对正义的诉求应以何种原则体现？仍然会是西方资本主义国家劳动法 "倾斜保护原则" 吗？这是我们不得不面对的一个需要深入思考的问题。这一问题实际上就转化为 "当代中国劳动法 '倾斜保护原则' 正义价值的问题困境" 问题，至少主要有两个问题：当代中国社会主义市场经济条件下的劳动力是否为商品

---

① 中国人力资源市场信息监测中心。引自人力资源与社会保障部，*www. mohrss. gov. cn/*。

② 2014 *HIGHEST CONTINGENT WORKFORCE ENGAGEMENT FOUND IN HONG KONG，THE UNITED STATES AND CHINA，MANPOWER GROUP REPORTS — SURVEY RESULTS* Daily Document Update：HR Compliance Library.

以及如何看待由此引发的诸问题①？当代中国劳动法是否需要对劳动者"倾斜保护"以及如何看待由此引发的诸问题②？其中第一个问题是基础性问题，而第二个问题则是第一个问题的落脚点。

前文所述，从评价社会历史的历史尺度和价值尺度来看，马克思主义经典作家在肯定对劳动者"平等"保护的历史必然性和进步性的同时，基于他们的近代市民社会理论和对资本主义雇佣劳动的批判分析，指出了对劳动者"平等"保护的历史局限性——对劳动者"平等"保护所体现的自由主义正义的限度根源于市民社会所固有的限度，即近代自由主义正义的自由、平等和私有财产固有的抽象性。同样的原理，在肯定劳动法"倾斜保护原则"的历史必然性和进步性的同时，马克思主义经典作家剖析了劳动法"倾斜保护原则"的历史局限性——劳动法"倾斜保护原则"所体现的只是一种改良主义，是自由主义的自我调适，是一种分配领域的改良主义，这些改良都是在为资本主义私有制经济基础辩护的，而不是超越现有社会物质生活条件进入新的社会形态——社会主义、共产主义社会，其"底线"是不改变资本主义作为一种制度的质的规定性。③ 那么，如何依据马克思主义基本原理，看待"当代中国劳动法'倾斜保护原则'正义价值的问题困境及出路"问题？

第一节　当代中国市场经济社会劳动力商品属性问题的论争

一　一个前提性问题——中国特色社会主义

当代中国的社会主义是中国特色的社会主义。中国特色社会主义坚持了马克思主义经典作家的科学社会主义的基本原理，是社会主义而不是资本主义，又根据我国特殊国情、时代特征赋予其鲜明的中国特色，区别于传统模式的社会主义。中国特色社会主义脱胎于半封建半殖民地社会，生产力水平远远落后于发达资本主义国家，属于落后国家走向社会主义，这

---

① "由此引发的诸问题"至少包括市场经济中的劳动力市场、雇佣劳动问题。后文将详述。

② "由此引发的诸问题"至少包括当代中国劳动法是否需要对劳动者"平等"保护、当代中国劳动法"倾斜保护原则"体现的是何种正义。后文将详述。

③ 详细内容请参见本文第五章、第六章论述。

就决定了我们国家必须经历一个相当长的初级阶段，以实现西方发达国家在资本主义条件下实现的工业化以及生产的商品化、社会化、现代化。而这一过程，就是"吸收资本主义制度所取得的一切肯定成果"，① 走一条避免资本主义的苦难而直接走向社会主义的道路。那么，如何"吸收资本主义制度所取得的一切肯定成果"？恩格斯指出："由目前还是资本主义的西方做出榜样和积极支持。……看到怎样把现代工业的生产力作为社会财产来为整个社会服务的时候——只有到那个时候，这些落后国家才能走上这种缩短的发展过程的道路。然而那时它们的成功也是有保证的。这不仅适用于俄国，而且适用于处在资本主义以前的发展阶段的一切国家。"② 1921 年，列宁领导的俄共（布）从战时共产主义政策转向新经济政策，放弃了消灭商品、市场进而越过资本主义直接过渡到社会主义的设想，进行了利用资本主义，通过市场"迂回"地过渡到建设社会主义新道路、新方法的伟大实践。自邓小平开始③，中国人民开辟了中国特色社会主义正确道路，突破了社会主义和市场经济不相容及无商品货币关系的社会主义观念。中国特色社会主义道路的选择，决定了我国正处于并将长期处于社会主义初级阶段，决定了中国特色社会主义属于落后国家的社会主义，其任务不同于共产主义社会第一阶段的彻底消灭剥削、消灭资本主义，向无阶级社会过渡，决定了我国应坚定不移地推行社会主义市场经济，这是中国特色社会主义的本质所在。

---

① 马克思晚年明确指出，虽然并非所有国家走向社会主义都要经历"资本主义制度的卡夫丁峡谷"，但却应该"吸取资本主义制度所取得的一切肯定成果"。（《马克思恩格斯全集》第 19 卷，人民出版社 1963 年版，第 451 页。）

② 这段话前面还有一些条件性话语："当西欧各国人民的无产阶级取得胜利和生产资料转归公有之后，那些刚刚进入资本主义生产而仍然保全了氏族制度或氏族制度残余的国家，可以利用公有制的残余和与之相适应的人民风尚作为强大的手段，来大大缩短自己向社会主义社会发展的过程，并避免我们在西欧开辟道路时所不得不经历的大部分苦难和斗争。但这方面的必不可少的条件是：由目前还是资本主义的西方做出榜样和积极支持。……"据此笔者认为，我们不能把这段话断章取义地作为较落后国家建设社会主义的依据，因为这仅仅是一种社会主义世界凯歌行进中把落后国家带到新社会中来的设想，其前提是"当西欧各国人民的无产阶级取得胜利和生产资料转归公有之后"。但是，其提供了一种探索不同民族国家社会发展道路的世界观和方法论，具有重大指导意义。（《马克思恩格斯选集》第 4 卷，人民出版社 1995 年版，第 443 页。）

③ 以毛泽东为代表的我党第一代领导人也作了有益探索。

二 社会主义市场经济条件下劳动力的商品属性

(一) 劳动力成为商品是社会历史现象

1. 资本主义条件下劳动力成为商品

劳动力是否为商品？马克思主义以前的经济学家、思想家对这一问题的认识是十分模糊的，① 他们往往不加区别地把劳动和劳动力混淆在一起。尽管亚当·斯密明确提出了劳动决定价值的观点，这也是他劳动价值论的巨大贡献。他明确指出，"因此，劳动是衡量一切商品交换价值的真实尺度。任何一种物品的真实价格，即要取得这物品实际上所付出的代价，乃是获得它的辛苦和麻烦"②。但是，亚当·斯密又认为，商品的价值由购买或支配的劳动量决定："以货币或货物购买商品，就是用劳动购买商品。……世间一切财富，原来都是用劳动购买而不是金银购买。"③而这种购买或支配的劳动量可以分解为工资、利润和地租三种收入，因此，又从劳动决定价值转到工资、利润和地租三种收入共同决定产品价值。大卫·李嘉图认为斯密的劳动量决定产品价值的观点和他的工资、利润和地租三种收入共同决定产品价值的观点是矛盾的，并对其三种收入共同决定产品价值的观点进行批评，但他接受了亚当·斯密劳动决定价值的观点并作了进一步发展，正确指出价值不是由某种产品生产时实际耗费的劳动量决定，而是由社会必要劳动量决定的。马克思对此赞扬道："作为古典政治经济学的完成者，李嘉图把交换价值决定于劳动时间这一规定作了最透彻的表述和发挥。"④ 但是，资产阶级古典经济学家仍然没有区分劳动力和劳动，使得他们的劳动价值论面临一大无法逾越的悖论：按照古典经济学家理论，资本家拥有资本，劳动者拥有劳动，资本和劳动自由结合形成生产过程，资本和劳动交换后，资本家获得利润，劳动者获得工资。可是，根据等价交换价值规律，资本和劳动相交换，不存在利润（剩余价值）问题，价值（利润、剩余价值）的源泉就不是劳动；如果承认劳动是价值（利润、剩余价值）的源泉，那么，这又与等价交换价值

---

① 当然这种模糊也许是自觉不自觉地出于维护资本主义制度的需要。实事求是地讲，古典经济学家因此就成为资产阶级的代言人和辩护人。但由于资产阶级的局限性，他们的劳动价值理论最终陷入困境。

② ［英］亚当·斯密：《国民财富的性质和原因的研究》（上册），郭大力、王亚南译，商务印书馆1972年版，第25页。

③ 同上。

④ 《马克思恩格斯全集》第13卷，人民出版社1962年版，第51页。

规律相矛盾。资产阶级古典经济学家及其后的许多学者都试图解决这个问题，但是由于他们都是把资本主义当作永恒制度，所以，不能揭示劳动和劳动力之间的关系，这一悖论就始终存在。基于辩证唯物主义和历史唯物主义的世界观和方法论，马克思从劳动中抽象出劳动力，并严格区分了劳动和劳动力及剖析了二者的辩证关系，在此基础上，揭示了资本主义生产的秘密，揭示了资本主义生产的实质，解决了资产阶级古典经济学家的劳动价值论面临的悖论，使得劳动价值论得以科学实现，进而发现了剩余价值理论，进一步揭示了剩余价值的真正源泉。正如恩格斯精辟评价的那样，马克思"研究了货币向资本的转化，并证明这种转化是以劳动力的买卖为基础的。他以劳动力这一创造价值的属性代替了劳动，因而一下子就解决了使李嘉图学派破产的一个难题，也就是解决了资本和劳动的相互交换与李嘉图的劳动决定价值这一规律无法相容这个难题。……他根据剩余价值理论，阐明了我们现在才具有的第一个合理的工资理论，第一次指出了资本主义积累史的各个基本特征，并说明了资本主义积累的历史趋势。"① 马克思认为，劳动力和劳动是两个本质完全不同的概念。劳动力是存在于人的身体之中的劳动能力，表现为人体的一种生理机能，是"人的脑、神经、肌肉感官等的耗费"②，可以理解为"一个人的身体即活动的人体中存在的、每当他生产某种使用价值时运用的体力和智力的总和"。③ 劳动力的使用价值就是劳动，劳动是劳动力的使用过程，在任何社会，劳动力都是生产不可缺少的最基本条件之一。但是，到了资本主义社会，工人丧失一切生产资料，与生产资料相分离，劳动者既无生产资料，又无生活资料，劳动力成为他唯一的财产，劳动者不能自己进行生产，因此，劳动者只能被迫把自己的劳动力当作商品出卖给资本家，与不属于自己的生产资料相结合。④ 这样，劳动力就成为商品，劳动者成为雇佣劳动者。劳动力作为一种特殊商品，同其他商品一样，也具有价值和使用价值。同其他任何商品价值一样，劳动力价值，是由生产和再生产劳动

---

① 《马克思恩格斯选集》第 2 卷，人民出版社 1995 年版，第 273—274 页。

② 《资本论》第 1 卷，人民出版社 2004 年版，第 88 页。

③ 同上书，第 195 页。

④ "资产者有很充分的理由给劳动者加上一种超自然的创造力，因为正是从劳动所受的自然制约性中才产生如下的情况：一个除自己的劳动力外没有任何其他财产的人，在任何的社会和文化的状态中，都不得不为占有劳动的物质条件的他人做奴隶。他只有得到他人的允许才能劳动，因而只有得到他人的允许才能生存。"（《马克思恩格斯选集》第 3 卷，人民出版社 1995 年版，第 298 页。）

力商品所需的社会必要劳动时间决定的，即也是凝结在劳动力商品中的一般的无差别的人类劳动。由于劳动力存在于人的身体中，所以，劳动力的生产和再生产就是劳动者本身的再生产和维持，生产和再生产劳动力的社会必要劳动时间便可还原为维持和延续劳动力所需要的生活资料的价值。① 与一般商品不同，劳动力是一种特殊商品，具有特殊的使用价值。一般商品经过消费和使用，随着使用价值的消失，价值或逐渐消失或转移到新产品的价值中，并不增加任何价值。而劳动力商品则不同，其使用价值就是劳动，是价值的源泉，并且能创造出比其本身价值更大的价值。在劳动力市场中，资本家与工人之间交换的是劳动力而不是劳动。在劳动力买卖按等价交换原则进行后，劳动力商品在使用过程中即在劳动中可以创造出比其本身价值更大的价值，超出的这部分就是剩余价值。但是，劳动力的价值在资本主义劳动力市场中转化为工资，掩盖了现实关系，把劳动力价值掩盖为劳动价值："于是，工资的形式消灭了工作日分为必要劳动和剩余劳动、分为有酬劳动和无酬劳动的一切痕迹。全部劳动都表现为有酬劳动。"② 从而掩盖了资本家获得工人无酬劳动的本质。

2. 劳动力成为商品现象的彻底终结条件

那么，劳动力商品、劳动力市场、雇佣劳动这些历史现象何时消灭？它的历史终点是什么？按照马克思主义基本原理，归根到底必须从生产方式发展的历史水平中去寻找。只有在共产主义的高级阶段，"迫使个人奴隶般地服从分工的情形已经消失，从而脑力劳动和体力劳动的对立也随之消失之后，劳动已经不仅仅是谋生的手段，而且本身成了生活的第一需要之后，随着个人的全面发展，他们的生产力也增长起来，而集体财富的一切源泉都充分涌流之后……"③，随着商品经济、市场经济的消亡，这些历史现象才会彻底终结。

（二）社会主义市场经济条件下劳动力的商品属性的争论④

在党的十四届三中全会的《中共中央关于建立社会主义市场经济体

---

① 关于劳动力的价值的具体组成部分，马克思在《资本论》第一卷第四章做了深入论述，我们这里不再重复。

② 《资本论》第1卷，人民出版社2004年版，第619页。

③ 《马克思恩格斯选集》第3卷，人民出版社1995年版，第305页。

④ 在社会主义市场经济条件下，劳动力是否为商品？这是社会主义实践中遇到的新问题，也是马克思主义经典作家没有面临过的问题。这也直接涉及我国社会主义市场经济条件下劳动力市场、雇佣劳动制度的正当性问题。

制若干问题的决定》通过之前，极力否认社会主义劳动力具有商品属性，在我国曾经是一个由来已久、根深蒂固的政治经济学原理。例如，中共中央党校原副校长、中国历史唯物主义学会会长王正萍教授分别于1994 年在《党建研究》第 5 期发表了《论社会主义劳动力的非商品属性》一文、1995 年在《党建研究》第 5 期发表了《论社会主义劳动力的非商品属性——兼论工人阶级的主人翁地位》一文，论述了其基本观点：劳动力是否为商品是区分资本主义与社会主义的根本标准；资本家与劳动者的雇佣关系是一种剥削和被剥削的阶级关系，而不是一般的社会分工协作关系，这是劳动力在资本主义条件下成为特殊商品的实质。在社会主义条件下，联合起来的劳动者共同占有的生产资料和其共同占有的劳动力的直接结合，成为公有制经济生产资料和劳动力结合的特殊形式。这和资本主义条件下生产资料和劳动者的彼此分离，必须通过劳动力成为商品的形式和方式实现二者的结合的根本不同点就在于，社会主义公有制经济中的劳动者已经是生产资料的联合占有者，而并非"一无所有"的劳动力出卖者。① 在党的十四届三中全会的《中共中央关于建立社会主义市场经济体制若干问题的决定》通过后，"社会主义劳动力商品理论"成为通说。② 《中共中央关于建立社会主义市场经济体制若干问题的决定》第一次直截了当、明白无误地提出了"劳动力市场"这一概念，并把培育和发展"劳动力等要素市场"作为完善市场体系规范市场秩序的重点举措之一。承认劳动力商品是社会主义市场经济的客观要求，并且在社会主义市场经济条件下劳动力成为商品的条件也是具备的。要培育和发展劳动力要素市场，就要承认在社会主义市场经济条件下的劳动力是商品，确立社会主义劳动力商品理论。"社会主义劳动力商品理论"认为，劳动力是否成为商品与公有制和私有制并没有直接的关系，决定劳动力是否成为商品的直接原因，是社会资源配置方式，只要社会经

① 王正萍：《论社会主义劳动力的非商品属性——兼论工人阶级的主人翁地位》，《党建研究》1995 年第 5 期。

② 对于这个问题，还有一种看法是：社会主义劳动力在本质上已经不是商品，但在市场经济条件下，劳动力这种生产要素，仍然要通过市场才能与其他生产要素结合，因此仍具有商品的形式。简言之，这种规定就是"社会主义劳动力实质上不是商品但仍具有商品形式"。笔者认为这种观点比较勉强，是长时期以来对社会主义抱理想化倾向的结果。认为社会主义劳动力只是具有商品形式，是形式主义的表现，是一种折中，实际上从根本上否认社会主义劳动力的商品属性，并不利于社会主义市场经济的深入发展。

济是市场经济,哪怕在公有制企业中①,劳动力也是商品,生产资料公有制并不排斥劳动力成为商品。

(三) 社会主义市场经济条件下劳动力的商品属性

1. 社会主义市场经济条件下劳动力转化为商品必备条件存在的理论分析

从理论上讲,根据马克思主义基本原理,劳动力成为商品是资本主义生产方式的产物。劳动力转化为商品必须具备两个基本条件:第一,劳动力可以自由买卖。劳动者不像奴隶和奴隶主之间根本不存在什么讨价还价的劳动(力)买卖关系、地主和农民的关系、农奴主和农奴之间存在人身依附关系那样,而是已经在政治上获得了自由,具有了自由的身份。他对自己的劳动力享有自由处置、支配权,有权自由地出卖自己的劳动力给任何一个资本家。② 正如《雇佣劳动与资本》中指出的那样:"雇佣劳动即自由劳动。"③ 第二,劳动者没有任何生产资料。劳动者"他没有别的商品可以出卖,自由得一无所有,没有任何实现自己的劳动力所必需的东西。"④ 在社会主义市场经济条件下,关于第一个基本条件,由于马克思在《哥达纲领批判》中明确指出"我们这里所说的是这样的共产主义社会⑤,它不是在它自身基础上已经发展的了,恰好相反,是刚刚从资本主义社会中产生出来的,因此它在各方面,在经济、道德和精神各方面都还带着它脱胎出来的那个旧社会的痕迹。……但是它默认,劳动者不同等的

---

① 我们以具体数据说明:根据第二次全国经济普查结果,截至 2008 年 12 月 31 日,我国的国有企业法人数量为 14.3 万个,减少了 3.6 万个,下降幅度约为 20%,私营企业法人 359.6 万个,增加了 161.4 万个,增长 81.4%。在企业资产结构中,国有企业占 23%,比 2004 年下降 8.1 个百分点,股份有限公司占 28.7%,比 2004 年增加 7.7 个百分点,私营企业占 12.3%,比 2004 年增加 3.3 个百分点。第二次经济普查数据和第一次相比,国有企业比重下降,非国有企业比重上升。(《〈中国经济〉全国经济普查数据总体上不支持存在"国进民退"现象——国家统计局》,路透社北京 2009 年 12 月 25 日电。) 对于非公有制企业中的劳动力的商品属性,争议不大,尽管有学者主张这种劳动力商品是受公有制制约的。争论的主要是生产资料公有制条件下,劳动力可否成为商品。

② 尽管这种自由是形式的、虚假的、欺骗性的,因为"工人不是属于某一个资产者,而是属于整个资产阶级"。(《马克思恩格斯全集》第 6 卷,人民出版社 1961 年版,第 479 页。)

③ 《马克思恩格斯选集》第 1 卷,人民出版社 1995 年版,第 336 页。

④ 《资本论》第 1 卷,人民出版社 2004 年版,第 197 页。

⑤ 共产主义社会的第一阶段或低级阶段,列宁明确称其为社会主义。

个人天赋，从而不同等的工作能力，是天然特权。"① 因而，社会主义制度下还存在着劳动力的个人所有制，最主要的是自由拥有的。劳动者有充分的人身自由，对自己的劳动力享有自由处置、支配权，有权自由地出卖自己的劳动力给任何一个企业，无论是私营企业还是国有企业，所以，这个基本条件是完全成立的。这种认识在实务界和理论界也是比较统一和被接受的。至于第二个基本条件，即劳动者是不是一无所有，实务界和理论界的分歧较大，还是比较难以达成共识的②。笔者只是以国有企业劳动者是否没有任何生产资料为例说明。③

在社会主义市场经济条件下，国有企业劳动者既是生产资料的所有者，又是生产资料的"一无所有"者。这是因为，首先，国有企业劳动者是生产资料的所有者是从整体上说的，作为单个的劳动者个人只是这个所有者整体的一分子，如果不得到生产资料公有制代理人——国家与其一致的意思表达，劳动者个人是不能单方面按照自己的意志来支配和使用生产资料，实现同生产资料结合的。其次，国家的代表人又是中央和地方的国有资产管理委员会，其代表国家行使出资人职责，享有所有者权益，劳动者个人并不是国有企业的主人翁，不是国有企业的所有者，不享有所有者权益。

所以，在社会主义市场经济条件下，劳动力转化为商品的必备条件依然存在。质言之，在社会主义市场经济体制下，劳动力这个生产要素，无论是在公有制条件下还是在非公有制条件下，如同资本、机器、原材料等非劳动生产要素一样，全部由市场机制配置的，公有制条件下劳动者的劳动力，与非公有制条件下劳动者的劳动力都是商品。

2. 社会主义市场经济条件下劳动力转化为商品的必备条件存在的实践证成

从我国实践上讲，现阶段，无论是在公有制经济还是非公有制经济中，劳动者通过劳动合同提供自己的劳动力换取工资已是不争的事实，劳

① 《马克思恩格斯全集》第 3 卷，人民出版社 1995 年版，第 304—305 页。

② 周新军：《社会主义社会劳动力成为商品的条件》，《企业家日报》，2014 年 2 月 8 日。

③ 严格来讲，探讨"劳动力转化为商品必须具备的第二个基本条件"这一问题的合理性，就必须分别研究公有制经济和非公有制经济中劳动者是否没有任何生产资料。但由于对于非公有制企业中的劳动者没有任何生产资料，争议不大，这里我们对此就不再讨论了。同时国有企业劳动者是否没有任何生产资料，最能简洁说明生产资料公有制条件下的劳动者是否没有任何生产资料，所以，这里只讨论国有企业劳动者是否没有任何生产资料的问题。

动力已在客观事实上成为商品，笔者这里仅以公有制经济中的"国有企业"中劳动力商品化的发展过程说明。①

（1）"国有企业"的概念分析

我国"国有企业"的前身是"国营企业"。1993 年 3 月 29 日，第八届全国人民代表大会第一次会议通过宪法修正案第 8 条，将"国营企业"改称为"国有企业"。2003 年 5 月 13 日国务院《企业国有资产监督管理暂行条例》第 3 条提出"企业国有资产"一词，是指国家对企业各种形式的投资和投资所形成的权益，以及依法认定为国家所有的其他权益，主要包括国有及国有控股企业、国有参股企业中的国有资产。第十一届全国人民代表大会常务委员会第五次会议于 2008 年 10 月 28 日通过自 2009 年 5 月 1 日起施行的《企业国有资产法》提出"国家出资企业"一词，是指国家出资的国有独资企业、国有独资公司，以及国有资本控股公司、国有资本参股公司。通过上述宪法修正案、法律法规的定义可以看出，"国有企业"并不能从字面上理解为国家所有的企业，精确的定义应是指"国家出资企业"，即国家出资的国有独资企业、国有独资公司，以及国有资本控股公司、国有资本参股公司。"国有企业"不管采取混合所有制中的那种公司、企业形式，其中的国有资产均属于国家所有即全民所有。

（2）"国有企业"改革背景：外商投资企业②"倒逼""国有企业"改革

1978 年 12 月，中国共产党第十一届中央委员会第三次会议（十一

---

① 严格来讲，探讨"劳动力商品化的发展过程"，就必须分别研究公有制经济和非公有制经济中劳动者劳动力商品化的发展过程。但由于对于非公有制企业中的劳动力商品化争议不大，这里我们对此就不再讨论了。同时国有企业劳动力商品化最能简洁说明生产资料公有制条件下的劳动力商品化，所以，这里只讨论国有企业"劳动力商品化的发展过程"。

② 外商投资企业主要有四类，分别是中外合资经营企业、中外合作经营企业、外商独资经营企业、外商投资股份有限公司，其中中外合资经营企业必须采用有限责任公司形式，在改革开放引进外资后的相当长一段时期，中外合资经营企业是最常见的外商投资企业，曾一度占据外商投资企业数量和投资总量的一半以上。（20 世纪 90 年代后期以后，中外合资经营企业发展减缓，外商独资经营企业与其平分秋色，且逐渐占据主导地位。）根据《中外合资经营企业法》及其实施细则、相关的其他法律法规及中外投资者的协议、合同、章程等，中外合资企业是指由至少一个中国投资者和至少一个外国投资者在中国境内共同投资举办的有限责任公司。中外投资者根据他们认购的资本比例享受利润和承担亏损风险，其中，外国投资者可以是外国公司、企业和其他经济组织或个人，中国投资者则必须是中国的公司、企业或其他经济组织，而不包括个人。在这种情况下，

届三中全会）决定把全党工作的重点和全国人民的注意力转移到社会主义现代化建设上来，实现了新中国成立以来党的历史的全局性、根本性的伟大转折，标志着中国迈开改革开放的伟大步伐，开始走上实现中国特色社会主义现代化建设的新道路，从此，以深圳等四个"经济特区"为突破口，中国开始融入世界经济发展潮流之中，敞开胸怀，吸收外国投资，尤其是外商直接投资，迎接国际经济合作。最初的境外投资者主要是我国的台湾、香港、澳门地区同胞，① 到了上世纪 80 年代中后期，日本、韩国先后加入进来，这段时期进入我国的外资主要集中在东南沿海的广东省（主要是港、澳投资）、福建省（主要是台商）。这些境外投资者主要是相中我国廉价劳动力、廉价土地、低税收、低污染成本、低劳动条件等优惠性政策，行业最主要集中在劳动密集型加工业，如纺织品、鞋类、玩具、食品等"中国制造"。上世纪 90 年代，随着浦东大开发，欧美等发达国家的产业资本和金融资本陆续进入我国，新的投资地区转向上海等地。目前世界 500 强跨国公司几乎都在中国投资，其在华设立的功能性机构如研发中心、地区总部等已经达到 1600 多家。② 根据联合国贸发会议统计数据，自 1992 年起至 2014 年年底（期间经历了 2006 年年初至 2009 年 7 月期间由于世界金融危机影响而有所下降的趋势，2009 年 8 月开始恢复增长，2010 年吸引外资首次超过 1000 亿美元③），中国已连续 23 年成为吸收外资最多的发展中国家，仅次于美国，在世界各国和地区中所处位次总

最具有经济影响力的中外合资经营企业的中方合营伙伴就是国有企业，例如，中国批准的首家"0001 号"中外合资企业北京航空食品有限公司（Beijing Air Catering Co., Ltd.），成立于 1980 年的"五一"劳动节，就是由香港美心集团和中国国际航空公司（前身为中国民航北京管理局）共同投资举办的。一直到现在，亦是如此。例如，一汽－大众汽车有限公司（以下简称一汽－大众）是我国第一个按经济规模起步建设的现代化乘用车生产企业。成立于 1991 年 2 月 6 日，是由中国第一汽车股份有限公司、德国大众汽车股份公司、奥迪汽车股份公司和大众汽车（中国）投资有限公司合资经营的大型乘用车生产企业，在我国乘用车生产企业一直稳居"一级阵营"。（一汽－大众官网"企业概述"。）

① 商务部的统计显示，在改革开放初期，港澳投资曾一度占到内地吸收外资总额的百分之八十以上。截至 2008 年 9 月底，内地实际使用港资三千四百一十五点九亿美元，占内地累计吸收境外投资总额的四成多，是内地吸收外资的最大来源地。（曾嘉：《改革开放三十年港澳同胞为中国引进外资开先河》，中国新闻网，2008 年 11 月 24 日。）

② 《世界 500 强公司已有 490 家在华投资》，《中国青年报》，2012 年 6 月 30 日。

③ 胡笑红：《去年我国吸引外资首破千亿美元位居世界第二　对外投资再创历史新高》，《京华时报》，2011 年 1 月 19 日。

体稳定。[①]

　　我国引进外资尤其是外商直接投资，从初期的弥补资金、外汇不足到后来的引进先进技术、管理经验和高素质人才，极大地促进了我国经济发展，[②] 可以说引进外资作为拉动我国经济增长的"三驾马车"（投资、出口与消费）之一，对我国经济发展发挥了至关重要的作用，有力地促进了"中国制造"，形成"世界工厂"。这其实只是我国引进外资的"显性成就"，其实，最重要的"隐形成就"莫过于推动我国经济市场化，促使我国与国际市场规则接轨。这其中就在于引进外资，形成外商投资企业，成为市场经济的主体，完全可以说外商投资企业是与我国的改革开放同步发展，（《中华人民共和国中外合资经营企业法》1979 年 7 月 1 日第五届全国人民代表大会第二次会议通过，是伴随改革开放的我国经济领域最早的"法律"。也是改革开放的"总设计师"邓小平亲自指导和督办出台的"法律"。[③]）并深深地影响了我国国营企业到国有企业再到现代企业——公司等的改制发展。

　　因为外商投资企业尤其是中外合资经营企业，我国与世界的距离一下

----

① 康淼、王昀加：《中国 FDI 流入量达到历史新高　居全球第二位》，新华网，2014 年 9 月 9 日。杨丽：《李克强：去年中国引进外资 1200 亿美元为史上最高》，中国青年网，2015 年 3 月 15 日。

② 尽管存在生态环境保护、资源能源节约等问题。我国政府已经注意到这些问题，近年来，不断调整利用外资政策，注重"质""量"并重，以"质"为首。商务部的最新统计显示，2014 年我国服务业领域利用外资比例已经高达 55.4%，高出工业制造业 22 个百分点。而在制造业中，服装、玩具等传统劳动密集型行业占比持续下降，技术密集、附加值高的行业占比则大幅攀升，像通信设备、计算机等三大行业占到了制造业实际利用外资的三分之一。（《新常态新成效　中国吸引外资量质双升》，中央电视台《新闻联播》，2015 年 4 月 10 日。）

③ 李克强总理 2014 年 2 月 19 日公布《国务院关于废止和修改部分行政法规的决定》（国务院令第 648 号），自 2014 年 3 月 1 日起施行。《中华人民共和国中外合资经营企业法实施条例》进行了最新修订。根据 2001 年 3 月 15 日第九届全国人民代表大会第四次会议《关于修改〈中华人民共和国中外合资经营企业法〉的决定》第二次修正《中外合资经营企业法》，根据《中外合资经营企业法》及其实施细则、相关的其他法律法规及中外投资者的协议、合同、章程等，中外合资企业是指由至少一个中国投资者和至少一个外国投资者在中国境内共同投资举办的有限责任公司。中外投资者根据他们认购的资本比例享受利润和承担亏损风险，其中，外国投资者可以是外国公司、企业和其他经济组织或个人，中国投资者则必须是中国的公司、企业或其他经济组织，而不包括个人。

子拉近了，其所具有的"现代市场机制"特性，亦即采用现代企业制度——"公司制"：公司是独立法人，其基本特征是"产权清晰、权责明确、政企分开、管理科学"，最为直接、最为有效地影响了我国"全民所有制工业企业"的改制。党的十一届三中全会"改革开放"政策提出后，完全可以说，除了生产资料所有制不同外，外商投资企业采用现代企业制度是我国在企业制度方面"改革开放"必然要求和取向，借用现在时髦用语，可以说外商投资企业采用现代企业制度"倒逼"了我国在企业制度方面的"改革开放"。

（3）"国有企业"改革：塑造国有企业成为市场经济的独立主体

在我国计划经济条件下，我国实行的是以行政权管理经济，从中央到地方的各级政府，从各个方面掌控经济运行，例如生产资料所有权的控制、企业生产活动、就业等的部署安排；产品的分配等都由政府特别是中央政府管控，"统一计划"。我国"全民所有制工业企业"属于"工厂制"企业，是名副其实的"国营企业"，国家对"国营企业"盈亏负责。尽管计划经济体制在新中国成立之初发挥了巨大的正向作用，但是，随着时间的推移，我国经济建设的规模愈来愈大，计划经济体制的弊端愈来愈明显："政企职责不分，条块分割，国家对企业统得过多过死，忽视商品生产、价值规律和市场的作用，分配中平均主义严重。"① 作为最主要的生产主体——国营企业缺乏自主权，吃国家"大锅饭"，极大地压抑了国营企业的积极性、主动性、创造性。而对于国营企业的劳动者来讲，一是没有职业选择权，从就业到工作岗位的安排变动、工资的决定分配、职位的变动升迁，一直到退休等，最终都由政府决定；二是国营企业"大锅饭"分配制度僵化，缺少激励性，同样极大地压抑了劳动者的积极性、主动性、创造性。正是基于对上述问题的清醒认识，党中央决定实行经济体制改革，而这场波澜壮阔的经济体制改革的最主要载体和落脚点就是公有制企业特别是国有企业。通过持之以恒的国有企业改革，塑造国有企业成为市场经济的独立主体，成为遨游于市场经济大潮中的弄潮儿。

国有企业改革的过程是一个艰难曲折、不断向前超越的过程。根据我国政治经济条件的实际情况，我们"经历了不同的改革阶段，提出了不同的改革思路，形成了百家争鸣的改革理论，试验了百花齐放的改革模

---

① 中国共产党第十二届中央委员会第三次全体会议 1984 年 10 月 20 日通过的《中共中央关于经济体制改革的决定》。

式。"① 其总体分为两个阶段：即计划经济阶段和市场经济阶段。计划经济阶段主要是 1978 年到 1986 年的"放权让利"阶段、1986 年到 1992 年的"两权分离"阶段。市场经济阶段主要是 1992 年以来的"建立现代企业"阶段，主要是 1992 年到 1993 年提出并推行"社会主义市场经济体制框架下建立'现代企业制度'——'公司制'"阶段，1993 年到目前的公司制改革全面深化阶段。

"放权让利"阶段。党的十一届三中全会至 1984 年年底以前，对"国营企业"采取"放权让利"形式，扩大企业自主权改革。在总结四川等省下放企业自主权的经验的基础上，1979 年 7 月国务院先后颁布《关于扩大国营工业企业经营自主权的若干规定》等五个文件。1984 年 5 月，国务院又下发了《关于进一步扩大国营工业企业自主权的暂行规定》（俗称扩权十条）。这是"国营企业"改革的最初探索和试点，可是说是计划经济体制引入了局部的市场调整，虽然在一定程度上调动了企业的积极性，但其本质上还是计划经济，从总体上没有触动计划经济体制，没有解决"内部人控制"等问题，所以改革成效不大。

"两权分离"阶段。"两权分离"是指所有权与经营权相分离，又分为两个阶段，第一阶段主要推行利改税、租赁制、"承包经营责任制"等多种形式。1984 年 10 月党的十二届三中全会通过的《中央中央关于经济体制改革的决定》，确立了发展社会主义商品经济的总体改革目标。改革的主要目标是"政企分开""两权分离"，使企业真正成为相对独立的经济实体，主要措施是开始大面积在"国营企业"实行承包经营责任制，除此之外，还有一些诸如租赁制、股份制试点。例如，1985 年 3 月，以国务院办公厅转发的《全国城市经济体制改革试点工作座谈会纪要》为契机，我国开始了股份制试点（仅限于少数有条件的大中型全民所有制企业）。1988 年 4 月出台的《全民所有制工业企业法》，首次以法律的形式确认了全民所有制工业企业改革成果，并明确了全民所有制工业企业法人资格。尽管"承包经营责任制"等多种形式也有激励作用，但经营者追求短期效益的弊端明显。第二阶段主要推行国营企业"转换企业经营机制"。由于推行"承包经营责任制"也并未解决"内部人控制"等问题，1991 年 9 月中央工作会议"着重研究如何进一步搞好国营大中型企业的问题"，强调要转换企业经营机制。国务院不再鼓励企业搞承包。1992 年 7 月国务院发布了《全民所有制工业企业转换经营机制条例》，推

---

① 侯孝国、高文勇：《国企改革 30 年路线图》，《中国经济报告》2008 年第 11 期。

行转换企业经营机制，这是计划经济体制下最深入的一次企业改革，但是，企业内部转换机制也是难以达到改革的预期目标，原因是在我国原有计划经济以及有计划商品经济体制下实行转换经营机制，存在诸多理论悖论和实践操作困难。

主要提出并推行"社会主义市场经济体制框架下建立'现代企业制度'——'公司制'"阶段。以前阶段的改革，尽管取得了较大成就，也为日后进一步深化改革提供了理论和实践探索，但总体上属于"体制内"改革，并未达到"国营企业"改革的预期目标。彷徨之时，1992年年初邓小平的"南方讲话"，解决了"市场"和"计划"的关系问题，找到了改革的突破口，并变为全党的意志。1992年10月，党的十四大在历史上第一次明确提出我国经济体制改革的目标是建立社会主义市场经济体制。1993年3月，八届全国人大一次会议通过的宪法修正案，修改宪法第7条，首次明确"国营经济"为"国有经济"；修改宪法第15条，首次明确"国家实行社会主义市场经济"；修改宪法第16条，首次明确"国营企业"为"国有企业"，充分体现了"两权分离"，为我国"全民所有制工业企业"由"国营企业"到"国有企业"改革的发展和深化提供了宪法依据。1993年11月，中共十四届三中全会通过了《中共中央关于建立社会主义市场经济体制若干问题的决定》，明确提出我国国有企业的改革目标是建立现代企业制度："进一步转换国有企业经营机制，建立适应市场经济要求，产权清晰、权责明确、政企分开、管理科学的现代企业制度。"这样的企业就是自主经营、自负盈亏、自我发展、自我约束的法人实体和市场竞争主体。在社会主义市场经济体制框架下建立"现代企业制度"，成为我国"全民所有制工业企业"由"国营企业"到"国有企业"改革实践的实质性的、创新性的重大突破。此后，现代企业制度成为"国有企业"改革的明确清晰的基本目标和方向，具有划时代的意义。在此基础上，1993年12月29日第八届全国人民代表大会常务委员会第五次会议通过了我国第一部建立现代企业制度的法律——《中华人民共和国公司法》。[①] 这是首次在"法律"层面上肯定建立"现代企业制度"——"公司制"，我国"全民所有制工业企业"由"国营企业"已逐渐变成"国有企业"，再到"国有及国有控股公司"已无法律障碍。

---

① 2013年12月28日，第十二届全国人大常委会第六次会议审议并通过了修改《中华人民共和国公司法》的草案，共计修正现行《中华人民共和国公司法》的12个条款。自2014年3月1日起施行。

公司制改革全面深化阶段。1993 年后，我国进入公司制改革全面深化阶段。主要体现在以下方面：1997 年 10 月党的十五大提出对国有大中型企业实行规范的公司制改革。1999 年 9 月党的十五届四中全会通过《中共中央关于国有企业改革和发展若干重大问题的决定》。2002 年 11 月党的十六大明确提出的"国家所有、分级行使出资人职责"的改革思想。2003 年 10 月党的十六届三中全会《关于完善社会主义市场经济体制若干问题决定》中提出现代产权制度是构建现代企业制度的重要基础的重要命题（此后股份制成为公司制的主要实现形式)①。2007 年 10 月党的十七大明确提出深化国有企业公司制股份制改革、健全现代企业制度等仍然是国有企业改革的重要任务。2008 年 10 月十一届全国人大常委会第五次会议通过《企业国有资产法》②。2012 年 11 月党的十八大明确提出"全面深化"国有企业改革，强调市场在资源配置中起"基础性"作用变化成起"决定性"的作用。2013 年 11 月，中共十八届三中全会通过了《中共中央关于全面深化改革若干重大问题的决定》，进一步重申"全面深化"国有企业改革的市场决定作用，明确提出要"处理好政府和市场的关系，使市场在资源配置中起决定性作用和更好地发挥政府作用"。这在我党的历史上属于第一次定义市场在资源配置中的"决定性作用"，勾勒了"新常态"下国有企业改革的蓝图。在此基础上，2015 年 4 月，国企改革顶层方案不断推出③，中共中央国务院 2015 年 8 月 24 日通过了《关于深化国有企业改革的指导意见》，此后不久，初步形成了顶层设计的"1 + N"框架。④ 2015 年 10 月 29 日中国共产党第十八届中央委员会第五次全体会

①　2003 年 10 月，中共十六届三中全会通过了《中共中央关于完善社会主义市场经济体制若干问题的决定》，明确提出要"建立健全现代产权制度，产权是所有制的核心和主要内容"，这在我党的历史上第一次把产权制度摆到如此重要的高度，是对现代企业制度"产权清晰"要求的重大创新和历史突破，是对国有企改革的任务和目标的具体深化。事实上，这一阶段，国有企进行了以股份制为主要形式的现代产权制度改革。

②　可参见徐向艺、李一楠《中国国有企业改革 30 年回顾与展望》，《理论学刊》2008 年第10 期；周天勇、夏徐迁《我国国有企业改革与发展 30 年》，人民网 – 理论频道，2008年 9 月 17 日。

③　刘丽靓：《国企改革顶层设计出台在即　员工持股料成重要手段》，人民网，2015 年 01月 21。

④　"1"是指首先会出台一个深化国企改革指导意见，"N"是指十几个与之配套的分项改革实施方案。

议通过《中共中央关于制定国民经济和社会发展第十三个五年规划的建议》①，要求"大力推进国有企业改革""完善各类国有资产管理体制""积极稳妥发展混合所有制经济"。

根据上述 1992 年以来党和国家的重要文件和法律，我国国有企业改革无论在政策理论还是实际运行方面都已获得根本性突破和发展，这是一个循序渐进、稳步推进的过程：一是明确国有企业改革是社会主义市场经济体制改革的最主要载体和落脚点。二是明确国有企业的改革目标是建立现代企业制度。三是明确建立现代企业制度主要采取公司制。四是明确国有企业进行以股份制为主要形式的现代产权制度改革，主要采取股份公司制。五是把"混合所有制改革"作为新一轮国有企业改革的抓手和突破口②，大力推进国有企业混合所有制改革。总而言之，通过持之以恒的国有企业改革，我国国有企业成为市场经济的独立主体，成为遨游于市场经济大潮中的弄潮儿。"促使国有企业真正成为依法自主经营、自负盈亏、自担风险、自我约束、自我发展的独立市场主体，社会主义市场经济条件下的国有企业"③ 这一改革目的已基本实现。④

国有企业改革越是"全面深化"，市场越是在资源配置中起"决定性"作用，越能体现我国社会主义市场经济的本质属性。也正是随着国有企业改革的深入发展，我国劳动力市场体制改革也逐渐发展、深化，传统的国有企业的"行政强制性终身雇佣式"的劳动关系同样走向市场化，⑤ 在国有企业成为市场经济的独立主体的同时，劳动者也开始成为具有自主选择和自主支配权的与国有企业相对应的市场经济的独立主体，二

---

① 2016 年 3 月 17 日十二届全国人大四次会议正式审查通过《中华人民共和国国民经济和社会发展第十三个五年规划纲要》。

② 新一轮"混改"被中共十八届三中全会赋予了全新内涵，并被提升至新的高度——混合所有制被确定为中国基本经济制度的重要实现形式，且市场要在资源配置中起决定性作用。

③《关于深化国有企业改革的指导意见》。

④ 直到目前，经过 30 多年的探索、升华，尽管"国有企业"这一改革目的已基本实现，但我们需要充分认识国有企业改革的复杂性、艰巨性和长期性。应当承认，国有企业改革是难度最大、争议最多的改革，我们并不应幻想毕其功于一役。

⑤ 中国就业制度发生了巨大变化，表现为由原来的计划经济性质的行政安置过渡为劳动合同就业制度，甚至极端化地由原来的"铁饭碗"变成极端化的就业的非正规化和短期化。

者成为劳动力市场的供需双方，全员劳动合同制度在国有企业全面实行①，劳动力已在客观事实上成为商品。

3. 公有制与非公有制条件下劳动者的劳动力商品的区别

必须指出的是，虽然公有制与非公有制条件下劳动者的劳动力都是商品，但二者还是有极大的区别。第一，在非公有制条件下，劳动力的购买者是非公有制经营者，在公有制条件下，购买者是社会主义国家。②③ 第

---

① 1986 年 7 月，我国开始在国有（营）企业逐步实行劳动合同制，为国有企业用工市场化改革的开端，1992 年 7 月进一步推进，1995 年 1 月《劳动法》正式实施，劳动合同成为建立劳动关系的基本形式。2008 年 1 月《劳动合同法》正式实施。2013 年 7 月新修改的《劳动合同法》正式实施。

② 这里有两层意思：第一，承认在社会主义市场经济体制下劳动力是商品时，就会引发一个问题：如何看待工人阶级的主人翁地位？对这一问题，在学术理论界，甚至包括劳动法学界、工会理论界在内，存在着较大的分歧，出现了许多对工人阶级主人翁地位提法的种种怀疑、动摇。例如，一些人认为工人阶级的主人翁地位是一种"空洞""笼统""虚幻"的概念；一些人认为这一提法"是中国特有的社会动员方式"；一些人认为"社会主义市场经济体制下工人不是也不可能是企业的主人"，如此等等。同时，一些人并不否认工人阶级的主人翁地位，但是只是口头承认，而并不是注重真正把它落到实处；一些人想讲这个问题，可是不能理论联系实际，并且只限于政策性研究。笔者认为，只要是社会主义，工人阶级主人翁地位的提法就不能怀疑、动摇，但是这一提法具有原则性、抽象性，只有靠具体的制度来实现，而且实现过程甚至是漫长的。第二，列宁在分析社会主义的劳动关系时说："在这里，全体公民都成了国家（武装工人）的雇员。全体公民都成了一个全民的、国家的'辛迪加'的职员和工人。"（《列宁选集》第3 卷，人民出版社 1995 年版，第 202 页。）这实际上是马克思主义经典作家从一定意义上肯定了国家同劳动者的雇佣关系。就新中国而言，在 1950 年 6 月颁布的《中华人民共和国工会法》中也曾经使用了雇主和雇佣劳动者的概念，把当时国营企业和合作社企业中的劳动关系称为雇佣的关系。例如，第 1 条："……凡在中国境内一切企业、机关和学校中以工资收入为其生活资料之全部或主要来源之体力与脑力的雇佣劳动者及无固定雇主的雇佣劳动者，均有组织工会权。"第 5 条："在国营及合作社经营的企业中，工会有代表受雇工人、职员群众参加生产管理及行政方面缔结集体合同之权。"在当时，"雇佣"并不是专指资本主义制度的。（《中央人民政府法令汇编》（1949—1950），法律出版社 1982 年版，转引自陈国泰、谭颖卓《雇佣劳动与市场经济》，《暨南学报（哲学社会科学）》1999 年第 6 期。）

③ 在我国社会主义市场经济条件下，各国有企业经济利益主体都有了相对独立性，"产权明晰、权责明确、政企分开、管理科学"成为其基本特征，尤其是国有企业公司制股份制改革越来越深入，其所有权越来越分化，私人所有权比重日益扩大，劳动者通过劳动力市场在某一国有企业就业时，显然并不是将自己的劳动力纯粹出卖给国家，当然包括出卖给私人，而这种劳动力的商品性质不言而喻。

二，在社会主义市场经济条件下国有企业劳动者是生产资料的"一无所有"者，和资本主义市场经济条件下劳动者没有任何生产资料有本质的区别。前者是社会主义初级阶段的特殊国情——"旧社会的痕迹"的必然产物，后者则是资本主义生产资料私人占有制的固有的逻辑必然。在社会主义条件下劳动者只是不直接占有生产资料，但社会主义的生产资料和劳动者结合，最终都是为全体劳动者服务的，都是为了满足劳动者日益增长的物质文化的需要。而资本主义社会生产资料是资产者私人占有的，最终都是为生产资料的私人占有者服务的。第三，我国的社会主义性质决定了虽然劳动者的劳动力是商品，但我们绝不是像西方资本主义国家"圈地运动"那样把劳动力完全推向劳动力市场，而是在国家的宏观调控下，必须注重按劳分配，注重保护劳动者的利益。

4. 劳动力市场、劳动力商品和雇佣劳动"三位一体"的关系

当我们认识了在社会主义市场经济体制下劳动力的商品属性，那么，对于劳动力市场问题的认识、劳动关系的雇佣性（雇佣劳动）的认识就迎刃而解了。劳动力商品、劳动力市场、雇佣劳动是一种相辅相成的关系。第一，没有雇佣劳动，劳动力商品、劳动力市场就无法存在。没有雇佣劳动，意味着没有雇主和劳动者，即没有劳动力的买家和卖家，也就没有劳动力的买卖问题，而没有劳动力的买卖，劳动力就仅仅是存在于人的身体之中的劳动能力，不可能成为商品。没有雇佣劳动和由此形成的雇佣关系，意味着劳动力市场就没有劳动力交换关系和交换关系的主体；而没有了劳动力交换关系及其主体，劳动力市场作为劳动力交换关系的总和，就会失去其本质的规定性。第二，没有劳动力商品，雇佣劳动、劳动力市场就无法存在。没有劳动力商品，雇佣劳动就没有了指向物，雇佣劳动就不能形成。没有劳动力商品，劳动力市场也不能成其为劳动力市场。劳动力市场这一概念表明在劳动力市场上交换的商品是劳动力，如果劳动力不是商品，劳动力市场也就不存在。第三，没有劳动力市场，劳动力商品、雇佣劳动就无法存在。没有劳动力市场，劳动力就失去交换的场所，劳动力就只能是潜在的商品，劳动力的商品化就是一句空话，就不能成为现实中的劳动力商品。没有劳动力市场，雇佣关系就无法建立、无法实现，形成雇佣劳动的桥梁和纽带就会遭到破坏。总之，从一定意义上讲，劳动力市场、劳动力商品和雇佣劳动三者是"三位一体"的关系，是从不同层面对市场经济条件下劳动关系的反映，三者是不可分割的有机的整体，只要承认其中一方，那么就要同时承认另外两方，这是合乎逻辑的必然结论。"一个彻底的劳动力市场论者，必然同时是劳动力商品论者和雇佣劳

动论者。"① 笔者认为，这句话还可以增加两种表达方式："一个彻底的劳动力商品论者，必然同时是劳动力市场论者和雇佣劳动论者"；"一个彻底的雇佣劳动论者，必然同时是劳动力商品论者和劳动力市场论者。"如果再宏观点，是完全把市场经济纳入进来，即只要承认市场经济，那么就要承认劳动力市场、劳动力商品和雇佣劳动。②

第二节　当代中国劳动法视野内的劳动者
"倾斜保护"问题

在我国劳动关系领域，中国特色社会主义、市场经济、劳动力市场、劳动力商品和雇佣劳动观念的确立，奠定了我国劳动关系市场化的基础。这也为我们探讨当代中国劳动法是否需要对劳动者"倾斜保护"以及如何看待由此引发的诸问题奠定了坚实的实践基础。

一　当代中国劳动法需要对劳动者"平等"保护

市场化劳动关系的发展，必然催生与之相适应的自由、平等，甚至私有财产和利己主义的价值倾向，③ 并要求以法律制度来予以体现和保障。因而，形式平等和形式自由（消极自由）等观念也将随着市场化劳动关系的逐步成熟而不断产生、发展。因为这些观念无非是市场化劳动关系的必然要求和表现，内含于市场化劳动关系，是市场化劳动关系的内在逻辑。正是基于这种形式平等和形式自由（消极自由），才能给市场化劳动关系以一种内驱力，从而使市场化劳动关系充满活力。所以，当代中国劳

---

① 王东升：《雇佣劳动问题新论——雇佣劳动与实践中的市场经济》，《山东工业大学学报（社会科学版）》1999 年第 1 期。

② 笔者认为，如果说，市场经济并不必然从属于资本主义社会制度，不存在"姓资姓社"问题（这已成为我国理论界共识），那么，劳动力市场、劳动力商品、雇佣劳动的存在，同市场经济的存在一样，也肯定不是"社会经济制度的产物"，并不必然从属于资本主义社会制度。社会主义尤其是我国社会主义初级阶段必然存在市场经济、劳动力市场、劳动力商品、雇佣劳动，这归根到底都是由生产力和生产关系发展的具体历史水平状况所决定的，具有历史的必然性，与社会主义制度并不矛盾。当然，笔者承认我国这些现象与资本主义社会中的现象有着本质的区别：从终极意义上讲，我国这些现象是为最广大人民群众服务的。

③ 具体参见本论文第五章第二节。

动法仍然需要对劳动者"平等"保护。这种"平等"保护在劳动法律制度上的体现和保障就是在国家、社会强行干预基础上的劳动者和雇主①的"意思自治"。大概包括：高于劳动基准法和集体合同的劳动条件以劳动合同的形式由劳动者和雇主双方当事人协议决定；只要高于劳动基准法，集体合同形成的劳动条件由集体合同双方当事人协议决定；只要不违背劳动合同方面的强制性规定，劳动条件由劳动者和雇主双方当事人协议决定；就业机会的提供及取得首先按市场机制的要求进行，即"劳动者自主择业、市场调节就业"；强制实施劳动者社会保险之外，劳动者社会风险自行承担；劳动争议处理中的私法的程序；劳动法的法律责任中的私法责任（约定责任、任意法责任）；劳动法"三方机制"中的一些做法；等等。质言之，劳动法是公法、私法融合，其中，私法体现的是对劳动者"平等"保护。

二　当代中国劳动法需要对劳动者"倾斜"保护

我国市场化劳动关系催生的与之相适应的自由、平等只是抽象平等、自由，平等是一种形式平等，自由是一种消极自由。这种内含于市场化劳动关系的形式平等、消极自由在发挥积极作用的同时，也自然而然地承受了市场经济的缺陷，把劳动关系中的当事人当作抽象掉了各种能力和财力等的没有个体差异性的人，默认了雇主和劳动者之间的经济上、组织上、人身上的不同起点的合理性，在实质上就是把雇主经济上、组织上、人身上的优势当作"天然"的特权。② 这种"平等"，如果任其自然、充分展开，就不可避免地会出现实质的、结果的不平等，出现两极分化、异化劳动、贫困失业，以至于社会动荡。资本主义劳动关系发展史已充分证明了这一点。由于这种矛盾现象，是符合市场化劳动关系内在逻辑的，因此，试图靠市场化劳动关系自身解决问题的努力将会是徒劳的，所以，必然要求在市场化劳动关系之外寻求缓解乃至克服这种矛盾现象。在资本主义劳动关系发展史上，就资产阶级思想家及政治家们而言，自康德甚至是卢梭、黑格尔开始，他们就主张对形式平等、形式自由进行一些纠正，康德是"绝对命令"，黑格尔是"国家"，密尔是"总体（社会）功利"，俾斯麦是"社会保险"，凯恩斯是"国家直接干预经济"，罗尔斯是"差别原则"，无不如此。在制度上，进入垄断资本主义阶段以后，在资本主义

①　包括国有经济主体和私营经济主体。

②　这不同于马克思在《哥达纲领批判》中所指的劳动者之间的"天然特权"。

国家特别是在发达资本主义国家，都在利用国家这个"总资本家"的力量对经济社会进行干预，将经济、社会、政治功能整合到国家中，努力寻找到政府干预与市场运行之间的最佳结合点，进而实现较为实质性的自由、平等。资本主义国家尚且努力纠正形式平等、形式自由，更何况是社会主义社会？追求实质平等、自由本身就是社会主义的应有之义！是其内在逻辑要求。而追求实质平等、自由在劳动关系中的制度性体现就是劳动法"倾斜保护原则"。所以，当代中国劳动法仍然需要对劳动者"倾斜"保护。这种"倾斜"保护在劳动法律制度上的体现和保障就是国家、社会对劳动关系的一些强行干预，例如制定劳动基准等。①

三 当代中国劳动法"倾斜保护原则"体现的是中国特色社会主义的实践的、现实的社会正义追求

在马克思正义观视野中，正义是从属于社会生产的，特定的社会生产，往往规定了特定的正义形式，正义具有历史性和相对性，正义的实质就是社会生产方式的结果，正义主要指制度正义。近代自由主义正义也不过如此，它是近代市民社会的产物，其所追求的自由、平等、私有财产等正义观念是人类社会某一发展阶段的必然诉求。只要人类社会还未达到社会生产力高度发展、社会产品极大富裕的共产主义的高级阶段，这一必然诉求就会存在。马克思在《哥达纲领批判》中就指出，在共产主义社会第一阶段（社会主义）不可能超越自由主义正义观念："所以，在这里平等的权利按照原则仍然是资产阶级权利……。"② 原因在于，"……这些弊病③，在经过长久阵痛刚刚从资本主义社会产生出来的共产主义社会第一阶段，是不可避免的。权利决不能超出社会的经济结构以及由经济结构制约的社会的文化发展。"④ 这一点，已被世界社会主义实践所证明。复旦大学王新生教授在其《马克思是怎样讨论正义问题的？》一文中精确指出："通过与自由主义的比较，可以清晰地展现出马克思的正义原则和他为这些原则进行辩护的方式。自由主义正义理论的基础和核心是权利原

---

① 前文已就资本主义国家劳动法"倾斜保护原则"的正义价值的实现做了探讨。就我国而言，下节将详述。

② 《马克思恩格斯选集》第 3 卷，人民出版社 1995 年版，第 304 页。

③ 马克思所说的"这些弊病"，既包括资本主义社会的弊病，也包括共产主义社会第一阶段即社会主义的弊病。

④ 《马克思恩格斯选集》第 3 卷，人民出版社 1995 年版，第 305 页。

则，而在马克思那里则存在着一个正义原则的序列：权利原则、贡献原则和需要原则。① ……依据这种方法，② 正义原则的客观基础在于生产制度等客观性的东西，因此，只要使得特定正义原则发挥作用的那些客观条件仍然存在，即使以较低级次的正义原则调节社会生活，仍不失为保障社会公平正义的次优替代方案。"③ "只要那些使得权利原则能够发挥其作用的社会条件仍然存在，权利原则就不会被贡献原则所替代。"④

在当代中国，正义问题无法避免，更进一步的问题是，当代中国需要何种正义？

自由主义正义有古典自由主义正义和新自由主义正义之分⑤，大致来讲，古典自由主义正义下的平等、自由，只是一种形式上的平等、自由，具有极强的抽象性，体现的是形式正义。新自由主义正义更多主张对形式自由、平等进行纠正，体现的是较为实质的正义。⑥

因为我们处在社会主义初级阶段，没有经过资本主义的充分发展，这就必然要求我们担当起历史曾赋予资本主义去完成的使命⑦；另一方面，我们又是社会主义，这就必然要求我们必须克服资本主义的历史局限性，避免资本主义的苦难。这种双重使命反映在正义观念上，就要求当代中国一方面要肯定自由主义正义的历史进步性，即肯定形式正义的积极性，甚至可以讲，形式正义对中国特色社会主义的当代中国来说，是需要努力培

---

① 实际上，贡献原则应包含两部分，即马克思在《哥达纲领批判》所阐释的按劳分配的原则以及中国共产党十六大所提出的"确立劳动、资本、技术和管理等生产要素按贡献参与分配的原则"的"按生产要素分配原则"。

② 以物质利益和客观关系等客观性的东西说明正义原则的方法。

③ 王新生：《马克思是怎样讨论正义问题的?》，《中国人民大学学报》2010 年第 5 期。

④ 同上。

⑤ 古典自由主义正义主要指的是洛克、卢梭等人发展的正义（当然还有个人功利主义正义，请参见本论文第五章尤其是第六章部分内容。）新自由主义正义主要分为两类，一类是以罗尔斯为代表（当然还有社会功利主义正义，请参见本论文第三章尤其是第四章），另一类是以哈耶克、诺齐克等为代表。由于哈耶克、诺齐克等固守古典自由主义正义阵地，仍可以将其大致归于古典自由主义正义。所以，这里的新自由主义正义主要是以罗尔斯为代表的新自由主义正义，它是古典自由主义正义的自我调适。

⑥ 新自由主义正义是从内部试图化解资本主义基本矛盾，而不是超越资本主义社会进入新的社会形态——社会主义、共产主义社会，只是一种改良主义，也只能是自由主义正义的自我调适的体现。

⑦ 客观讲，经过这几十年的飞速发展，我国在"担当起历史曾赋予资本主义去完成的使命"方面已取得巨大成就。

育的，这是中国特色社会主义要"担当起历史曾赋予资本主义去完成的使命"的必然要求；另一方面又必须克服自由主义正义的历史局限性，即必须避免形式正义的缺陷，尽可能实现实质正义，这是中国特色社会主义"是社会主义"以及我国在"担当起历史曾赋予资本主义去完成的使命"方面已取得巨大成就的必然要求。这是因为，正义的实质就是社会生产方式的结果，人们"归根到底是从他们阶级地位所依据的实际关系中——从他们进行生产和交换的经济关系中，获得自己的伦理观念。"①所以，当代中国需要的正义就极具复杂性。但是，不管是肯定形式正义的积极性，还是避免形式正义的缺陷，尽可能实现实质正义，都要求将长期处于社会主义初级阶段的当代中国"不可避免地要在形式正义和实质正义之间寻求某种平衡和结合，以平衡、协调各种正义观所包含的利益冲突。"②

质言之，当代中国特色社会主义，需要的是更加实质的正义，但对实质正义的追求是在肯定形式正义的前提下进行的，并且这种实质正义较之于马克思主义经典作家所设想的社会主义正义、共产主义正义又具有形式性，原因在于，社会主义正义、共产主义正义是一个长期的逐渐实现的过程，"真正的自由和真正的平等只有在共产主义制度下才可能实现，而这样的制度是正义所要求的。"③

在我国劳动关系领域，与市场经济、劳动力市场、劳动力商品和雇佣劳动相适应的市场化劳动关系的发展，决定了当代中国劳动法仍然需要对劳动者"平等"保护，而这种"平等"保护是形式平等和形式自由等的必然表现，是市场化劳动关系的内在逻辑，是一种必须肯定的形式正义。但是这种形式平等和形式自由，如果任其自然、充分展开，其不可避免地会出现实质的、结果的不平等、不自由，出现两极分化、异化劳动、贫困失业以及社会动荡，所以，必然要求在市场化劳动关系之外寻求缓解乃至克服这种形式正义的缺陷，通过国家、社会对劳动关系进行一些强行干预，努力寻找到国家、社会干预与市场运行之间的最佳结合点，实现较为实质性的自由、平等，进而实现较为实质性的正义，为将来马克思主义经典作家所设想的社会主义正义、共产主义正义奠定坚实基础。所有这些，都体现了中国特色社会主义正义的内蕴。

---

① 《马克思恩格斯选集》第3卷，人民出版社1995年版，第434页。

② 林进平：《马克思的"正义"解读》，社会科学文献出版社2009年版，第168页。

③ 《马克思恩格斯全集》第1卷，人民出版社1956年版，第582页。

最后，需要特别辨明的是，从形式上看，中国特色社会主义正义和新自由主义正义具有相似之处，都是对形式正义的纠正，体现的是较为实质的正义。但二者有本质不同，新自由主义正义归根结底是资本主义正义，是为了维护资本主义制度的，其"底线"是它不能改变资本主义作为一种制度的质的规定性。而中国特色社会主义正义是初级阶段的社会主义正义，其发展方向和前途是马克思主义经典作家所设想的社会主义正义、共产主义正义。从这一点上讲，中国特色社会主义正义较之于新自由主义正义，其实质性更强，更有利于实现真正的平等、自由。

第十章　当代中国劳动法"倾斜保护原则"正义价值问题的思考：实现与超越

2015 年 3 月 14 日，全国人大十二届三次会议期间，河南省宝丰县人民法院闹店人民法庭庭长朱正栩（本届人代会法院系统唯一来自基层法院的代表）在两会大法官访谈节目中表述了她在本届人代会提出的应取消劳动争议纠纷处理中仲裁前置制度的建议，这一建议是根据她处理劳动争议案件的经验和调研的基础上提出的。[1] 另外，施杰委员、邹先荣委员、郭稳才委员均提出了基本类似的建议建议：不管是出于"以人为本"、劳动者自由或者是节约司法资源，都应让劳动者来选择通过劳动仲裁还是诉讼解决劳动纠纷。[2]

一个肯定性的结论是：马克思以《资本论》为中心的经济学研究以及与之息息相关的历史唯物主义的阐发，是他以证成"改变世界"和"革命"范式为己任的政治哲学的一种逻辑推进与历史完成。根本异质于自由主义之正义，也完全不同于"依附性"正义的正义范例，自始至终都是这一政治哲学得以布展的一条支配性主线。唯物主义在其中的意义大概主要在于，马克思凭借强大的经济事实和鲜活的生产活动，认识到了资本主义"剥削"的本质，看到了无产阶级残损的主体性和异化的存在境遇，进而通过由生产方式导出的革命必然性的澄明，使立足于经验事实的讨论接合到背后的具有形上意义的"正义"当中。[3]

当代中国劳动法"倾斜保护原则"的价值的真实践行与超越何以可

---

① 黎虹：《朱正栩：劳动争议纠纷处理仲裁前置制度应取消》，中国法院网，2015 年 3 月 14 日。

② 朱晶晶：《上了全国两会的十大职工利益话题⑨：劳动仲裁难题》，中工网，2015 年 3 月 17 日。

③ 李佃来：《马克思与"正义"：一个再思考》，《学术研究》2011 年第 12 期。

能？这构成当代中国特色社会主义实践中无可回避的"必答题"。毫无疑问，坚持马克思正义观的最高价值目标和其"历史生成性"的有机统一，以马克思正义观对我国当代劳动法制度安排和制度实践进行深度介入与规制，依据中国特色社会主义国情，理性借鉴西方成功经验，紧紧围绕国家干预，强化社会力量，努力完善我国劳动法律制度，是当代中国劳动法"倾斜保护原则"正义价值的保障和必然要求。我们应以马克思正义观为指导，构建和谐的劳动者利益本位形成、表达、社会立法、价值实践机制，以此，真正实现当代中国社会发展与"劳动者正义"之间的历史生成逻辑，以此，保证社会"创新、协调、绿色、开放、共享发展"，努力追求我国当代劳动法"倾斜保护原则"正义价值的现实性实现与实践性超越。

第一节　当代中国劳动法"倾斜保护原则"正义价值的实现的初步思考

前文已述，劳动法"倾斜保护原则"正义价值的实现途径多种多样，但概括起来，主要是实体法意义上和程序法意义上的正义价值的实现，其中，实体法意义上的正义价值的实现途径包括"劳动基准法定"，集体合同、劳动合同的强制性规定，就业促进、社会保险等，程序法意义上的正义价值的实现包括劳动争议处理、新型的劳动法责任形式和劳动法"三方机制"等。这些都体现了国家和社会的干预，并且通过具体的劳动法律制度表现出来。当代中国社会主义市场经济条件的劳动法仍需对劳动者"倾斜保护"，其正义价值的实现也需国家和社会的干预，通过具体的劳动法律制度来实现。① 在前文，我们对劳动法"倾斜保护原则"的产生、发展的社会背景、理论基础、域外典型国家劳动法律制度做了较为详细的分析，这些对认识并实现当代中国劳动法"倾斜保护原则"正义价值有着十分重要的参考借鉴意义。

由于中国劳动法"倾斜保护原则"正义价值实现问题不可避免地要面对最高价值目标与"历史生成性"、社会主义与市场经济、计划与市场、过去与现实、本国与域外国家和世界、公法私法化与私法公法化、事实与价值、理念与制度、继承与超越、坚持与发展、马克思主义与自由主

---

① 尽管体现的正义性质不同。

义等错综复杂的问题。如此,笔者心有余而力不足,本部分内容与其说笔者试图探讨解决这些问题,不如说仅仅是笔者对这些问题的宏观的更精确地说应该是初步的思考,更深刻的理论探索和制度建构任重而道远。

一 政府应"有所为,有所不为"

在中国特色社会主义条件下,当代中国劳动法"倾斜保护原则"正义价值的实现,首先依靠政府干预、主导,① 也就是通过以国家为代表的公权介入来实施对于劳动关系中雇主和劳动者强势弱势不平衡的矫正,② 这种介入的实质是以公权来限制雇主及其组织私权,来保障作为社会利益的劳动者的利益,实现对劳动者的保护,政府应当努力克服协调劳动关系中的政府不作为现象,根据劳动关系的特点,政府对劳动关系协调绝不可袖手旁观,不能"缺位",宜进则进,这是政府应"有所为"的一面。

政府干预、主导主要体现在"底线约束",实现宏观控制,即制定劳动基准,制约集体合同、劳动合同,促进就业,实施基本社会保险,加强劳动监察,坚持"三方机制"等。③ 进一步来说,主要包括以下几个方面:制定劳动事业发展规划、政策、法律法规,并组织实施和监督检查;制定劳动力市场发展规划和劳动力资源流动政策,建立统一规范的劳动力资源市场,促进劳动力资源合理流动、有效配置;抓好促进就业工作,制定统筹城乡的就业发展规划和政策,完善公共就业服务体系,制定就业援助制度等;统筹建立覆盖城乡的社会保障体系。统筹制定城乡社会保险及其补充保险政策和标准、社会保险及其补充保险基金管理和监督制度;制定工资收入分配政策,建立工资正常增长和支付保障机制;统筹制定劳动争议调节仲裁制度和劳动关系政策,完善劳动关系协调机制,制定消除非法使用童工政策和女工、未成年工的特殊劳动保护政策,组织实施劳动监察,协调劳动者维权工作,依法查处重大案件等。

---

① 20 世纪 90 年代以来,一些西方资本主义国家开始重提放松劳动法的管制政策,然而,总体上看,政府"管制"却是必须的,"倾斜保护原则"仍是各个国家都坚守的底线(具体参见第六章第一节相关内容)。对正处于社会主义初级阶段的中国来讲更应如此。

② 在社会主义市场经济体制下,公有制劳动者的劳动力,与非公有制劳动者的劳动力都是商品,进而都形成中国特色社会主义雇佣劳动关系,其雇主和劳动者强势弱势不平衡关系是必然存在的。

③ 具体参可参考第八章、第九章相关内容。

但是，所有这些"底线约束"，都只能在尊重市场经济运行规律的前提下进行，也就是说，政府应"有所不为"。① 就政府来说，应努力克服计划经济条件下政府对劳动关系实行高度集中统一的管理的弊端，防止出现政府以社会公共利益的代表者自居，滥用国家行政权过多干预劳动关系的行政化倾向，应为雇主及组织和劳动者及组织留下足够协商空间，以充分弘扬"意思自治"这一市场经济的基本精神，从而有利于雇主和劳动者的自主性发挥，更有利于维护劳动者的正当利益，有利于劳动力市场的发展，② 所以，在不能"缺位"的同时，也不能"越位"，宜退则退，这是政府应"有所不为"的一面。

二　强化社会作用

在中国特色社会主义条件下，当代中国劳动法"倾斜保护原则"正义价值的实现，除了首先依靠政府干预、主导外，其次主要要强化社会的作用，社会应加大作为，也就是通过社会力量对劳动关系中雇主和劳动者强势弱势不平衡进行矫正，这种矫正的实质是以劳动者的团结来与雇主及其组织抗衡，其目的是形成对等的劳动关系，使得雇主面对的并非个别的劳动者，而是作为一个整体的劳动者团体，从而改变雇主对劳动者的绝对强势地位，实现对劳动者的保护。

我国计划经济时期的劳动关系长期是一种"国家化劳动关系"。这种劳动关系的最大特点是，劳动关系采用行政调节，使得劳动关系的调节结构中，不存在独立于国家之外的社会力量，③ 国家和社会实际上是完全重合的，个人、社会被抽象于国家之中，几乎毫无独立性可言。随着中国特色社会主义的建设，中国的市民社会的发育日益完善，国家与社会之间出现了结构分化，社会空间经历了一个从无到有、从羸弱到较为强大的过程，个人、社会对国家的依附性明显降低，相对独立的社会力量逐步形成。就劳动关系领域而言，劳动者、雇主、社会团体开始具有独立人格，

---

① 尤其是在中国有着根深蒂固的"权力崇拜"的文化背景下，即使在代表理性的中国文化人中，要实现自己安邦济世之理想，也必须"则仕"。孔子在其感到年老时慨叹道："吾将仕矣"，原因是"日月逝矣，岁不我予"。（孔子：《论语·阳货》。）"我爸是李刚"事件，就是典型的反面例证。

② 参见本章第一节相关内容。

③ 工会是国家机关的一部分，更谈不上雇主团体。

工会、雇主组织等组织化程度日益增强，逐渐成为劳动关系的一方主体，① 从根本上改变了劳动关系"国家化"的特征。

在劳动关系领域，社会力量主要有代表雇主一方的雇主团体，代表劳动者一方的工会组织②，其作用主要体现在三方原则、集体谈判和形成集体合同以及雇主和劳动者利益冲突的解决上。就劳动关系三方原则而言，各级人民政府劳动行政部门应当会同同级工会和雇主团体，建立劳动关系三方协商机制，即建立一种平等对话的机制，共同研究解决劳动关系方面的重大问题。就集体合同而言，社会力量之间形成集体劳动关系，工会组织代表劳动者和雇主或其组织进行有关劳动条件和待遇方面的协商、谈判，甚至罢工③，目的是形成高于劳动基准的劳动条件等。同时，对雇主和劳动者利益纠纷，工会在依法的基础上积极介入，形成一种劳动关系的相对平衡。

尽管近年来我国的市场化工会组织和雇主组织得到了飞速发展，但从

---

① 在我国，工会可以分为：全国总工会、地方总工会、产业工会与基层工会四种形式。我国《工会法》没有规定行业工会，只规定了产业工会。我国的雇主团体类型：以中国企业联合会、中国企业家协会为代表的全国性雇主团体，各类非公有制企业的雇主团体，不分所有制的雇主团体，各地由雇主自发成立的民间的雇主团体。

② 在国内外有关工会作用的研究中，还存在着不同的观点。有学者就认为，工会的垄断地位阻碍了劳动力市场的正常运转。对此，笔者不以为然。《中国青年报》、腾讯网新闻中心 2006 年对 4747 位员工雇佣状况进行的联合调查表明：超过百分之七十的员工认为"工会是绝对必要的，但作用还没有完全发挥出来"。2007 年 4—5 月，浙江大学劳动保障和公共政策研究中心"理顺劳动关系、创建和谐企业"课题组，在浙江省实施企业和职工问卷调查，结果表明，工会确实起到了改善劳动关系的作用。（姚先国、李敏、韩军：《工会在劳动关系中的作用——基于浙江省的实证分析》，《中国劳动关系学院学报》2009 年第 1 期。）

③ 罢工现象作为集体合同争议的一种激烈形式，近年来在我国各个地方时有发生，直接影响到经济社会发展。路透社称，根据一家劳工组织的数据，中国 2014 年迄今的罢工总数增长近三分之一，创下自全球金融危机以来最大增幅。目前中国没有对罢工、停工和抗议总数的准确统计，但中国劳工通讯组织（China LaborBulletin）表示，仅 4 月就发生 119 起。中国劳工通讯是一家总部位于香港的劳动者权利组织，2014 年 5 日 4 日，广东东莞最大鞋厂——裕元鞋厂几千名员工因质疑厂方以临时工标准为工作十多年的员工购买社保、与员工签订无效劳动合同等欺瞒行为进行抗议。东莞裕元鞋厂隶属于台湾宝成集团，位于东莞市高埗镇，是耐克、阿迪达斯、REEBOK、SALOMON 等世界名牌运动鞋的最大的生产基地。该厂从 1988 年在东莞市高埗镇投资设厂以来，目前已形成多个厂区，员工达 6 万多人，为全球 30 多家著名品牌鞋类产品公司进行代工（中新网东莞 2014 年 4 月 5 日电。）

总体上看，我国的市场化工会组织和雇主组织，目前正在形成和完善的过程中。这就要求我们要参照国际劳工组织、国际工会组织、国际雇主组织的有关规定完善有关市场化工会组织和雇主组织的法律法规，使市场化工会组织和雇主组织的成立和活动规范化、法制化。我国的市场化工会组织和雇主组织的发展方向，应当既符合现代国际通行规则又具有中国特色。简单地概括，就是应当在市场化工会组织和雇主组织的代表性、独立性、宗旨、职能、与其成员之间的权利义务、组织体制、组织原则等方面着力规范。当前需要强调市场化工会组织和雇主组织是代表劳动者和雇主利益的组织，协调劳动关系是其基本职能。同时要协调我国雇主组织多元化体制和工会一元化体制的冲突。[①]

2008 年《中华人民共和国劳动合同法》的颁布实施，标志着我国市场化的劳动关系初步形成。但这并没有最终完成劳动关系的市场化转型，因为由《劳动合同法》所规制和确认的劳动关系还是一种个别劳动关系，必须进一步形成集体劳动关系，才能完成市场化劳动关系的转型。从个别劳动关系向集体劳动关系转变，是市场经济条件下劳动关系调整的客观要求。《劳动合同法》的颁布和实施，是我国劳动关系集体化转型的契机和新起点。《劳动合同法》在中国劳动法治史上发挥着承前启后的作用。它的颁布实施，标志着中国劳动关系的个别调整在法律建构上已经初步完成，同时，开启了劳动关系集体调整的新起点，并为劳动关系的集体调整提供了法律基础。《劳动合同法》实施后所发生的一系列集体劳动争议和劳工集体行动，特别是 2010 年夏季发生的以"南海本田事件"为代表的外企工人的"停工潮"，成为中国劳动关系集体化转型的标志性事件。与我国劳动关系发展趋势相适应，我国劳动法的重点也应由对个别劳动关系的法律调整转向对集体劳动关系的法律调整。2010 年一年就发生了 300 余起集体停工事件。据中华全国总工会统计的一组数据显示，2013 年 1 月至 8 月，全国共发生 120 多起围绕工资纠纷、规模在百人以上的集体停工事件，发生在 19 个省、规模在 30 人以上的有 270 多起。[②] "东莞最大鞋厂少缴社保，上千员工大罢工"又成为"2014 全国十大劳动争议典型

---

① 笔者认为，这部分内容之所以强调雇主组织，原因在于，工会组织和雇主组织是一个矛盾统一体，实际上是一个问题的两个方面，面对良好的雇主组织，工会组织的作用才能充分发挥。

② 毛欣娟、张可：《县域群体性事件特点及成因分析》，载《河南财经政法大学学报》2014 年第 2 期。

案例"①。又据外媒称，中国劳动行业的罢工行动不断加剧。位于香港地区的中国劳工通讯组织提供的数据得出了这个结论。该组织称，2015 年 1 月至 11 月，中国罢工和集体抗议事件共计 2354 起，相比 2014 年的 1379 起几乎多出 1000 起。② 中国劳动关系集体化转型必然要求工会在新时期发挥更大作用，这也是党和政府一直支持推动工会创新性改革的原因所在。

三 理性借鉴西方国家劳动法"倾斜保护原则"
正义价值的实现的成功经验

建立在发达坚实的市场经济理论和实践基础上的西方劳动法"倾斜保护原则"正义价值的实现有着许多成功的经验。其精华即在于在市场化劳动关系之外寻求措施缓解以至克服形式正义的缺陷，通过国家、社会对劳动关系的干预，努力寻找到国家、社会干预与市场运行之间的最佳结合点，进而实现较为实质性的正义。

尽管中西方社会经济制度、政治意识形态、文化背景等方面存在着许多差异，但是，随着世界一体化的发展和中国特色社会主义市场经济的不断发展完善，中西方在劳动法"倾斜保护原则"正义价值的实现方面存在的共性也不容否认。所以，我们不能对西方劳动法"倾斜保护原则"正义价值的实现的成功经验视而不见，一概否定（当然这种现象为数不多）。但我们更应该防止"言必称美国"式的教条式照搬西方劳动法"倾斜保护原则"正义价值的实现的方式的不良倾向③。借鉴西方劳动法"倾斜保护原则"正义价值的实现的成功经验，至少要做到以下几点：

（一）充分认识当代中国劳动法"倾斜保护原则"正义价值的实现问题的特殊性

当代中国具体国情决定了西方市场经济国家劳动法"倾斜保护原则"正义价值的实现上存在的问题我国都有，亟待努力克服，例如，如何实现较为实质的正义。它们不存在的问题，我国也有，例如，必须坚持社会主义方向，面对社会生产力并不完全发达、市场发育还不够、二元经济结构，在实现较为实质的正义的同时，还要一方面肯定形式正义，另一方面

---

① 周斌：《2014 全国十大劳动争议典型案例》（年终盘点），载《劳动报》，2014 年 12 月 28 日。

② 《费加罗报：2015 年中国罢工数量激增》，《欧洲时报》，2015 年 12 月 18 日。

③ 应力戒食"洋"不化、人云亦云。

实现进一步超越等。从这个意义上讲，当代中国劳动法"倾斜保护原则"正义价值的实现是极其复杂的。

（二）充分认识我国劳动力市场的特殊性

我国劳动力市场尚处在完善的过程中，市场在劳动力资源配置中的基础性作用的发挥还不够，这就必然增加了当代中国劳动法"倾斜保护原则"正义价值的实现的艰巨性，政府一方面要加快培育和完善劳动力市场，另一方面还要克服劳动力市场的功能性障碍，同时，还得防止市场经济条件下的"政府失灵"。

（三）充分认识西方劳动法"倾斜保护原则"正义价值实现的理论和实践背景

上文指出，西方国家劳动法"倾斜保护原则"正义价值的实现有着发达坚实的市场经济理论和实践基础，其中许多有益的结论，我们可以大胆地采取"拿来主义"（当然，对于在我国出现而西方国家不曾有过的情况要大胆进行理论和实践创新）。但是，必须弄清这些结论的时代背景，因为这些结论是从不同侧面、在不同的历史时期，针对当时的状况得出的。所以运用这些结论的时候，要做到"历史还原，现实把握"，避免由于教条主义、本本主义造成"理论强奸现实"的恶果。①

（四）充分认识西方国家劳动法"倾斜保护原则"正义价值实现的具体做法

西方国家劳动法"倾斜保护原则"正义价值的实现，不但重视"应该做"，更重视"如何做"，因此西方政府的具体做法具有很强的可操作性。这一点是我国急需借鉴的地方，我们不能仅仅停留在口头上或所谓的宏观层面，而是要制定出科学性和针对性很强的具体做法并制度化。

（五）充分认识我国地域广大的现实

我国除了中央政府外，地方政府众多，全国性的劳动法"倾斜保护原则"正义价值的实现的具体做法不一定适合某一地区，此一地区地方政府的具体做法不一定适合彼一地区，必须做到因地制宜，避免一哄而上、一刀切。例如，针对集体劳动关系的现状，在我国较发达的东部地区，由于市场化的劳动关系发展较为成熟，"劳资自治"具有较好基础，

---

① 我国目前的劳动法理论研究，对实践还是在一定程度上处于被动应付的局面，对中国改革和发展过程中的问题尚难做出令人信服的系统的解释，经常尾随政策走向而动，没有起到"行动指南"的作用。例如，前文所述的如何正确看待西方劳动法"放松管制问题"。

所以，应鼓励企业级、行业级、区域级集体谈判并形成相应集体合同，政府应适当退出。而对于西部不发达地区，由于市场化的劳动关系发展不太成熟，"劳资自治"基础较差，工会还形成不了集体的力量，就更加需要政府权力的介入，需要劳动保障监察及时跟进，政府如果退出，凭空寄希望于"劳资自治"，那么，其结果必然是劳资双方力量更不平衡，甚至有引发社会大的不稳定的可能，所以，这些地区的政府干预就是一种必然。①

四　完善当代中国劳动法律制度

由于制度正义较之个人正义更具有根本性，制度正义是正义的根基和核心，正义必须由社会的制度来保证，制度正义的实现就是正义的实现，② 所以，当代中国劳动法"倾斜保护原则"正义价值的实现，必然要落脚到具体的劳动法律制度上来。

从新中国成立到1952年年底为国民经济恢复时期。为完成国民经济恢复时期的中心任务——继续完成新民主主义革命遗留问题和恢复国民经济，依据当时起着临时宪法作用的《共同纲领》的有关规定，国家制定了一些重要的劳动法律、法规，使新中国的劳动立法（包括劳动政策）有了一个良好的开端。

1953年，我国进入了第一个五年计划的经济建设时期。1954年9月第一届全国人民代表大会第一次会议通过了《中华人民共和国宪法》。1954年《宪法》对调整劳动关系的基本原则作了规定，主要体现在《宪法》的91—93条和100条，如劳动者有劳动的权利、休息的权利，在年老、疾病或者丧失劳动能力的时候，有获得物质帮助的权利、遵守劳动纪律的义务。这些规定为当时我国劳动立法提供了宪法依据，对于我国劳动立法的发展具有重要的指导意义。这一时期，以《宪法》为依据，制定了许多重要的劳动法规。

1957年到1976年，是我国劳动立法处于低谷的时期。1956年，我国对生产资料私有制的社会主义改造基本完成，由新民主主义社会进入社会主义社会。9月，在党的"八大"上，我党正确地提出了新形势下国家进行经济建设的主要任务：由解放生产力变为在新的生产关系下保护和发展生产力，全党要集中力量去发展生产力。并且指出，要加快制定系统的比

① 部分内容思路得益于笔者硕士生导师郭捷教授指导，在此深深感谢。
② 参见本文第一章和第三章相关内容。

较完备的法律法规。1956 年劳动部成立了劳动法起草小组，1957 年年初起草《中华人民共和国劳动法》的准备工作开始。但是此后不久，这种努力就遭到"反右"扩大化和"大跃进"的破坏。第一次起草《劳动法》的准备工作被迫停顿下来，其他劳动法规的制定也停滞不前。

1960 年到 1962 年的国民经济调整期间以及此后几年的正常发展时期，劳动立法工作也有所进展。

"文化大革命"时期，极"左"思潮泛滥，采取法律虚无主义，例如，"文化大革命"取消劳动法律职业，取消劳动法学高等教育，"砸烂公、检、法"，宣扬"无法无天"，劳动法律概念荡然无存，劳动法律制度成为"白纸一张"，使新中国成立初期初步发展的劳动法律制度近乎损失殆尽，已有的劳动法律、法规也得不到贯彻实施。

从 20 世纪 70 年代末 80 年代初我国以经济建设为中心的改革开放时期开始，随着中国经济发展取得令人振奋的天翻地覆的丰硕成果，我国认识到经济现代化建设必须与国际社会接轨，而要实现接轨，法制建设必不可少。因此，与经济发展紧密相关，我国的法制改革和建设才逐渐正式进入国家议程，我国竭尽全力建立具有中国特色社会主义性质的法律体系，以保证我国社会主义市场经济的可持续发展。我国的劳动法制建设，也出现了一个蓬勃发展的局面。尤其是 1982 年的宪法对劳动方面作了多项原则性规定，为制定具体的各项劳动法制度提供了依据。

1978 年 12 月，邓小平在十一届三中全会的预备会议上指出应该集中力量制定 10 部法律，劳动法就是其中之一。根据这一指示，1979 年年初，第二次起草劳动法的工作启动，但由于当时对外开放刚刚起步，引进外资和国有企业改革也刚刚开始，劳动制度改革处于萌芽阶段，现实中劳动力市场并不存在。在 20 世纪 80 年代，很多问题还难以达成共识，尽管当时的劳动总局会同中华全国总工会和有关国务院部门以及部分专家学者，经过数次研究讨论，修改近 30 次，于 1983 年提出了《中华人民共和国劳动法（草案）》，虽经呈报国务院讨论通过，但未能进入全国人大常委会立法议程，起草工作再次中断约 10 年时间。随着劳动制度改革的逐步深入，劳动法立法的必要性和可能性被有关部门和社会各界越来越接受，迅速纠正"野生动物保护有法，而人无劳动法"的局面势在必行。1990 年，国务院成立了《劳动法》起草领导小组，第三次劳动法的起草工作正式启动。1991 年《中华人民共和国劳动法（草案）》提出，但未能提交国务院常务会议审议。直到 1992 年 2 月邓小平"南方讲话"首次提出"市场经济"这个原则，并形成建设具有中国特色的社会主义市场经济目标后,《劳动法》的出台就此加快了步伐,走出了困境。又经过几次修改,1994 年《中华人民共和国劳动法(草案)》提交国务院常务会议审议通过,提请全国人大常委会审议,经过进一步广泛征求意见修改后,1994 年 7 月 5 日,全国人大常委会第八次会议审议通过《中华人民共和国劳动法》,于 1995 年元月 1 日生效实施。① 1994 年 8 月,劳动部发布的《关于贯彻实施〈劳动法〉的意见》的通知提出:"还必须制定与之配套的《就业促进法》《劳动合同法》《工资法》《安全生产法》《劳动保护法》《职业技能开发法》《社会保障法》《劳动争议处理法》《劳动监察法》等单项法律和法规,形成完善的劳动法律体系。"

历经三次启动,修改 30 余次,跨度几十年,足见《劳动法》来之实在不易,也凸显出《劳动法》在我国的伟大意义。

《中华人民共和国劳动法》是我国第一部劳动法典,它确立了我国社会主义市场经济条件下劳动力市场的基本法律原则,为保护劳动者的合法权益、稳定劳动关系、开展劳动法对外交流与合作提供了法律保障。为了有效地贯彻执行《劳动法》,劳动与社会保障部(原劳动部)先后制定了一系列配套劳动规章。

2001 年,经过无数轮谈判,我国终于加入世界贸易组织(WTO)②,更进一步加速了我国经济主体及其活动的多元化,加速了我国市场开放的步伐,提高了我国应对各种外部世界挑战的能力。为了实现我国对世界贸易组织法制建设方面的相关最低承诺,我国发起了广泛而深刻的法制体系改革,进行了大规模的废止、修改旧有严重计划经济色彩的不适合现实情况的法律,尤其是制定新的适应社会主义市场经济发展的法律的活动,极大地推进了我国法制及法治进程,我国劳动立法也不例外。可以说,伴随着我国加入世界贸易组织(WTO),我国劳动关系越来越市场化,越来越复杂,进一步加强劳动立法是迫切需要的,已经成为理论界和实务界的"共识"。

2001 年 10 月 27 日第九届全国人民代表大会常务委员会第二十四次会议通过了《中华人民共和国工会法》的修正案,同年,第九届全国人民代表大会常务委员会第十四次会议通过了《中华人民共和国职业病防治法》,2002 年 6 月 29 日第 9 届全国人民代表大会常务委员会第 28 次会

① 任扶善:《新中国劳动立法的发展》,载《首都经济贸易大学学报》2000 年第 1 期;赵辉、万静:《劳动法治三十年:构建和谐的旅程》,载《法制日报》2008 年 8 月 30 日;鲁哲:《〈劳动法〉制定:南方谈话指明方向》,载《新民晚报》2009 年 9 月 12 日。

② 实际上,更准确的提法应是"恢复"了我国在世界贸易组织(WTO)中的合法地位。

议通过了《中华人民共和国安全生产法》，2002 年 9 月 18 日国务院第 63 次常务会议通过了《禁止使用童工规定》，2003 年 4 月 16 日国务院第 5 次常务会议通过了《工伤保险条例》，2003 年 12 月 30 日劳动和社会保障部第 7 次部务会议通过了《集体合同规定》，2004 年 10 月 26 日国务院第 68 次常务会议通过了《劳动保障监察条例》，最终于 2007 年迎来了我国劳动立法的"大丰收"年①、"正向拐点"。

2007 年是我国劳动立法中的一个里程碑，在这一年，先后通过了三部重要的劳动法律，即《就业促进法》《劳动合同法》《劳动争议调解仲裁法》，2010 年 10 月 28 日第十一届全国人民代表大会常务委员会第十七次会议通过了《社会保险法》。这四部法律分别完善了我国的劳动合同法律制度、就业促进法律制度、劳动争议处理法律制度和社会保险法律制度，标志着我国已经初步建立了适应社会主义市场经济体制需要的劳动法律体系。2010 年以来，又新出台一系列法律法规，例如《全国人民代表大会常务委员会关于修改〈中华人民共和国安全生产法〉的决定》（2014 年 12 月 1 日起施行），人力资源和社会保障部于 2016 年 2 月 17 日又发布了《关于宣布失效和废止一批文件的通知》，2016 年 4 月 13 日国务院决定阶段性降低企业社保缴费费率、2017 年 1 月 19 日国务院通过《生育保险和职工基本医疗保险合并实施试点方案》等《劳动法》及配套劳动法律、法规的制定以及党中央、国务院的系列决定，标志着我国劳动立法的加强，加速了我国社会主义市场经济体制下的有中国特色的社会主义劳动法律体系的发展与完善。② 所有这些，标志着我国劳动法"倾斜保护原则"正义价值的较为充分的实现。

但是，毋庸讳言，保障当代中国劳动法"倾斜保护原则"正义价值的实现的劳动法律制度还不能很好地符合社会主义市场经济要求，劳动基准、集体合同、劳动合同的强制性规定，就业促进、社会保险、劳动争议处理、新型劳动法责任形式和劳动法"三方机制"等法律制度，还存在许多不足的地方，这就需要我们依据中国特色社会主义国情紧紧围绕前文所述的"政府应'有所为、有所不为'""强化社会作用""理性借鉴西

---

① "大丰收"年实际上是当时党的十六大和十六届三中全会、四中全会提出的构建"和谐社会"战略任务在劳动法领域的必然体现。当然，我们必须清醒地认识到，劳动立法只是构建"和谐社会"万里长征的第一步，除了劳动立法，重要的是要加强劳动执法和司法，形成全社会遵守劳动法的良好氛围。

② 参见第一章第二节我国劳动法制最新发展相关内容。

方劳动法'倾斜保护原则'的正义价值的实现的成功经验"三个方面对我国劳动法律制度进行完善。① 在下一节我们将以"我国劳动争议处理机制的反思与完善"为例具体阐述。

第二节　我国劳动争议处理机制的反思与完善

劳动关系的形成、运行并不是一帆风顺的，当劳动关系主体围绕权利义务发生争议时，就需要劳动争议处理机制来化解、矫正、协调。劳动争议处理制度，正是劳动合同和集体合同制度的延伸，是劳动法律体系中劳动关系主体尤其是劳动者权利保障的最后防线。如果说劳动合同法、集体合同法是劳动者的权利书，那么，劳动争议调解仲裁法就是劳动者权益的保障书。劳动争议处理机制对调整劳动关系所起的主要作用是"安全阀"和"减压器"的作用。

虽然，我国劳动争议处理制度的发展已经有了不短的历史，② 但是令人遗憾的是，长期以来，劳动争议处理制度的理论研究以及实际运行还处于一个相对初级的水平，劳动争议处理制度相当程度上未能起到应有的调整劳动关系的作用。劳动关系双方当事人尤其是劳动者在权利缺失时，救济其权利所遇到程序上的障碍是明显的。劳动关系双方当事人尤其是劳动者的权利保护难以令人满意的原因，除了劳动实体法的规定不很完善之外，主要是权利救济程序本身存在问题。"诉讼和法二者之间的联系如此密切，就像植物的外形与植物本身的联系，动物的外形和动物血肉的联系一样。使诉讼和法律获得生命的应该是同一种精神，因为诉讼只不过是法

---

① 有关这方面的论述，在国内有影响的著作有：董保华等：《社会法原论》，中国政法大学出版社 2001 年版；常凯：《劳权论——当代中国劳动关系的法律调整研究》，中国劳动社会保障出版社 2004 年版；等等。专业学术论文也较多（尽管更多的是从个别而不是系统方面论述）。然而，这些探讨并未自觉地基于保障当代中国劳动法"倾斜保护原则"的正义价值的实现的视域，这不能不说遗憾。同时，如何做到使当代中国劳动法律制度较为"精准"或恰如其分地保障"倾斜保护原则"的正义价值的实现？"知易行难"，这不单纯是一个理论探索问题，更重要的是需要下大力气解决的实践性问题，这也是笔者一直想努力的方向。例如，"…要求将长期处于社会主义初级阶段的当代中国'不可避免地要在形式正义和实质正义之间寻求某种平衡和结合，以平衡、协调各种正义观所包含的利益冲突。'"这句话理论上似乎无懈可击，但如何寻求这种平衡和结合，而且要做到较为精准或恰如其分？确实是个实践性难题。如此，更深刻的理论探索和制度建构任重而道远，尽管非常急迫。

② 新中国劳动争议处理制度恢复于 20 世纪 80 年代，之前中断了 30 年。

律的生命形式，因而也是法律内部生命的表现。"①

　　我国劳动争议处理最初主要是依据 1994 年《劳动法》和 1993 年《中华人民共和国企业劳动争议处理条例》，随着我国社会主义市场经济的深入发展，我国劳动关系越来越复杂，劳动争议越来越多样化、激烈化，这两个法律法规的不足也就越来显性化，所以我国就发布了许多行政规章（主要是作为人力资源与社会保障部前身的劳动与社会保障部、人力资源与社会保障部的部门规章和各地方性法规和规章）和最高人民法院专门司法解释（目前已出台 4 个）来弥补其不足。2007 年 12 月 29 日，在第十届全国人民代表大会常务委员会第三十一次会议上，《劳动争议调解仲裁法》获得通过，于 2008 年 5 月 1 日起施行。这部劳动争议处理方面的"权威大法"的立法精神和理念、基本制度上均出现了重大改革和创新，有许多值得肯定的"亮点"。例如，明显突出了调解功能、扩大了仲裁的受理范围、延长了仲裁时效、缩短了仲裁审理期限、确立了先行裁决与先予执行制度、增加了用人单位的举证责任、对于劳务派遣情形下的劳动争议当事人专门予以明确、劳动争议仲裁不再收取费用等，基本上适应了市场经济条件下劳动争议处理的要求，对构建和谐劳动关系意义重大。但由于诸多条件的限制，这部法律仍存在一些突出的问题与不足，亟待进一步研究和解决。② 这就要求我们对我国劳动争议处理程序制度进行弥补缺陷或修正，从而构建比较理性与科学、公正的劳动争议救济程序。

一　我国劳动争议处理制度存在的问题

（一）个别劳动争议处理程序存在的整体性问题

1. 在劳动争议诉讼与劳动争议仲裁的关系上实行"仲裁前置"

　　一直以来，对我国现行的劳动争议处理程序进行检讨与反思，成为理论界和实务界探讨的热点。其中，"仲裁前置"制是引起争议最多的焦点所在。③

---

① 《马克思恩格斯全集》第 1 卷，人民出版社 1995 年版，第 287 页。

② 可参见拙作《探析〈劳动争议调解仲裁法〉的不足及完善》，《西北农林科技大学学报（哲学社会科学版）》2008 年第 6 期。

③ 当"前置"成了"牵制""钳制"，立法部门就该研究劳动仲裁前置存在的必要性了。2006 年 12 月 26 日上午，甘肃庆阳来深圳务工的张百宁因不满劳动仲裁部门和法院驳回其讨薪诉求，一怒之下，拆走深圳市劳动争议仲裁委员会的招牌，并在牌子上粘了一张写有"讨薪维权三年无果，只为表达不满！"的白纸，因牌子过高，无法乘公交车，就徒步一个多小时将招牌带回家。事过几天，2006 年 12 月 31 日，终获企业补偿 6500 元。（《南方都市报》，2007 年 1 月 1 日。）

即使在《劳动争议调解仲裁法》出台 8 年之后的今天，其热度仍不减，① 不管出于理论上的争论还是出于对劳动行政部门机构变动的考虑，《劳动争议调解仲裁法》保留了"仲裁前置"制度，但实践证明这一制度是弊大于利。

《劳动法》第 79 条规定："劳动争议发生后，当事人可以向本单位的劳动争议调解委员会申请调解；调解不成，当事人一方要求仲裁的，可以向劳动争议仲裁委员会申请仲裁。当事人一方也可以直接向劳动争议仲裁委员会申请仲裁，对裁决不服的，可以向人民法院提起诉讼。"这一规定，可以解释为不经仲裁不得诉讼。在劳动争议处理实务中被解释为，劳动争议必须先经过劳动争议仲裁委员会的仲裁，不经仲裁不得诉讼，且仲裁裁决一般在当事人起诉后自然失效。这样就形成"先裁后审，一裁二审"的劳动争议处理程序。这便产生了一系列问题，表现在司法实践中现行劳动争议处理法律制度程序繁杂、处理周期漫长、循环诉讼等，劳动纠纷得不到及时解决，当事人为此苦不堪言。有些用人单位就是利用程序来拖延其履行义务的时间，严重不利于保护劳动者合法权益，"迟到的公正不是公正"。"扩大司法手段的运用，特别是保留司法对民事纠纷最终解决的权力是法治社会的基本取向。至少在司法手段与其他手段的覆盖范围之间，不应有空隙或盲区。"② 由于仲裁前置，形成了一种比一般民事纠纷更加烦琐的、耗时更长的程序，形成了事实上的"三审终审"。据此，一件劳动争议案件可能历时一年甚至更长的时间才能得到终审判决。如果遇上特殊情况，可能需要二三年的时间，有的甚至更长，而且还没有计算法院的执行程序所需要的时间。这比我国民事诉讼、刑事诉讼和行政

---

① 2015 年 3 月 14 日，全国人大十二届三次会议期间，河南省宝丰县人民法院闹店人民法庭庭长朱正栩（本届人代会法院系统唯一来自基层法院的代表）在两会大法官访谈节目中表述了她在本届人代会提出的应取消劳动争议纠纷处理中仲裁前置制度的建议，这一建议是根据她处理劳动争议案件的经验和调研的基础上提出的。（黎虹：《朱正栩：劳动争议纠纷处理仲裁前置制度应取消》，中国法院网，2015 年 3 月 14 日。）另外，施杰委员、邹先荣委员、郭稳才委员均提出了基本类似的建议：不管是出于"以人为本"、劳动者自由或者是节约司法资源，都应让劳动者来选择通过劳动仲裁还是诉讼解决劳动纠纷。（朱晶晶：《上了全国两会的十大职工利益话题⑨：劳动仲裁难题》，中工网，2015 年 3 月 17 日。）笔者认为，不管出于理论上的争论还是出于对劳动行政部门机构变动的考虑，《劳动争议调解仲裁法》保留了"仲裁前置"制度，但实践证明这一制度是弊大于利。

② 顾培东：《论我国民事权利司法保护的疏失》，载《法学研究》2002 年第 6 期。

诉讼的审理期限都要长。例如由全国人大常委会法工委行政法室提供的材料显示，在广东、上海，经仲裁处理劳动争议纠纷平均需要 40—50 天；经诉讼后，一审平均时间广东为 110 多天，上海为 90 多天；二审平均时间，上海为 60 多天。①② 这样劳动争议处理周期过长，再加上仲裁裁决没有终局性，无法体现"高效、快捷、廉价"的原则，既造成了社会资源的巨大浪费，又造成当事人的经济负担，尤其加重劳动者的负担，导致矛盾激化的严重后果。③

《劳动争议调解仲裁法》对部分案件实行一裁终局④，这在一定程度上突破了强制仲裁制度，但这只是在个别情况下，实际上强制仲裁制度并未根本动摇，而且争议仲裁范围又只限权利争议。况且，任何创新制度都并非一蹴而就，而是需要多种条件配合。劳动争议一裁终局这一创新制度，有效发挥作用至少有以下问题必须面对和解决。其一，仲裁机构的信用建设任重道远。一裁终局，是极大的权力，是对社会利益的结论性的划分，其仲裁机构和仲裁员是否具备足够的公信力，是这一制度得以通行甚至存在的绝对前提。因为，仲裁法序列的商事仲裁机构的信用缺失，可以由自己负责。而劳动仲裁一是地域管辖，二是必经程序，劳动仲裁机构的信用缺失，很难受到追究。所以，劳动仲裁机构的信用建设任重道远。其

①　转引自《北京青年报》，2007 年 8 月 27 日。

②　作为"2005 年中国最受网友关注的十大调查报告"的"中国农民工维权成本调查报告"表明，为了索要不足 1000 元的工资，完成所有程序，农民工维权需要直接支付至少 920 元各种费用，花费时间至少 11—21 天，折合误工损失 550—1050 元，国家支付政府工作人员、法官、书记员等人员工资至少是 1950—3750 元。如果提供法律援助，则综合成本最少为 5000 元，最高将超过 9000 元。如河北农民工郭增光等 68 人被拖欠工资一案中，为拿回被拖欠的 3 万多元工资，农民工负担的成本超过 13000 元，再加上政府、法律援助工作站的负担，总成本超过 3 万元。最后拿钱时，包工头还对郭增光说："你们忙活了 3 年，不也就是拿到 3 万块钱吗？"（汤耀国：《劳动仲裁难局待解》，《瞭望》2007 年 9 月 3 日。）

③　笔者作为兼职律师，在代理劳动争议案件时，对"前置"成了"牵制""钳制"，感受颇深。

④　《劳动争议调解仲裁法》第 47 条规定：下列劳动争议，除本法另有规定的外，仲裁裁决为终局裁决，裁决书自作出之日起发生法律效力：（一）追索劳动报酬、工伤医疗费、经济补偿或者赔偿金，不超过当地月最低工资标准十二个月金额的争议；（二）因执行国家的劳动标准在工作时间、休息休假、社会保险等方面发生的争议。第 48 条规定：劳动者对本法第 47 条规定的仲裁裁决不服的，可以自收到仲裁裁决书之日起十五日内向人民法院提起诉讼。

二,劳动争议的处理程序有可能更加复杂。对于两类案件,一裁终局,用人单位没有起诉的权利,这种制度安排,从某种角度讲,减少了维权成本,劳动者直接拿到了生效的裁决,但从另外一种角度讲,可能反而使得劳动争议的诉争过程更加复杂。首先,此两类案件在现实中如何界定,需要立法、司法解释出台。其次,一裁终局的裁决书,用人单位去申请撤裁的几率很大。可能反而给劳动者帮倒忙,使大量的劳动争议案件从一裁两审变成了一裁一撤然后再两审。①

2. 劳动争议处理制度的内在冲突②

(1)协商与调解之间的衔接问题。没有明确规定协商的终点与调解的起点。这种不明确便导致一方当事人不知对方是否想协商,或者协商几轮之后,到底能否达成协议不知道,对方是否申请了调解不知道,不排除在协商中,另一方当事人已经申请调解或仲裁这种可能性。这种协商中存在调解和仲裁的可能性的状况,使双方当事人互相不了解对方的真实意图,不利于争议的处理和解决。

(2)调解和仲裁之间的衔接问题。调解与仲裁的衔接不畅,主要体现在调解与仲裁之间并不是像所谓真正意义上的单轨制的争议处理那样,这一个处理程序与下一个争议处理程序之间有一个界限,当前一个程序处理完毕后,才可以进入下一个处理程序。尽管《劳动争议调解仲裁法》第14条第2款规定:自劳动争议调解组织收到调解申请之日起十五日内未达成调解协议的,当事人可以依法申请仲裁,一定程度上解决了上述问题,但并没有杜绝此问题,因为,发生劳动争议后,一方当事人完全可以越过协商、调解程序单方申请仲裁,致使申请调解的对方当事人只能15天后才能确切知道。

(3)仲裁程序与诉讼程序的衔接不畅问题。长期以来,《劳动法》和《劳动争议调解仲裁法》对两种程序如何衔接未作规定,《劳动争议调解仲裁法》没有涉及劳动争议诉讼程序制度,导致人民法院在处理劳动争议时碰到较多理论和操作上的障碍。仲裁程序与诉讼程序衔接不畅主要体现在以下几个方面:①劳动仲裁的受案范围与民事诉讼的受案范围对接不畅(这一问题已得到较好解决)。②劳动仲裁的证据制度与民事诉讼的证

---

① 参见穆晓军《劳动争议一裁终局的问题及解决》,《人民法院报》2008年1月10日。

② 中国劳动关系学院的孙德强教授最早对此问题作了较为系统、精到的阐述。但笔者对其中一些观点并不赞同,故选择性引用。参见孙德强《中国劳动争议处理制度研究》,中国法制出版社2005年版,第10—13页。

据制度不同（这一问题也在慢慢解决）。③裁审严重脱节。对当事人不服仲裁裁决而提起诉讼的劳动争议案件，法院不得作出维持或者撤销仲裁裁决书的裁定和判决。也就是说，仲裁裁决书对法院毫无意义，法院将按自己的程序和标准对同一起劳动争议案件重新审查（时效和受理范围）、重新立案、重新送达、重新开庭、重新核实证据、重新认定事实、重新选择法律的适用直至调解或判决。④法律适用混乱。对同一劳动争议案件，劳动仲裁机构与司法机构适用的法律并不完全一致。长期以来，我国劳动争议仲裁机构具有双重性质，即准司法性和行政性质，在进行仲裁时必须适用劳动和社会保障部制定的行政规章及其他规范性文件；法院在审理劳动争议案件时主要适用有关法律和最高人民法院的司法解释，而仅将劳动和社会保障部颁布的行政规章及其他规范性文件作为参照。这样，对同一劳动争议案件，劳动仲裁机构与司法机构适用的法律并不完全一致。其结果是，目前法院通过判决改变劳动争议仲裁结果的比例偏高，影响了我国司法威信，影响了劳动争议仲裁的社会公信力。例如，北京市总工会法律服务中心主任张恒顺认为，很多案件都反映出劳动争议处理体制上"民事审判与劳动仲裁执法尺度不统一"和"劳动仲裁行政化"问题，同时，也客观地检验出我国立法相对滞后。⑤劳动争议与民事争议交叉情形的处理难度大。在审判实践中，劳动争议与民事争议交叉问题较多，如有些案件中，存在违反劳动合同保密义务和构成知识产权不正当竞争的竞合。在此类情形下，是走"一裁两审"还是直接诉讼？① 为此，最高人民法院出台了四个劳动司法解释，最新的劳动司法解释是2013年1月《最高人民法院关于审理劳动争议案件适用法律若干问题的解释（四）》（法释〔2013〕4号）。这四个劳动司法解释对我国仲裁程序与诉讼程序的衔接不畅问题的完善意义重大，但是这四个解释还存在一些亟待改进的地方，很多规定仅仅是对现行规定的一种修补，只是有利于实务操作，而法理基础并不坚实。值得指出的是，2012年《民事诉讼法》、2015年2月4日起施行的《最高人民法院关于适用〈中华人民共和国民事诉讼法〉的解释》（法释〔2015〕5号）没有涉及劳动争议诉讼程序制度。

（二）个别劳动争议处理程序存在的具体问题

1. 劳动争议协商程序存在的问题

一直以来，协商协议无约束力，《最高人民法院关于审理劳动争议案件适用法律若干问题的解释（三)》（法释〔2010〕12号）第10条规定：

---

① 参见范跃如《劳动争议诉讼程序研究》，中国人民大学出版社2006年版，第235页。

劳动者与用人单位就解除或者终止劳动合同办理相关手续、支付工资报酬、加班费、经济补偿或者赔偿金等达成的协议,不违反法律、行政法规的强制性规定,且不存在欺诈、胁迫或者乘人之危情形的,应当认定有效。前款协议存在重大误解或者显失公平情形,当事人请求撤销的,人民法院应予支持。这就部分解决了协商协议无约束力的问题。但是,总的来说,协商程序规定的不完备,《劳动争议调解仲裁法》对协商程序只有区区1条规定,导致协商处于无序、随意状态,因此,协商程序作用很难发挥。

2. 劳动争议调解程序制度存在的问题

(1)劳动争议调解机构设置的不确定性。《劳动法》和《劳动争议调解仲裁法》对企业劳动争议调解委员会的设置并没有做出强制性要求。

(2)企业劳动争议调解委员会并不是真正按"三方原则"设置的。劳动争议调解委员会负责本企业发生的劳动争议的调解。在企业劳动争议调解委员会的机构设置里面,就只有两方了。这就产生一系列问题:现行的调解制度不符合调解的本质特征,劳动争议调解实际上仍是协商。

(3)我国企业劳动争议调解委员会中的"三方"均与争议有利害关系。调解者不是独立于争议双方之外的第三方,这一点就决定了劳动争议调解制度的制度缺陷,必将导致实际上已经导致了这一制度的衰落。[1] 究其深层原因,是由于企业劳动争议调解制度带有鲜明的计划经济时代的特征、企业劳动争议调解制度建构封闭造成的。[2]

(4)其他问题。其一,企业劳动争议调解委员会是附设在企业内部的一个群众性组织,是用人单位的一个下属机构,《劳动争议调解仲裁法》并未明确规定企业劳动争议调解委员会的经费来源(长期以来劳动争议调解委员经济上依附于用人单位)。其二,《劳动争议调解仲裁法》在《劳动法》的基础上,增加了基层人民调解组织及乡镇、街道具有劳动争议调解职能的组织为劳动争议调解组织。《劳动争议调解仲裁法》确立了多元化的劳动争议调解模式,尽管2010年8月28日第十一届全国人民代表大会常务委员会第十六次会议通过,自2011年1月1日起施行的《中华人民共和国人民调解法》对人民调解组织如何设立、调解员来源等作出了具体的规范,但是街道如何设立劳动争议调解组织、调解员来源等

---

① 孙德强:《中国劳动争议处理制度研究》,中国法制出版社2005年版,第76—77页。

② 郑尚元:《劳动争议处理程序法的现代化》,中国方正出版社2003年版,第65—66页。

规范依然不明确，所以这些调解组织实际可能取得的社会效果尚待进一步观察。

3. 劳动争议仲裁程序制度存在的问题

（1）劳动争议仲裁委员会"虚设"问题

长期以来，劳动争议仲裁委员会"行政化"倾向严重，独立性缺乏，"虚设"问题突出，劳动争议仲裁委员会实际上演变成了劳动保障行政部门独家办案。这体现在劳动争议仲裁委员会的构成、产生和工作、运行等方面。为了解决仲裁机构和人员的虚化问题，全国各地普遍开展了仲裁机构的实体化改革，实践证明这一改革取得了成效，也可以说是在当前劳动争议多发阶段采取的最重要一项改革举措。但是，《劳动争议调解仲裁法》没有对正在进行的劳动争议仲裁机构进行实体化试点，没有对劳动仲裁委员会性质、职能和履行职责的方式等方面表明态度。同时，《劳动争议调解仲裁法》仍然规定国务院劳动行政部门依照本法有关规定制定仲裁规则，省、自治区、直辖市人民政府劳动行政部门对本行政区域的劳动争议仲裁工作进行指导。这实际上仍是劳动争议仲裁委员会"行政化"倾向的残留。对此，人力资源和社会保障部、中央机构编制委员会办公室、财政部《关于加强劳动人事争议处理效能建设的意见》（人社部发〔2012〕13号）指出：仲裁机构实体化建设是指做实劳动人事争议仲裁委员会办事机构，该机构具体承担争议调解仲裁等日常工作。实体化的劳动人事争议仲裁委员会办事机构可称"劳动人事争议仲裁院"或其他名称，具体由地方人民政府确定。①

（2）劳动争议仲裁制度缺乏监督机制。长期以来，劳动争议仲裁的

---

① 陕西省出台《陕西省劳动人事争议调解仲裁办法》，将劳动、人事争议两个仲裁委员会整合为一个劳动人事争议仲裁委员会，进一步健全了劳动争议调解机制。该《办法》将于2015年9月1日起正式施行。本次发布的《陕西省劳动人事争议调解仲裁办法》，整合了劳动、人事争议处理制度，统一了劳动、人事争议的仲裁时效、程序。《办法》中明确规定，省、设区的市、县（市、区）人民政府依法设立劳动人事争议仲裁委员会，负责处理管辖范围内的劳动、人事争议。劳动人事争议仲裁委员会依法独立行使仲裁权。大中型企业应当依法设立劳动争议调解委员会，发生劳动、人事争议后，当事人可以向用人单位的劳动人事争议调解委员会申请调解，也可以向乡（镇）人民政府、街道办事处设立的具有劳动、人事调解职能的争议调解组织申请调解，自调解申请之日起15日内未达成调解协议的，当事人可以依法申请仲裁。对于10人以上集体劳动、人事争议案件，应当由3名仲裁员组成仲裁庭处理，设首席仲裁员。劳动人事争议仲裁不收取费用。（蒋黛：《县以上政府设劳动人事争议仲裁委》，《西安日报》，2015年8月29日。）

监督限于不甚严格的内部监督。劳动争议仲裁的权威性和公正性没有足够的"技术"保障。从立法上来看,《劳动法》没有涉及仲裁裁决的监督问题。尽管最高人民法院《关于审理劳动争议案件适用法律若干问题的解释》(法释〔2001〕14 号)中涉及对劳动仲裁裁决的监督问题,但仔细分析,就会发现该解释对劳动仲裁裁决的监督问题的规定存在诸多问题。《劳动争议调解仲裁法》赋予了用人单位不服一裁终局的救济权利,即向中级人民法院申请撤销裁决的权利,但对中级人民法院应在多长时间内做出裁定,并没有述及,中级人民法院如果不能在较短时间内做出裁定,那么《劳动争议调解仲裁法》规定的一裁终局也就失去了其应有的意义。更重要的是,《劳动争议调解仲裁法》对劳动仲裁裁决的监督问题仅仅限定在很小的范围(用人单位不服一裁终局),其他大量的仲裁裁决并未涉及。从社会监督来看,劳动争议处理的透明度不够,接受群众、新闻媒体等监督不足。从内部监督来看,也不存在严格意义上的法律监督机制。《劳动人事争议仲裁组织规则》第 30 条规定了仲裁委员会应当依法对本委聘任的仲裁员以及仲裁活动进行监督,包括对仲裁申请的受理、仲裁庭组成、仲裁员的仲裁活动等进行监督。并在第 32 条规定了仲裁员的禁止行为,但是,劳动仲裁委员会没有建立一整套机制健全的错案追究制度等。

(3)劳动争议仲裁员制度建设有待改进。劳动争议仲裁员制度是整个劳动争议仲裁制度的重要组成部分,尽管仲裁员的业务素质和道德修养不是决定裁决正确性和公正性的唯一条件,但却是非常重要的条件。长期以来,我国劳动争议仲裁员制度建设存在相当大的缺憾。《劳动争议调解仲裁法》大大提高了仲裁员的准入条件。《劳动人事争议仲裁组织规则》第 19 条第 2 款和第 20 条规定对专职仲裁员与兼职仲裁员作了区分。但是,《劳动争议调解仲裁法》和《劳动人事争议仲裁组织规则》没有对仲裁员名册强制性、指定方式等仲裁员名册制度作操作性规定也没有提及否定性仲裁员资格的问题与仲裁员职级制度(设立职业序列)问题。

(4)劳动争议仲裁管辖存在制度障碍。长期以来,劳动争议仲裁管辖基本沿袭了民事诉讼法的规定,设置了一般地域管辖、特殊地域管辖、级别管辖、指定管辖、移送管辖及管辖权的转移等管辖制度。《劳动争议调解仲裁法》的劳动争议仲裁管辖有了重要变化。首先,取消了省、自治区级别的劳动争议仲裁委员会。劳动争议仲裁委员会按照统筹规划、合理布局和适应实际需要的原则设立。省、自治区人民政府可以决定在市、县设立;直辖市人民政府可以决定在区、县设立;直辖市、设区的市也可以设立一个或者若干个劳动争议仲裁委员会。劳动争议仲裁委员会不按行政区划层层设立。其次，强调了劳动合同履行地优先管辖。劳动争议由劳动合同履行地或者用人单位所在地的劳动争议仲裁委员会管辖。双方当事人分别向劳动合同履行地和用人单位所在地的劳动争议仲裁委员会申请仲裁的，由劳动合同履行地的劳动争议仲裁委员会管辖。《劳动人事争议仲裁办案规则》第12—14条又进一步作了更明确的规定：劳动合同履行地为劳动者实际工作场地，用人单位所在地为用人单位注册、登记地。用人单位未经注册、登记的，其出资人、开办单位或主管部门所在地为用人单位所在地。案件受理后，劳动合同履行地和用人单位所在地发生变化的，不改变争议仲裁的管辖。多个仲裁委员会都有管辖权的，由先受理的仲裁委员会管辖；仲裁委员会发现已受理案件不属于其管辖范围的，应当移送至有管辖权的仲裁委员会，并书面通知当事人。对上述移送案件，受移送的仲裁委员会应依法受理。受移送的仲裁委员会认为受移送的案件依照规定不属于本仲裁委员会管辖，或仲裁委员会之间因管辖争议协商不成的，应当报请共同的上一级仲裁委员会主管部门指定管辖；当事人提出管辖异议的，应当在答辩期满前书面提出。当事人逾期提出的，不影响仲裁程序的进行，当事人因此对仲裁裁决不服的，可以依法向人民法院起诉或者申请撤销。但是，《劳动争议调解仲裁法》和《劳动人事争议仲裁办案规则》没有对劳动争议仲裁委员会管辖区域如何打破行政区划进行划分作进一步明确规定，也未考虑劳动合同履行地优先管辖的例外问题。例如，在异地分公司上班的劳动者被非法解除劳动合同时，回到家庭所在地（用人单位所在地）的劳动争议仲裁委员会申请仲裁可能对劳动者更为有利。

（5）劳动争议仲裁无证据保全和财产保全制度。保全制度包括证据保全和财产保全制度。长期以来，劳动争议仲裁中没有证据保全和财产保全的内容，没有对当事人证据保全和财产保全申请是否受理的规定，也没有仲裁机构在接受当事人的申请后再申请人民法院采取保全措施的相应规定，程序的保障性非常脆弱。《最高人民法院关于审理劳动争议案件适用法律若干问题的解释（二）》（法释〔2006〕6号）第14—15条仅仅对诉讼过程中财产保全措施作了一些减轻或者免除劳动者提供担保的义务的规定。《劳动争议调解仲裁法》规定了先行裁决和先予执行制度。但是，《劳动争议调解仲裁法》仍没有规定证据保全和财产保全制度。

（6）其他问题。当事人制度、送达制度、期限制度等都有许多需要完善的地方。例如，劳动争议仲裁程序没有简易程序。《劳动人事争议仲裁办案规则》第 54 条规定了简易程序：对于权利义务明确、事实清楚的简单争议案件或经双方当事人同意的其他争议案件，仲裁委员会可指定一名仲裁员独任处理，并可在庭审程序、案件调查、仲裁文书送达、裁决方式等方面进行简便处理。但并没有规定简易程序转为普通程序的问题。

4. 劳动争议诉讼程序存在的问题

在诉讼程序上，我国目前没有专门的劳动争议诉讼程序立法，劳动争议案件的审理适用一般民事案件的审理程序，由法院民事审判庭负责审理。同时，由于劳动争议诉讼的特殊性，最高人民法院出台了四个司法解释，最新的司法解释是 2013 年 1 月《最高人民法院关于审理劳动争议案件适用法律若干问题的解释（四）》（法释〔2013〕4 号），为法院审理劳动争议案件提供了一些特别法律依据。四个解释对我国劳动争议诉讼程序的完善意义重大，但是这四个解释还存在一些亟待改进的地方，很多规定仅仅是对现行规定的一种修补，只是有利于实务操作，而法理基础并不坚实。《劳动争议调解仲裁法》并没有涉及劳动争议诉讼程序制度。2015 年 2 月 4 日起施行的《最高人民法院关于适用〈中华人民共和国民事诉讼法〉的解释》（法释〔2015〕5 号）也没有涉及劳动争议诉讼程序制度。

（三）我国集体合同争议处理程序存在的问题

1. 集体合同争议处理不是我国劳动争议处理制度的重点

市场经济国家的劳动争议立法，通常都是以包括权利争议和利益争议在内的集体合同争议①为主要内容的。有的劳动争议立法，甚至只以签订集体合同中的利益争议或事实争议为限。② 这种要求，是从市场经济劳动

---

① 我国《劳动法》和《劳动争议调解仲裁法》规定了"集体劳动争议"，但这种在我国的劳动争议处理的法律规定和实践中的"集体劳动争议"实际上应仍属于个别劳动关系的争议，准确地讲，这是"群体争议"。参见常凯《劳权论》，中国劳动社会保障出版社 2004 年版，第 366—367 页；参见郑尚元《劳动争议处理程序法的现代化》，中国方正出版社 2003 年版，第 8 页。笔者认为，"集体劳动争议"更接近普通的共同诉讼。

② 我国台湾地区"劳资争议处理法"，"自一九二八年公布施行以来迭经一九三〇年、一九三二年、一九四三年及一九八八年修改。一九八八年以前之劳资争议处理法均明白规定，只适用于雇主与工人团体或工人十五人以上，关于雇佣条件之维持与变更发生争议时适用之，换言之，即仅只适用于调整事项，而不及于权利事项，此乃通例。"（黄越钦：《劳动法新论》，中国政法大学出版社 2004 年版，第 319 页。）一九八八年修改后允许劳工对权利事项予以争议，但对是否进行罢工等争议行为规定不明（笔者注）。由于过去劳动三法对于争议行为的保障并不明确，导致最高法院判决一直将争议权保障的客体局限于消极之劳务不给付的罢工概念，因而受到各方的批评。新修正《劳资争议处理法》将争议行为定义为：劳资争议当事人为达成其主张，所为之罢工或其他阻碍事业正

关系的发展特点提出的。因为规范的市场经济的劳动关系，一般都应该是以集体劳动关系的运作和调整为重点。① 而集体的利益争议在市场经济下是最多的，也是对劳动关系和社会关系影响最大的事情。反观我国劳动争议处理制度是以个别争议处理制度为重点，集体合同争议处理制度极其缺乏，这是不争的事实。

2. "因签订集体合同发生的争议"和"因履行集体合同发生的争议"不能准确地揭示利益争议和权利争议的内涵和外延

我国《劳动法》《集体合同规定》将集体合同争议分为两类："因签订集体合同发生的争议"和"因履行集体合同发生的争议"，说明已开始对集体合同争议的权利争议和利益争议进行区别。然而，用"因签订集体合同发生的争议"表示集体合同利益争议，用"因履行集体合同发生的争议"表示集体合同权利争议，并不十分精确。②

3. 集体合同争议处理程序法律制度几乎没有规定有关集体合同的责任

我国《劳动法》《集体合同规定》《劳动合同法》几乎没有规定有关

常运作及与之对抗之行为，并将罢工定义为劳工所为暂时拒绝提供劳务之行为，虽仅为概念之定义，但是将争议行为受保护之范围扩大到积极性的争议行为，具有重大的意义。特别是罢工纠察行为，虽然立法阶段放弃定义该行为的概念，但是由于行政院版的草案立法说明中强调纠察线或杯葛等其他阻碍事业正常运作行为等均属之，而立法院审查会中亦对本款之定义并无异议；另外在新法第 54 条第 1 项中亦明文限制宣告罢工及纠察线必须经工会会员投票同意，因此可肯定立法意思承认包括罢工纠察行为在内之积极性争议行为亦受新法保护和规范。其次，新法参考前述日本《工会法》民刑事免责的立法例，于第 55 条第 2 项及第 3 项分别规定争议行为之民事和刑事免责效果，前者规定雇主不得以工会及其会员依本法所为之争议行为所生损害为由，向其请求赔偿；后者规定工会及其会员所为之争议行为，该当刑法及其他特别刑法之构成要件，而具有正当性者，不罚。但以强暴胁迫致他人生命身体受侵害或有受侵害之虞时，不适用之。两者在免责的要件上并不相同，前者之民事免责是以"依本法所为之争议行为"为要件；后者之刑事免责则是以正当性为要件，同时以但书排除对于他人生命身体之强暴迫的危害行为的正当性。虽然将来在适用上仍可能会有很多法理上的争论，但是法律明文肯认争议行为的广义概念和民刑事免责的效果，在工会与资方进行团体协商或抗争时，已经具有提升工会对等实力的效果。（张鑫隆：《新劳动三法对台湾工会的意义及未来的课题》，《台湾劳工季刊》2010 年第 26 期。）

① 常凯：《劳权论》，中国劳动社会保障出版社 2004 年版，第 372、374 页。

② 基于上述分析，且为了行文方便，下文所指的"因签订集体合同发生的争议"就特别表示集体合同利益争议，用"因履行集体合同发生的争议"就特别表示集体合同权利争议。

集体合同的责任，《工会法》仅仅规定了行政责任，对在协商过程中应承担的其他责任则没有规定。我国《工会法》第20条规定，工会代表职工与企业以及实行企业化管理的事业单位进行平等协商，签订集体合同。该法第53条第4项进一步规定，无正当理由拒绝进行平等协商的，由县级以上人民政府责令改正，依法处理。

4. 集体合同争议处理程序并不完整

不管是处理因签订集体合同而发生的争议，还是处理因履行集体合同而发生的争议，均没有基层调解程序，这并不是立法上的疏漏，而恰恰是基层调解本身的缺陷所致。规定不能调解，是因为我国企业劳动争议调解委员会是由企业工会主持的，再由其调解有其不当之处。对因签订集体合同而发生的争议还规定不能仲裁。① 规定不得仲裁，一方面是因为我国劳动保障行政部的"协调处理"相当于西方成熟市场经济国家的仲裁，更为重要的是因为我国法律未规定职工有罢工、用人单位有关闭厂的集体争议权等。《劳动争议调解仲裁法》并没有涉及集体合同争议处理程序制度。

二 我国劳动争议处理制度的完善

通过上述分析，问题找出来了，解决的对策相较而言也就好提出了，就只需要我们"对症下药"。在借鉴西方成熟市场经济国家劳动争议处理的成功经验的基础上，我国劳动争议处理程序法律制度应从以下几方面完善。

（一）应坚持的原则

1. 政府应"有所为、有所不为"

就政府来说，应防止出现政府以社会公共利益的代表者自居，滥用国

---

① 实际上，西方成熟市场经济国家集体合同争议主要并非集体合同权利争议，而是由于集体合同利益争议而发生。也就是说，由于集体合同利益争议，是市场经济条件下集体争议的最主要的类型。这是因为，集体合同权利争议有明确的集体合同文本依据，一般比较容易得到解决。但集体合同利益争议，处理起来则比较复杂。处理集体合同利益争议的通行程序是调解和仲裁，调解或者仲裁的结果是终局的。尤其是很多国家劳动争议仲裁制度的重心是调整集体劳动争议。对集体合同利益争议，分别不同情况，实行自愿与强制相结合的劳动争议仲裁制度（强制仲裁制度，即争议发生后不允许当事人采取对抗对方的如罢工、闭厂等过激行为，而必须由仲裁机构对争议进行裁决，裁决作出后双方当事人必须履行），对实施强制仲裁的范围予以明确的规定，实行强制仲裁的范围严格控制在影响公共利益的范围内的劳动争议。在必要的时候，才能行政直接干预，如日本、美国等采取公力强行介入的"紧急调整程序"。

家行政权过多干预劳动争议处理的行政化倾向，同时也要根据劳动关系的特点，政府对劳动争议处理绝不可袖手旁观。因此，要求国家树立"有所为、有所不为"的观念。具体来讲，"有所不为"，主要就是指应当克服现行劳动争议处理仲裁程序的行政化倾向问题，政府应不能"越位"，宜退则退。"有所为"，主要就是国家设立全国劳动关系协调委员会，①省、自治区、直辖市，设区的市、直辖市的区，县应当成立劳动争议处理委员会。②另外，还要完善现行劳动争议处理调解程序，政府应当克服现行劳动争议处理调解程序中政府不作为现象，政府应不能"缺位"，宜进则进。

2. 处理周期要短

无论如何完善劳动争议处理体制，处理周期要短极其重要。具体来讲，主要是处理好"仲裁前置"问题，以及劳动争议处理程序中的"普通程序"和"特别程序"问题。

3. 界定好劳动争议的分类并采取相应处理程序

劳动争议的处理，应具体问题具体分析，对不同类型的劳动争议设计不同的处理程序。具体来讲，通过科学地区分和界定权利争议与利益争议、个别争议和集体争议，准确定位不同类型的劳动争议处理程序在整个劳动争议处理程序中的地位，进而建立完善的不同类型的劳动争议处理程序。对我国而言，就是要改变目前劳动争议处理重个别争议、权利争议而轻利益争议、集体争议的体制。

4. 坚持三方原则

三方原则作为劳动争议程序法的主要原则，是充分体现劳动关系特色的西方成熟市场经济国家劳动争议处理的成功经验。完善劳动争议处理体

---

① 全国劳动关系协调委员会由国务院劳动行政部门、全国总工会和全国企业联合会、最高人民法院委派的人员组成，主任由国务院任命，办事机构设在国务院劳动保障行政部门。全国劳动关系协调委员会的职责是制定劳动争议处理规则，制定调解员和仲裁员资格标准，指导和推动劳动关系协调和劳动争议处理工作。

② 劳动争议处理委员会由下列人员组成：（一）同级人民政府劳动保障行政部门的代表；（二）同级工会的代表；（三）同级企业联合会/企业家协会或其他企业组织的代表。劳动争议处理委员会的主任由劳动保障行政部门的代表担任，办事机构设在劳动保障行政部门。劳动争议处理委员会承担下列职责：（一）推动本辖区内的劳动关系协调和劳动争议处理工作；（二）组织本辖区内劳动争议调解员、仲裁员资格考试工作，负责本辖区内劳动争议调解员、仲裁员资格证书的审验工作；（三）指导、监督本辖区内劳动争议处理机构和劳动争议调解员、仲裁员；（四）法律、法规规定的其他职责。

制，这一原则是必须要坚持的。具体来讲，这一原则要贯穿劳动争议处理的各个环节，尤其要改变目前我国劳动争议处理程序中的调解、仲裁、诉讼环节缺乏三方机制的问题。

5. 要注意采用非讼的方式解决争议

要注意采用非讼的方式解决争议，为劳动者在用人单位继续工作创造条件。在争议处理体制的设计上，要尽可能地注意劳动关系的特殊性，注意其打了官司以后的生活问题、工作问题，因此，要尽量设计一些便于当事人协商、调解和仲裁的体制，一般情况下避免走到诉讼这一步。在前三个程序终结争议处理程序，不但为劳动者回单位上班创造了条件，而且也为创造一个和谐的劳动关系奠定了基础。①

6. 对劳动者实行倾斜保护

由于劳动关系从属性的特点，所以，所完善的劳动争议处理体制应当对劳动者实行倾斜保护。要在劳动争议处理体制中，让用人单位承担更多的义务，赋予劳动者更多的权利，以这种倾斜保护的方式来达到用人单位与劳动者之间实质上的平等。具体来讲，就是在劳动争议处理的各个环节，尤其是仲裁、诉讼环节实行有利于劳动者的各种程序设计以及证据规则等。

此外，还应注意提高立法技术。在整个劳动争议处理立法过程中，着力完善立法机关设立、组织、权力分配的规则，立法程序规则，劳动争议处理法律规范协调规则等。

（二）具体制度的完善②

1. 个别劳动争议处理程序之整体性完善思路

完全取消劳动争议诉讼与劳动争议仲裁关系上的"仲裁前置"，实行"或裁或审"。

协商与调解之间的衔接。明确规定协商是选择程序，当事人不愿协商或者协商不成的，可以申请调解，明确规定协商的终点与调解的起点。

调解和仲裁程序之间的衔接。应当设置一个机制，要求双方明确表示不愿意调解，也不愿意遵守所达成的协议，而要将争议交付仲裁委员会，而且这种意思表示也是事后可以查证的，至此调解程序终结，当事人可以向仲裁委员会提起仲裁申请。

---

① 孙德强：《中国劳动争议处理制度研究》，中国法制出版社 2005 年版，第 301 页。

② 限于篇幅，完善措施只是点到为止，实际上，本部分的完善措施还可细分为多项子措施。

仲裁程序与诉讼程序的衔接。由于取消了劳动争议诉讼与劳动争议仲裁关系上的"仲裁前置"，实行"或裁或审"，所以仲裁程序与诉讼程序就不存在衔接问题。

2. 个别劳动争议处理程序之具体性完善思路

劳动争议协商程序。提高协商在劳动争议处理中的地位和作用，对劳动争议协商制度的基本程序进行充实，规定完备的协商程序。赋予协商协议合同效力，双方当事人应当履行，不得擅自变更或解除。

劳动争议调解程序。完善劳动争议调解的具体程序。将企业劳动争议调解委员会撤销，以两种方式重新设置劳动争议调解机构（一是成立由政府主导的劳动争议调解机构，我们仍然可以把它称为调解委员会，这是主要的劳动争议调解机构。二是依法成立的社会调解机构可以接受当事人申请，调解劳动争议）。劳动争议调解委员会的办公、办案及人员经费纳入同级财政预算。

劳动争议仲裁程序。去"行政化"，加强劳动争议仲裁委员会实体化建设。提高劳动争议仲裁委员会委员、仲裁员任职资格标准，还应建立仲裁员职级制度，完善劳动争议仲裁制度的监督机制，完善劳动争议仲裁管辖，建立劳动争议仲裁保全制度。其他问题，例如劳动争议仲裁程序应分为普通仲裁程序和简易仲裁程序。

劳动争议诉讼程序。人民法院成立劳动争议审判庭，负责劳动争议案件的审理。劳动争议诉讼程序分为普通诉讼程序和简易诉讼程序。劳动争议诉讼证据制度，适用举证责任倒置。劳动争议诉讼管辖，改变一切劳动争议均由基层人民法院管辖的规定。

3. 我国集体合同争议处理程序法律制度之完善

逐步将集体合同争议处理作为劳动争议处理的重点。将"因签订集体合同发生的争议"和"因履行集体合同发生的争议"改称为"集体合同利益争议"和"集体合同权利争议"。增加有关集体合同责任的规定。完善集体合同争议处理程序。（1）因履行集体合同而发生的劳动争议。在现行程序基础上增加调解程序。① 并将其以特别的方式予以处理，应当采取更为灵活的方式，可体现在协商、调解、仲裁、诉讼各个环节中②。同时明确规定因履行集体合同而发生的劳动争议不能行使罢工、闭厂等集

---

① 该调解程序参见上文完善劳动争议调解程序部分。

② 当然，这里的"协商、调解、仲裁、诉讼各个环节"都应是上文中完善后的相应部分。同时协商、调解、仲裁、诉讼均是可选择程序。

体争议权。（2）拒绝集体协商要求等不当劳动行为可参照美、日等国的做法，通过协商、调解、仲裁、诉讼方式，甚至通过行政方式解决。同时也应明确规定因拒绝集体协商要求等不当劳动行为而发生的劳动争议不能行使罢工、闭厂等集体争议权。（3）明确规定集体合同利益争议不能进行诉讼。（4）增加调解、仲裁程序。①（5）对集体合同利益争议，分别不同情况，实行自愿与强制相结合的劳动争议仲裁制度。强制仲裁制度，即争议发生后不允许当事人采取对抗对方的如行使罢工、闭厂等集体争议权，而必须由仲裁机构对争议进行裁决。裁决作出后双方当事人必须履行。对实施强制仲裁的范围予以明确的规定，实行强制仲裁的范围严格控制在影响公共利益的范围内的集体合同利益争议。而对于其他集体合同利益争议，实行自愿仲裁，如双方不愿意，便可行使罢工、闭厂等集体争议权。（6）将现行"劳动保障行政部协调处理"程序改造为类似日本、美国等采取公力强行介入的"紧急调整程序"。

（三）我国劳动争议处理程序法律制度的完善的总体描述

首先是协商。当劳动争议双方当事人发生争议之后，双方可以进行协商，如果不成或根本不愿协商，即可进入调解程序。如果双方协商成功，并签署协商协议，则协商程序终结。协商协议具有合同效力，双方当事人应当履行，不得擅自变更或解除。如果对方当事人不履行协商协议，另一方当事人可以申请仲裁机构或人民法院对协商协议进行确认，仲裁机构或人民法院认为该协议不违反法律或社会公益予以确认，经过确认的协商协议具有强制执行效力。

其次是调解。调解是非必经程序。将企业劳动争议调解委员会撤销，以两种方式重新设置劳动争议调解机构。一是成立由政府主导的劳动争议调解机构，我们仍然可以把它称为调解委员会，这是主要劳动争议调解机构，调解委员会由政府相关部门、同级工会和企业代表组织三方代表组成。二是依法成立的社会调解机构可以接受当事人申请，调解劳动争议。对于个别争议（包括"集体劳动争议"），如果调解不成，则当事人可以通过协议方式将争议提交给仲裁委员会仲裁，或人民法院审判。如果选择了仲裁则排除了诉讼，如果选择了诉讼则排除了仲裁。如果调解成功，签订调解协议，协议具有合同效力。对于集体合同权利争议，如果调解不成，则当事人可以通过协议方式将争议提交给仲裁委员会仲裁，或人民法院审判。如果选择了仲裁则排除了诉讼，如果选择了诉讼则排除了仲裁。

①　调解程序不是仲裁程序的前置程序。

如果调解成功，签订调解协议，协议具有合同效力。对于集体合同利益争议，如果调解不成，则当事人只能通过协议方式将争议提交给仲裁委员会仲裁，而不能进行诉讼。如果调解成功，签订调解协议，协议具有合同效力。当然，对集体劳动争议、集体合同权利争议、集体合同利益争议的调解应当采取更为灵活的方式。

再次是仲裁，仲裁机构保留劳动争议仲裁委员会的名称，劳动争议仲裁委员会具有法人资格。劳动争议仲裁委员会接受同级劳动争议处理委员会①的指导和监督。劳动争议仲裁委员会由劳动部门指派的代表、工会代表和用人单位组织代表（企业联合会/企业家协会或其他企业组织的代表）组成（具有仲裁员资格的劳动部门的代表、工会和雇主代表才有可能进入劳动争议仲裁委员）。仲裁委员会主任由劳动行政部门的人兼任，副主任两人，分别由工会方面的人和用人单位方面的人兼任。对于个别争议（包括"集体劳动争议"）、集体合同权利争议实行"或裁或审"，如果选择了仲裁则排除了诉讼，如果选择了诉讼则排除了仲裁。对集体合同利益争议，分别不同情况，实行自愿与强制相结合的劳动争议仲裁制度。集体合同利益争议不能进行诉讼。当然，对集体劳动争议、集体合同权利争议、集体合同利益争议的仲裁应当采取更为灵活的方式。

最后是诉讼。制定一些适应于劳动争议诉讼的特别程序规定来对劳动争议诉讼进行调整。比如，人民法院成立劳动争议审判庭，负责劳动争议案件的审理；实行有利于劳动者的劳动争议诉讼证据制度等。当然，对集体劳动争议、集体合同权利争议诉讼应当采取更为灵活的方式。

简言之，我们可以把这种处理机制概括为：协商、调解自愿，个别争议（包括"集体劳动争议"）、集体合同权利争议或裁或审，集体合同利益争议不能进行诉讼，实行自愿与强制相结合的劳动争议仲裁制度。

第三节　当代中国劳动法"倾斜保护原则"正义价值的超越

当代中国劳动法"倾斜保护原则"体现的是中国特色社会主义正义，其较之于自由主义正义，实质性更强，更有利于实现真正的平等、自由，

---

① 有关劳动争议处理委员会的规定，请参照前文我国劳动争议处理机制改革应坚持的原则部分。

但不可否认的是，这种正义是建立在劳动力商品、劳动力市场、雇佣劳动基础上的，归根到底都是由生产力和生产关系发展的具体历史水平状况所决定的，具有历史的必然性。

但是，这些现象在历史阶段性上不可避免地"……仍然是资产阶级权利……"①。也正因为如此，资本主义生产方式的弊端必然或多或少地需要当代中国承受。②在这种生产方式下，生产的形成、资本的使用只是取决于资本者的需要，都是以雇主的利益为前提、目标的。只要资本者愿意，不管是否符合人民或社会的利益，生产活动就可以进行，即使这种生产危害人民和社会的利益也在所不惜。这种生产方式使社会生产不再是为了人民与社会的福利，而变成了单纯资本获利的方式与工具，不能有效满足人民和社会经济发展的需求。

那么，当代中国劳动法"倾斜保护原则"正义价值如何得以超越？答案只能存在于生产力的日益发展，存在于共产主义。由于生产力发展水平的差异及残存的旧社会的痕迹的影响，共产主义社会将分为两个发展阶段，即共产主义社会第一阶段和共产主义社会的高级阶段。在共产主义社会第一阶段——社会主义社会中实行"各尽所能，按劳分配"的按劳分配制度："这样的共产主义社会，它不是在它自身基础上已经发展了的，恰好相反，是刚刚从资本主义社会中产生出来的，因此它在各方面，在经济、道德和精神方面都还带着它脱胎出来的那个旧社会的痕迹。所以，每一个生产者，在作了各项扣除以后，从社会领回的，正好是他给予社会的。他给予社会的，就是他个人的劳动量……他以一种形式给予社会的劳动量，又以另一种形式领回来。"③按劳分配的原则不承认阶级差别，保证劳动者处于平等的劳动条件下，不会再受到资本的剥削，消除了人与人之间冲突的根源。但是，这一分配原则仍然是不充分的，有很多"弊病"：默认人的能力高低、劳动贡献大小，没有顾及劳动者个人情况的差异，从而形成事实上的不平等。具体来说，"在这里平等的权利按照原则仍然是资产阶级权利，……虽然有这种进步，但这个平等的权利总还是被

---

① 《马克思恩格斯选集》第3卷，人民出版社1995年版，第304页。

② 这里借用一下罗尔斯在回应对其建立在容许私有财产基础上的两个正义原则的批判时，不作正面回答，只是通过反问来反驳的思维方式："是否自由社会主义的政体在实现两个正义原则方面能够做得更好？"我们也来反问一句："是否不经过中国特色社会主义阶段而直接进入马克思所设想的共产主义第一阶段对中国来说能够做得更好？"

③ 《马克思恩格斯选集》第3卷，人民出版社1995年版，第304页。

限制在一个资产阶级的框框里。……平等就在于以同一尺度——劳动——来计量。"① 而 "这种平等的权利，对不同等的劳动来说是不平等的权利。它不承认任何阶级差别，因为每个人都像其他人一样只是劳动者；但是它默认，劳动者的不同等的个人天赋，从而有不同等的工作能力，是天然特权。所以就它的内容来讲，它像一切权利一样是一种不平等的权利。……要避免所有这些弊病，权利就不应当是平等的，而应当是不平等的。"②但是，"……这些弊病，在经过长久阵痛刚刚从资本主义社会产生出来的共产主义社会第一阶段，是不可避免的。权利决不能超出社会的经济结构以及由经济结构制约的社会的文化发展。"③ 只有在社会生产力高度发展，社会产品极大富裕的共产主义的高级阶段，实行按需分配的分配原则，才能实现真正的平等、自由，才能真正解决正义问题。在共产主义的高级阶段，"迫使个人奴隶般地服从分工的情形已经消失，从而脑力劳动和体力劳动的对立也随之消失之后；在劳动已经不仅仅是谋生的手段，而且本身成了生活的第一需要之后；在随着个人的全面发展，他们的生产力也增长起来，而集体财富的一切源泉都充分涌流之后，——只有在那个时候，才能完全超出资产阶级权利的狭隘眼界，社会才能在自己的旗帜上写上：各尽所能，按需分配！"④ 同时，那种不是出于自愿的、自然形成的、异己的、同他对立的、强制性的力量——社会分工⑤，将不断得以消灭，⑥ 因此展现在共产主义社会里的，是这样一种情景："任何人都没有特殊的活动范围，而是都可以在任何部门内发展，社会调解着整个生产，因而使我有可能随自己的兴趣今天干这事，明天干那事，上午打猎，下午捕鱼，傍晚从事畜牧，晚饭后从事批判，这样就不会使我老是一个猎人、渔夫、牧人或者批判者。"⑦

我们可以憧憬：在未来社会，劳动法"倾斜保护原则"和私有制、阶级、国家一样，不可避免地要消失，将被在生产者自由平等的联合体的基础上按新方式来组织生产的社会放到它应该去的地方，即"放到古物

① 《马克思恩格斯选集》第 3 卷，人民出版社 1995 年版，第 304 页。

② 同上书，第 305 页。

③ 同上。

④ 同上书，第 305—306 页。

⑤ 马克思主义认为，分工等于私有制。

⑥ 《马克思恩格斯选集》第 1 卷，人民出版社 1995 年版，第 85 页。

⑦ 同上。

陈列馆去，同纺车和青铜斧陈列在一起"；[1] "除了在历史回忆的废物库里可以找到外，哪儿还有呢?"[2] 正义所要求的真正的自由和真正的平等就会在共产主义社会得以充分实现，[3] 劳动者的自由而全面的发展就成为现实。

---

[1] 《马克思恩格斯选集》第3卷，人民出版社1995年版，第174页。

[2] 《马克思恩格斯全集》第20卷，人民出版社1972年版，第670页。

[3] 《马克思恩格斯全集》第1卷，人民出版社1956年版，第582页。

结 束 语

蓦然回首，行文已至此，在庆幸自己终于"走出来"的时候，笔者也清醒地意识到，写作过程中的酸甜苦辣咸等"个中滋味"以及导师的近乎令人敬畏的随时不断的督促，令笔者唯有继续"勤""思""得"。所以，极有必要总结回顾自己在研究、写作过程中的体会，谈谈自己有限的认识，总结出一些贡献，找出需要改进的地方，以利于今后不断改进提高。

一 本成果的一些粗浅认识

（一）抽象正义观和实践正义观是人类社会中的主流正义观

抽象正义观漠视了对劳动者的保护，实践正义观体现了对劳动者自由而全面发展的深情关怀。这主要是第三章、第四章论述的观点，是作为背景和基础理论问题出现的。

梳理、考察正义观历史源流，我们会发现，尽管正义有普洛透斯似的脸的相当模糊和不确定的一面，但其基本含义还是较为明确的，在归根结底的意义上正义观念实质上是对人的个体性与社会性的理性平衡。正义有个人正义和制度正义两个层次，其中，制度正义更具有根本性，在当代社会，制度正义的实现就是正义的实现。从主流正义观讲，[①] 不外乎有抽象

---

① 笔者也深知，力图简单概述一个思想家的思想是徒劳的，光想结论更是劳而无益的。但是，古今中外历史上的大思想家思考的人类社会的基本问题基本上都是一样的，只不过问题答案不一致罢了。（我们举例说明：人的个体性与社会性的关系问题是人类社会思想大家思考的永恒的问题。近现代思想大家都认识到了资本主义市民社会的缺陷，面对缺陷，黑格尔开出的"药方"是靠国家来拯救这种社会异化。罗尔斯则将利己主义、私有财产权放置在正义原则——平等的自由原则、公平的机会平等原则尤其是差别原则的控制之下，使国家依据这些原则对社会处境最差群体的发展做出安排。另外，还有卢梭的"可完善性"，康德的"绝对命令"，密尔的"总体（社会）功利"，俾斯麦的"社会保险"，凯恩斯的"国家直接干预经济"，等等。）

正义观和实践正义观两个基本种类①。其中，抽象正义观是历史唯心主义正义观，属于非马克思主义的正义观。这类正义观的最基本特征是，基于抽象的人性论根源②，在不触及现实、不改变现有社会制度的情况下，通过思辨的方法，企图使人类社会建立在"符合人性"的基础上③，这样人类社会的发展实际上就是正义理念的不断发展演进，根据不同的人性，或理念、上帝、经验、情感、意志等，形成了历史唯心主义正义观，从苏格拉底经由洛克、卢梭、康德，黑格尔一直到当代的罗尔斯等人类思想史上的伟大人物的正义观概莫能外。马克思主义的正义观是实践正义观，是建立在社会生产基础上的科学性与价值性相统一的正义理论。马克思主义的正义观认为，认识正义问题的基本前提和先决条件是社会生产推动人类社会发展，这也是马克思正义观与各种非马克思正义观相区别的一个根本之处。马克思主义也研究人、考察人，但这种人不是离群索居和固定不变的虚幻的人，而是现实的、能动的人。就其中劳动者保护问题而言，前马克思正义观对劳动者的保护经历了一个被排斥在视野之外、从平等保护到倾斜保护的渐次呈现过程，这分别体现在古代正义观、近代正义观、现代正义观上。马克思正义观展现了对不合理劳动关系的根本变革，对劳动者的生存、发展和命运的深情实践关怀，对正义理论作出了独特而巨大的贡献。

（二）对劳动者"平等"保护是一种自由主义正义观

这主要是第五章论述的观点，是对第三章相关内容的深化，是作为第六章的背景和铺垫出现的。

在近代资本主义社会以前，是一种身份型社会，"身份"成为确定社会关系的方式，时刻要求人们一切行为必须与自己的社会地位相称，形成了人与人之间的不平等、不自由。自近代资本主义社会，人类社会进入契约社会，而这一过程表明了近代市民社会摆脱政治国家的控制，"表现出现代的市民社会和政治社会的真正关系"，市民社会独立于政治国家，打破了政治国家权力无所不及的封建等级专制思想，极大地促进了人类社会进步。而近代市民社会的独立为对劳动者"平等"保护提供了广阔的社

---

① 一些折中正义观完全可还原到这两种。

② 人性论是西方以及中国哲学的重要内容，中外哲学、政治、法律主流思想大都建立在这一基础上。即使在神学理念看来，上帝也是一种最高人性，其原因在于人性从属于神性。

③ 当然也包括个人正义。

会背景。

对劳动者"平等"保护是自由主义正义观，对劳动者"平等"保护是近代市民社会的产物，对劳动者"平等"保护是把劳动关系视为纯私（民）法的调整对象的结果。在古典自然法正义观和功利主义法学及早期分析法学正义观看来，对劳动者"平等"保护，就是符合正义的。基于马克思评价社会历史的历史尺度和价值尺度的有机统一，一方面，马克思肯定了其历史进步性：对劳动者"平等"保护是对异化的社会关系的否弃。另一方面，又批判其历史局限性，这些主要集中在对近代自由主义正义的自由、平等和私有财产的抽象性的揭露上，进而要求超越抽象人权的阈限。

（三）劳动法"倾斜保护原则"是自由主义正义观的自我调适

这主要是第六章论述的观点，是对第三章相关内容的深化，也是第五章的必然逻辑发展。

19 世纪发生的波澜壮阔的国际工人运动，严重地动摇了资产阶级统治，资产阶级为了自己的根本利益，不得不对工人阶级斗争采取"胡萝卜加大棒"的政策，并开始运用行政和法律手段关注劳动等问题，对劳动者进行倾斜保护。同时，"近代社会中'从身份到契约'的运动在现代社会中正倒转为'从契约到身份'的运动。"其结果必然形成"新的身份"：弱势主体和强势主体，表现在劳动关系领域，弱势主体和强势主体就是劳动者和雇主，对"新的身份"所造成的劳动者等弱势群体的实质不自由、不平等的克服，使得对劳动者进行倾斜保护成为时代要求。

劳动法"倾斜保护原则"是市民社会内在局限的内部克服。劳动法"倾斜保护原则"把劳动关系视为社会（劳动）法的调整对象，成为以社会法学学派为代表的现代三大法学学派的共同指向，在它们看来，对劳动者"倾斜"保护，就是符合正义的。劳动法"倾斜保护原则"体现的是自由主义正义观的自我调适。基于马克思评价社会历史的历史尺度和价值尺度的有机统一，一方面，马克思对劳动法"倾斜保护原则"的历史进步性进行肯定：是一种历史进步尺度的澄明；另一方面，又指出了劳动法"倾斜保护原则"的历史局限性，其所体现的只是属于一种分配领域的改良主义，其"底线"是不能改变资本主义作为一种制度的质的规定性，最终也就不能实现劳动者自由而全面的发展，所以，要求谋求社会生产关系的根本变革。

（四）劳动法"倾斜保护原则"正义价值的实现依靠国家和社会的干预，并通过具体的劳动法律制度表现出来

这主要是第七、第八章论述的观点，这是第六章的必然逻辑发展。

劳动法"倾斜保护原则"正义价值的实现，一靠国家，二靠社会。首先依靠政府干预①，也就是通过以国家为代表的公权介入来实现对于劳动关系中雇主和劳动者强势、弱势不平衡的矫正，实质是以公权来限制雇主及其组织私权，以保障作为社会利益的劳动者的利益，实现对劳动者的保护。其次，除了首先依靠国家干预外，还要强调社会的作用，也就是通过社会力量对劳动关系中雇主和劳动者强势、弱势不平衡进行矫正，这种矫正的方式是以劳动者的团结来与雇主及其组织抗衡，形成对等的劳动关系，使得雇主及其组织面对的并非个别的劳动者，而是作为一个整体的劳动者，从而改变雇主及其组织对劳动者的绝对强势地位，实现对劳动者的保护。国家和社会的干预主要体现为实体法意义上和程序法意义上的劳动法律制度。具体来讲，实体法意义上的劳动法律制度主要是"劳动基准法定"、集体谈判和集体合同、劳动合同的强制性规定、就业促进、社会保险。"劳动基准法定"、集体谈判和集体合同分别是劳动法"倾斜保护原则"正义价值在劳动关系存续过程中的宏观层次、中观层次实现的途径，在微观层次实现的途径则主要是劳动合同方面的强制性规定。劳动关系确立前和终止后的实现途径则是就业促进、社会保险。程序法意义上的劳动法律制度主要是劳动争议处理、新型劳动法责任形式和劳动法"三方机制"。劳动争议处理机制主要分为劳动保障监察、社会协调以及调解、仲裁或民事诉讼程序三个层次。劳动法的法律责任，是一种新型的法律责任，集中体现在对私法责任的限定和公法责任的优位上。"三方机制"是工人组织、雇主与政府三方对话与合作的劳动关系调整机制。

（五）当代中国劳动法"倾斜保护原则"体现的是中国特色社会主义的实践的现实的社会正义追求

主要是第九章论述的观点，这是全文的必然逻辑发展。是建立在对当代中国劳动法"倾斜保护原则"正义价值的问题困境、成因及解决之道分析的基础之上的。

在我国劳动关系领域，与中国特色社会主义、市场经济、劳动力市

---

① 尽管当代一些西方资本主义国家开始重提放松劳动法的管制政策，然而，政府"管制"却是必需的，"倾斜保护原则"仍是每个国家都坚守的底线。（具体参见第六章第一节相关内容。）

场、劳动力商品和雇佣劳动相适应的市场化劳动关系的发展，决定了当代中国劳动法仍然需要对劳动者"平等"保护，这是市场化劳动关系的内在逻辑，是必须肯定的形式正义。但如果任其自然、充分展开，就会不可避免地会出现实质的、结果的不平等，出现两极分化、异化劳动、贫困失业，甚至社会动荡。① 所以，以追求实质平等、自由为应有之义的社会主义国家劳动法更应需要对劳动者"倾斜"保护，所以，必然要求在市场化劳动关系之外寻求措施缓解以至克服这种形式正义的缺陷，通过国家、社会对劳动关系的干预，努力寻找到国家、社会干预与市场运行之间的最佳结合点，进而实现较为实质性的正义，为将来马克思主义经典作家所设想的社会主义正义以及共产主义正义奠定坚实基础。所有这些，都体现了中国特色社会主义正义的内蕴。当然，需要特别辨明的是，除了形式上具有相似之处，中国特色社会主义正义和新自由主义正义②二者有本质不同，后者归根结底是资本主义正义，其"底线"是它不能改变资本主义作为一种制度的质的规定性。而前者是初级阶段的社会主义正义，其发展方向和前途是马克思主义经典作家所设想的社会主义正义、共产主义正义，其实质性更强，更有利于实现真正的平等、自由，更有利于劳动者自由而全面的发展。

二　本成果的一些理论贡献

本成果通过独立的理论思考和探索，在研究视角以及主要观点及论点等方面，尝试性提出了自己的一得之见，具有一定的创新之处。③

（一）研究视角创新

主要表现在，初步形成了运用马克思正义观研究劳动法"倾斜保护原则"的正义价值的理论框架。

从国内外研究现状可以看出，开展劳动法"倾斜保护原则"正义价值的基础性的理论研究本身具有较强意义和价值，然而实际上该方面的理

---

① 资本主义劳动关系史已充分证明了这一点。

② 这里的新自由主义正义主要是古典自由主义正义自我调适的以罗尔斯为代表（当然还有社会功利主义正义）的新自由主义正义。（具体请参见第九章相关内容。）

③ 谈到"创新之处"，莱布尼茨在其名著《人类理智新论》的话语表达了笔者的感谢心声："借助别人的工作，不仅可以减少自己的工作（因为事实上遵循一位优秀的作者的线索，比自己完全独立地另起炉灶要省力些），而且可以在他提供给我们的之外再加上一点东西，这总比从头做起要容易些。"［［德］莱布尼茨：《人类理智新论》（上册），陈修斋译，商务印书馆1982年版，第1页。］

论研究一直付诸阙如，从这个意义上讲，本成果的研究具有一定的开创性。本成果首先简析劳动法"倾斜保护原则"的理据及意义，梳理、考察和简析前马克思正义观及其中劳动者保护问题，归纳总结出从社会生产出发的科学性与价值性相统一的马克思正义观，并指出其批判视野——资本主义雇佣劳动制度对劳动者保护的漠视。接着以马克思正义观为指导，揭示出对劳动者"平等"保护体现的是资本逻辑主导下的自由主义正义观，劳动法"倾斜保护原则"不过是自由主义正义观的自我调适的结果。在此基础上，从劳动法基础理论和域外劳动法律制度方面探讨了劳动法"倾斜保护原则"正义价值实现之途，最后落脚于探讨当代中国劳动法"倾斜保护原则"正义价值问题困境、成因及解决之道，努力追求我国劳动法"倾斜保护原则"正义价值的实现与实践性超越。这样，就初步形成了运用马克思正义观研究劳动法"倾斜保护原则"正义价值的理论框架，力图走出对劳动法"倾斜保护原则"正义价值的片面的理论认识误区。

（二）基本观点创新

在上述研究视角的创新过程中，本成果还形成了一些创新性观点和论点。

1. 各种前马克思正义观的最基本特征是基于抽象的人性论根源

即依据永恒不变的人性，或理性、或上帝、或经验、或情感、或意志等，在不触及现实、不改变现有社会制度的情况下，通过思辨的方法，形成了历史唯心主义正义观，因此漠视了对劳动者的保护，背离了马克思主义经典作家所坚持的劳动者"自由而全面的发展"的方向。

从苏格拉底开始，经由洛克、卢梭、边沁、康德、黑格尔到当代的罗尔斯等，人类思想史上的伟大人物的正义观概莫能外。基于抽象的人性论，各种前马克思正义观漠视了对劳动者的保护。表现在古代正义观、近代正义观、现代正义观对劳动者的保护，经历了一个被排斥在视野之外、从"平等保护"到"倾斜保护"的渐次呈现过程，尽管"倾斜保护"较之于被排斥在视野之外的"平等保护"有很大历史进步性，但和马克思主义经典作家所坚持的劳动者"自由而全面的发展"的方向是背离的。

2. 劳动法"倾斜保护原则"所体现的自由主义正义观的自我调适的理论基础，主要是社会功利主义和新社会契约论

劳动法"倾斜保护原则"把劳动关系视为社会（劳动）法的调整对象，是市民社会内在局限的内部克服，是自由主义正义观自我调适的体现。

　　西方近代正义观属于自由主义正义观，自由主义正义观的理论基础，主要是社会契约论正义和（个人）功利主义。两者尽管争论激烈，但都认为权利（如平等权、自由权、财产权）是正义观念的本质，最终都指向自由主义，其"底线"是不改变资本主义作为一种制度的质的规定性，难以逃脱其固有的"资本意识形态藩篱"。只不过前者的权利是通过社会契约论推导的，后者的权利是通过功利主义推导的，尤其是通过个人功利主义推导的。适应垄断资本主义要求，西方现代正义观体现为自由主义正义观的自我调适，其理论基础转变为社会功利主义和新社会契约论。社会功利主义强调社会利益区别于个人功利主义，新社会契约论不再强调个人的绝对价值而区别于近代社会契约论。社会功利主义和新社会契约论都对近代正义观的形式平等、形式自由进行内部矫正，借以寻求较为实质的平等、自由，以利于较为实质性的正义的实现。

　　3. 劳动法"倾斜保护原则"是西方三大法学学派的共同指向

　　在法学领域，社会法学是一种"社会功利主义"的实用主义法学学派，强调社会利益，直接目的就是对劳动者等这些具有"新的身份"的弱势群体进行倾斜保护，最终目的是争取最大社会安全，劳动法"倾斜保护原则"成为社会法学的必然指向；新自然法学不再像古典自然法学家那样强调个人的绝对价值，而是主张对形式自由、形式平等进行纠正。新自然法学的"差别原则"，实际上和社会法学的"社会功利主义"的"倾斜保护原则"具有异曲同工之妙；而现代分析法学，已不同程度地向自然法学、社会法学靠拢，其"基本规范""最低限度的自然法"，实际上也是和社会法学的"社会功利主义"、新自然法学的"差别原则"内在相关，相互为用，劳动法"倾斜保护原则"成为三大法学学派的共同指向。

　　4. 当代中国劳动法"倾斜保护原则"体现的是中国特色社会主义的实践的现实的社会正义追求

　　这一观点是建立在对当代中国劳动法"倾斜保护原则"正义价值的问题困境、成因及解决之道分析的基础之上的。一方面，中国特色社会主义市场经济实践背景下，社会结构分化，利益冲突格局表明，对劳动者"平等"保护依然是当代中国劳动法历史使命；另一方面，以追求实质平等、真实自由为应有之义的当代中国劳动法更应需要对劳动者"倾斜"保护，其具体途径是，通过国家、社会对劳动关系的干预，努力寻找到国家、社会干预与市场运行之间的最佳结合点，进而体现中国特色社会主义社会正义的实质性内蕴。中国特色社会主义社会正义的发展方向和前途是马克思主义经典作家所设想的社会主义正义、共产主义正义，最终目的是实现劳动者"自由而全面的发展"。

三　本成果待改进提高之处

本成果的研究视角虽然新颖，但由于一些诸如相关文献缺乏的客观条件限制，更加上笔者才疏学浅，能力不及，所以，相关问题的分析还达不到应有的深度和广度，这有待于笔者今后的不懈探索。

（一）一些论据尚需进一步加强

本成果相关问题的研究跨马克思主义理论、哲学、经济学、法学、政治学等多个学科领域，其目的是，力图跳出劳动法学来审视劳动法学，以求有更广阔的研究视角。正因为如此，研究难度较大。所以，尽管本成果的观点较为明确，但是一些观点的论据尚需加强。例如，在论证"对劳动者'平等'保护是自由主义正义观"时，其理论依据是"对劳动者'平等'保护是近代市民社会的产物"。而近代市民社会在经济基础、政治法律、文化道德方面都有各自的特点，本应对这几个方面展开论述，但是本成果只是限于市场经济基础和法律，对政治虽有提及却远远不够，同时几乎未涉及文化道德，这都是需要今后提高的地方，本人将在以后进一步加强研究。

（二）一些论述尚需进一步深入

本成果对一些问题只是提出了初步的思考，更深刻的思考和研究尚需进一步深入。例如，如何做到使当代中国劳动法律制度较为"精准"或恰如其分地保障劳动法"倾斜保护原则"正义价值的实现？笔者尽管初步提出设想"……通过国家、社会对劳动关系的干预，努力寻找到国家、社会干预与市场运行之间的最佳结合点，进而实现较为实质性的正义。"但如何寻求这种最佳结合点，而且要做到较为精准或恰如其分？这就是需要下大力气进一步论述的问题，本人将在以后进一步加强研究。

（三）一些资料尚需进一步丰富

"他山之石，可以攻玉。"当代中国依然行进在社会现代化的路途之中，先发现代化国家社会结构变革中，曾经或正在遭遇的劳资关系的难题，正在不同程度地在中国社会现实中呈现。因此，西方劳动法学的研究资料，有可能对我国当前的劳动法理论研究及实践提供必要的借鉴。这就要求我们全面掌握西方劳动法学的研究资料。由于劳动法在我国并非显学，我国学者对外国劳动法最新变化仍然了解不足，[①] 所以，今后还需进一步关注最新西方劳动法学的研究资料。

存在的其他问题，例如文字简洁性不够等，笔者就不在此一一列举了，有待于笔者自己消化、提高。

---

① 详见第一章、第七章相关注释部分。

参考文献

一　主要中文参考资料

（一）著作类

1. 国外类

[1] 马克思、恩格斯：《马克思恩格斯全集》人民出版社第 1 版、第 2 版。

[2] 马克思、恩格斯：《马克思恩格斯选集》，人民出版社 1995、2012 年版。

[3] 马克思、恩格斯：《马克思恩格斯文集》，人民出版社 2009 年版。

[4] 列宁：《列宁选集》，人民出版社 1995 年版。

[5] ［德］黑格尔：《法哲学原理》，范扬、张企泰译，商务印书馆 1961 年版。

[6] ［英］罗素：《西方哲学史》（上卷），何兆武等译，商务印书馆 1963 年版。

[7] ［比］亨利·皮郎：《中世纪欧洲经济社会史》，乐文译，上海人民出版社 1964 年版。

[8] ［古希腊］亚里士多德：《政治学》，吴寿彭译，商务印书馆 1965 年版。

[9] ［英］亚当·斯密：《国民财富的性质和原因的研究》，商务印书馆 1974 年版。

[10] ［英］洛克：《政府论》（上下篇），叶启芳、瞿菊农译，商务印书馆 1983 年版。

[11] ［德］黑格尔：《哲学史演讲录》，贺麟、王太庆译，商务印书馆 1983 年版。

[12] ［英］梅因：《古代法》，沈景一译，商务印书馆 1984 年版。

[13] ［美］庞德：《通过法律的社会控制、法律的任务》，沈宗灵、董世忠译，商务印书馆 1984 年版。

［14］［古希腊］柏拉图：《理想国》，郭斌和等译，商务印书馆 1986 年版。

［15］［美］萨拜因：《政治学说史》（上下卷），刘山等译，商务印书馆 1986 年版。

［16］［德］奥特弗利德·赫费：《政治的正义性——法和国家的批判哲学之基础》，庞学铨等译，上海译文出版社 1990 年版。

［17］［美］列奥·施特劳斯、约瑟夫·克罗波西主编：《政治哲学史》（上下卷），李天然等译，河北人民出版社 1993 年版。

［18］尹田：《契约自由与社会公正的冲突与平衡》，载《民商法论丛》第 2 卷，法律出版社 1994 年版。

［19］［英］I. 伯林：《两种自由概念》，载《公共论丛·市场逻辑与国家观念》，生活·读书·新知三联书店 1995 年版。

［20］［美］阿拉斯戴尔·麦金太尔：《谁之正义？何种合理性》，万俊人等译，当代中国出版社 1996 年版。

［21］［英］哈特：《法律的概念》，张文显等译，中国大百科全书出版社 1996 年版。

［22］［法］路易·阿尔都塞：《保卫马克思》，顾良译，商务印书馆 1996 年版。

［23］［英］伯尔基：《马克思主义的起源》，伍庆、王文扬译，华东师范大学出版社 1997 年版。

［24］［德］拉德布鲁赫：《法学导论》，米健、朱林译，中国大百科全书出版社 1997 年版。

［25］［美］约翰·罗尔斯：《正义论》，何怀宏、何包钢、廖申白译，中国社会科学出版社 1998 年版。

［26］［英］边沁：《道德与立法原理导论》，时殷弘译，商务印书馆 2000 年版。

［27］［日］大须贺明：《生存权论》，林浩译，法律出版社 2001 年版。

［28］［德］康德：《康德文集》（第 6 卷），邓晓芒译，改革出版社 2001 年版

［29］［加］罗伯特·韦尔、凯·尼尔森编：《分析马克思主义新论》，鲁克俭等译，中国人民大学出版社 2002 年版

［30］［美］理查德·隆沃思：《全球经济自由化的危机》，生活·读书·新知三联书店 2002 年版。

［31］［美］罗伯特·A. 高尔曼：《劳动法基本教程》，马静等译，中国政

法大学出版社 2003 年版。

[32] [德] W. 杜茨:《劳动法》，张国文等译，法律出版社 2003 年版。

[33] [美] 列奥·施特劳斯:《自然权利与历史》，彭刚译，生活·读书·新知三联书店 2003 年版。

[34] [法] 卢梭:《社会契约论》，何兆武译，商务印书馆 2003 年版。

[35] [美] 博登海默:《法理学：法律哲学与法律方法》，邓正来译，中国政法大学出版社 2004 年版。

[36] [日] 星野英一:《私法中的人》，王闯译，中国法制出版社 2004 年版。

[37] [英] 约翰·斯图亚特·穆勒:《功利主义》，刘富胜译，光明日报出版社 2007 年版。

[38] [意] 登特列夫:《自然法——法律哲学导论》，李日章、梁捷、王利译，新星出版社 2008 年版。

[39] [法] 卢梭:《论人类不平等的起源和基础》，高煜译，广西师范大学出版社 2009 年版。

[40] [德] 奥特弗利德·赫费:《政治的正义性》，庞学铨、李张林译，上海译文出版社 2014 年版。

[41] [英] 威廉·葛德文:《政治正义论》（两卷），商务印书馆 2015 年版。

[42] [德] 施塔姆勒:《正义法的理论》，商务印书馆 2016 年版。

[43] [荷] 罗杰·布兰潘:《欧盟劳动法》（第一册），付欣等译，商务印书馆 2016 年 5 月版。

  2. 国内类

[44] 史尚宽:《劳动法原论》，台湾正大印书馆 1978 年版。

[45] 管欧:《当前法律思潮问题》，载刁荣华主编《法律之演进与适用》，台湾汉林出版社 1977 年版。

[46] 杨伯峻译注:《论语译注》，中华书局 1980 年版。

[47] 北大哲学系外国哲学史教研室编译:《古希腊罗马哲学》，商务印书馆 1982 年版。

[48] 高放:《社会主义的过去、现在和未来》，北京出版社 1982 年版。

[49] 陈鼓应:《老子注译及评介》，中华书局 1984 年版。

[50] 江平、米健:《罗马法基础》，中国政法大学出版社 1987 年版。

[51] 冯友兰:《中国哲学史》，中华书局 1992 年版。

[52] 沈宗灵:《现代西方法理学》，北京大学出版社 1992 年版。

［53］余文烈：《分析学派的马克思主义》，重庆出版社 1993 年版。

［54］郭沫若：《十批判书·孔墨的批判》，东方出版社 1996 年版。

［55］傅静坤：《20 世纪契约法》，法律出版社 1997 年版。

［56］董保华：《劳动关系调整的法律机制》，上海交通大学出版社 2000 年版。

［57］董保华等：《社会法原论》，中国政法大学出版社 2001 年版。

［58］史尚宽：《债法总论》，中国政法大学出版社 2001 年版。

［59］王益英：《外国劳动法和社会保障法》，中国人民大学出版社 2001 年版。

［60］顾肃：《自由主义基本理念》，中央编译出版社 2003 年版。

［61］黄越钦：《劳动法新论》，中国政法大学出版社 2003 年版。

［62］郑尚元：《劳动争议处理程序法的现代化》，中国方正出版社 2003 年版。

［63］吴忠民：《社会公正论》，山东人民出版社 2004 年版。

［64］常凯：《劳权论——当代中国劳动关系的法律调整研究》，中国劳动社会保障出版社 2004 年版。

［65］王全兴主编：《劳动法学》，高等教育出版社 2004 年版。

［66］周长征：《劳动法原理》，科学出版社 2004 年版。

［67］程延园：《集体谈判制度研究》，中国人民大学出版社 2004 年版。

［68］严存生主编：《西方法律思想史》，法律出版社 2004 年版。

［69］沈晓阳：《正义论经纬》，人民出版社 2007 年版。

［70］吕廷君：《消极自由的宪政价值》，山东人民出版社 2007 年版。

［71］何勤华主编：《西方法律思想史》，复旦大学出版社 2007 年版。

［72］姚大志：《何谓正义》，人民出版社 2007 年版。

［73］曹亚雄：《马克思的劳动观的历史嬗变》，中国社会科学出版社 2008 年版。

［74］林进平：《马克思的"正义"解读》，社会科学文献出版社 2009 年版。

［75］郭捷：《劳动法与社会保障法》，法律出版社 2011 年版。

［76］柳平生：《当代西方经济正义理论流派》，社会科学文献出版社 2012 年版。

［77］廖申白、仇彦斌：《正义与中国——纪念罗尔斯正义论出版四十周年文集》，中国社会科学出版社 2012 年版。

［78］洪冬英：《实现正义的选择与规范》，中国人民大学出版社 2013

年版。

[79] 刘振江、彭富明：《追寻正义：马克思恩格斯正义观研究》，法律出版社2014年版。

[80] 黄玉顺：《中国正义论的形成》，东方出版社2015年版。

（二）论文类

[81] 俞可平：《马克思的市民社会理论及其历史地位》，《中国社会科学》1993年第4期。

[82] 王正萍：《论社会主义劳动力的非商品属性——兼论工人阶级的主人翁地位》，《党建研究》1995年第5期。

[83] 陈国泰、谭颖卓：《雇佣劳动与市场经济》，《暨南学报》（哲学社会科学版）1999年第6期。

[84] 王东升：《雇佣劳动问题新论——雇佣劳动与实践中的市场经济》，《山东工业大学学报》（社会科学版）1999年第1期。

[85] 王岩：《马克思的"市民社会"思想探析——论"市民社会"理论的现代意义》，《江海学刊》2000年第4期。

[86] ［美］Daniel Foote：《美国劳动法的放松规制》，杜钢建、彭亚楠译，《江海学刊》2002年第2期。

[87] 刘刚：《论我国促进就业的法律对策——高度重视运用法律手段解决就业问题》，《中国物价》2003年第3期。

[88] 董保华、周开畅：《也谈"从契约到身份"——对第三法域的探索》，《浙江学刊》2004年第1期。

[89] 常凯：《论个别劳动关系的法律特征——兼及劳动关系法律调整的趋向》，《中国劳动》2004年第4期。

[90] 林进平、徐俊忠：《伍德对胡萨米：马克思和正义问题之争》，《现代哲学》2005年第2期。

[91] 林进平、徐俊忠：《历史唯物主义视野中的正义观——兼谈马克思何以拒斥、批判正义》，《学术研究》2005年第7期。

[92] 王新生：《马克思超越政治正义的政治哲学》，《学术研究》2005年第3期。

[93] 谢德成、穆随心：《英国劳动法限制解雇制度》，《中国劳动》2005年第6期。

[94] 穆随心：《试论就业权的限定性》，《甘肃政法学院学报》2006年第5期。

[95] 杨鹏飞：《美国劳动法改革激励争议背后》，《社会观察》2007年第

5 期。

［96］袁祖社：《社会秩序·制度理性·公正理想——西方思想文化中公正观念之范式沿革》，《唐都学刊》2007 年第 5 期

［97］曹玉涛：《"分析马克思主义"的正义论述评》，《哲学动态》2008年第 4 期。

［98］穆随心：《试析〈劳动争议调解仲裁法〉的不足及完善》，《西北农林科技大学学报》（社会科学版）2008 年第 6 期。

［99］李旸：《当代英美学者关于"马克思与正义"的争论》，《中国特色社会主义研究》2010 年第 1 期。

［100］王新生：《马克思是怎样讨论正义问题的》，《中国人民大学学报》2010 年第 5 期。

［101］穆随心、郭捷：《劳动合同自由与劳动合同正义浅探》，《兰州学刊》2010 年第 5 期。

［102］李晶：《美国就业促进政策的变迁及其启示》，《辽宁经济》2010年第 4 期。

［103］成志刚、吴彬：《国外就业保障的经验及启示》，《湘潭大学学报》（哲学社会科学版）2010 年第 6 期。

［104］李佃来：《马克思与"正义"：一个再思考》，《学术研究》2011 年第 12 期。

［105］李佃来：《论马克思正义观的特质》，《中国人民大学学报》2013年第 1 期。

［106］王新生：《马克思正义理论的四重辩护》，《中国社会科学》2014年第 4 期。

［107］袁祖社：《"正义"对"制度"的介入与规制——马克思正义观的实践难题》，《北京大学学报（哲学社会科学版）》2014 年第 3 期。

［108］邓晓芒：《中西正义观之比较》，《华中科技大学学报（社会科学版)》2015 年第 1 期。

［109］穆随心：《论惩戒解雇制度中的正当原则——基于美国雇佣法》，《河北学刊》2016 年第 1 期。

［110］黄程贯：《劳动基准法之公法性质与私法转化》，《中国法学会社会法研究会 2006 年年会暨海峡两岸社会法理论研讨会会议》（下册）。

［111］2009 年 10 月 27 日中国人民大学法学院学术活动报道：《Rüdiger

Krause 教授主讲第 14 期劳动法和社会保障法论坛，阐述"管制与放松——全球化金融危机背景下劳动法的变革"》。

[112] 林进平：《论中国特色社会主义公平正义观的构建》，2016 年 7 月 1—2 日中央编译局国家高端智库"马克思主义基本理论与意识形态建设"重点研究方向和中央编译局马克思主义与中国现实问题研究中心联合主办的"如何建构中国的马克思正义观"研讨会论文。

[113] 段忠桥：《历史唯物主义与马克思的正义观念》，2016 年 7 月 1—2 日中央编译局国家高端智库"马克思主义基本理论与意识形态建设"重点研究方向和中央编译局马克思主义与中国现实问题研究中心联合主办的"如何建构中国的马克思正义观"研讨会论文。

（三）报刊、网络类

[114] 《国际观察：法国罢工现象更像一种文化》，《南方日报》，2006 年 3 月 29 日。

[115] 《世界各国对雇主解雇工人的严格限制》，《工人日报》，2008 年 3 月 12 日。

[116] 《孔子的十种形象》，《中国文化报》，2009 年 1 月 4 日。

[117] 《希腊举行全国性大罢工　国内运输瘫痪报纸将停刊》，《中国日报》，2010 年 12 月 16 日。

[118] 张超：《日拟修改劳动基准法改革工资制度》，《法制日报》，2014 年 6 月 3 日。

[119] 吴志明：《把协商民主和法治思维贯穿社会治理创新全过程》，《人民政协报》，2015 年 1 月 27 日。

[120] 阮向民：《就业歧视该怎样解读》，《浙江工人日报》，2015 年 2 月 6 日。

[121] 蒋黛：《县以上政府设劳动人事争议仲裁委》，《西安日报》，2015 年 8 月 29 日。

[122] 蔡如鹏：《国研室司长：有政策储备应对经济下行压力》，《中国新闻周刊》，2016 年 3 月 18 日。

[123] 《印度总理敦促放松劳动法》，《世华财讯》，2010 年 11 月 23 日。

[124] 《携手同行共建共享——怎么看我国发展不平衡》，《新华网》，2010 年 7 月 1 日。

[125] 《温家宝记者会语录：公平正义比太阳还要有光辉》，《中国新闻网》，2010 年 3 月 14 日。

［126］《台"劳动基准法"翻修　弹性雇佣时代将来临》，中国新闻网，2011 年 1 月 20 日。

［127］《女民工模仿外交部发言人讨薪　网友：好笑又心酸》，人民网，2012 年 10 月 9 日。

［128］黎虹：《朱正栩：劳动争议纠纷处理仲裁前置制度应取消》，中国法院网，2015 年 3 月 14 日。

［129］朱晶晶：《上了全国两会的十大职工利益话题⑨：劳动仲裁难题》，中工网，2015 年 3 月 17 日。

［130］吴强：《印度大罢工考验莫迪改革决心》，新华网新德里 2015 年 9 月 5 日电。

［131］李金磊：《2015 中国经济成绩单四大看点：基尼系数"七连降"》，人民网北京 2016 年 1 月 19 日电。

［132］《10 大佬：劳动合同法到了该改改的时候了》，"正和岛"网 2016 年 2 月 26 日。

二　主要外文参考资料

［1］John Rawls, Political Liberalism, New York：Columbia University Press, 1996.

［2］From Karl Marx's social and political thought Critical assessments, Jessop, Bob Roudedge, vol 1, 1993.

［3］Rae, Douglas, Equalites, Mass：Harvard University Press, 1981.

［4］J. K. Liebeman（1981）, The Lingious Society, N. Y.

［5］Buchanan Allene E, 1982, M arx and Justice The Radical Gritique of Liberalism London Methuen.

［6］Buchanan, Exploitation, Alienation and Injustice, CanadianJournal of Philosophy, No. 1, 1979.

［7］Solidarity Center（2004）Justice for All：The Struggle for Workers' Rights in China, Washington DC：American Centre for International Labor Solidarity. Munro, R.（2006）.

［8］Buchanan, Exploitation, Alienation and Injustice, CanadianJournal of Philosophy, No. 1, 1979.

［9］Buchanan, Exploitation, Alienation and Injustice, CanadianJournal of Philosophy, No. 1, 1979.

［10］'he Lot of Chinese Workers：Do China's Labor Laws Work？, Roundtable before the Congressional Executive Commission on China, 109th Congress, 2nd Session, Washington, US Government Printing Office.

[11] Chan, A. (2006) Organising Wal – Mart: The Chinese Trade Unions at a Crossroads.

[12] Japan Focus, September8, http: //japanfocus. org/products/details/2217.

[13] Mingwei Liu (2010) UNION ORGANIZING IN CHINA: STILL A MONOLITHIC LABOR MOVEMENT? Industrial & Labor Relations Review.

[14] Harper, Paul 1969, "The Party and the Unions in Communist China." The China Quarterly 37 .

后　记

几多努力，时间跨度六年有余，书稿终告段落。此刻，一直在我心底自然流淌的感谢、感激以至感恩之情变得奔涌起来。

本书的底稿是我的博士学位论文，论文是在我的导师袁祖社教授的悉心关怀、指导下完成的。论文从选题、制定大纲，修改再修改，直到最后定稿，样样离不开袁老师。师从袁老师攻读博士学位的三年宝贵时光中，我充分领略了袁老师广阔的研究视野、渊博的知识、敏锐的学术思维和独到的治学方法（对袁老师的指点，在当时还不能理解充分，往往过后在写作的过程中才愈来愈有深刻体会）。袁老师的谆谆教导、和近乎令人敬畏的严格要求和精心培养，令我感到他好像随时就站在我身旁督促我，因此，在写作时即使写的脊背烧疼、脖子酸硬、晚上转辗反侧也力争不敢懈怠。2011年论文作为陕西师范大学优秀博士论文通过后，袁老师鞭策我继续改进提高，力争获得国家社科基金后期资助项目。两年后的2013年第一次申报未成功，我的信心有所受挫，袁老师又及时勉励我：要坚信本成果相关问题的研究跨越多个学科领域，力图跳出劳动法学来审视劳动法学，研究视角较为广阔、新颖，因此，决不可气馁（还有如此值得尊敬的中国社会科学出版社的二次推荐的鼓励）。2014年第二次申报终获立项。立项后，袁老师又"命令"我充分利用我当时在美国访学的机会收集、整理与课题相关的第一手外文资料……。袁老师海人不倦、治学严谨、勤奋求实的精神，永远是我学习的榜样，感谢、感激、感恩袁老师。

我还要感谢、感激、感恩从小学、中学、大学、攻读硕士、博士学位、工作期间以至在我国台湾地区国立政治大学、韩国国立忠北大学、美国芝加哥肯特法学院做短、长期访问学者期间的敬爱的老师，亲爱的朋友，可爱的同学。当然，我不能忘记我的亲人们。

专门要感谢、感激、感恩的是全国哲学社会科学规划办公室及评审专家、中国社会科学出版社领导及工作人员。特别要提及的是责任编辑宫京蕾老师和责任校对曹占江老师。从他们身上，我完全领略国内最顶级出版社的工作风采：细致入微、一丝不苟、精益求精、止于至善。

要感谢、感激、感恩的如此之多，我无法一一列出，唯恐挂一漏万，但我要千言万语汇集成一句话：生命因为你们，真美。

穆随心

2017 年 7 月